浙江文化名人传记精选修订丛书

原 主 编：万　斌

执行主编：卢敦基

百年一缶翁

吴昌硕传

吴晶 著

浙江人民出版社

图书在版编目（CIP）数据

百年一缶翁 ：吴昌硕传 / 吴晶著. -- 杭州 ：浙江人民出版社，2024. 12. -- ISBN 978-7-213-11827-2

Ⅰ. K825. 72

中国国家版本馆CIP数据核字第20242C88N9号

百年一缶翁：吴昌硕传

BAINIAN YIFOUWENG WU CHANGSHUO ZHUAN

吴　晶　著

出版发行	浙江人民出版社（杭州市环城北路177号　邮编　310006） 市场部电话:(0571)85061682　85176516
责任编辑	何　婷
助理编辑	王易天晓
责任校对	姚建国
责任印务	程　琳
封面设计	王　芸
电脑制版	杭州天一图文制作有限公司
印　　刷	浙江新华数码印务有限公司
开　　本	710毫米×1000毫米　1/16
印　　张	24.25
字　　数	367.5千字
插　　页	6
版　　次	2024年12月第1版
印　　次	2024年12月第1次印刷
书　　号	ISBN 978-7-213-11827-2
定　　价	98.00元

“浙江文化研究工程成果文库”总序

有人将文化比作一条来自老祖宗而又流向未来的河，这是说文化的传统，通过纵向传承和横向传递，生生不息地影响和引领着人们的生存与发展；有人说文化是人类的思想、智慧、信仰、情感和生活的载体、方式和方法，这是将文化作为人们代代相传的生活方式的整体。我们说，文化为群体生活提供规范、方式与环境，文化通过传承为社会进步发挥基础作用，文化会促进或制约经济乃至整个社会的发展。文化的力量，已经深深熔铸在民族的生命力、创造力和凝聚力之中。

在人类文化演化的进程中，各种文化都在其内部生成众多的元素、层次与类型，由此决定了文化的多样性与复杂性。

中国文化的博大精深，来源于其内部生成的多姿多彩；中国文化的历久弥新，取决于其变迁过程中各种元素、层次、类型在内容和结构上通过碰撞、解构、融合而产生的革故鼎新的强大动力。

中国土地广袤、疆域辽阔，不同区域间因自然环境、经济环境、社会环境等诸多方面的差异，建构了不同的区域文化。区域文化如同百川归海，共同汇聚成中国文化的大传统，这种大传统如同春风化雨，渗透于各种区域文化之中。在这个过程中，区域文化如同清溪山泉潺潺不息，在中国文化的共同价值取向下，以自己的独特个性支撑着、引领着本地经济社会的发展。

从区域文化入手，对一地文化的历史与现状展开全面、系统、扎实、有序的研究，一方面可以借此梳理和弘扬当地的历史传统和文化资源，繁荣和丰富当代的先进文化建设活动，规划和指导未来的文化发展蓝图，增强文化软实力，为全面建设小康社会、加快推进社会主义现代化提供思想保证、精神动力、智力支持和舆论力量；另一方面，这也是深入了解中国文化、研究中国文化、发展中国文化、创新中国文化的重要途径之一。如今，区域文化研究日益受到各地重视，成为我国文化研究走向深入的一个重要标志。我们今天实施浙江文化研究工程，其目的和意义也在于此。

千百年来，浙江人民积淀和传承了一个底蕴深厚的文化传统。这种文化传统的独特性，正在于它令人惊叹的富于创造力的智慧和力量。

浙江文化中富于创造力的基因，早早地出现在其历史的源头。在浙江新石器时代最为著名的跨湖桥、河姆渡、马家浜和良渚的考古文化中，浙江先民们都以不同凡响的作为，在中华民族的文明之源留下了创造和进步的印记。

浙江人民在与时俱进的历史轨迹上一路走来，秉承富于创造力的文化传统，这深深地融汇在一代代浙江人民的血液中，体现在浙江人民的行为上，也在浙江历史上众多杰出人物身上得到充分展示。从大禹的因势利导、敬业治水，到勾践的卧薪尝胆、励精图治；从钱氏的保境安民、纳土归宋，到胡则的为官一任、造福一方；从岳飞、于谦的精忠报国、清白一生，到方孝孺、张苍水的刚正不阿、以身殉国；从沈括的博学多识、精研深究，到竺可桢的科学救国、求是一生；无论是陈亮、叶适的经世致用，还是黄宗羲的工商皆本；无论是王充、王阳明的批判、自觉，还是龚自珍、蔡元培的开明、开放，等等，都展示了浙江深厚的文化底蕴，凝聚了浙江人民求真务实的创造精神。

代代相传的文化创造的作为和精神，从观念、态度、行为方式和价值取向上，孕育、形成和发展了渊源有自的浙江地域文化传统和与时俱进的浙江文化精神，她滋育着浙江的生命力、催生着浙江的凝聚力、激发着浙江的创造力、培植着浙江的竞争力，激励着浙江人民永不自满、永不停息，在各个不同的历史时期不断地超越自我、创业奋进。

悠久深厚、意韵丰富的浙江文化传统，是历史赐予我们的宝贵财富，也是我们开拓未来的丰富资源和不竭动力。党的十六大以来推进浙江新发展的实践，使我们越来越深刻地认识到，与国家实施改革开放大政方针相伴随的浙江经济社会持续快速健康发展的深层原因，就在于浙江深厚的文化底蕴和文化传统与当今时代精神的有机结合，就在于发展先进生产力与发展先进文化的有机结合。今后一个时期浙江能否在全面建设小康社会、加快社会主义现代化建设进程中继续走在前列，很大程度上取决于我们对文化力量的深刻认识、对发展先进文化的高度自觉和对加快建设文化大省的工作力度。我们应该看到，文化的力量最终可以转化为物质的力量，文化的软实力最终可以转化为经济的硬实力。文化要素是综合竞争力的核心要素，文化资源是经济社会发展的重要资源，文化素质是领导者和劳动者的首要素质。因此，研究浙江文化的历史与现状，增强文化软实力，为浙江的现代化建设服务，是浙江人民的共同事业，也是浙江各级党委、政府的重要使命和责任。

2005年7月召开的中共浙江省委十一届八次全会，作出《关于加快建设文化大省的决定》，提出要从增强先进文化凝聚力、解放和发展生产力、增强社会公共服务能力入手，大力实施文明素质工程、文化精品工程、文化研究工程、文化保护工程、文化产业促进工程、文化阵地工程、文化传播工程、文化人才工程等"八项工程"，实施科教兴国和人才强国战略，加快建设教育、科技、卫生、体育等"四个强省"。作为文化建设"八项工程"之一的文化研究工程，其任务就是系统研究浙江文化的历史成就和当代发展，深入挖掘浙江文化底蕴、研究浙江现象、总结浙江经验、指导浙江未来的发展。

浙江文化研究工程将重点研究"今、古、人、文"四个方面，即围绕浙江当代发展问题研究、浙江历史文化专题研究、浙江名人研究、浙江历史文献整理四大板块，开展系统研究，出版系列丛书。在研究内容上，深入挖掘浙江文化底蕴，系统梳理和分析浙江历史文化的内部结构、变化规律和地域特色，坚持和发展浙江精神；研究浙江文化与其他地域文化的异同，厘清浙江文化在中国文化中的地位和相互影响的关系；围绕浙江生动的当代实践，深入解读浙江现象，总结浙江经验，指导浙江发展。在研究力量上，通过课题组织、出版资助、重点研究基地建设、加强省内外大院名校合作、整合各地各部门力量等途径，形成上下联动、学界互动的整体合力。在成果运用上，注重研究成果的学术价值和应用价值，充分发挥其认识世界、传承文明、创新理论、咨政育人、服务社会的重要作用。

我们希望通过实施浙江文化研究工程，努力用浙江历史教育浙江人民、用浙江文化熏陶浙江人民、用浙江精神鼓舞浙江人民、用浙江经验引领浙江人民，进一步激发浙江人民的无穷智慧和伟大创造能力，推动浙江实现又快又好发展。

今天，我们踏着来自历史的河流，受着一方百姓的期许，理应负起使命，至诚奉献，让我们的文化绵延不绝，让我们的创造生生不息。

2006年5月30日于杭州

目录

楔　子　梅石槎枒：凭生讵信甲辰雄

吴昌硕（1844—1927）作为近代海上画派后期领袖和海上画风集大成者，是清末民初最具时代特色和民族性的艺术家之一。他以卓越的金石画风，诗书画印四艺全面发展、相映成辉的整体艺术成就享誉海内外，并对百年来中国传统书画印艺术的变迁走向和审美风范产生深远的影响。

吴昌硕生在清代后期，他的金石画风既继承明清巨匠青藤、八大山人等人，又另辟蹊径出己意，历史功绩有点像盛唐之后的中唐诗人，如杜甫、白居易、韩愈、李贺的开辟新境界之功。这和他统领四艺的诗歌，不学盛唐高华诗风，而学安史之乱后王维、杜甫、韩愈、孟郊、贾岛等诗人开辟的清寒中晚唐诗风的选择很相似，体现了对历史变迁的敏锐洞察和勇于突破的开拓精神，和陈三立、沈曾植、朱祖谋等同时代文化大家有相同的思考（所以他们才会成为知己）。此外，他在石鼓文上的求新求变，也同样地体现了他的深思熟虑和果决追求。所有的开拓创新都是不容易的，连被后世称为“书圣”的王羲之在东晋时也曾被认为是野鹜，不如家鸡，吴昌硕在潜园时就曾感慨过。杜甫论诗《戏为六绝句》六首之二说，初唐时有人看不起初唐四杰的诗，结果批评者声名俱灭而四杰名望万古流传。吴昌硕成为近代艺坛上的标志性人物固然有时代的助力，更依仗不可忽视的长期个人潜修沉淀。

吴昌硕其人其艺，其友人、弟子、家人的忠实记录、真诚评论及各方面的优秀研究成果已有很多。本传记作为“浙江文化名人传记”的一种，希望能对吴昌硕的生平和艺术有较综合、融通的理解与阐释，突出他作为浙籍名人及近代文化名人的成长、成就，解读宣扬他如野梅、苍石般“槎枒”的传奇生平，也希望他苦心经营晚年渐入蔗境的成功人生（就是吴昌硕湖州同乡、老友朱祖谋为他作挽词时说的“凭生讵信甲辰雄”）能成为今人学习的榜样。

吴昌硕生于1844年，甲辰龙年。“凭生讵信甲辰雄”的“甲辰雄”出自宋代笔记小说《太平广记》，说中唐名相裴度和属官郎中庾威讨论一个槐瘿[①]是雄是雌时，发现两人都是甲辰龙年生人，因庾威年纪小、官阶也小，裴度便戏称他是“雌甲辰”。后“甲辰雄”（雄甲辰）引申为命运顺遂，“雌甲辰”指命运不济。吴昌硕去世前一年，即1926年，83岁元旦书红也说自己这个八十三翁“生甲辰雄”。朱祖谋的意思是说吴昌硕的人生是从“雌”到“雄”的变化，也就是吴的青年学友施旭臣解释“芜园”之“芜”必先芜而后丰其德。

“槎枒”指树木、石头等物枝杈旁出横斜、错落不齐之状，吴昌硕诗中常用“槎枒”（有时也说椏杈）描述自己喜欢和善写的野梅、苍石和残碑破缶等古金石。如晚年写给任颐（伯年）后人的《勖仲熊》诗就说自己作画是“使笔撑槎枒，饮墨吐畏垒[②]”（《缶庐集》[③]卷四）。吴昌硕最鲜明的艺术成就，就像杜甫、韩愈等中唐诗人创立新诗风一样，他锻造了一种适合清末乱世、近代变幻现实的奇崛沉郁审美风范，体现在他的诗书画印中。

本传记主要从以下几个方面进行写作。

首先，本传记欲以近代文化史的沿革为经，以清末江南中心古浙西[④]文化圈、海上画派、浙地文化人、浙苏皖江南画家群等群体的活动为纬，勾勒传主

---

① 槐树上的树瘤。吴昌硕至交沈石友写给吴的《木瘤诗》，以木瘤比拟吴其人其艺的“大美出于至丑”。

② 宏大之意。

③ 吴昌硕一生要做诗人，早年已有诗集，较早可知已刊印的有50岁（1893年）刊成的《缶庐诗》。1903年，60岁，又刊成《缶庐诗》4卷，后附《缶庐别存》（题画诗）和砚铭等。晚年删少作、添新作，大致按年代编成4卷诗，名《缶庐集》，80岁曾刊印，此集较能体现他的个人取舍意愿和诗歌面貌。《缶庐诗》《缶庐集》有一些复见的诗，也有一些诗题、诗文的不同，各有特点。《缶庐集》也有5卷的版本，多的一卷为他1922年后写的一些诗歌。另外，他还有大量题画诗。缶是瓦质容器，可以汲水盛酒，也可以作为打击乐器。

④ 古浙西为历史地理概念，类似吴地，包括今杭州、嘉兴、湖州、苏州、无锡、常州、上海大部等环太湖流域地区，与古浙东、越地相对。

在清末社会文化变迁中的较真切定位。

本传记名为“百年一缶翁”，意在称誉传主难能可贵的成功人生，更着意他与时代的关系。吴昌硕一生处于清末大变局中。他生于第一次鸦片战争（1840—1842）爆发后四年，成长于第二次鸦片战争（1856—1860）和太平天国运动（1851—1864）期间，又相对长寿，逝世于大革命失败的那年（1927）。他既在战争中饱受磨难、九死一生，又在日益走向穷途的科举求仕历程中遭遇难以克服的坎坷困局，壮志不伸，但也得到了这个剧烈变迁时代的各方面助力和馈赠。他以深植传统文化深厚根基的坚定本心，屡遇“岁寒①”“风波”而气不衰，以源自传统元典的人生智慧，如“其安易持”与“善抱者不脱”（《道德经》）、“顺风波以从流”（《离骚》）、“终无咎”（《易》）调整心态并抓住机遇，先后卜居苏州、上海等地，终于成就人生和事业。他的人生经验值得学习。

吴昌硕少年时经历了太平天国运动②的惊涛骇浪。五年逃难流浪生涯的磨砺淬炼给了他刻骨的影响，使他锻炼了坚忍心志、成就了柔韧人格、通达了世事人情，也使他能在日后的不顺境遇里始终葆有豁达心境和对苦尽甘来的希望。

此后，他又在青年时的科举求学谋生、中年时的宦海漂泊兼卖印鬻画生涯中不懈寻觅，曾抱残守缺选择坚守自我，也被急速变化的时世推动着与时俱进。他的人生走过漫长的回环弯路，但这些曲折并非虚度，而是成为他艺术的丰厚积累。

的确，看似随心又目标不明的游学、游艺、游宦生涯构成吴昌硕人生中时间最长的部分。其中，从而立之年到年近古稀这三十多年间，他对仕途取舍的纠结与官场转徙，其实也是他在艺术追寻外同样重要的人生探索，而且这段经历对开阔他的艺术眼界、襟怀、境界颇有裨益。他在苏州、上海等地为小吏或微官多年，也曾入幕府，以金石之艺周旋于清末官场，多有际遇并结交人脉，还参加过甲午战争。

仕宦阅历对吴昌硕的艺术并非都是负面影响，虽然他推崇的诗人陶渊明挂

---

① 岁寒，典出《论语·子罕》，有寒冬、乱世困境及坚贞品行等意，吴昌硕书画多用此意象。

② 这里特指1860—1864年，太平天国与清军在江浙一带的交战。

印而去、孟郊为“酸寒尉[①]”（韩愈《荐士》诗）不务政事，但他同样景仰的诗人杜甫经历安史之乱、“北征”入仕成为杜拾遗，这使杜诗中更添了深厚的家国情怀。还有韩愈为官时多为民作主，有《驱鳄文》为证。和屈原、杜甫、韩愈等前贤一样，久在官场（虽然比较游离）、不局限于书斋使吴昌硕能更深的明了时局、更多窥透世情，使他的艺术积累了更多深沉现实意蕴、更多广远历史底色，也使他后来能从一众经历较单一的画家中脱颖而出成为画坛领袖。

晚年，吴昌硕又经历辛亥革命、军阀混战，一生都在乱世中的他仍有“坐观太平双眼悬”（《七十自寿》，《缶庐集》卷三）的期盼，这也表现出他对超越现实苦难、追求理想世界包括艺术境界有很深的渴望。他饱经人世沧桑，彻悟人生哲理，仍期待人间真情。1918年，他期盼隐逸安乐生活，在诗中画里构筑桃源，多次写下“安得梅边结茅屋”（见此年《岁寒三友》等画的题跋）。

1922年，吴昌硕还对同乡友人王一亭集佛经意所撰座右铭联语“风波即大道，尘土有至情”感同身受，认同此“劝励勉语”，并欣然为之书写。这一联语就是他和王一亭谈佛经后写的《听一亭谈禅》二首之一诗里悟得的“如是我闻凭佛说，讵真来路有风波”（《缶庐集》卷四）。“来路风波”的意思是人到晚年回头看来时路，恍然所有遭遇的挫折（风波）其实都是生命正道、自然法则，就是“风波即大道”，而不起眼甚至厌弃的尘世俗事（尘土）都有至纯的本心、至诚的情感在里面，所谓“尘土有至情”。

“尘土有至情”就是吴昌硕一直信奉的受道家思想影响的艺文之道，艺术在人间、在俗世、在普通人中，就是“道在瓦甓[②]”。他的《缶庐》诗也说自己的艺术寄托“缶庐”，是“吾庐位置侪箕帚”（《缶庐集》卷一），即道在俗物、在破瓦（缶）、在扫帚（箕帚）。也就是传统元典《易・坎卦》“樽酒簋贰，用缶……终无咎[③]”隐喻的朴素人生里有生命真意。1887年第一次全家移居上海时，中年吴昌硕有赠妻诗《移居舟中赠季仙》二首，其中说“善抱不脱风波声”（《缶庐集》卷三）。对待生命的风波、“岁寒”（最寒冷天气），他一直抱着

① 韩愈《荐士》诗称至交孟郊为“酸寒尉”。吴昌硕常以此自称。

② 道在瓦甓，典出《庄子・知北游》。

③ 无咎，即凶险、无过错，化险为夷，是古君子对自身品行，人生的至高要求。

《道德经》说的“善抱者不脱”、《楚辞·九章·哀郢》的“顺风波以从流兮”，他还多学同乡先贤、湖州籍中唐诗人孟郊《答郭郎中》诗的“独抱风波声”，既坚持又顺应。于艺术，他也是“独抱风波”“善抱不脱”，经历“岁寒”而不改初心、本心。

“风波即大道，尘土有至情”就是吴昌硕题竹诗中的“岁寒抱节有霜筠，野火烧山未作薪。莫笑离披无用处，犹堪缚帚扫黄尘”（《缶庐别存》）的概括。诗中，他说自己这根经历岁寒岁月的山竹即使遭山火焚烧也没成为柴火，即使被做成扫帚也要扫尽天下尘土。这也就是吴昌硕年轻时遇到的好佛的诸暨人金铁老所参的“枯木禅”（求枯木逢春）的感悟。1927年，他去世那年，写给慈溪诗友冯君木的《出无车（赠冯君木）》诗说的“定风波处”，即饱经沧桑磨难后获得豁然开朗心境。这同样也是他晚年很喜欢书写的自撰联语“龙两耳夔①一足，缶无咎石敢当”。联语中，他说自己又聋又跛却敢作敢当，终无咎。其实这也是近代另两位浙江著名学人嘉兴平湖李叔同的临终偈语“悲欣交集”和绍兴马一浮晚年诗“已识乾坤大，犹怜草木青”（《旷怡亭口占》），显示的超脱又不忘悲悯的思想格局。

吴昌硕笔下那些色彩绚丽、笔墨遒劲、洋溢生命气息的生活意趣，同时也充满理想化审美意蕴的花卉画作给人深刻印象，是因为这就是画家真实现实经历和热切情感理想的寄托和外化，就是他经“岁寒”仍在的草木本心、大道至情。他说“中有离骚千古意”（题兰画题跋，《缶庐别存》），是屈原《离骚》“草木凋零，美人迟暮”的忧虑，是初唐张九龄《感遇》十二首之一“草木有本心，何求美人折”、《感遇》之七“自有岁寒心”的内心坚定。“本心”指初心、真心，就是吴昌硕写友人的《石交录》中说的“素心”。施旭臣《芜园记》里说吴昌硕“中情纯一”、朱正初《芜园记》说吴“芜其末而不芜其本”，吴有一颗没杂质的纯真本心。“岁寒心”也指坚贞不变的节操，就是吴昌硕《自题小像二首，像独坐松石间，王复生笔也》二首之一说自己与松石“共秉坚贞心，不变古形态”（《缶庐诗》卷一）的坚贞古心，朱祖谋为吴写的挽词里说的“江海有古心”

① 夔为传说中似龙的奇兽和上古乐官，一足。吴昌硕常以之自喻。

（出自韩愈写孟郊《孟生》诗的“孟生江海士，古貌又古心”。“古心”就是不同凡俗的操守）。

在近代浙江文化名人行列中，吴昌硕的时代决定了他在文化史中的继承性比开创性更强。他是受传统文化熏陶的末代士夫，秉承忠君爱国情怀，但他也在无可避免的时代变迁中受到现代气息的浸染。在1911年清政府覆灭前夕，他终于彻底放弃与功名宦途的牵绊，也放下思想禁锢，被时代潮流推动着走出关键一步——定居上海，并成为职业画家，以创作书画印自给终其一生。吴昌硕将一生阅历和修为注入书画印诗，依托早年在传统文化、地域文化中的丰厚积累，并以从容豁达的人生智慧和亦雅亦俗的人生取向，广泛交游、广结善缘、顺应时代，在人生最后阶段登上海上画派、西泠印派的巅峰，成就难得的功业。吴昌硕传记对当代人当有示范与启示意义。

作为文化名人传记，本传记还希望彰显吴昌硕人生与艺术的重要历史人文背景——清末文化变迁，尤其是同治、光绪年间（1862—1908）的文化学术氛围。他是以清末朴学大师、湖州德清人俞樾为山长的以通才教育为要旨的诂经精舍（清中叶扬州学派学者、碑学提倡者阮元创立）弟子，是清末同光体浙派（与赣派、闽派鼎足）诗人，与浙派诗人巨子嘉兴沈曾植、桐庐袁昶等人同列。同时，本传记试图上溯造就吴昌硕金石画风和海上画派的更广阔历史人文底蕴：清初文字训诂学问兴盛，清中叶道光、咸丰年间（1821—1861）碑学、金石画风兴起，明末市民通俗思潮的涌动与文化市场兴起，清代石涛、八大山人、扬州八怪等人张扬性灵和狂怪求理画风风行。

在时代普遍影响外，本传记特别注重吴昌硕早年在出生地、江南中心古浙西之地游学、游艺，与同时期学人、画人、印人尤其浙江籍者交往交流的经历，凸显古浙西文化、绘画传统对其一生成就的重大影响。如他和戴望、施补华、张行孚、凌霞等人形成的清末湖州（苕雪）学者诗人流派群体。

吴昌硕的出生地（湖州安吉鄣吴村）和最终成就成功处（上海）的关系，就像连接两地的水系一样有隐喻意义：安吉是上海黄浦江的一个源头。吴昌硕的一生就像他小时家前的那条小溪，流出群山深处，注入西苕溪，汇入太湖，流向黄浦江、长江、东海。他有近代浙江人重土不恋乡、愿向大城市和文化中心发展的追求进取精神，常在自己诗中化用屈原《楚辞》里的“顺风波以从流兮”、《史记》里渔父对屈原说的“沧浪之水清兮，可以濯吾缨。沧浪之水浊兮，可以濯吾足”，看似随波逐流，实则内心坚定有目标，顺应天时地利人和，卜居安吉、苏州、上海，筮仕苏州、上海，有所权衡选择，渐行渐远渐辽阔。

湖州所属的古浙西一域历来是江南繁华地。三国吴国时这里出了佛画之祖曹不兴，东晋王羲之、王献之父子也在此开山水诗书之境，南朝故鄣（今安吉）本土诗文家吴均创“吴均体”散文《与朱元思书》，武康（今德清）本土诗人沈约创“永明体”格律山水诗，他们共同造就了江南诗意。南朝梁的湖州太守、苏州人、画家张僧繇有画龙点睛故事。此后还有来此为官的中唐书法家颜真卿，书法出色，还和陆羽、皎然、张志和等诗人词家常在杼山雅集，张志和也在湖州创作出《渔歌子》词。中唐武康（今德清）还有与韩愈同为韩孟诗派代表、与贾岛合称“郊寒岛瘦”的苦吟诗人孟郊。到了北宋，先后来湖州为官的苏东坡、文同表兄弟创立以墨竹为主要题材的湖州竹派及胸有成竹画论，米芾有《苕溪诗帖》。尤其之后的元代，赵孟頫、钱选、王蒙等本土书画家崛起。赵孟頫书画诗印四艺具备，主张书画同源，并开文人篆刻艺术风气，为一代宗师，对后世影响深远。王蒙为元四家之一，引书入画，其山水画深茂、空灵。到了明清，又有众多名家。吴昌硕所擅长的四艺在湖州乃至古浙西都有深厚传统，他青年时在古浙西得许多学术文化艺术大家知遇，也结交许多不得志却身怀绝艺的民间才人逸士，得到了学问、性情、才艺的熏陶。在他人生的各个阶段，周围也一直都有浙江人尤其是湖州人给他多方面的助力。

当然也不能只以时代与地域来限制吴昌硕，他生前身后的影响早已超越了一时一地。但把他放在清末文化变迁和江南地域文化中，不只从绘画史、画家角度观察他，能更全面地理解他的艺术所彰显的文化精神力量，他还身处诗书画印四艺尤其诗歌尚未与其他艺术分离的时代。

本传记亦希望能更多揭示吴昌硕作为近代重要文化人物的多面性，将他作为重要个案，探讨解读兼旧式文人、诗书画印人、画坛领袖于一身的他在文化转型中的典型意义和复杂形象。将他嵌入近代浙江文化名人群像画卷中，使其成为其中不可或缺、不可替代的重要一部分。

清代是各种传统学术、艺术融通集大成的时代，也是复兴出新的时代。清末民初，传统学人为了文化的存续发展，不但总结以往成果，从会通中求新，也吸纳外来文化的合理因素，从变革转型中求异。新旧、中西杂糅的背景中，成就了超越古人、丰富深邃的一代学者、艺术家。吴昌硕艺术的特点就是融通与超越，从传统中求复兴。就像他1912年为美国波士顿博物馆篆题匾额“与古为徒”（出自《庄子·人间世》），他也主张“与古为新”（出自晚唐司空图《诗品》），如他多年摹写石鼓文就是与古为徒，又出以新意，是以古为新。他还采纳北宋诗人苏轼写中唐诗人柳宗元《题柳子厚诗》的“以故为新，以俗为雅”，他写石鼓文是以故为新，写花卉是以俗为雅。

看吴昌硕的一生，能感到时代、地域对他的推动，但水到渠成的际遇外，他自身的目标明晰、韧性十足、刻苦努力、深思抉择是成功的更重要原因。他的传记可看作一部励志的成才启示录。他曾在十多岁时家破人亡、漂泊流浪，跌落人生低谷，却能像鄣吴漫山遍野的竹子经历“野火烧山未作薪”（咏竹诗《缶庐别存》）仍茂盛成长，也像安吉劫后余生的古梅老梅一样，没有零落成泥碾作尘，而是经霜雪后重新着花，就像他的老友、词人况周颐在《沁园春·题〈缶庐别存〉》词说的“似老树着花，桠杈媚妩”，他的另一位老友、诗人谭献也说吴的为人艺术是“老树丑枝，着花水际”（《缶庐集》序）。吴昌硕化战争伤害的“风波”为人生艺术的“大道”，在世间尘土中寻找本心至情，经过曲折迂回的上下求索，终于在古稀之年修成正果。

本传记以传主生平为主线，兼顾其艺术发展，最终仍回归其人其事。希望能重现传主传奇的一生，如他早年在战乱中流浪、当佣工甚至乞讨，壮年成为孟郊式的中隐（“酸寒尉”），中年做“一月安东令”（不为五斗米折腰）、从军出山海关等，也希望能写出他真实复杂的形象：天性多情重义，饱经沧桑，有些深沉世故，但又至老不失热情、幽默；性格宽和，不拘小节，待人诚挚，朋友极多；有狂放不羁的名士气，骨子里却始终入世；对艺术刻苦勤奋，也常有诗人的灵感急智。最值得注意的是他身上的浩然之气，来自他少年时直面生死后产生的强悍生命力，也来自传统文化积淀在大时代中求生存求发展产生的强大能量，就像他笔下变化出新的石鼓文、青铜器拓本（古金石）和野逸花卉合一的《岁朝清供图》，成为他艺术世界中强健浑厚的精神内涵和奇崛不俗的个性表征。

吴昌硕艺术的显著特色是野逸与高古兼得，就像他的诗画中常见的野梅与苍石意象[①]，朴野之气与金石之韵并存，草木本心和金石之性兼得。野梅、苍石是中国传统诗画常有的意象，吴昌硕又给予这两个意象以时代意义和个性意味。花卉草木来自深厚地缘和时代因缘滋养的朴茂生命力和隐逸不羁性情，就是吴昌硕说的“一耕夫[②]来自田间”的山村家乡，还有他半生心系的芜园（都是他的精神家园）。高古则源自他一生钟情的古缶、石鼓文等古雅朴拙的古金石，他曾说“以缶为庐”“抱十石鼓”。他以金石为精神寄托，化入书画诗印，成就艺术生命。

苍石、古缶都是吴昌硕的号，这“石”是遗落人间的女娲补天顽石，也是沧海横流中成为中流砥柱的怪石，可以雕琢为砚台成为文人“耕砚田”的谋生工具，是隐逸和入世的结合体，是徘徊于官场、卖艺间的吴昌硕化身。他说自己是“自高唯有石先生”（《缶庐别存》），海上画派前领袖胡公寿也为他作《苍石图》，说他是风骨嵚崎[③]、介然其骨的苍石。由友人金杰赠送、来自古墓、没有文字、形制朴素的上古古缶是大肚小口古瓦器，可盛酒与水，也是打击乐器，是既高古又朴素、亦俗亦雅的象征，也是吴昌硕化身。他有虚拟的书房住所“缶庐”（吾庐），也自称“缶翁”，晚年题小像仍有诗说自己“苟全若瓦”（“瓦”暗指自己是古缶）。

而梅是鄣吴、安吉路边、溪旁的“江梅”。这个品种原是野梅，常在山涧水滨荒寒清绝处生长，后来才被移植到庭院中栽种，就是吴昌硕为苏州诗人潘钟瑞写的《为香禅画梅》诗提到的梅（诗云：“梅溪梅树涨山野，移种记拨芜园沙。”见《缶庐别存》）。梅进入芜园，成为园中“岁寒三友”（松、梅、竹）之一，有山野生命力，也有文人清逸气质。吴昌硕常写梅，并自称“梅知己”。他的芜园是王维的山水辋川，也是陶渊明的田园柴桑（桃源），兼得诗意清雅和乡

① 奇石意象外，也包括古缶、古陶、古砖、古砚、石鼓、碑碣等。

② 他为西泠印社题联中的自称。

③ 山石不平、险峻，也比喻人的品格卓异。

野隐逸。芜园面貌也是既水石清幽又草木繁茂，在芜与不芜之间。

野逸与高古，梅花与古缶，就是受道家思想影响的吴昌硕追求的自然朴拙美。他信奉出自《庄子·知北游》的“道在瓦甓”艺术思想为人生大道、艺术正道。就是北宋画论家郭若虚提出的“野逸”，指放逸恣肆的艺术风格，也指任情疏野的艺术家人格，翔乎若鲲鹏展翅、泛乎若不系之舟的道家精神境界。袁昶写吴昌硕的诗《寄吴昌硕少府诗》说吴的诗（其实包括他的书画印艺术）是“庄生多寓言”，宛如屈原诗歌、诸子散文，充满道家浪漫诗意寄托，也就是沈曾植赞美吴的“书画奇气发于诗……结构之华离杳渺[①]……资于诗者”。外在体现为他平生擅长的以古金石书法所写的粗笔写意花卉，那些花儿还常开在苍苍奇石旁或青铜器拓印中。性情豁达、胸襟阔大的他还将海上画派前贤赵之谦与同时代好友虚谷、蒲华、任颐等人画风中的守古与创新加以融汇，以秾艳色彩赋予水墨花卉以自然生机、旺盛活力，使文人画向世俗审美情趣倾斜。但由于画里拂拭不去的朴拙文人风、浓厚金石气，他的画古艳而不俗艳。那些花卉是芜园的花，也是从传统文化中孕育出的，从古金石、《诗经》、《离骚》、唐诗中开出的有草木本心的古艳之花。

吴昌硕艺术的独到之处，还在于他以金石入印、入书法，再入画，也入诗文（诗歌、题跋等），使得书画印诗都有古金石古雅朴茂之韵，也将诗意注入书画、篆刻，影响书画印的结构布局，以传统元素、雅正审美造就以古为新的艺术。这还得益于吴昌硕不愿做前人附庸，即使是平生敬重的徐渭，他也说“板桥肯作青藤狗，我不能狗人其宜”[②]。“板桥”是扬州八怪中的郑燮，他有一印，上刻“青藤门下牛马走”（这里的“牛马走”指奴仆），吴昌硕却说自己不愿意，他有清醒的创新意识。

吴昌硕生平，还有许多事迹是颇耐人思考探讨的，如他有关于“道在瓦甓”、关于王羲之“家鸡不如野鹜”（一说雉）的思考。又如他是否属于文化遗民？如何看待他“晚年是诗翁”、诗画学韩愈的“以丑为美”（吴昌硕《缶庐诗》

---

① 意为幽微深妙。

② 题《古瓶花卉图》诗，见附录于《缶庐诗》后的题画诗《缶庐别存》。吴昌硕有多幅画题写这两句诗，如《匋尊秋葵》《菖蒲花卉》《花草清供图》等。

“虽不求美亦不丑”，他的词友况周颐在《沁园春·题〈缶庐别存〉》中也说他的诗是“诗人之诗，其心则《骚》，而笔近韩[1]，似老树着花，桠杈媚妩”）？他是否属于清末同光体浙派诗人？

吴昌硕其人如其画，像他画里野梅旁的默然苍石，像花卉以之为庐的青铜器拓印、古陶器。他复杂的生平际遇、饱满性情、广阔交游，就像他画里的秾艳色彩，给他的人生添了亮色。而他因时代原因未能免俗的人生局限、个性不完美，如执着于仕途，如他坦率地说自己卖画只为能吃上一口肉饭，也都是真实可亲的。还有他在艺术方面曾被人指出的不足，如刻意追求金石高古之意带来的“干枯”，瑕不掩瑜，反而凸显他艺术的创造性和强烈个性。

吴昌硕身后在四艺尤其书画印学上的声誉，借众多出色的弟子和画派鲜明的画风在近百年时间里传承不衰，也因时代和大众对雄健刚强审美趣味的偏好而独领画坛风骚，影响远及今日画坛，艺术生命绵延不绝。他的后人、学生更以回忆和景仰，塑造了他在艺术史中的巍然形象，也不免模糊了他的形象原色。

本传记致力于选取可信的资料，如吴昌硕本人诗文，他早年友人及同时代人的墓志铭、来往书信、赠诗等，努力祛除历史的浮光掠影，希望多还原一些历史本相、人情真相，再现生动场景细节，勾勒其一生大致线索，显现其独特经历、个性色彩；并希望能解释吴昌硕为何能在群贤辈出的清末民初成为一代画坛宗师，正视与合理评价他作为近代书画界偶像的真实文化意义。既不因日后一些海派末流狂怪无理、渐入江湖的作风而连累他在画史上融通雅俗、集大成并超越传统的历史贡献，也不过度揄扬，以求一部较平实的人物传记。

在今天，回顾近代文化艺术发展的漫漫历程，重温人们对吴昌硕的多元评价，可更深刻理解中国文化艺术对传统进行传承创新的探索和信念。这一历程中，吴昌硕的地位是不可撼动的。他的一生，既葆有中国传统文人画重视书画诗印的固有格局，又能独创新意，既顺应了历史潮流，又坚持传统与自我的艺术特色，同时成就自己的成功人生，以人格和艺术魅力吸引众多追随者，诚然无愧“百年一缶翁”之名。

---

① 韩愈。

第一章　甲辰雄：家风旧学汉周秦

中国近代史的重要人物梁启超曾自述生平："余生同治癸酉正月二十六日，实太平天国亡于金陵后十年，清大学士曾国藩卒后一年，普法战争后三年，而意大利建国罗马之岁也。"[①]如果学梁任公这段模仿屈原《离骚》开篇，隐含天将降大任于斯人情结的宏大叙事笔法，吴昌硕的传记可这样开始：先生生于道光二十四年（1844），即第一次鸦片战争爆发后四年，上海开埠后一年。

1840年，第一次鸦片战争爆发，揭开了中国近代史序幕。两年后，《南京条约》签订。1843年，江南发生了一件大事——隶属江苏省松江府的上海开埠了。同一年，洪秀全在南方创立拜上帝教。次年夏秋间，在浙皖交界、太湖以南、浙江西北天目山脉中的鄣吴村，吴昌硕出生。1927年，他去世。此年，上海脱离江苏省，成为特别市（类似直辖市）。

吴昌硕的人生及成就与这个大时代有莫大关系。先看他的家族家庭、出生地，还有童年、少年生活细节对他成年后的影响。

古　鄣

吴昌硕的原籍故里在浙江省湖州府孝丰县鄣吴村，今浙江省湖州市安吉县鄣吴镇鄣吴村。

---

① 梁启超：《饮冰室文集之十一》，台湾中华书局1989年版，第16页。

在鄣吴吴氏家族迅速崛起的明代，鄣吴村曾属安吉县，直到明正德元年（1506）从安吉县分置孝丰县。这一年，安吉升为安吉州，属湖州府，次年领孝丰县。鄣吴村隶属孝丰，其实仍属安吉。到清乾隆三十九年（1774），安吉州复降为县，与孝丰同级，此时鄣吴不属安吉，吴昌硕祖父、父亲和他自己的生活年代都是如此。1865年，吴昌硕随父亲迁居安吉，还在此地成为秀才。近百年后的1958年，孝丰县又并入安吉县。经历分分合合，今孝丰镇和彰吴镇同属安吉县。

鄣吴村与穿越浙江西北的西天目山脉息息相关。天目山脉是太湖水系和钱塘江水系的分水岭，东起湖州太湖平原，西至浙皖交界，即鄣吴村附近。吴昌硕同族先贤、明代诗人吴稼竳有诗说鄣吴村中山势从天目山脉而来，村中溪流可与太湖（古称“具区”）相通。

鄣吴村处于西苕溪流域。村里的清清溪流金鸡水绕过村子向北注入西苕溪主流，又自西南向东北流向太湖。成年后的吴昌硕从西苕溪顺流走出被称为黄浦江源的家乡鄣吴，走向位于东、西苕溪交汇处和太湖南滨的湖州，再走向太湖东的苏州，走向黄浦江畔、长江下游、东海之滨的上海。这与当年他的祖先溯西苕溪来到鄣吴正相反。

鄣吴吴氏家族，和许多浙江的家族一样，祖先也是在南宋初来浙的。靖康年间（1126—1127），金兵南下，北宋灭亡，士人百姓纷纷逃往江南。当时，为避兵乱，江苏淮安大族子弟吴瑾携家人随南渡君民渡过长江。他在经过钱塘（泉塘，今杭州）时，被浙江秀异的山水吸引，但此时时局未定，天性淡泊的他不喜繁华都会，也觉得杭州不安全，便继续沿苕水而上，辗转寻觅，来到西苕溪一条支流源头的村庄——安吉鱼池乡，即后来的鄣吴村。吴瑾喜爱这个深山中风光清丽、风土淳厚的村庄，觉得是乱世里适合家族安居的善地，于是以此为家，这一支迁浙吴氏从此世居鄣吴。光绪二十四年（1898），吴昌硕在安吉主持编撰《吴氏宗谱》，他在《吴氏列祖诸传》[①]中追述了这段家族迁徙的往事。

① 吴昌硕文中说的“安吉州南之鱼池乡”即旧时鄣吴村。此处安吉州应该不是指南宋末的安吉州（湖州），而是指明代领孝丰的安吉州（安吉），州治（县治）自唐代开元年间（713—741）以来在安吉北的安城镇。

这是吴氏家族卜居鄣吴之始。“卜居”出自屈原的《楚辞》，指选择地方居住。吴氏家族祖先善于在乱世中选择有利于生存发展的善地，这也影响了吴昌硕。

比起迁浙吴氏的历史，鄣吴村（鱼池乡）一地的历史更久远。虽然还有争论，但近年结合历史典籍和新出土文物的研究，形成了较中肯观点——鄣人是西周功臣姜太公的后裔，后南迁到吴国的太湖流域。春秋后期，吴王以太湖流域里有资源也有水运的天目山麓、苕溪流域之地（就是以东、西天目山脉间西苕溪流域为中心的地域）安顿鄣人。在此，鄣人有了古城城邑，即秦汉时的鄣县县城。越王勾践灭吴后，将吴人流放安置在鄣人所住的较偏远的浙皖边境山区。安吉如今还有“鄣吴”地名，这也是吴人和鄣人混居合流的体现。[①]鄣吴这个名字除了可能是指“鄣南[②]的吴姓居住地”外，也有了更悠远的历史意蕴。

由于山水之利，吴昌硕家族生活的苕溪流域是受中原文化影响较早的江南区域之一，春秋时这里就有中原衣冠家族来此，南北文化在此交融，促进了本土文化发展。此后的南朝、中晚唐、南宋有更多的文化融合，包括吴家鄣吴始祖吴瑾的迁入，使这里成为宜居的人文胜地。

鄣吴村一带的历史可追溯到上古三代，那是一个历史与神话同存的时代。夏、商、西周时，这里属先秦古国古防风国（中心在今湖州德清下渚湖一带）的西陲，也是中国第一部区域地理著作《尚书·禹贡》说的天下九州之一的扬州之域。古籍《国语》等都提及神奇的东夷九部之首巨人国古防风国，如大禹杀了防风氏，又如孔子认出巨骨是防风氏。吴昌硕对故乡的历史地理很熟悉，他屡次借清代诗人、画家谢颖苏《题画竹菊》诗中的“种竹道人何处住？古田家在古防风”题自己的竹图。以往多以为“种竹道人”指他的友人、号种竹道人的蒲华，也可能是他的自指。他说自己家住古防风国，这里是适合隐居耕种的田园。

春秋时期，鄣吴一带属吴国，越国灭吴后属越，越灭后属楚国。吴昌硕早年诗《鄣南道中》说“树冷文殊宅，田芜晏子城”（《缶庐诗》卷一），这里的

① 参见章其祥：《鄣人南迁与鄣郡故鄣考》，《浙江学刊》2014年第5期。

② 安吉的别名。

“晏子城”就是安吉九乡之一的晏子乡，唐陆广微的《吴地记》说春秋名臣晏子娶吴王女并在此筑城。

到了战国或秦代，至迟在汉代，在今安吉、鄣吴之地有了鄣郡。秦汉时分会稽郡（当时治所在今苏州），于西部另设鄣郡，大致包括今浙西北、苏西南、皖南，是今浙江省域内较早出现的地方行政区。鄣郡中心位于浙皖交界处，一直比较稳定。秦汉之际，鄣郡曾是长江下游地区的中心之一，可惜西汉时鄣郡作为七国之乱的基地遭到朝廷打击。汉武帝改鄣郡为丹杨（扬、阳）郡，郡治宛陵（今安徽宣城），鄣县也改称故鄣县，隶属丹杨郡，中心地位旁落。到东汉灵帝中平二年（185），割故鄣县南另设县，赐名“安吉”，取《诗经·唐风·无衣》中的“安且吉兮”，意为安逸美好。所以安吉别称“鄣南”，意为故鄣南部，吴昌硕诗中就常出现“古鄣”“鄣南”等诗题或意象。

到了六朝[①]，江南又得到发展。分久必合，三国吴国孙皓宝鼎元年（266）合吴郡、丹阳郡为吴兴郡（取吴国兴盛之意），属扬州，大致包括今湖州全境及钱塘（今杭州）、阳羡（今江苏宜兴），治所在乌程（今湖州），是湖州立郡之始。到了南朝齐，有孝子王文殊在鄣吴为早亡的父亲守孝，他隐居山谷，吃蔬食30多年，得到朝廷表彰。王文殊宅在晏子乡孝行里，就是吴昌硕《鄣南道中》诗中的“文殊宅”。吴昌硕少年时在太平天国运动中失去除父亲外的所有亲人，战后不久，父亲也去世，他对此一生耿耿于怀，常在寺院为亲人超度，1921年还因父亲百岁冥诞在西湖边的名寺凤林寺诵经。“文殊宅”这个意象也寄寓了他化经历的风波为心中坚定大道、倾注世间至情的深挚心迹。

南朝梁，吴兴郡曾改为震州，因为太湖古名震泽。南朝陈时，复名吴兴郡，仍属扬州。隋初，文帝开皇九年（589）灭陈，废吴兴郡，置湖州，为湖州建制之始。故鄣县从此撤销。唐高祖武德四年（621）复置湖州。唐玄宗天宝元年（742）又改湖州为吴兴郡，下领五县，包括安吉。唐肃宗乾元元年（758）复改吴兴郡为湖州。此后，安吉、鄣吴一带多有地名改变，但建制没有大变化，一直延续到明清之际。由这一带地域的历史变迁可知，鄣吴、安吉和吴、越、楚，

① 六朝，指都城都在江南的三国吴、东晋与南朝宋、齐、梁、陈六个朝代。

还有苏州、扬州、太湖、杭州等处一直都有紧密的地缘、文化关联。这也与吴昌硕日后的游学游艺行迹有关系。

湖州、安吉、鄣吴这一片地域，水土丰厚，历史上滋养了很多人杰，近代以来也是。在孝丰鄣吴村，吴昌硕度过了有些平淡但在日后的回忆里尤显珍贵温暖的幼时、少年时光。在安吉县城，他得到了功名，建筑了现实和精神家园“芜园”，也找到诗画知己，还逐渐修复疗愈了战时的严重心灵创伤，生活慢慢回到正轨。他后来刻了一方“古鄣”印纪念自己的出生地、重生地。这一方印曾出现在他金石之气横溢的画中，以深沉的历史意味与他的诗书画丰富意蕴相呼应。

吾鄣吴村

自南宋以来，也就是吴昌硕先祖吴瑾带家人来到鄣吴村一带后，此地因山林丰茂、土地肥美，且地处僻远，较少被战乱波及，人口日渐增多，村子规模也渐渐扩大。到明代，村中已为清一色的吴姓。经历代村人400多年的苦心经营，村庄在明中叶嘉靖年间（1522—1566）达到鼎盛。此前的正德元年（1506）有了孝丰县，鄣吴村此时属安吉州孝丰县。

嘉靖年间（1522—1566），鄣吴村发生了可大书特书的科举盛事，迁浙吴氏家族十一世子弟吴麟、吴龙兄弟和十二世子弟吴维岳、吴维京（二人均为吴麟之子）相继进士及第，成为科举传奇。

家族兴起要从吴龙兄弟的父亲、十世子弟吴松（1459—1552）说起。吴松喜读书，虽家境不算富裕但好慈善，多修路、建桥造福乡里。他尤其有文化远见，非常关注教育。为了让族中子弟都能读书知礼义，嘉靖初年他就借家族宗祠摆放世代祖宗神位的享堂在鄣吴村创办吴氏义塾，实行平等教育，族中子弟不论贫富都可免费入学。吴松这一善行开启了鄣吴此后数百年的人才培养事业，涵养了无数读书种子，包括吴昌硕祖孙，可谓对族中子弟恩泽深厚。吴松的功绩还不限于此，嘉靖十三年（1534）孝丰县县学迁建，要建造学宫（学校），但资金不足，吴松慨然捐献千金，县民在学宫前立碑颂其盛德。

吴氏义塾一直是鄣吴乡民蒙童的教馆。在吴昌硕小时候，义塾位于村中的溪南静室，就在鄣吴村南的山下平地上，与村子隔着溪流，有木桥连通。吴昌硕诗中、印上曾多次吟诵或镌记这一幼时受启蒙处。吴氏家族成员一直关注教育、热心慈善，有吴松遗风。吴昌硕祖父曾为教谕和安吉古桃书院山长，父亲也曾在吴氏义塾任教。吴昌硕一生也有任塾师的经历，晚年更热心慈善，多参与书画善会，对安吉鄣吴的教育、吴氏义塾都有善举。

因为吴松的善心卓见，他的子孙创造了一门四进士的科举神话。吴麟（1485—1553），字允祥，号苕溪，吴松长子，嘉靖五年（1526）进士。他有才识，勤政事，持法严厉，也有惠政，还能激励文风，政声显著，因江南江北治行第一（即政绩第一）晋升山东提刑按察司副使。他是个孝子，后因父母不得侍养，告归（请求朝廷让自己请假回乡）侍养父母七年，父亲吴松去世后的次年，他也郁郁而终。吴麟有诗集《苕源存稿》，苕源指作为苕溪之源的家乡。

吴龙（1491—1566），字允际，吴松次子，也是嘉靖五年（1526）进士，和兄长为同榜进士，以一门双进士、甲第联芳扬名一时。官至福建布政使司右参政，为官公正清廉，有文集《贻谷①集》。

吴维岳（1514—1569），字峻伯，号霁寰，吴麟长子，中嘉靖十六年（1537）浙江第五名举人，次年又连捷成为进士，后任按察使、巡抚等职，相传他官至尚书。他为政清廉贤能，曾平定叛乱、平反冤狱，有政声，仕途一度通达。他还为朝廷选拔海内俊才张居正等人。据同治《安吉县志》记载，张居正后为座师吴维岳书写墓志铭，其中说嘉靖末的这位浙中吴公是天下有风节者。吴维岳性情刚直，后因得罪权贵受诽谤、被免职，回乡后不久就病逝了。

吴维京（1525—1578），吴麟次子，嘉靖四十一年（1562）进士，比起年少高中的兄长算是大器晚成了。他曾任知府，也有政声。

一门四进士成为当地一段佳话，自此吴氏家族成为孝丰乃至湖州无可置疑的文化望族之一。鄣吴村在南宋、元代称鱼池乡归仁里，据说村子地形似鲤鱼，鲤鱼跳龙门象征科举、升官，可谓吉兆。

---

① 祖辈父辈遗荫。

归仁出自《论语·颜渊》“天下归仁”和《孟子·离娄上》“民之归仁”，指百姓归附仁德。吴昌硕39岁离开安吉迁居苏州那年（1882年）冬刻“归仁里民”印，在边款中说“归仁”是“吾鄣吴村”名，取“里仁为美”之意。古时以五家为邻，五邻为里。“里仁”出自《论语·里仁》，指居住在仁者所居之里，与仁人为邻。孔子云：“里仁为美，择不处仁，焉得知？”意思是居处在仁爱的乡里邻居中才是好事，人要选择善地而居才明智。吴昌硕赞美故乡鄣吴是仁义之里。“吾鄣吴村”更道出了他对故乡的深厚情感和归属感，就是苏轼《定风波》词里“此心安处是吾乡”之意。在鄣吴毁于战火后，他不得不离开家乡择地居住，前后迁居安吉、苏州、上海等地。

吴氏四进士在朝为官及衣锦归乡的数十年间，鄣吴村空前繁荣，留下了许多关于吴天官的历史记录和民间传说，至今村里仍有不少实物遗存。天官指尚书吴维岳和吴麟等曾为朝中高官者。据说当时吴氏父子不惜巨资在村中兴修水利，筑千金坝引水入庭院，形成布局更合理且富有丰厚文化底蕴的村庄格局，这一行为不只像“鱼池”传说只关乎风水，而是像办义塾一样实实在在利于鄣吴村和族人的发展。当时的鄣吴村确是气象不凡，村中街巷交错，气势宏伟的甲第联芳等圣旨牌坊伫立。山上还坐落着吴氏宗祠，祠前有汉白玉华表、石兽群。还有民间传说的天官坟，即家族墓地。村头玉华山上有吴维岳读书处玉华山房，山边还有村里的义塾。

吴维岳之子、诗人吴稼澄有诗提及义塾，诗中说族中子弟都为同学，并说此时村中至少有千户人家，如城市般，吴氏一姓成村，家风文风皆蔚然。鄣吴当时的众多徽派建筑，据说比起安徽歙县等地的民居群也毫不逊色。可惜岁月冲淡了繁华，清代后期，吴氏子弟、吴昌硕从祖吴衡有《玉华山房故址》诗提及玉华山房，从诗意看读书楼已破败，就像昔日的科举辉煌。后历经太平天国运动和抗日战争等多次战火，鄣吴村大部分明清建筑都毁损了，古墓也有毁损。然而，如今前往身为历史文化名村的鄣吴村，仍能感受昔日村庄的格局气派，村中水系流转尚存气韵，省级重点文保单位、吴昌硕年少时曾住过的清末建筑吴氏大院还有遗存，吴氏古墓葬（宋—清）也散布于村庄，加上重修如旧、重现昔时盛况的牌坊、吴昌硕故居、家族修谱大屋等建筑，让人依稀能领略鄣吴村当年的繁茂。

经过以吴松、吴氏四进士为代表的吴氏族人的精心经营，明清时鄣吴村的规模和声望一度超过当时的孝丰县城，“小小孝丰城，大大鄣吴村”的歌谣流传四乡。据光绪《孝丰县志》，太平天国运动前，鄣吴村人口达6000多人，村庄面积超过孝丰县城，是孝丰第一大镇，也是安吉、孝丰两县乃至浙北的著名大镇。明清两代鄣吴吴氏族人重教之风日盛，以四进士为楷模，借科举之阶，跻身仕林者众多，簪缨不绝，人才辈出。吴昌硕出生时，鄣吴族人虽仕途盛况不再，但重文重教的风气仍深植人心。据吴昌硕主持修撰的《吴氏宗谱》记载，明清两代鄣吴吴氏子弟科举有所得、获得五贡①之上有直接出仕可能的功名者194人，有朝廷任命、进入仕途、为县丞以上官职（虚衔实职都包括）者46人，其中就有吴昌硕的祖父、父亲。直到光绪三十一年（1905）全国停止科举，鄣吴吴氏的科举传说才落幕，吴昌硕也走上了另一条职业和成名新路。

身列同光体浙派诗家

吴昌硕以书画家、印人闻名于世，但他近代古典诗坛诗翁的身份就较少人知道了。他的诗很得当世名家赞誉。他能诗，也是得浙地地域诗风和家族诗风濡染。

吴昌硕一生写诗超过2000首，先后有《缶庐诗》（附题画诗《缶庐别存》）、《缶庐集》等诗集，数量不少，也自成风格。他的诗歌初学王维山水诗，后来趋向明清江南诗坛多推崇的六朝、中晚唐山水隐逸清寒诗风，对陶渊明、杜甫、韩愈、孟郊、贾岛等诗人学习较多，上追传统诗歌经典《诗经》《离骚》。去世前两年的1925年，他在题王一亭为自己写的小像诗中就说他的诗所崇尚的是“长江东野”，直言自己多学中晚唐苦吟诗人孟郊（号东野）、贾岛的“郊寒岛瘦”。他也崇尚孟郊、贾岛直接学习的中唐宗师杜甫、韩愈，多学杜、韩的为

① 包括副贡、岁贡、恩贡、拔贡、优贡等，虽只是秀才但是贡生里的优秀者，被看作是和举人、进士一样的正途出身，有直接出仕为七品及以下品级官职的资格。

国为民诗风以及沉郁奇崛风格。

吴昌硕因为自己的古金石审美趣味，尤其推崇韩愈追求的“以丑为美”［清末学者刘熙载《艺概》说昌黎（韩愈）诗往往以丑为美］诗风、陶渊明和孟郊的枯槁诗风，这都和他爱芜园、野梅、苍石、古缶砖砚朴素荒芜风貌的艺术取向，爱学残缺石鼓文的书法爱好相通。他的诗友、也擅长书法的沈曾植敏锐地体察到了这点，说吴昌硕书、画、篆刻“结构之华离杳渺，抑未尝无资于诗者也”（《缶庐集》序）。同列同光体浙派诗人的大诗人沈曾植为吴昌硕晚年诗集《缶庐集》写序，说吴“自喜”于诗，很在意自己的诗翁身份，还指出吴的书画奇气源自他的能诗、多奇崛诗意。他的篆刻朴古多得益于金文（石鼓、篆籀）功底，但书、画、篆刻结构追求不齐整（华离）、悠远有诗意（杳渺），都和他富于诗意息息相关。沈真可谓诗人知音，很得吴昌硕艺术真意。

近代同光体闽派领袖、著名诗人陈衍（1856—1937）和诗学名家汪辟疆（1887—1966）都评论吴昌硕是一位颇有个性的诗家，认可他是清末同光体浙派诗人中的一员。同光体派虽然名“同（治）光（绪）”，但其发展并不局限于此间，盛行于清末光（绪）宣（统）年间（1875—1911）及民国初期，诗人多学源于杜甫以来中晚唐诗的宋诗，有赣派、闽派、浙派等。其中的浙派（浙籍诗人）有自己的鲜明特色，继承浙江诗歌传统，多学浙江诗书画发展关键时期的六朝、中晚唐诗歌，如寓居浙江的东晋书家、诗人王羲之，南朝山水诗鼻祖谢灵运，还有隐居湖州的中唐隐士、词人张志和与湖州本土苦吟微宦诗人孟郊等人诗词风格，上追春秋战国时期流落吴越的楚国抒情诗人屈原的诗篇。代表者有沈曾植、袁昶（二人合称袁沈），以及沈的弟子金蓉镜等，多兼擅书、画。沈曾植等人都与吴昌硕有交往。袁昶也有诗寄赠并赞许吴。

民国初，陈衍写的《石遗室诗话》初稿就收录了吴昌硕的诗，将他列为诗人，这使得到诗坛主流认可的吴很是欣喜。陈衍评论吴诗造句力求奇崛，就像他的书画篆刻、他的人、他的容貌一样奇古，还说吴写诗不肯雷同，学乾（隆）嘉（庆）年间（1736—1820）浙江同乡、善写花卉的诗人与书画家前辈杭州金农（冬心）、嘉兴钱载（箨石）两先生的诗，而更为“槎枒”。金农、钱载的诗求新奇，多学中唐韩愈和孟郊、北宋苏轼和黄庭坚。陈还说吴诗生新但不艰涩、高古而不尘俗、清奇但不怪异、清苦但不寒酸，兼得清末学者、书法家、诗人何绍基《东洲草堂诗集》和郑珍《巢经巢诗钞》及江湜《伏敔堂诗录》的长处，吴诗可称“异哉”。陈衍的评论很贴切，还说书画家的诗向来缺少精深，缶庐一出，前无古人，虽有些夸张，但也是真话。

陈衍说吴昌硕诗“槎枒”，很生动形象。“槎枒”指树木等物枝杈旁出横斜、错落不齐之状，如苏轼《郭祥正家醉画竹石壁上》诗“肝肺槎枒生竹石”，陆游《断碑叹》诗“断碑槎枒弃道边”。吴昌硕诗也常用“槎枒”描述自己喜欢和善写的梅花枝条和石碑等古金石，如他写芜园古梅说“空山白云樘槎枒”（《福儿书报芜园近景，编成三绝句，寄令读之》三首之一，《缶庐诗》卷二）、“补卅六株争槎枒”（《为香禅画梅》，《缶庐别存》），也说自己笔下的梅、石是“使笔撑槎枒”（《勖仲熊》，《缶庐集》卷四）。

1919年至1925年，学者汪辟疆（汪国垣）著有《光宣诗坛点将录》。点将录是一种较特殊的传统诗话体裁，《光宣诗坛点将录》将主要活动于清末光（绪）宣（统）年间（1875—1911）的192位古典旧体诗诗人，根据诗歌特点、成就，按《水浒传》梁山好汉一百零八将的名头次序模式排位次，兼得学术和趣味性。吴昌硕被比作72位地煞星中的地巧星玉臂匠金大坚，因金能篆刻，这个比拟很恰当。《光宣诗坛点将录》还用唐代诗人杜甫写战国辞赋家宋玉的名句“风流儒雅亦吾师”（《咏怀古迹·五首》其二）和晚唐诗人李商隐赞美韩愈的诗句“金石刻画臣能为”（《韩碑》）来赞扬吴昌硕。“韩碑”指韩愈写的《平淮西碑》，中唐宪宗时名相裴度和名将李愬平定淮西叛乱，当时韩愈为行军司马，撰碑文歌颂平乱功绩，这应是暗喻吴昌硕曾入吴大澂幕出山海关的往事，借古人诗句赞许吴的忠君爱国和金石书画诗文成就。汪辟疆还以能篆刻又善诗的吴昌硕诗歌师友沈汝瑾（石友）和弟子、同光体巨子陈三立长子陈师曾（衡恪）附于吴昌硕之下，“风流儒雅亦吾师”也很合适。

汪辟疆还以“老缶诗笔健举”①等语赞许吴昌硕。“健举”出自清代诗人赵翼对唐代诗人杜甫《北征》、韩愈《南山》的评论，说他们才气诗韵刚健挺拔。

① 汪辟疆撰，王培军笺证：《光宣诗坛点将录笺证》，中华书局2008年版，第388页。

清代道（光）咸（丰）年间（1821—1861）提倡碑学的金石书法家包世臣也曾说韩愈推崇西汉文字学家、奇字书法家扬雄，所以韩的书法、诗文都有金石气，健举浑厚。汪辟疆说吴昌硕诗风“健举”，既指他学中晚唐诗，又说他的诗风有金石书法的笔力刚健，是很到位的评价。汪还说吴昌硕尤其工于题画诗。

汪辟疆选诗人比较严，吴昌硕作为画家能名列清末诗坛一百零八将之一，确是难得的盛事。在汪的另一篇重要论文《近代诗派与地域》里，也以为吴昌硕与清末重要诗人中的嘉兴沈曾植等人都是同光体浙派，还说浙派诗人的诗歌特色是幽峭清苍，即深微峭拔、清幽苍凉。这四个字如果来形容吴昌硕源自古金石、学孟郊苦吟诗的野逸高古诗风乃至书画印艺风，也很合适。

吾宗多诗翁

吴昌硕善诗，既得时代和地域诗风影响，更得家族诗学渊源滋养。鄣吴吴氏历代多诗翁，也有艺文传统。

1916年八月，吴昌硕的湖州老乡、热心家乡文化的书画家周庆云（梦坡）（1864—1934）重新装帧明画《岘山十六逸老图》册页。册页显示的是16位明代湖州籍致仕官员、岘山逸老社的诗社雅集，一人一传一像，有序文题诗。其中有吴昌硕远祖吴麟、吴龙（需要说明的是，16人中有两人名吴龙，但字允际者才是吴昌硕族贤）二公，他们告老还乡后都参加了岘山逸老社。九月九日重阳节，吴昌硕以篆体大字为册页题签“岘山逸老图”，题识“研古作显”等字。1917年，他还作长篇古诗题写《岘山十六逸老图》，诗中有“中有兄弟为吾宗，二吴当日比二宋”（《缶庐集》卷四）。

岘山逸老社是明嘉靖、万历年间（1522—1566、1573—1620）湖州仕宦名流致仕隐居家乡后组建的，模仿中唐诗人白居易晚年中隐洛阳时的“九老会”和北宋文人欧阳修、富弼等13人仕途不得志时在洛阳结成的“耆英会”等。晚年回乡奉亲养老的吴麟、吴龙兄弟等人常在湖州岘山山顶的逸老堂觞咏，可见他们此时在湖州也已有寓所。“逸老”指遁世隐居的老人，也有养老、使老年人安乐之意。白居易有《逸老》诗，题目提到的“逸老”就是庄子说的劳我以生、逸我以老、息我以死。

岘山在湖州定安门外、东苕溪畔，原名显山，避唐中宗李显名讳改为“岘”，和襄阳名山岘山同名。元代画家赵孟頫有《吴兴山水清远图记》，文中说岘山坦迤（即平缓）而连绵不断，是典型的江南山水。苏轼任湖州太守时有《与王郎昆仲及儿子迈绕城观荷花登岘山亭晚入飞英寺》诗。岘山最出名的诗歌雅集也和一位诗书兼长者有关，中唐大历八年（773），湖州刺史颜真卿和当时名士吴筠、皎然、陆羽等29人登岘山诗酒唱和，有《登岘山观李左相石樽联句》。石樽联诗是唐人联句之冠，也是古浙西史上一次文会盛举，可以和古浙东绍兴千古闻名的兰亭雅集相辉映。明代岘山逸老诗会也是对颜真卿等先贤的致敬。吴昌硕的先祖就有诗文成就、书画爱好和隐逸情趣，形成家族诗风源头。这对吴昌硕后来旁观湖州潜园雅集、苏州吴中真率会，参与苏州怡园雅集、上海遗老诗会都有影响。

吴麟长子吴维岳是明中叶名宦，也是名士，善书法，尤善诗。他在朝中为官时和明代后期文坛最著名的后七子李攀龙、王世贞等人倡立诗社。还与当时另四位文人被列为嘉靖广五子。吴维岳传附于《明史·文苑传》《王世贞传》，文名载于史册。他有诗集《天目山斋岁编》24卷，大都是关于读书、家乡的吟咏唱和，书斋名、诗集名均为“天目山”，可见对家乡的眷恋。他的诗虽被清初浙江嘉兴大诗人朱彝尊的《静志居诗话》批评为无力多模仿，但这主要是因为朱批评明诗学唐诗没有创新，而且朱也承认吴的五律诗有唐代边塞诗大家岑参的风貌。吴昌硕的五律和吴维岳诗有相似处。吴维岳的善书法也对家族风尚有影响。

吴维岳之子、鄣吴吴氏十三世子弟吴稼竳（生卒年不详），字翁晋，可惜他科举能力不如祖辈、父辈，屡试不第，因父荫入仕，累迁云南通判。他虽科名不如父亲，仕途也不显，但在明代后期诗坛尤其江南士林有名望。吴稼竳有兄弟三人，他排行最末。隆庆三年（1569），善画人像的苏州画家黄彪曾为三兄弟画《怡怡[①]图》，当时吴稼竳还是髫龄小儿。吴稼竳少时就因诗歌被王世贞赞许，

① 兄弟和睦。

还和戏剧家汤显祖等名家有交往。他著有《元盖副草》20卷、《滇游稿》、《北征前后集》等。其中《滇游稿》写于云南，可见他曾宦游南北。《北征》是取杜甫诗意，指他宦游北方。“元盖”即玄盖，天目山别名，因天目山脉在道教洞天福地三十六小洞天中列第二十四名玄盖洞天，又避康熙玄烨名讳改为元。他的诗集名和父亲的相近。

吴稼竳的诗也受父亲影响，但他的成就比父亲高。他的近体诗（律诗）学北宋西昆体，华美精致，尤工乐府①、五言诗，朱彝尊《静志居诗话》称赞其乐府如健儿骑骏马——慷慨绝俗，可见风格劲健。钱谦益《列朝诗集小传》说他和万历年间（1573—1620）湖州另三位才子茅维、臧懋循、吴梦旸合称苕溪四子，不得志于科举，以经世自负，有令誉于当时。可见他还多世事阅历，并有治理国事之志。时人还评价他的诗源于诗骚（《诗经》《离骚》），融合古今，发幽闲深沉之思，洗明末俗气，卓然一家。

吴昌硕后来的生平、为人都与这位族贤有相似处，艺文、诗歌更有学这位族贤处。吴稼竳因科举不顺而困于仕途，也以经世自负，诗也源于诗骚，善写长篇乐府和五言诗，晚年也善写西昆体律诗，可惜传世不多。吴昌硕年轻时曾与湖州诗人、苕上六子（一说七子）施补华、凌霞、陆心源等交往，后得袁昶肯定，说他和清末学者诗人戴望、施补华、张行孚、凌霞等人名列清末苕霅（湖州）学者诗人群体。

吴昌硕中年时致力乡土、家族文献整理，重刻吴维岳的《天目山斋岁编》时，因没有《元盖副草》藏本，就请绍兴诗友、诗人、画家诸宗元（1875—1932）帮忙。1915年，诸宗元正寓居于多古籍的北平，四下搜求，以重金购得海内孤本明万历雍睦堂家刻本《元盖副草》，赠予吴昌硕。次年，吴昌硕校刊、重刻了《元盖副草》，了却平生心愿。早年在苏州，吴昌硕就著有诗集《元盖寓庐偶存》。诗集名也学家族前辈，“寓庐”指寓居苏州。

此后一直到清代后期，鄣吴吴氏仍多诗翁。十六世子孙吴之栋有《月湾诗

① 源自古民歌的叙事诗、古体诗，注重音乐性、五言七言或杂言。中唐有杜甫、白居易反映现实的新乐府。

稿》。二十世子孙、吴昌硕伯祖（吴昌硕祖父的堂兄）吴衡（又名吴应奎）以诗著名，有《读书楼诗集》，吴昌硕另几位从祖载伯、明伯、翁吉、翁升也有诗文见于当时各名家集中。

吴衡和吴稼澄的际遇、性情相近，吴昌硕与这两位才人、族贤也多身世感同。吴衡（1758—1800），字文伯，号蘅皋。他的《梅溪道中》诗提到晏子城，《桃州六绝句》说古桃州（安吉）有老屋三间、书百本，还说县城除了著述写诗没什么可勾留（留恋）的，可见吴氏家族自明代崛起后族人多在湖州有住宅，也有在安吉县城为子弟读书、科举方便准备的读书楼，但还是以鄣吴村为真正家园。扬州学派学者阮元《定香亭笔谈》里提到吴衡，说他是孝丰考生。

吴衡号蘅皋，意为长有香草杜蘅的水边陆地，很有《离骚》诗意，可见其志向高洁，可惜他才华虽高却命运困顿，被逼从家乡出走，寓居安吉读书楼读书写诗。又屡试不第，年纪较大才中秀才，而且不长寿。曾入县学任教数年，40多岁就去世了，没能重现祖先荣光。诗如其人，他的诗也学中晚唐苦吟诗风。

乾嘉年间（1736—1820），阮元（1764—1849）先后在浙江任学政、巡抚并兴办诂经精舍，对浙江文化教育有很大帮助，还编成《两浙輶轩录》，收入清初到嘉庆年间3000多名浙江诗人的9000多首诗，也包括吴衡的诗。阮元是吴衡院试时的主考官。院试是科举第一关童子试的最后一关，由省级教育长官学政主持，先前通过县试、府试得到童生资格的文士可参与，每三年（一届学政的任期）考两场，为岁试和科试。通过后为生员（秀才），可进入县学、府学读书，且具备了乡试（考举人）资格，如得隽等可为廪生，由国家给予粮食、银子。乾隆六十年（1795），阮元初到杭州任浙江学政，据他的笔记，三年两次考试都给了吴衡高等。吴衡终于成为生员且为廪生，还得以入县学教书。阮元可谓慧眼识才。

阮元很看重吴衡考试时写的文章，但一开始还看不出他会写诗，后来得到吴衡呈献的《读书楼初稿》才知道。他编的《两浙輶轩录》选了吴衡的诗，还在《定香亭笔谈》里说吴诗苦吟绮思、字句雕琢磨砺、才思充沛巧妙，很有中唐诗人李贺锦囊佳句风范，长于乐府、歌行（属乐府变体，同为较自由、重音律的古体）。阮元还感叹吴衡和李贺一样有才却与科举不算合拍的命运，怜惜他受“风檐”（科举）迫促。嘉庆三年（1798），阮元编定《两浙輶轩录》，刊行时吴衡已去世。吴昌硕对这位从祖的诗也多有学习。

《读书楼诗集》原有吴氏雍睦堂家刻本，后毁于战火。1915年因友人、福建诗人李宣龚（1876—1953，字拔可）帮助得到诗集真本时，吴昌硕恍然如隔世，想起家族昔日的繁荣，感情丰沛的诗人放下诗集，不禁泪流如雨。次年，他将《读书楼诗集》重新刊印传世。

目山与如川

吴昌硕的祖父和父亲也是诗翁，一号目山，一号如川。

吴昌硕是鄣吴吴氏第二十二世子孙。1898年，吴昌硕回安吉主持修撰《吴氏宗谱》，宗谱详细记载了他这一支鄣吴金麓山本支谱系。九世子孙、明代洪熙至弘治年间（1425—1505）的吴玒八成为成绩优秀的邑廪生（县学的廪膳生员）后，开始多读书人，书香不断。十世子孙中，除了热心教育、慈善的吴松，还有秀才吴顺中。他因成绩优秀进入太学（同国子监般的国家最高学府）读书，得到可直接入仕为低级官吏的可能，后为县丞。十一世、十二世子弟科举仕途鼎盛。十四世子孙吴月将任东阳教谕[①]，他还有《清远阁文集》载入郡志，文名显著。

到清代，鄣吴吴氏每代仍都有子弟读书科举、有功名和诗名，十七世子孙、吴昌硕高曾祖吴树坦是国学生（国子监学生），也是有入仕可能的秀才。十九世子孙、吴昌硕曾祖、吴衡伯父吴芳南，号涵芬，也是国学生。吴芳南有子，就是二十世子弟、吴昌硕祖父吴渊。

吴渊（1778—1857）也是诗翁，一名应保，字和甫，号目山。“应”是这一辈的字辈，他的堂兄吴衡名应奎。嘉庆三年（1798），弱冠之年的吴渊就通过乡试成为举人，可谓少年成名。和族贤吴维岳一样，他应是每次考试（县试、府

① 官位不高却很不容易得到且有清贵声望的学官。

试、院试的岁试和科试、乡试）都没失败或耽搁过，即二月县试、四月府试，次年院试岁试，第三年科试，都高中，取得资格后又遇到三年一次的乡试之年（即“子、卯、午、酉”年），秋八月就参加乡试。这在当时是非常困难和幸运的，同样有才却不适应科举、一开始没遇到识才考官的吴衡就止步秀才。还有更多人连童生试的县试、府试都没通过。

此前，鄣吴吴氏十九世子弟、吴渊从叔父吴五凤高中乾隆五十二年（1787）进士，先后出任广东仁安县、广西隆安县知县，因此在家族科举中兴的美好想象中，吴渊被寄予很大希望。可惜造化弄人，和吴衡困于科场一样，吴渊此后一直科场不遂，仅得授截取知县[①]衔。据宗谱记载，吴渊49岁才有机会出仕，和吴稼澄去云南、吴五凤去两广为官一样，大概也是偏远之地且低微的官职，所以他说自己不喜为官，笑谢官职，理由是自己年届知天命之年且无吏治之才。谢官是委婉陈述，和吴芳南隐居不仕一样。真实情况是明、清以来，官位空缺少而候官者多，有功名、可出仕的士人大多只能候补空衔，长年候官。得实缺需要有力者支持资助和长时间叙资劳，而有机会得到的官职一般都是偏远之地的穷官、微官。吴渊年纪大了，不愿远离家乡，还不喜欢不习惯知县官职的苦累繁忙，谢官是可以理解的。吴昌硕后来也是只当了一月安东令就离开了。

道光八年（1828），吴渊改授嘉兴府海盐县八品教谕，成为一地学官。这是比较好的选择，他的族祖吴月将就曾任东阳教谕。海盐距家乡较近，教谕也符合吴家人看重教育、有志育人的素志。当时，得到教谕之职也非常不易。有举人或五贡功名，而且有地方声望和文名，一般候补为教谕需要30年时间。吴渊二十中举人，五十为教谕，也算正常。海盐任上，吴渊以温和良善性情、清廉高洁品行得到当地学生赞扬。9年后，吴渊告老归里，又被聘为创建于乾隆八年（1743）的安吉古桃书院山长，以深厚学问和清逸人品教诲本地学子。年79岁而终。他有《天目山房诗稿》，仍喜欢用天目山为诗集名。祖父任书院山长近70年后的光绪二十八年（1902），古桃书院改名为高等小学堂，吴昌硕曾任

① 清代授官制度中，举人经九年三科会试不中进士，由本省督抚给资赴吏部候选，具备做官资格，称“截取知县”。

堂长。

嘉（庆）道（光）年间（1796—1850）的吴氏家族的确是人才辈出，虽然功名仕途不如甲第联芳的明嘉靖、万历年间（1522—1566、1573—1620）。吴渊在当时以道德学问著称。堂兄吴衡受到阮元青睐。另一个堂兄弟吴应起也渊博能文，在京城得到“两脚书橱”名号，可见读书多、学问高。

此时的吴氏家族成员也和吴松一样重视子弟教育。吴芳南曾三娶，三任妻子都是庠生（秀才）的女儿。吴渊也是，先娶的两房妻子都不幸早逝，与后娶的严氏白头偕老。他的妻子也是书香门第之女，第一任妻子章氏是庠生的女儿，严氏是国学生的女儿。吴渊之子、吴昌硕父亲吴辛甲的元配（即吴昌硕生母万氏）的父亲万人杰是邑例贡生（在县学读书的秀才以捐纳获得贡生身份，有做官可能），万家也是乡中有清望的家族。日后，吴昌硕的两任妻子也都是读书人家出身。家庭中，母亲的教养、素养对孩子的影响很大，如历史上的孟母、陶母、欧母。由择妻眼光也可见吴家家风对教育的注重。与读书人家联姻对提高家族文化、维持家风不堕有较大帮助。吴昌硕后来有诗《寄严履安表叔泰》，这里的“严履安”应是外祖母家的亲戚。

吴渊与严氏育有四子一女，取名为开甲、逢甲、先甲、辛甲，多取自古代典籍与贤哲的名字，可见家风儒雅和对子弟的期待。吴昌硕的大伯开甲，号春孚，道光十一年（1831）副贡[①]（副榜贡生），曾署理（代理）江西建昌府。二伯逢甲，号韵江，领九品衔。三伯先甲早殇。两位伯父都是努力科举但不顺遂，仅为低级官员或空有官衔，后来都因故无力抚养自己的儿子，将他们托付给辛甲养育。吴辛甲视侄子若己出，足见品行忠诚厚道。可惜两个侄子都在后来的战乱中遇难。

吴辛甲生于道光元年（1821）二月六日，吴昌硕晚年有《凤林寺诵经为先中宪公百岁冥诞》诗，原注“时辛酉二月六日”。吴辛甲卒于同治七年（1868），字中宪，号周史，又号如川、金麓山樵。辛甲是商末周初史官、道家人物。周

① 副贡属可直接出仕的五贡之一，秀才里的优秀者，虽参与乡试没能成为举人但成绩尚可，和举人一样具备做官资格，算是功名正途。

史是周代史官、道家人物。古人讲求名号意思相近或相对，由吴辛甲名号可窥见吴渊、吴辛甲父子对道家思想的爱好，也解释了他们的淡泊隐逸性情。这也影响了吴昌硕。

吴辛甲科举经历大致如下，先成为邑廪生（在县学读书的优等生员，岁试、科试都列隽等的生员才能得到廪生名额），就像他的从叔吴衡，可见吴辛甲学问和父辈一样很好。咸丰元年（1851）又中举人，虽不如父亲少年高中，但也算较年轻的举人，和族贤吴麟一样都是而立之年成为举人。后来也成为截取知县，还钦加同知（同知为知府副职，五品）衔。他虽有做官资格，但据家谱说，他也性情淡泊，谢官不就，赋闲家中，以耕读为生。应该也是暂时无官可做，只有虚衔。

吴昌硕祖辈、父辈的仕途都不显，但吴家仍是读书人家，致力于科举。家族家庭背景对吴昌硕后来的生平志向、人生取舍有潜移默化又具有决定性的影响，由他前半生对仕途的不倦追求可见，虽然他的科举之途不如祖父、从祖吴衡、伯父、父亲。

吴昌硕日后写入族谱的身份是增贡生，可知他在院试合格后入府州县学为附学生员，后又经岁考递升为增广生员，即岁试和科试的成绩次于隽等没能成为廪生（廪膳生员），没有廪食补贴。后来，像他的外祖父、岳父（施夫人父亲）一样，吴昌硕通过报捐方式取得贡生资格，因为不是五贡正途出身，所以他一开始进入仕途只能任佐贰（辅贰）小吏，就是辅佐主司的副职（如主簿等），后来才由多年辛苦叙资劳成为县丞，又有友人数次为他捐资，加上数十年经营，终至江苏同知、直隶州补用知州等，达到和父亲一样的品秩，但一样都是虚衔。吴昌硕其实只做过一月代理安东县令的实职。他的人生复制延续了祖父、父亲等许多家族前辈的轨迹，也是中国历史上很多乱世衰世众多有才华文人蹇促命运的体现。所以他才会对扬州八怪、西泠八子的身世和艺术感同身受。

吴昌硕日后诗才出众，有诗文传家的家族传统影响，更直接的原因是濡染了祖父、父亲的诗才与家学。吴辛甲有《半日村诗稿》传世。“半日村”是鄣吴村别称。诗集中有一首题山水画诗：“故乡有金器，结庐聊可谋。披图一览今，愿倒骑驴背而从游。”诗中说鄣吴村可结庐安居，用陶渊明《饮酒》二十首之五的“结庐在人境”诗意，说自己是山水间隐居不出的官员，有白居易《中隐》诗“小隐入丘樊”之意。还以出山泉清、入山路曲化用杜甫《佳人》诗“在山泉水清，出山泉水浊”诗意。“倒骑驴”意象用宋初隐士、狂客词人潘阆倒骑毛驴过天险华山的典故，表露自己隐逸出世、脱俗不羁的情怀。潘阆诗学中唐孟郊的清奇，吴辛甲说自己愿倒骑驴背而从游，表达了对唐宋诗人清远隐逸山水诗风的向往。他的诗清雅幽深不失奇崛，吴昌硕的诗风与他很相似。由题画诗还可见吴家从吴麟吴龙兄弟开始的融通诗画传统，也成为吴昌硕诗画兼长、工于题画诗的文化滋养。

吴氏家族历代诗人，包括吴昌硕祖孙的诗歌，就像他们的诗集多以天目山为名，风格如同天目、鄣吴金麓（金华山）间的清清山泉，是典型的江南隐逸山水诗风。

遥溯先籍本孝丰

吴辛甲和妻子万氏育有三子一女。长子名有宾，次子即吴昌硕，三子名祥卿。有宾幼时就夭折了，但家中还有吴开甲、吴逢甲的两个儿子，按旧家族同一祖父的孩子一起排名的习俗，吴昌硕算是行三。

1844年9月12日，清道光二十四年八月初一，吴昌硕出生了。他原名俊、俊卿，初字香补，又号芗圃。早年常用字号及斋馆名还有朴巢、梅花主人、齐云馆等。中年后更字昌硕，也作仓硕、苍石、仓石、昌石、苍硕等。别号更多，常用的有缶庐、老缶、老苍、苦铁、石尊者、缶道人、乡阿姐、破荷亭长、芜青亭长、五湖印丐等。斋馆名有削觚庐、禅甓轩、去驻随缘室、癖斯堂等。民国元年（1912）后，他自称七十岁后以字行，从此多署昌硕。又有聋、大聋、聋道人、无须老人等别号。他一生最出名的名号除了昌硕，还有缶庐、苦铁，可见其毕生功力最自傲的还在金石上（缶为石，铁为金），他自称“老缶”，亲者也如此称呼，敬者多以“缶翁”称之。

吴昌硕出生的1844年，他日后几位浙江籍重要艺术师友，归安（今湖州）书法家、金石家杨岘已26岁，嘉兴画者蒲华约13岁（取生于1832年之说），山阴画人任颐5岁（画款署山阴）。另一位后来同列海上画派四杰的安徽歙县画人虚谷22岁。海上画派先驱者赵之谦16岁。海上画派领袖张熊42岁，胡公寿22岁。嘉兴石门（今桐乡）画友吴滔5岁，嘉兴画友杨伯润8岁，萧山（清末，山阴和萧山都属绍兴）画友任薰10岁，苏州画友顾沄10岁。嘉兴石门印友胡镬5岁。此外，嘉兴画友吴谷祥生于1848年，杭州画友高邕生于1850年，苏州画友陆恢生于1851年。这些人后来和他一起成就了清末书画印的龙虎峥嵘。他日后的浙江籍诗词友人，杭州诗人谭献13岁，湖州诗人施补华10岁，嘉兴沈曾植生于1850年，吴兴（今湖州）朱祖谋生于1857年，慈溪冯君木生于1873年。此外，江西陈三立生于1858年，广西况周颐生于1859年。

吴昌硕的出生地有多种说法，一般采用他三子吴东迈之说——生于鄣吴村。也有说他生于安吉县城。吴昌硕17岁时，家人多因战乱去世，父亲也早逝，他的早年生活少有人了解详情，本人除了诗歌也少有确定记录。往事已远，也许回溯吴昌硕出生时祖父、父亲的行迹，能找到一点线索。吴昌硕出生时，祖父吴渊已67岁，此时在安吉县城主持古桃书院。父亲吴辛甲24岁，还在寒窗苦读的要紧处，6年后才中举人。此时，吴昌硕在安吉父亲身边读书的可能性很大。因为吴辛甲夫妇的长子生下不久就夭折了，吴昌硕很受期待和重视。当时，尚未自立的年轻夫妇依附在父母身边生活，也是常情，因此吴昌硕生于安吉一说也有可能。名人出生地历来多争议。吴昌硕籍贯的争议，在他生前就存在。吴昌硕很爱故土鄣吴。他在题《岘山十六逸老图》诗中明确说："我乡虽云是安吉，遥溯先籍本孝丰，数典或穷敢忘祖?"（《缶庐集》卷四）诗言安吉此时是自己家乡，但追溯原本的籍贯是孝丰鄣吴，怎么敢数典忘祖。他还说过自己此生有本，未敢忘宗。他生前还曾打算将来葬在鄣吴祖墓旁，还给早逝的元配妻子写诗说"他年招魂葬，同穴傍祖墓"（《感梦》，《缶庐集》卷一）。他给鄣吴亲友题字作画，从不题"安吉吴昌硕"。他每次回鄣吴都要祭祀祖宗。阮元的《定香亭笔谈》提到，吴昌硕从伯祖吴衡是孝丰吴蘅皋（应奎），也许可窥见吴衡虽和从兄吴渊都曾在安吉居住，但籍贯还是孝丰。

至于吴昌硕说自己是"安吉吴昌硕"，是因为他在太平天国运动后移居并依籍安吉（鄣吴村因战争凋零），也因为他是在占籍[1]安吉时中的秀才，这对渴望重振家族声望的吴昌硕来说是极重要的一件事。

吴昌硕是名士性情，见识广博，见解洒脱。1916年，吴昌硕重刻明代族贤吴稼澄的《元盖副草》时就说吴稼澄是吴兴（湖州）人。也许因为明正德元年（1506）升安吉县为州，属湖州府，次年孝丰县归属安吉州，吴稼澄生活的万历年间（1573—1620）也如此。此外，也可能是因为吴稼澄祖父吴龙致仕后在湖州居住，吴稼澄也是在湖州成名。在吴昌硕心中，名列苕溪四子的吴稼澄是鄣吴人，是孝丰人，是安吉人，也是湖州人，他自己日后也名列苕霅诗人。吴昌硕还曾在画作题跋中说自己旧居鄣吴村，依古时可系籍于安吉，依时下可系籍孝丰，写吴兴则是从州籍，甚至说属湖州也未必不可。

中国古代历史悠久，地名、州县归属变化很大，如不同时代的湖州、湖州的不同地方，人们写籍贯时可以分别题吴兴、乌程、归安等，这些复杂的古地名、雅称背后都带有深刻的历史地理意蕴和文化情感认同。而且，和历史学者、方志研究者不同，文士诗人书写郡望、家乡时多取其诗意，书写较率性，前后也不一定统一。这并非不严谨，而是有时情况发生变化，有时要贴合当时氛围，是与时俱进还是入乡随俗地表达需要具体甄别。

以南宋诗人陆游为例，他一般说自己是山阴陆游、山阴陆务观，但有时也会题自己家族的郡望（相当于祖籍）甫里（今苏州角直），有时还题笠泽（太湖）。他的诗文常说自己是笠泽陆某、甫里陆某务观、笠泽翁。对于诗人性情的吴昌硕的籍贯、出生地，也许也可以用一种古典文人的诗意情怀和吴昌硕式通达洒脱来看待，求真也求同存异。

对于吴昌硕这位受到家族始祖选择善地卜居思想影响，生前就为了更好的发展走出天目山区、苕溪流域，选择人文中心卜居、筮仕，日后成就和影响超越时代、超越国界的大艺术家来说，出生地在何处，故里是哪里，也许认识不能太拘泥，他总归是湖州人，是浙江人。

---

① 入籍定居。

归仁里民

无论吴昌硕生在何地，他童年、少年的多数时光确是在鄣吴村度过的。他毕生都对原貌毁于战火、逝去不可追的鄣吴故地怀有深情厚谊。他晚年在上海，仍是一口湖州土白（土音）。1924年，嘉兴桐乡人、当代篆刻名家钱君匋（1907—1998）拜访他。钱君匋提到从老人口里听到的类似赣东浙西的口音，其实就是地处浙皖边界、距江西东部也不远的鄣吴口音，真是鬓毛衰而乡音不改。

鄣吴村地处安吉西北隅，被群山、竹海与清泉围绕，如同鄣吴吴氏始祖吴瑾第一眼看到的，是个风景秀丽、水土淳厚的地方。村后的金华山（别名金麓、金曜）形如屏风，满山绿竹，鄣吴村就依金华山而筑。吴昌硕父亲别号金麓山樵（吴昌硕也袭用过这个号）就源于此。一泓清泉（金鸡溪，又名金鸡水）来自与安徽广德交界的金鸡岭，从东到西流过村庄，汇入西苕溪。村前、溪南有玉华山，与金华山遥遥相对，山上怪石嶙峋，除竹子外，又多松、柏等其他杂树。到了秋天，满山竹青不变，加上树叶的黄色，色彩明丽绚烂。吴昌硕曾在一幅《秋景图》的题款里回忆说“吾乡南门有一山，青黄二色，秋深时望之，益见峥嵘之态”，写的就是玉华山。鄣吴村又名半日村，因为村庄两边的金华、玉华双峰对峙，村庄坐落于高山间，日照时间很短。吴辛甲有《半日村诗稿》。1914年秋，年过古稀的吴昌硕还刻了一方“半日村”印。村东则是一片平原，其间良田千顷，阡陌纵横，令人豁然开朗，一时忘了是在高山群峦之间。家乡如天然画卷的田园山水常以各种诗意形态出现在吴昌硕的诗中画里。

令吴昌硕更念念不忘的是少时在村庄生活的时光。这里男耕女织、自给自足、长幼有序、其乐融融，如桃花源般的“里仁为美”氛围，鄣吴村不愧是“归仁里”。其实他出生的晚清，传统乡村已衰落，鄣吴也早已不是明代“吴天官”时的鼎盛模样，加上一场江南历史上少有的战争的无情摧毁，鄣吴村“消失了”，但始终是吴昌硕心底永不能被替代的理想地。吴瑾当年因为鄣吴的安全、远离战火选择它为家族安居地，可惜到了清末，群山环抱、交通不便的鄣吴亦难免战乱之祸。

吴昌硕有《鄣南》诗："九月鄣南道，家家云半扉。日斜衣趁暖，霜重菜添肥。地僻秋成早，人荒土著稀。盈盈烟水阔，鸥鹭笑忘归。"（《缶庐诗》卷一）从收入诗集的次序看，此诗应写于他青年时。那时，他常来往于鄣吴和安吉，诗中写的就是他路上的所见所感。当时太平天国运动已结束，他在安吉有了新家园，但仍不时回到不远处的故乡。时值秋天，家乡地势高，云雾常萦绕门户，温度也低，加上半日村日照短，到黄昏就要添衣。山中，秋霜也早早降落，使得田地里的菜添了一层白霜。他接着说故乡地处僻远，秋天也来得格外早。这里除了自然秋意，还有一种"秋意"此时也渐浓。战后，村里土著里民或死或逃亡或迁居别处，所以人烟稀少、土地多荒芜。诗中萧瑟落寞的"秋意"难以掩饰，一如清末传统社会、战后鄣吴的历史写照。但诗人对昔日村庄"里仁为美"氛围的怀恋仍隐约可见。诗中最后着墨的是村东溪边的景致。这里古树参天，遮云蔽日，绵延十余里，多鸥鹭盘旋其上。据鄣吴村故老相传，这些鸥鹭一直栖息在溪边古树上。晴天傍晚，鸥鹭觅食归来，在古树间盘旋鸣叫，为村庄增添了一分祥和气氛。战后，人烟稀少，田地荒芜，但鸥鹭依旧。

在诗中，"鸥鹭"是鄣吴实景，也是鄣吴里民耕作生活的诗意寓言。在中国古代文化意象典故系统中，"鸥鹭"来自《列子》寓言"鸥鹭忘机"，指忘却人世间算计的淳朴隐逸情怀。"鸥鹭笑忘归"是全诗最后的亮色，吴昌硕说自己这个归客和旧日鸥鹭相见，鸥鹭应该会笑话自己忘了归来吧。在他心底，此时的鄣吴村虽已凋敝破败不似旧日，却因为保存了许多早年美好记忆，成为他心底永恒的世外桃源。吴昌硕后来的《寒食登金麓山》诗说"欢息平林栖凤地"（《缶庐诗》卷一），《芜园图自题》六首之二深情回忆"念昔归仁里，高会[①]兹允臧"（《缶庐集》卷一），都对昔日归仁里这个"栖凤地"念念不忘，说归仁里"允臧"（确实好、很完善）。

除了对昔日乡人聚会欢愉盛景的回忆，细品《鄣南》全篇诗意，仍满是迷惘与伤感。"忘归"其实是一去不复返。"盈盈烟水阔"的烟水指云雾萦绕迷蒙不清的村中溪流，它如宽阔银河隔开现实和过去，盈盈一水间，脉脉不得语，

① 宗族盛大的聚会。

他童年、少年时代的家乡已然消逝。

吴昌硕的诗多学中晚唐诗风，这首《鄣南》也是，以山水景物和隐逸情怀，抒写了诗人的孤单与失落，也传达了对故乡的深情。《鄣南》诗也和历史上一些异代同乡的同题诗，如元代湖州书画家赵孟頫的《鄣南道中》、其子赵雍的《鄣南八咏》等诗的诗意（赞美怀念家乡山水美景、抒写隐逸不仕情怀）相呼应。

吴昌硕还有不少表达怀念故乡却不能归去、深感怅惘的诗篇，如《鄣吴村杂诗》，也被收入《缶庐诗》卷一。这首诗大概也写于他青年时，体现了诗人在战火中受到严重伤害尚未疗愈的残破内心，诗里也显现了阴霾迷梦般的暗淡凄清色调，比《鄣南》诗更甚。但诗中的故乡景物仍真切可感，传达了诗人渴望从亲切熟悉的故物遗存得到慰藉的心情。诗中说："莽苍蹑林麓，迷离认草庵……别墅何时筑？浮生此足耽……树带邮亭古，山浮别县青……""草庵"指村东的吴家家庙。"别墅"就是他童年读书的溪南静室。"邮亭"就是村口的香雨亭，是去安吉（别县）的必经之处。吴昌硕充满怀恋地说，这里就是"菟裘吾旧隐"（我的旧日隐居之地）。"菟裘"，指隐居之地。诗中的"长风披落叶，秋色椒荒垌"应是写秋日青黄二色的玉华山，"荒垌"（荒芜的田地）和《鄣南》诗中的"人荒土著稀"一起道出景是人非。"山浮别县青"和"盈盈烟水阔"以雾霭与烟水隐喻浮生如梦、愀然不乐的茫然若失、迷惘忧虑。

战争改变了很多传统秩序，打破了很多人沉醉田园、追求里仁为美、做归仁里民的梦。对于吴家这种中落的仕宦家族而言，家族传统过于沉重，所以吴昌硕不得不延续着旧日生活模式，包括以读书科举入仕为人生目的。

吴昌硕中晚年先后寄食苏州、沪上，早先几乎每年都要回故乡拜谒祖坟和祭祀宗庙。晚年因身体不支，就少回家了。他常常只能将思乡念旧之情寄托在书画里、印上、诗中，用书画印诗表达对似水流年的留恋，以及对已消逝的故里"归仁"氛围的怀念。他刻有"古鄣""归仁里民""半日村"等印。他的一些题目中有"梦"的诗大多是回忆童年、家乡和过往之作。如1918年八月的《鄣吴村诗梦中作》（《缶庐诗》卷四）诗，又名《戊午秋仲，偶写鄣吴村即景，付涵儿家藏》，是他让两个儿子将妻子施夫人安葬于鄣吴后心中空寂失落时所作。他梦到故里的昔日旧貌，醒后怅然若失，于是根据梦境画了昔日"归仁里”，还题了一首七律诗，并让没见过战前鄣吴村面貌的儿子珍藏。因为写的是梦中所见，是旧日之景，所以写得如梦如幻，满是忧伤迷茫。诗中先说“玉华峰抱天梯入，石马岭登樵径通”。“天梯”据说指通往玉华山吴氏宗祠的石阶，“石马岭”是鄣吴古时通往孝丰县城的要道。接着说“川涌似翻斜谷出，村墟还堕劫灰[1]中”，梦见的美景虽生动却都是虚幻，村落和故人早已毁于战火。又说“耕荒叱叱驱晨犊，倚树沙沙落晚虫”。“叱叱”指驱使牲畜声，出自陆游《致仕后述怀》诗之五的“叱叱驱黄犊”，是吴昌硕对少时牧牛的回忆。“叱叱”“沙沙”两个拟声词使得他的梦境极为真实，和其他诗中的“鸥鹭笑忘归”“秋空巢鹤归”一样很有画面感，可见他对少时家园、梦中家乡的深刻印象和刻骨思念，也可见他的丰富诗意思维和敏锐艺术感触。

直到去世的1927年，吴昌硕还有《昨梦》诗“……门户虽抛半日村。昨梦玉华山下坐，看人打稻饲鸡豚”（《缶庐集》卷五），说自己虽然离开了鄣吴村，但一直没忘却那里。昨晚还梦到自己回到童年，在玉华山下坐看乡人打稻子、喂养鸡猪。这些梦其实都是绵长不绝的“念昔归仁里”。

① 原指劫后的灰烬，后引申为战火后的残存之物。

第二章　小名乡阿姐：一耕夫来自田间

忆昔溪南读书室

吴昌硕在《鄣吴村杂诗》中说："唯余古松树，掩映下溪南。别墅何时筑？浮生此足耽……数行题墨处，清泪忆趋庭。"（《缶庐诗》卷一）他对鄣吴村故里印象较深刻的，除了少时见过经历过的景物、建筑、事件、人物等片断印象，耕作与休憩时所见所感的阳光、树木、动物等鲜明美好碎片记忆外，最不能忘记的还是在义塾溪南静室的读书时光及与家人的互动、情谊。

虽然外面的世界早已风云变幻，清末鄣吴里民的生活和他们的祖先却相差不大，吴氏家族仍是笃信以科举取仕途的传统家庭。童年的吴昌硕和许多日后成大器者一样，是个早慧的孩子，自小就不好玩耍，喜欢读书。他虚岁5岁左右，就由还尚未成为举人的父亲开蒙，开始识字。"忆趋庭"说的就是这件往事。"趋庭"出自《论语·季氏》，说孔子的儿子孔鲤（伯鱼）"趋庭"（恭敬地快步走过庭院）时，孔子问他学《诗经》《礼记》的情况，体现了诗书家庭的良好教育氛围和父辈对子辈的殷切期待。这个典故被后人用作亲聆父训之意。吴昌硕说后来看到父亲在鄣吴留下的墨迹，想起父亲当年对自己的苦心和谆谆教诲，不由泪落。日后，吴昌硕屡屡以"识字夫"自称，如为西泠印社撰联的"社何敢长？识字仅鼎彝瓴甓"、《盲趣（王）一亭画》诗三首之三"中有穷途识字夫"、《玉笋石刻拓》"头点还怜识字夫"、《赠王庆源诗》的"我是识字耕田夫”（《缶庐集》卷三）、《驿亭》二首之二“天怜识字夫”、《季仙五十寿》“劝我耕田因识字”（《缶庐集》卷四）。他后来的学问、艺术都源自最早的识字，来自祖父、父亲的庭训和家学教诲。

除了父亲，吴昌硕也应该得到过回家乡养老的祖父吴渊的教诲。吴渊是一县书院的山长，学问渊博。可惜他已老迈，精力不济。吴渊于1857年去世，此时吴昌硕14岁。吴昌硕不但自幼颖慧，而且性情文静温和，很服长上之训，祖父、祖母严氏都对他十分钟爱。由于长兄夭折，吴昌硕小时候多得祖母抚育照顾。慈恩难忘，到了晚年，已和当年祖母一般年纪的吴昌硕说起这位不幸死在战争中的老人，仍会潸然泪下。他有一首写新年拜祭祖先遗像的《展拜先人遗像》诗“孤儿泪点岁同新，烧烛春朝拜大人。积恸难忘老病死，家风旧学汉周秦”（《缶庐集》卷二），说自己身为“孤儿”终生难忘祖辈父辈的逝去，要以继承家风旧学纪念他们。祖父、祖母的像也是他自己画的，其《元旦谨为先王父母[①]画像》诗云：“漫喜新年见日昕，回思祖德诵清芬。耽心书卷终儒服，敝屣功名作广文。少失传经今老大，晚期归里守耕耘。孙儿一事重安慰，笔法能传写练裙。”（《缶庐集》卷二）诗中，吴昌硕回忆了祖父的清德，说他一生好学（耽心书卷）、不孜孜功名（敝屣功名），最高官位是仍穿着儒服的学官教谕，以曾为广文馆博士的中唐诗人、诗书画三绝的“广文先生”郑虔指代祖父，只可惜祖父早逝，自己没能多多得到他的教诲。“老大”是感慨自己如今年岁已大却功名不就。诗最后的“笔法能传写练裙”说自己精心画祖母的像，足见深情。“练裙”指妇女穿的白绢下裳，这里指代衣着朴素的祖母，流露出无限思念。由诗意还可知他的祖父能书画，只可惜自己没学到多少。

七八岁时，吴昌硕便进入吴氏义塾溪南静室读书，接受的还是“四书五经”、以科举为目的的正统教育。

那时，吴昌硕每天都要经过村前小桥到溪南静室念书。静室很普通，只有三间屋子。门前多栽古松，就是《鄣吴村杂诗》中“唯余古松树，掩映下溪南”提及的经历战火和岁月仍依旧的古松树。山风送来松涛阵阵。吴昌硕在此学习

---

① 祖父母。

了整整5年。他还有多首诗写到静室。其中，约1881年写于芜园的《自题小像二首，像独坐松石间，王复生笔也》（诗中有“离居十七载”，从1864年他离鄣吴算起也许为1881年前后）二首之二深情回忆了溪南静室的各个细节：“别墅下溪南，绕屋种松树。秋空巢鹤归，明月照山路。下有读书堂，是我旧吟处。”（《缶庐诗》卷一）“明月照山路”写的是他小时候在静室秉烛勤奋吟咏夜读后乘月色归家的情景。吴昌硕70岁回乡时还作《溪南闲步》诗，诗里说“青天笠戴归斜谷，野屋月明来故人”（《缶庐集》卷四）。“野屋”就是“别墅”“静室”“读书堂”，“月明”就是“明月”。他说我这个“故人”来到“旧吟处”，一切似乎如故，不知道月色明净的夜空中，旧日晚归巢穴的鸟儿是否会认得他。他晚年另一次回乡时还在静室大门石坊上题刻了“溪南静室”四字，署名是“溪南老人”。他对承载了他童年平静安逸时光的读书堂感情极深，晚年多给义塾捐款。

1853年，吴昌硕10岁了，转到邻村的乡塾继续读书。他离开了溪南静室，走出了鄣吴村。

40年后，1893年春王月（农历一月），50岁的吴昌硕为自己第一部较成熟的诗集《缶庐诗》作自序，开首说“予幼失学，复遭离乱。乱定，奔走衣食，学愈荒矣”。“幼失学”并非说自己从小没接受过教育，而是可惜和自谦没更多受到祖父、父亲的家学濡染，也就是他在《元旦谨为先王父母画像》诗里说的“少失传经今老大”（《缶庐集》卷二）、在《七十自寿》诗里说的“我祖我父称通儒，可怜无福授我书”（《缶庐集》卷三）。其不是没有得到祖父和父亲的“授书”（教授学问），但遗憾自己没有福气，不能得到身为举人、山长、通儒（通晓古今、学识渊博的儒者）的祖父和父亲更多、时间更长的教诲，是在可惜祖父在自己14岁时就去世了，更是在心痛父亲也教诲自己不多，还隐隐感愧自己后来因为忙于谋生（“奔走衣食”）荒废了学业，没有成为祖父、父亲这样的通儒，对不起祖父、父亲的教诲。

食肉相和咬菜根

家庭、义（乡）塾的教育使吴昌硕在孩提和少年时就接受了当时正统的教育。这些教育虽因战争而中断，却很扎实、博雅，成为他日后继续学术追求、书画诗有雅正韵味的重要基础和渊源。

另一方面，勤奋、刻苦、自律、有恒心、不怕吃苦等性格特色此时已鲜明显现在少年吴昌硕的个性里。他在溪南静室读书很刻苦，常常和油灯、月色为伴。到邻村乡塾念书，离家远了，每日要翻山越岭往返十多里路，他依然风雨无阻。此外，父亲吴辛甲虽有举人功名，在乡间算地位崇高，但由于清末经济和乡村的凋零衰落，加上他没选择（确切地说是没机会）入仕，吴家已渐渐中落。即使吴辛甲曾为族长，还在宗祠里设馆授徒，但吴家家风是耕读并重，吴昌硕也曾下地耕作。1893年，画友任颐和苏州肖像画家尹沅为50岁的吴昌硕画五十小像《归田图》。1897年，吴昌硕为妻子施夫人50寿辰作《季仙五十寿》诗，其中也说“劝我耕田因识字”。可见，他在鄣吴和芜园生活时曾耕读兼得，与山野的交往匪浅，他的确是“一耕夫来自田间”。

在鄣吴，吴昌硕十二三岁时，虽然个头小，身子也单薄，但已能参加田间劳动。他常随父亲下田，还去放牛，村头鸥鹭起落的大树处就是他和村里孩子一起牧牛、嬉戏的好去处。《鄣吴村诗梦中作》就提到牧牛之暇他在大树下休憩的情景，《昨梦》诗也写到他在树下休憩时坐看乡人劳作。

早年的田间耕种体验和静夜夜读一样，辛苦但也不失快乐，其与溪上月色、秋空鹤影深深刻印在吴昌硕的记忆深处，化为他后来作画吟诗的重要素材，是常用意象、情境氛围。他晚年时，这些场景越发鲜活生动，就像田里经霜肥润的青菜，自己和同伴驱使黄牛的叱叱声，他靠着村头大树听虫子沙沙落下，看村人耕田、打稻、喂鸡猪的日常生活细节，村头鸥鹭和溪桥白鹤在黄昏或夜深归巢时的鸣叫和飞过的影子，松涛的声音，溪水的烟水气，玉华山的山色，远方的山岚等，都在他的诗里、书画中和印上留下灵性而深邃的诗意痕迹，形成沈曾植说的难得奇气和“华离杳渺”。吴昌硕一生都是内心自由的“归仁里民”、向往隐逸的芜园主人，这对他的艺术在书斋高古之外有野逸自然趣味影响至深。

1915年，72岁的吴昌硕已定居大城市上海多年，地位日高，声誉日隆，但日常的生活仍十分俭朴，饮食上保持着早年在山村生活的习惯，喜欢蔬菜、肉、豆制品、笋等。这一年，他刻了一方闲章“园菜果蓏[①]助米粮”，说旧日常因大米不够吃而拿蔬菜瓜果充当主食，他还在边款里说自己居住在乡村时常遭遇这种境地。两年后的1917年，已登上西泠印社社长之位的他也不忘本，说自己只是“一耕夫来自田间”。这并非手指从未沾过泥巴的文人矫情，而是真情实话。他不是王维式隐逸山水的贵族诗人，而是陶渊明式真种过地的文士，就像陶在《归园田居》五首之三诗里说的“晨兴理荒秽，带月荷锄归”，他参加过真实的田间劳作。所以吴昌硕晚年除了画文人气息较浓的花卉梅、菊、兰外，也喜欢画蔬菜瓜果，他画中不灭的野趣正源自少时“瓜菜半年粮”的真切记忆，还有十几岁遭遇战乱流浪于山间野地以野果野菜充饥的惨痛回忆。他对田地耕作、蔬菜瓜果的熟悉令一些多靠想象模仿的田园诗人、瓜菜画者咋舌。

吴昌硕画得最多的蔬菜瓜果有南瓜、葫芦、白菜、青菜、竹笋、萝卜、茄子、桃子、西瓜、葡萄、枇杷、玉米、荸荠、辣椒等，大多是鄣吴田野、自家菜地里常有的，也是平民生活的日常可见之物。因为熟悉，所以他笔下的蔬菜瓜果简单勾勒便面目真实，但他常常设色鲜明、淋漓挥写，往往以巨大叶子为背景、果实为主体，突出色彩对比，现实生活气息和烂漫诗意气质交织融合（后者来自传统文人的桃源梦想，前者和他早年乡村生活的体察与感触有关）。

蔬菜瓜果画这种平民化画风及体现的近情入俗审美，虽不算创新，但发扬了清中期扬州八怪[②]的画风。八怪中的罗聘等人就喜欢画菜。但在吴昌硕画里，那种“霜重菜添肥”的细致体察、真切质感比八怪画更切实，这和他真实的农村生活经历密不可分。除了画得更真切，他也在瓜果蔬菜上注入了更多通于俗

① 瓜果总类。

② 扬州八怪是康熙中期至乾隆末主要活动于扬州一带、书画风格新奇有个性的书画名家群总称，画史上也称扬州画派。吴昌硕日后师友凌霞的《扬州八怪歌》较早提出此群体名。八怪人员众说不一，或不止八人，但一般认为是金农、郑燮、黄慎、李鱓、李方膺、汪士慎、罗聘、高翔，华岩、高凤翰、边寿民等也被认为是八怪成员。八也可以是约数，是多的意思。

世的喜乐和警世反讽深意，但大俗大雅都统一在野逸趣味上，这是他的个性、特色。

吴昌硕和扬州八怪一样，也常在原来较少进入文人诗画范围的瓜菜画上题诗，言志抒情，表露画者在社会下层尝到的辛酸苦涩。如他的“园菜果蓏助米粮”之语就和郑燮为李鱓《秋稼晚菘[1]图》题句的意思相通。李鱓的画绘出关系民生的稻穗、白菜，没经历过贫寒饥饿之苦的人也许不能理解这普通之物、平淡之味下的人生至味、世情深意。郑燮、李鱓这些因为科举仕途不顺落入社会中下层、以“砚田”谋生的文人，比书斋里、朝堂上的士人更能体察民生疾苦，生出更切肤的忧患悲悯之情。吴昌硕因为早年的田间生活、战乱中的沉痛经历，比八怪更能深体悟民生之苦。即使他常以淡淡口吻甚至自嘲口气、喜剧形式出之，却格外深挚真诚。

值得注意的是，粗略看，吴昌硕似乎也和包括八怪在内的传统文人一样，是褒“菜”贬“肉”的。如他的题《白菜》说“菜根有至味”，题《墨菜》说“菜根常咬能救饥，家园寒菜满一畦。如今画菜思故里，馋涎三尺湿透纸。菜味至美纪以诗，彼肉食者乌得知”，题《扁豆花》说“味和晓露摘来鲜，不羡金盘荐绮筵”（均见《缶庐别存》），题《青藤画菜》也说“葱蒜鱼肉损肝肺，咬之不厌唯菜根”（《缶庐集》卷四），以《左传》典故讽刺“肉食者鄙”，也以认可“咬菜根”“菜根有至味”的对比突出自己身处浊世的清贫与清醒。但作为以卖画为生的画家，一味厌弃“肉食”难以自圆其说，吴昌硕就比八怪们更进一层，以更豁达的态度看待“肉”“菜”意象并达到自洽。

吴昌硕画过多幅蔬菜图，画上都题写他较出名的一首诗：“花猪肉瘦每登盘，自笑酸寒不耐餐。可惜芜园残雪里，一畦肥菜野风干。”[2]诗里的“猪”虽是“肉”，却是瘦猪，还用了他常借以自指的“酸寒”。吴昌硕说自己虽中过秀

---

① 百姓喜欢吃的白菜。

② 吴昌硕此诗多见他各时期的蔬果画题跋，有时“可惜”写作“叹息”。他也常说此诗是“录旧作”。如光绪十四年（1888）嘉平月（农历十二月）的《墨菜（白菜）图》、光绪三十四年（1908）的《花卉蔬果图》、宣统元年（1909）春三月的《清白水墨》、1912年冬仲的《蔬果对屏》、1915年春分节气的《菖蒲园蔬图》等。他的蔬菜图多对应节气，也显示耕夫本色。

才，以贡生身份进入官吏（“食肉者”）行列，却是最底层的官吏，可以说是“酸寒不耐餐”。诗里又写了芜园残雪里的一地菜格外肥美，适合与肉同吃。这首诗的“菜”与“肉”就不是矛盾的双方，而是和谐共存者，“肉”“食肉者”和清寒又肥美的“菜”、隐居者实现从对立到和解。类似中唐白居易《中隐》诗“大隐住朝市，小隐入丘樊。丘樊太冷落，朝市太嚣喧。不如作中隐，隐在留司官”中出世与入仕、雅与俗的平衡。吴昌硕在苏州、上海做“酸寒尉”，卖艺，都继承和发扬了古文人的“中隐”，又与时俱进。

吴昌硕诗里多有这种以饮食比喻雅俗志趣的意象，如他的《煮石》诗说“煮石饥难疗”。“煮石”用古代仙人煮石为食典故，这和隐士“食薇蕨”(吃野菜)、仙人吃“仙胡麻”是一个意思，虽然隐居显清高，但现实入世生活也重要。在他的诗里，食肉、咬菜根并不完全对立。他后来的人生选择处处体现了这一通达见解。

中国文化中，饮食文化是最浅层也是最本原、最根本的部分，吃是雅俗共赏的事，也是最深入浅出的道理存在处，古人常以此比喻世间至理、家国大事。吴昌硕也通过“菜”“肉”这两个常见物事，这一对看似矛盾实则关系微妙、可鼎鼐调和的意象，体现自己融通仕隐、出入雅俗的豁达境界。在他看来，肉是俗的，代表俗世生活诱惑，难以拒绝脱离，就像他的辛苦为微官、无奈卖画；菜代表梦想中耕读隐逸的诗意田园生活，却难以坚守，就像他放弃的芜园生活。吴昌硕曾自嘲卖画就是为了不只吃“菜饭”，能吃一口“肉饭”。这种清醒、矛盾、无奈是传统文人特别是明清以来扬州八怪这样在都市谋生的入世画家都会有的。真正的近代大城市上海，有与商品经济不违和的新氛围，身在其中的吴昌硕等海派画家才能较好地在“菜”“肉”取舍中找到平衡，不再讳言“阿堵物”和“肉食相”。他于1891年端午在任颐为小儿子吴东迈画的小像上的题诗《书苏儿小照》说：“儿有食肉相，愿为万夫帅。弗学爷读书，齑盐困卑秩。”诗中，他自嘲努力读书反而困于微官薄禄只能吃咸菜，希望有“食肉相”的儿子能摆脱自己的命运。

一枝化作碧虬飞

有时“咬菜根”的意思还超越“吃菜”本意。北宋道学家吕本中在《东莱吕紫微师友杂志》中引用时人说的“人常咬得菜根，则百事可做”，经学家胡安国听了击节叹赏。南宋理学大家朱熹说，不能咬菜根的人就是不能耐得寂寞、吃得苦、守得住本心的人。“咬菜根”不只比喻生活清贫艰苦，更指守得住读书做学问的本心，就是吴昌硕常提及的“岁寒心”“素心”。

一次，亲密诗友、命运坎坷但还苦学不止的沈石友向吴昌硕索要菜画，并说：“真读书者必无封侯食肉相，只咬得菜根耳。”吴昌硕听后感慨良多，在画上题诗说：“咬得菜根坚齿牙，脱粟饭胜仙胡麻……读书读书仰林屋，面无菜色愿亦足。眼前不少恺与崇，杯铸黄金糜煮肉。”（《缶庐别存》）“脱粟饭”指糙米，他说糙米胜过神仙做的胡麻饭，只要能读书、能吃上菜饭就心满意足了，不追求“肉食者”的穷奢极欲。

“读书读书……愿亦足”就是吴昌硕在《鄣吴村杂诗》里说的读书于溪南静室就“浮生此足耽”。他一生都想做那个秉承族贤耕读理想、在田间牧牛耕作、在静室月下夜读、与鸥鹭同归、和同伴嬉戏的小童子。虽然后来经历“岁寒”、风波，但他守住了这一本心，秉承古贤者提倡的“咬菜根”精神，不向往浮华的富贵，只想务实地吃糙米饭和菜、不饥寒就好，能有读书堂安静读书就好，所以他才能成为沈石友说的“真读书者”。

沈石友除了常与吴昌硕讨论学问、人生，还常给爱吃笋的吴寄常熟特产象笋。除了瓜果蔬菜，竹子、笋也是吴昌硕常画的山野之物。他有几首题竹画诗非常出名，有的写家乡鄣吴、安吉土产的美味竹笋，有的写经历“岁寒”的竹子即使遭遇野火焚烧，遇时机（风雨）仍向上生长的坚定本心，意蕴丰富深刻：

岁寒抱节有霜筠，野火烧山未作薪。
莫笑离披无用处，犹堪缚帚扫黄尘。

客中虽有八珍尝，那及山家野笋香。
写罢篔筜独惆怅，何时归去看新篁？

老夫画竹仿东坡，涴壁涂墙不厌多。
斯世惜无文与可，墨君堂里共婆娑。

支离奋臂墨沾衣，写罢修篁紧掩扉。
犹恐夜深风雨至，一枝化作碧虬飞。

玉版笺摊霜月白，金台墨洒海天苍。
写来百尺凌云质，岂与芦蒿较短长？

（《缶庐别存》）

吴昌硕这五首咏竹画诗，借咏山竹、野笋表达对故乡的怀念，第二首诗就说他画完竹子（“篔筜”）惘然若失，希望有机会回到家乡看新萌发的竹子。还说寓居外地吃到的珍稀贵重的食物“八珍”都不足为奇，哪有家乡的野笋香甜？

第一首诗里的“岁寒”“霜筠”意象和他之前写过的“芜园残雪……菜”“霜重菜添肥”一样，都写了草木历经风霜仍保有岁寒心。“霜筠”指竹子，出自中唐诗人贾岛的《竹》：“子猷没后知音少，粉节霜筠漫岁寒。”“子猷”指王徽之，王羲之的第五子，东晋书法家，他很爱竹子，《世说新语》记载他曾说过不可一日无竹子。“抱节”也指坚守节操。所以这经历“岁寒”的山间野竹可以看成吴昌硕经历战火后不改初志本心的自喻。他说自己遭遇野火烧山般的世间劫难，但没有被烧死，心未死去，根仍在，次年又从泥土里钻出，成为“新篁”（即新生的竹子或笋），展现出顽强生命力。他还说不要嘲笑山竹长得茂密繁盛，以及竹子枝叶的“离披”（分散），其看似没有实用价值，但是至少可以做成扫帚一扫世间尘土，就像《庄子・齐物论》说的游乎尘垢之外。吴昌硕是有大志者，也是能屈能伸的实在者。

第三首诗说自己画竹子是模仿学习北宋湖州竹派代表苏轼的画法。北宋时善画墨竹的文同（字与可）曾被任命为湖州太守，但未到任就去世了，他的表亲、曾向文同学画竹的苏轼接任此职。他们虽不是湖州人，却开创了湖州竹派。文同《墨君堂》诗说墨君堂是“吾庐”，苏轼也有《墨君堂记》，都喻指他们的艺境。

第四首接着前两首诗的诗意，也很有深意。“支离”一词出自《庄子·人间世》，指人或物奇离不正、异于常态，也就是“离披”“槎枒”。苏轼画竹爱“支离”之态，《题过所画枯木竹石》三首之二就说自己画的竹子是“散木支离得自全”。“散木”也出自《庄子·人间世》，指因无用而享天年的树，也指有天才但隐居之人或全真养性、不为世所用之人，很有道家意趣。怀才不遇的吴昌硕就常自比为支离的“散木”，他作竹子也学苏轼作的墨竹，用篆籀，疏枝横斜，意态自如，自有金石、诗意气韵流转其中。所以他说自己画完竹子后就赶紧关上房门，只怕夜里风雨大作，这一株模仿湖州竹派画法画的修长绿竹会化为一条碧绿的龙飞去。这里用了唐代画论家张彦远《历代名画记》里南朝湖州太守、大画家张僧繇画龙点睛的故事，又化用了苏轼《海棠》诗的“只恐夜深花睡去”。

第五首诗说自己所画的山间野竹高达百尺，直上云霄，显示高朗意气和崇高志向。竹子还是“新篁”（新笋嫩竹）时和芦蒿很像，但它长成时，和芦蒿就完全不一样了。这里说的是高士和俗人的志向区别。

竹与笋的扎根泥土、岁寒抱节、经山火而不死的深藏不露、朴实无华、坚忍顽强，的确很合吴昌硕的性情和身世。竹与笋既能作柴薪、扫帚等寻常用途，也具备百尺凌云的不凡之质，能在风雨中化为虬龙，还是文人喜用的毛笔湖笔的用材，在湖州竹派开创者苏轼、文同手中化为绝妙辞章、画面。苏轼、文同开创了文人墨竹画，源自道家精神的“支离”审美也给吴昌硕等后学者很多灵感与启发。墨竹同他的“芜”园之“芜”、苍石之颓然、梅枝残碑之槎枒，还有笔下石鼓文之变体、书画印结构之“华离杳渺”都有殊途同归之意。

文同《咏竹》诗“心虚异众草，节劲逾凡木”，指出竹子虚心、有风度气节超过诸多普通草木，自有岁寒本心、君子品格，苏轼《於潜僧绿筠轩》诗“可使食无肉，不可居无竹。无肉令人瘦，无竹令人俗”更彰显雅俗并存的襟怀与境界。湖州前贤雅俗融通的诗画意境，鄣吴、安吉的朴野乡野风光，都是吴昌硕一生心仪追求的，也都寄寓在竹子形象中。

与印不一日离

吴昌硕曾自谓三十（始）学诗，五十（始）学画，都比较晚，当然这是自谦的说法。实际上，他对书法、篆刻的学习从少年时就开始了。

吴昌硕幼年承庭训，在父亲的读书楼开蒙。“束发之年”（十四五岁左右）又开始“受书”，接受雅正艺文教诲。此时应该是吴昌硕开始准备童子试之时，除了习举子业，他也兼习书法、篆刻。这为他日后研习其他艺文打下了坚实根基。

祖父去世后，吴昌硕主要由父亲教授。吴辛甲这个隐逸不仕的举人，受吴家家学濡染，不但能诗词，也爱金石，亦通书法篆刻。清代的浙江正是天下印学的两大渊薮之一。受父亲喜好和时代地域艺术氛围影响，吴昌硕略识字后就尤其喜欢弄石。

吴昌硕一开始是模仿当时流行的浙派或皖派作品。他常在书箧里夹带刻印工具，在学塾诵读经典的空暇磨石、奏刀、刻印。学塾里的塾师怕他耽误功课，多次加以阻止。但他还是常背着老师躲藏在窗下门旁等无人处为之。父亲赞成他学习刻印，并常加以指点。吴昌硕受到启发、鼓励，渐渐与印一日不离。

少年吴昌硕此时有志于篆刻，常在方砖、瓦片上练习刻字，如能得到一方印石则非常珍惜，刻了磨，磨了再刻，反复磨刻，到只剩下薄薄一片、无法再磨才作罢。没有印床，他就直接用手握着石头刻。一次，他刻印时间过久，眼睛和手都疲倦极了，握不稳刀，不小心划到左手无名指。伤口很深，指甲脱落，流血不止。他强忍疼痛，用宣纸包扎，才渐渐止住了血。乡间缺医少药，伤口溃烂了很久，结痂后指甲不再长出（一说这根无名指从此短了一点）。吴昌硕并没有因此放弃刻印，伤残的手指成了他爱好篆刻的最好证明，日后他常举起手指不无自豪地向后辈讲这个故事。

之前吴昌硕已开始认真学习书法，此后也一直用力甚勤。没能力购买足够的纸墨来练习，他就在自家屋檐下放置一块大青砖，用破毛笔、清水在上面练习大楷。书法史上有东晋书圣王羲之练字墨池尽黑，唐代草圣怀素写尽芭蕉，以漆盘漆板代纸写至盘板洞穿、秃笔成冢等故事，吴昌硕此举颇有前贤遗风。他常清晨起床就开始摹写书帖，连写几个时辰不停歇，这一习惯保持到他去世前。他和许多书法家一样经历了漫长的临摹训练。他从学楷书起步。初学曾任湖州太守的颜真卿，格局谨严的颜体使他打下了坚实书法基础。接着又学三国书法家、楷书鼻祖钟繇的钟体，他后来自称学钟体达20年，这使他的书法更富于朴茂自然的笔法之意。后来又学北宋黄庭坚，黄体的笔势欹侧、瘦硬峭拔也在他的书法中留下痕迹。他还学过其他书体。如行草，初学明人王铎，又将王铎与唐人欧阳询、北宋米芾融为一体，兼得气象森严和清劲秀拔。草书学的是晋人王羲之《十七帖》、唐人孙过庭《书谱》。隶书早年临的是阳刚貌拙、方整气酣的《张迁碑》《汉祀三公山碑》，又从大量拓本中选出《嵩山石刻》《张公方碑》及《石门颂》等汉隶，还广泛观摩汉碑拓本。他酷爱篆刻，平生最重视学篆书，日后也以篆书著称。他在杭州、湖州、苏州等地游学谋生时博观金石和各种拓本，后来依从自己的书法基础和审美趣味选定石鼓文拓本为主要临摹对象。此后，他一日不曾停止摹写石鼓文，数十年锲而不舍，终有大成。他的篆刻、书法、绘画都与石鼓文有极深渊源。

吴昌硕曾在《缶庐别存自序》里说："予嗜古砖，绌于资，不能多得。得辄琢为砚，且镌铭焉。既而学篆，于篆嗜猎碣。"《缶庐别存》除了收录题画诗，还收了猎碣（即石鼓文）、集字对联、砚铭。他说自己酷爱古砖，一是因为古砖是金石古物里较平民化、较容易得到的，二是因为砖上会有年款、图纹、文字，对文字学、金石学和书法、篆刻、绘画都有帮助。可惜因为资金不足不能多得，一旦得到，他就磨琢为砚台，还在砚上刻铭文表达见解感慨。他学篆书，特别喜欢为小篆先声的石鼓文（现存最早的成篇古代刻石文字）。石鼓文出土于唐朝，因刻字的石碣（圆形石碑）外形如鼓而得名，中唐诗人韩愈有《石鼓歌》诗。石鼓文上的文字最初被认为记录的是春秋时周王游猎情况，也称猎碣。后来，近代学者、浙江上虞罗振玉等人认为石鼓文是战国时期秦国的文字。

吴昌硕的古金石情怀源于少年时，可谓由来已久，后来嗜古成为他的天性和文化情怀，也成就他的审美意趣和艺术特质。他特别喜爱上古器物和艺术朴拙古雅的“白贲”之美。白贲出自《易·贲》的“白贲无咎”，意为朴素无华才是至高境界。他爱好古砖和石鼓文等古物朴素、高古、朴野、简约之美，都源自少年时的经历。

这时候，吴昌硕在习书法、篆印之外，还在父亲亲传下读经史，并学习写诗词。他很注重研讨形声训诂之学，因为这是学习刻印的必要基础。此时，身处大山中的吴昌硕所见所闻还少，直到在湖州、苏州等地见到大量玺印、权量①、泉布②、封泥、钟鼎款识、碑碣拓片、名家印谱等古物及古物上的古文字，他才觉自己于金石登堂入室，并择此作为终生爱好。吴昌硕日后首先被认为是印人，是因为篆刻是他最早钟情、练习且相对成熟较早的艺术。

吴昌硕在诗、印跋里常以吴刚自称，除了与元配章夫人、施夫人的“明月身”比喻作对照外，还因为吴刚用斧砍树，日日年年不歇，就如他刻印一日不停、一生不改。他还在长诗《刻印》里回忆自己少年学篆印的情景：“少时学剑未尝试，辄假寸铁驱蛟龙。”（《缶庐集》卷一）他说胸中逸气灵感借着“寸铁”（即手中刻刀），如同用剑气驱赶蛟龙一样化为印中文字。

1914年五月，已身为西泠印社社长的吴昌硕有《西泠印社记》，其中也提到自己少年时就喜爱篆印，从少至老，与印不一日离，所以能知晓篆印的源流演变。

梅花旧物

吴昌硕的外貌，从他现存的晚年相片、友人为他画的中年或晚年写真小像看，身材不高，面颊丰盈，细目无髯，气质不算粗犷。他少年时，个子较瘦小，体格也不健壮，加上生性安静，总喜欢坐在屋中刻刻画画，同村同龄伙伴包括

---

① 古度量衡。

② 货币、钱的雅称。

乡亲都戏称他为“乡阿姐”。当时吴昌硕头发不多，还被笑称为“小和尚”，甚至“小尼姑”。这在乡人尤其孩子口里说出，不一定有恶意，但显然带有戏谑甚至嘲笑之意。少年吴昌硕因为爱读书、刻印，醉心不切实际的事务，在乡人眼中不免显得落落寡合。

吴昌硕这个晚年写出异常雄健笔墨气势的画家，同辈眼中的领袖，晚辈眼中豁达开朗的老人，少时却是一个内向羞涩的孩子。他后来在“风波”“岁寒”中磨砺，就像一方屡经雕琢的印章，像他后来的师长吴云说的削觚为圆（即去掉印章里不需要的棱角），终于成为性格圆通之人。吴昌硕成年后交游广阔，画风气质追求刚健雄浑，有脱胎换骨的蜕化痕迹。也就是朱祖谋说的从“甲辰雌”到“甲辰雄”的变化。

吴昌硕年轻时，多历逆境，除了残酷的战争、亲人的离世，还有许多坎坷挫折，如在乡间的孤独、不被理解，在湖州、苏州等地为门客的身份尴尬与受歧视的内心苦涩，但这些都没有使他消极放弃，反而促使他默默积淀和缓缓前行。童年时所得山野朴茂之气，青少年时生活的磨砺，是他渐渐形成坚忍而圆通性情的深层原因。经历劫火，终塑造和光同尘、能屈能伸的性格，折射出他如石、如泥土、如竹子、如笋般坚实厚重、韧性十足的生命底色。

1915年，72岁的吴昌硕刻了一方“小名乡阿姐”印，边款上说：“老缶小名乡阿姐，幼时族中父老呼之以嬉，今不可复闻矣！追忆刻及。”这方印记录了童年往事，幼时听到“乡阿姐”外号的羞涩、不快都在岁月流逝中化为温馨回忆，反而感慨不能再听到了。1925年，吴昌硕在友人王一亭为自己写的小像上题四言诗，也说“是乡阿姐（原注：小名）”，此时他仍记得这个小名。

在吴昌硕清寂苦读的少年记忆中，除了孤寂、酸涩，也有温情的暖色调；除了对家乡的温馨回忆，还有对家庭、亲人（包括外祖家）的美好追忆。

故老传说，吴昌硕战后居住的安吉芜园里的36棵梅树中，有一株老梅是从40里外的外婆家的园林里移来的，一说是安吉本地劫后所余古梅。吴昌硕在苏州（1887年左右）有和友人潘钟瑞（香禅）去江南赏梅胜地邓尉山看梅后的《为香禅画梅》诗，其中有对安吉芜园梅花的回忆：“梅溪梅树涨山野，移种记拨芜园沙。芜园劫余有老物，补卅六株争槎枒。别来梦想不可见，故乡隔在天一涯。”（《缶庐别存》）他说芜园里有一株梅花是战争后和自己一样在劫火中逃出生天的老树。吴昌硕鄣吴老宅的庭院里原本也有一棵老树，那是一棵桂树，一说他的元配妻子（在战争期间去世）就埋葬在树下，他在《感梦》诗里一字一泪写到“劫火烧不尽，中庭桂之树”（《缶庐诗》卷二）。战火无情，亲人多殒没，老宅也很破败，只有桂树还在。可能桂树不方便移种，吴昌硕父子迁居安吉时没有移走。

吴昌硕后来在《石交录》提到表弟万春涵（号东园）。他的诗集里有多处写到这个表弟，如《寄万东园表弟（春涵）》说“遥忆山中时，结契共清素”，又如“东园众山阿，门绕青松树”（《缶庐集》卷一）。吴昌硕还有《万东园表弟以〈持砚图〉属题。东园遭难后犹得保先人遗物传之，绘事可记也，赋三首》诗，诗的自注提及万家表弟屡屡让自己为他的祖父、自己的外祖父万老先生书写墓志铭，说表弟还保存了在战争中去世的表兄万佩珊的遗物紫端破砚，还让自己为万家留下来的《持砚图》题诗。外祖父家遭的战火没有鄣吴严重，尚有梅、砚、画等遗物或旧物留下。这更激起吴昌硕对自己老家藏书、古物都焚尽的痛惜，甚至妻子的遗体也没找到。所以，卜居安吉时，移老梅于新家对于吴昌硕来说是重要的仪式，是对过去的继承和纪念。

吴昌硕还有某年重阳节写给万家表弟的《九日寄万东园》诗（《缶庐诗》卷三），想起当年众兄弟姐妹在梅树下的山中“结契”之乐，如今却只有东园一人可寄诗篇，他此时应该也有插茱萸却无人看的辛酸。他在《登高》诗的最后说“茱萸恨若何”，兄弟都去世了，登高插茱萸的唯他一人，只有无限遗憾。因为和家乡鄣吴云山相隔、和亲人死别不能再见，所以他把思慕故园、怀念故人的情感都移于战前旧梅，对老梅格外珍视。

在携眷举家移居苏州的1882年之前，他给还住在芜园的妻子、长子写诗，《福儿书报芜园近景，编成三绝句，寄令读之》诗三首之一说“当年旧物仍我家……倔强亦有古梅树，空山白云橙槎枒”（《缶庐诗》卷二），仍念念不忘那株战前旧物老梅。“白云”用陶渊明《和郭主簿·其一》诗的“遥遥望白云，怀古一何深！”和《新唐书·狄仁杰传》的“望断白云”，原指父母，这里代指家乡。

吴昌硕对芜园那36株由父亲和自己亲手移植或种植的梅花都非常珍爱，因为这些梅花象征了他的战前牵绊和重生后的新生愿景、希冀。约1888年在苏州写的《芜园图自题》六首之五诗中也说“念我手植梅，及今应一丈”（《缶庐集》卷一）。

鄣吴、安吉的山间水边本多梅花，如鄣吴通往安吉的梅溪（吴昌硕画作题跋多提到“吾乡梅溪”）边就开满梅花，吴昌硕笔下的“梅溪梅树涨山野”，是邓尉梅花，也是安吉、鄣吴梅花。这些野趣洋溢、生机盎然的植物，自有岁寒心，经历风波劫火也不凋零枯萎。这应该是吴昌硕后来大量写这些充满野逸之趣的花卉的重要原因。战火乍起，他的青春和初萌的情感就葬送在对战火和死亡的恐惧之中。后来，这些美好的花卉成为他对无情消逝的旧日生活最后也是最强烈的记忆。

还有桂花、兰花等等，这些在山野峭壁、风霜雪露中怒放的花儿最能象征苦难中顽强的生命，在大难不死的吴昌硕心底引起强烈共鸣。

思乡、怀人、自我寄托，重重叠加，于是梅花等花卉成了最易在吴昌硕心中引起感触的物象，也为他的画增添了许多热烈情感和深沉寓意。由吴昌硕对梅花深挚的爱，可体味出很浓郁也较个人化的情愫。富于情感、生命力与诗意寄托是他的画能打动人心的很重要原因。

第三章　劫火烧不尽：来路有风波

乱走剧波涛

1860年，17岁的少年吴昌硕学业渐有进展，艺术上的才华初显。他本可以和祖父、父亲及家族先辈一样，通过科举谋取功名，即使不能出仕为官，也能像父亲一样隐居乡村，过着耕读诗艺的安逸乡绅生活。但是，一场突如其来的大变乱打破了鄣吴乡民的平静生活，也让吴昌硕的人生脱轨。战争是残酷的，虽然他日后“野火烧山未作薪”，且声名大振，但人生和内心都已千疮百孔、面目全非。

那年发生了很多事。英法联军入侵北京，咸丰皇帝逃往热河。圆明园第一次被烧、被洗劫。《中俄北京条约》签订。太平天国运动也如火如荼。社会的内忧外患已深，只是身在江南偏远地的鄣吴村民包括吴氏一家对这些不甚了然。

1860年春四月，吴昌硕本要做一件很重要的事——去孝丰县城参加童生试的第二关府试。他此前已通过科举考试最初最基础的童生试县试。清代科举有县试、府试、院试，全部通过才能成为秀才（生员）。县试在各县进行，由知县主持考试，连考五场，一般在二月进行，通过后才有资格参与州府官员主持的府试。府试连考三场，在四月举行，府试合格后才能成为童生，有机会参加由各省学政（学道）主持的院试。院试分岁试、科试，每三年（一届学政任期）举行两次，合格后才能成为秀才，没通过的仍是童生。

吴昌硕未能如期参加府试（一说已赴试，但学籍在战乱中丢失）。咸丰十年（1860）春天，战争猝然降临鄣吴。这一年，吴昌硕已定了亲，不久就要结婚。但命运的大手将他抛出宁静的书斋和温暖的家，让他不得不直面严酷的人生和未知的前景。乱世流离最苦，这场战事持续了五年。等到战争结束，21岁的吴昌硕已步入青年，家破人亡，身心也遭受巨大摧残，很是憔悴疲惫。

1860年，太平军东征，江南震动。一支太平天国军队取道安吉、孝丰南下。当时，湖州士绅组织的乡勇团练、清军与地主民团就在鄣吴村附近阻击太平军。由于双方相持不下，战况惨烈而持久，拉锯战历时半年多。后来，太平军翻越鄣吴村后山直插村子，击溃清军。战争使鄣吴村成为一片焦土。加上随之而来的瘟疫、饥荒，百姓不是死难，便是逃亡，鄣吴遭遇灭顶之灾。这次战争，湖州遭战火之害很重，安吉、孝丰尤重。

战争的最大后遗症是人口锐减。据吴昌硕后来的友人、诂经精舍同学张行孚诗，战前安吉县有13万多户，战后回乡的才6000多人。孝丰的情况差不多，战前的咸丰八年（1858）约有30万人，光绪元年（1875）回乡的幸存者仅为七八千人。虽然数据不全，但也可窥见人口流失之多。原来的家园被毁，很多幸存者为了生计移居他乡，如吴昌硕和父亲就定居安吉。鄣吴村由于地处浙皖交通要道，罹祸最重，清末最盛时聚族而居者曾多至6000人，战前人口应是4000多人，但战后还乡者仅26人（应该还有幸存者流落异乡、迁居他地），只剩7户吴姓人家，这个浙西北山区曾一度繁荣的大村落几乎成了无人区。这7户、26人里就有吴昌硕一家——父子两人。吴昌硕在《别芜园》诗里悲叹："在昔罹烽火，乡间一焦土。亡者四千人，生存二十五[①]。骨肉剩零星，流离我心苦。"（《缶庐诗》卷一）。

这场在正史中被称为"庚申[②]之难"的战乱，人间惨状如同中唐安史之乱后

① 吴昌硕有诗人气质，诗文题跋记录多以诗意笔法出之，《缶庐诗》《缶庐集》诗句先后也有一些改变。但他也追求真实，所述基本可信。《别芜园》诗说鄣吴村去世者4000人，生存者25人，他在《芜园记》文说鄣吴村人口4000多人，生存者仅26人，虽有一点出入，但这个数字应该基本属实。写给同宗族人的《湖畔小劫图为茀卿宗丈（荣光）题》诗四之二的"仓皇尽室逃，几人余虎口"也可佐证。

② 咸丰十年（1860）是庚申年。

杜甫写的“三吏三别”，对吴昌硕及当时无数江南普通百姓、家庭、家族都产生了深刻影响。吴昌硕与聘妻（元配）分别、战乱后除了父亲无人依靠的遭遇，和杜甫的《新婚别》《无家别》相似。吴昌硕特别钟爱安史之乱后中唐诗人（包括经历战乱从盛唐进入中唐的王维和杜甫）饱经“风波”、有“岁寒心”的诗歌，是有原因的。

野火烧山未作薪

覆巢之下，焉有完卵？战事一起，无辜无助的鄣吴村民只能仓皇逃亡，吴昌硕一家也无奈地分开各自逃生。吴昌硕先随父亲漫无目的地辗转于荒谷野岭，受尽惊吓，历尽险境。后来父子二人被乱军冲散，他只得只身逃难，其间受苦、历险数不胜数。他曾在孝丰皇路村（今安吉天荒坪镇横路村附近）歇脚，民间传说这里是北宋皇帝徽宗路过之地。后来他又逃往更偏远的黄茅冈一带。1880年重阳节，吴昌硕作《忆昔》诗，第一句就回忆了昔日避兵黄茅冈。

吴昌硕还有回忆战争往事的《庚辛纪事》。庚辛指庚申年（1860）和辛酉年（1861），这两年他大都在逃难途中。开篇，吴昌硕就写了战争开始时的情景“遍地干戈起，于今竟莫逃。途争界牌出（自注：界牌，广德州地名），营指石岐高（自注：石岐，安吉山名）”（《缶庐集》卷一），可见村民中有行动能力的青壮年都争相逃亡到与鄣吴相邻的安徽广德。吴昌硕于1880年为吴姓同宗人写《湖畔小劫图为茮卿宗丈（荣光）题》诗四首，诗里一开始的“压地阵云黑，连村劫火红。天心何太酷，人事竟无功”也写了战火来临时的惨烈景象，“仓皇尽室逃，几人余虎口。一命等鸿毛……生死信天操”“传家旧日经”“我亦遭兵燹，余生劫后存。荒郊曾洒泪，野葬一招魂。骨肉成浮寄[①]，田园废旧村。不堪身世感，此境怅同论”（《缶庐集》卷一），表露出吴和同是战后余生者的同宗族人一样无限惆怅。

吴昌硕在《庚辛纪事》十首诗中继续写道：“杀气腾昏晓，隆隆战鼓声……

---

① 无依托、居无定所。

一炬尽焦土，几家沉劫灰。何方堪避地？有路是泉台。荒窜入穷谷，终年隐姓名。”“哭声殷风雨，乱走剧波涛。入谷愁无路，攀崖恐未高。桃源更何处？僵卧且蓬蒿……道旁尸偃仰，草际血模糊。月黑野狐出，天阴怨鬼呼。西风满怀泪，惨惨听啼乌。”“风雪草堂低，嗷嗷倍苦凄。有家若悬磬，纵饭亦充泥。颜色惨疑鬼，藩篱触类羝。空山鲜薇蕨，何处着夷齐？”（《缶庐集》卷一）这些诗句就是年轻的他在逃难途中独自忍饥挨饿、担惊受怕的真实写照。此时的山林、田野不再是文人在诗画里想象的“桃源”，而是“穷谷”，亦是逃出生天的生路，这就像杜甫在安史之乱中的苦痛记录。没有“薇蕨”等野菜，也做不成隐士“夷齐”（即不食周粟只吃薇菜和蕨菜的伯夷和叔齐）。少年吴昌硕直面狰狞残酷的现实世界，以强大意志和强悍精神活了下来。

诗中，吴昌硕先说军队在家乡厮杀终日，战火下家园都是焦土，邻里经历烧杀后的残余像沉淀的“劫灰”（末世劫火留下的余烬），哪儿堪当避灾之地呢？难道只有黄泉路一条路吗？他只能尽量向荒地逃亡，进入深山老林，苟延残喘。

他还说，家乡遇难者的哭声像风雨、雷声一样震动，幸存者到处奔逃好像波涛一样猛烈。他自己是后者，慌不择路，进入深谷只怕没有路，攀崖只怕不够高，只要能逃离就好。这哪里还是南渡先祖找到的没有战乱的桃源？逃难时，他只能在满是“蓬蒿”（荒草）的路旁“僵卧”。虽然状况凄惨，但比起道旁血肉模糊的死尸，已是幸运。战争多亡者、荒废的村庄，月黑风高夜，更有野狐出没，凄厉的叫声好像不甘的怨鬼叫冤。

转眼到了秋天，对逃难的吴昌硕来说更是难熬。“西风”，夜寒，又听到乌鸦鸣叫，想起鄣吴的“鸥鹭笑忘归”“秋空巢鹤归”，他满眼泪水。“惨惨”出自《诗·小雅·正月》的“忧心惨惨，念国之为虐”、《诗经·小雅·北山》的“或惨惨劬劳”，表达在生死攸关之际仍不忘忧心家国前途。

吴昌硕传承了家族前辈对中晚唐诗的喜好，如杜甫关注家国的诗风，韩愈对文化的关注，孟郊对个人命运的关注，李贺借奇诡怪诞意象抒发内心忧虑，李商隐以内心世界反映外在世界不安等，此时真实的类似杜甫的“北征”逃亡、孟郊的穷愁生活的经历，让吴昌硕对诗歌有了更深领悟。他常在诗里化用古人典故，慨叹自己的种种遭遇。

约1880年的重阳节，吴昌硕有《忆昔》诗（杜甫在安史之乱后有回忆开元盛世的同题诗），诗里回忆了1860年秋的逃难情景。重阳本是团聚日，吴昌硕却孤单地逃亡在路上，“重阳无酒天雨霜，骷髅满眼大道旁。登高唯见斜阳黄”，心境和天色一样苍茫凄凉。此时军队暂时离去，他曾短暂归家。当时祖母正病重在床（“大母卧病六尺床”），父亲在外（梅溪附近的龟山）苦苦求药（“我父乞药龟山场”），母亲辛苦侍病没有空睡觉（“我母侍侧眠不遑”）。他自己也得了病（“软脚病我神惶惶”），但为了家人不饿死只能去捡拾野果（“日拾橡栗难盈筐”，这里用杜甫在安史之乱中困居同谷写的《乾元中寓居同谷县作歌》七首之一的“岁拾橡栗随狙公，天寒日暮山谷里”之典）。此时，能帮忙的只有幼小的妹妹（“有妹有妹相偕行”）。妹妹两年后去世也才十岁（“余生十载尤匆忙”）。

到了冬日，在逃亡中的吴昌硕更为艰难。风雪天，他只能在低矮、简陋的茅屋里暂时栖身，“嗷嗷”道出了内心凄凉悲苦的呼喊。“有家若悬磬”用《国语·鲁语上》的“室如悬磬”典故，屋里挂着石磬，意为家徒四壁。吃的东西也是乞讨或自地里挖来的，但有吃的就已是幸运。冬日流浪的吴昌硕常常没有吃的，所以他自嘲“空山鲜薇蕨，何处着夷齐?”（没有吃的哪有隐士?）真是极沉痛真切的领悟。在磨难中他容颜惨淡憔悴，自己也觉得自己像鬼，更是常常处于绝境。“藩篱触类羝”典出《易·大壮》的“羝羊触藩”，指公羊的角缠绕在篱笆上进退不得。不过，即使是陷于绝境，他仍期待否极泰来。

单独流浪一年多时间后，吴昌硕得知父亲逃至孝丰东乡半山地，便即刻前往寻找。咸丰十一年（1861，辛酉年）小除夕，即大年夜前一天，他见到阔别多时的父亲。小除夕是传统社会民间上坟祭祖的日子，在这一天父子相见，二人百感交集。此后，父子二人继续逃亡，躲藏在深山穷谷间，常以野果充饥。1910年，吴昌硕在苏州寓所中有《除夕寓庐展拜先人遗像泣赋二首》，其中一句说“辛酉小除夕，半山随大人。饥分猿食果，险与鬼为邻”（《缶庐诗》卷二）。“大人”指父亲。“饥分猿食果”虽借用古诗，但吃野果、在坟边休息的遭遇并非夸张、虚写，全是真实的苦难。他拜祭祖辈父辈遗像时想起他们的苦难，不禁泪如雨下。

同治元年（1862）春三月，战事再次暂停，乡里稍宁静。此时已19岁的吴昌硕悄悄归家探望，但一进门就听到多重噩耗——祖母严氏在他上次离家后不久的庚申年（1860）除夕就去世了，聘妻章氏也在十多天前去世。1920年，吴昌硕又遇庚申年除夕，已经77岁的他难忘往事，作《庚申除夕》诗，有“祖母弥留母病孱”（《缶庐集》卷四）句，凄凉之情终生不能释怀。

不久，因家乡遭受灾荒，他又被迫出门流浪。这一年的立秋，母亲万氏也病故了。没有棺材，母亲被草草埋葬在石坞，在坟头哭泣的只有羸弱的妹妹一人，就是吴昌硕在《除夕寓庐展拜先人遗像泣赋二首》之二里写的“无棺埋石坞，有妹哭山头”。两句诗看似平淡却有大悲，是中唐诗人孟郊哭小女儿早殇《杏殇》诗“零落小花乳，斓斑昔婴衣。拾之不盈把，日暮空悲归”的平中见深风格。此后，弟弟祥卿、妹妹也相继因瘟疫和饥荒死去。吴昌硕的《夜半有感》诗也对此有沉痛追念，即“有弟死疫妹死馑”。这是互文写法，不是说弟弟死于疾病、妹妹死于饥饿，而是说弟弟妹妹因战争引发的疫病和饥荒而死。他不在乡里，弟妹的死因也只是从旁人处听说。战争中人命如蝼蚁，很多人都无声无息死于乡间。

吴昌硕后来的很多诗歌都表露了在乱世面前个体的无可奈何，那都是他和父亲作为家里的男丁却不能拯救家人的无尽愧疚，每每在他夜半难眠时浮现。晚年有友人请他为弟弟遗作《一蝶图》题诗，吴昌硕有《沈子修属题令弟全修茂才》，这使他想起自己的同胞弟弟祥卿，写下“我有同怀弟，云亡只自怜。苦无遗墨在，回首莽烽烟（自注：予弟祥卿难中病殁）”（《缶庐集》卷二），说弟弟祥卿也能诗，曾和自己一起受教于父亲，可惜没有留下诗篇等遗墨。

无助无望的流亡中，吴昌硕曾先后两次远避他乡，孤身一人漂泊流落到安徽、湖北等地。他睡屋檐、住牛棚，替人打短工、干杂活，一应劳役都做过，只求能糊口度日。他后来说自己曾是“担薪汲水一佣工”，这不是虚饰浮辞，而是他在农家打杂工的真实写照。战前，吴昌硕家境虽不宽裕，总是读书人家，此时落入社会底层，甚至曾乞讨过。这几年间，他没怎么吃过米饭，常以野果、野菜甚至树皮、草根等充饥，还吞过观音土，吃捡来的剩菜残羹。他不但历尽身心苦难，也尝尽人间辛酸苦涩，还数次险遭不测，幸而多次得好人相助，才化险为夷，侥幸存活。

战争初期时，吴昌硕遭遇乱兵，躲入鄣吴村以南十多里的石苍坞（今天子湖镇迁诏村）深山才幸免于难。因没粮食，他在一个石洞内饿了数天，多亏居住在此处的丁、施两家慷慨施以援手才渡过劫难。一说大难不死的他因此取“苍石”（仓石）为号，以纪念难忘的生死境遇和人世善意。当然，苍石后来有了更多的含义。

他在外省独自逃亡期间，兵荒马乱中，只顾求生，不幸因长期营养不良和缺盐而得了黄胖病（即肝炎），也就是《忆昔》诗说的“软脚病”，全身严重浮肿，无力行走。偏又祸不单行，他在大河边遇到乱兵。几乎绝望之际，他被一个老农所救。老农收留了吴昌硕，帮他躲过乱兵，还拿出在当时极珍贵的盐送给他，帮他驱走病魔，使他再次死里逃生。吴昌硕一生都记挂着这些善人，他深知在无情战争中活着，不是自己命大，而是有这一方有情天保佑，才使自己不至于为地下冤魂。

吴昌硕晚年功成名就后，依然简朴，安步当车，多食素食。他常告诫家人不可对用人大声叫唤，自己用餐时一粒饭掉到桌上也要捡起来吃掉。衣着上不拘小节，甚至有些邋遢。这和他数年底层生活经历大有关系。想起那些死在战争中的至亲和族人、乡亲，他觉得自己的命是捡回来的，得老天和人间垂怜才多活了70年，这是造就他性格中豁达大度、宽容悲悯的深层原因。晚年的他曾向友人王一亭学佛法、屡屡在寺院为亲人祈祷也都是为了心灵安宁，就像他在《听一亭谈禅》二首之一诗说的“覆巢骨肉飘零叹，沸鼎乾坤痛哭过”（《缶庐集》卷四）。“沸鼎”就是开水锅，比喻险绝之境。吴昌硕曾在无助中痛哭，思之令人悯然。

1860年至1864年的五年间，一个十几岁的少年历经许多本不应经受的艰辛困苦，这是吴昌硕的劫难，也是他浴火重生的契机。少年时是人生观定型的关键阶段，战争以一种特别的方式促使他走出书斋，脱离家族家庭的庇护，体察真实世情和人性。这些经历使他早熟，也使他更为记情重义，看过人间的不堪后仍能期望世间的善与美。尤其是他多次濒临绝境与危情，又屡屡转危为安，置死地而后生的际遇使原本文弱内向的他淬炼了筋骨心志，也激发了他那天将降大任于我的期许。所以他说自己是“野火烧山未作薪”、遇风雷仍能化龙一飞冲天的深山毛竹，形成了坚忍柔韧、不屈不弃的性情。这也成为他日后人生和艺术追求的底色。

同一时期的很多浙江人，都有和吴昌硕差不多的经历，很多人也留下严重的身心创伤。如他日后的画友任颐、蒲华。再如和他年纪相近、同为同光体浙派诗人代表的清末大臣袁昶（1846—1900）。袁昶是浙江严州府桐庐县人。1862年，18岁的他和家人一起逃难，后与家人离散，曾进入太平天国军队。后来战火熄灭，他家家产包括藏书已尽失，多位伯叔也去世，家境还未恢复，父母便相继去世，给他留下巨大心灵创伤，他日后性情激愤也和这段经历有关。

战争是百凶（灾祸）之首。这段流浪逃难日子也严重损害了吴昌硕的身心健康。困扰他一生的肝病和足疾，都是困苦岁月留给他的伤痛。吴昌硕曾对后辈说，自己跛足是战争时吃多了野菜、树皮又没有盐吃的结果。他也常犀利嘲讽世间丑恶，这与年少时遇到过太多不平和痛苦有关。幸好他天性宽厚，虽然郁结于心，仍努力宽和地看待世间苦难并企图加以超越。战争带来的苦难影响了一代江南人，幸存的人都是勇者，他们带着对死难者的无限愧疚坚强地活了下来。这一代人后来出了很多领域的巨子，也许也是拜时代所赐。这就是清中叶诗人赵翼说的“国家不幸诗家幸，赋到沧桑句便工”，近代浙西海宁学者王国维在《人间词话》说的“天以百凶成就一词人”，近代同光体诗人陈衍在《宋诗精华录》说的“无此绝等伤心之事，亦无此绝等伤心之诗。就百年论，谁愿有此事？就千年论，不可无此诗”。

1864年秋，太平军退出了安吉、孝丰。战息乱定，21岁的吴昌硕也回到阔别多时的家乡。他再次与父亲重逢，二人一同回到鄣吴村。到家那天是中秋节，本是万家团圆的日子，但家人多死难，村中族众也或死或逃，整个“归仁里”已无多少亲族在，村里荒烟蔓草、瓦砾满地，简陋的房子早已荒芜不可居，此即《别芜园》诗中说的“通闾无亲朋，衡茅自宾主”（《缶庐诗》卷一）。清冷的月光照在一片死寂上，吴昌硕想起亲人们，心头满是哀戚。

自此，吴昌硕父子俩只能相依为命，艰难度日。吴昌硕的《庚辛纪事》十咏说的“招魂哀弱弟，埋骨痛慈亲”（《缶庐集》卷一）就是此时情景。此时，吴昌硕虽常“吟诗多苦调，泪洒北风酸”，但现实生活的压力和复兴家族的责任并没有让他有多少时间沉浸在伤痛中。他没有消沉太久，很快就一边劳作，一边继续读书。

明月前身

吴昌硕继续发奋读书、参与科举，既因重振家声的压力，也因父亲的期待，还因为这是聘妻（元配）章氏的期许，是她生离死别之际的最后寄语。

战乱中，最绝望的就是弱者。其中，妇孺最可怜。以吴昌硕一家为例，女性还有老人、孩子都死了。因为他们体力较差、行动不便，不能逃走求生，只能在战火中自生自灭。

章氏，是附近的过山村人。吴昌硕因祖父之言，与章氏定亲。祖父吴渊曾三娶，元配是安吉庠生章氏的女儿。章氏是章夫人的同族亲人，也算是姻亲再续。

1860年，为应对突如其来的战乱，安吉、孝丰的人们将已聘出的女儿送到夫家。章家也将女儿送到吴家。章氏初来吴家时，正当混乱之际。她进门才几天，还未及成婚，乱兵已至。成年男子都仓皇出逃。章氏因缠足不能随夫远行，只能和婆婆万氏等人留在家中。乱兵来时，就到附近山野里暂避。章氏性情温顺善良，对婆家人多有照顾，但由于年轻体弱，加上惊吓、饥饿，次年就病故了。

虽说两人只相处了很短时间，但已有夫妻名分。吴昌硕又是重义多情的人，对章氏颇有感情。章氏当时的衣着和面貌，他很多年后仍记忆真切。20多年后的光绪十年（1884），吴昌硕寓居苏州。时当深秋，农历九月三十日晚，在凄清朦胧的月色中，他忽然梦见生死分隔多年的妻子，月光下的她似乎窈窕如昔。梦境明晰，但梦醒之后，残梦依稀，心中更惘然。吴昌硕写了270字的五言长诗《感梦》记述此梦，学的是杜甫《梦李白》两首的写法，梦境似真亦幻，情感真切：“……来兮魂之灵，飘忽任烟雾……凉风吹衣袂，徐徐展跬步。相见不疑梦，旧时此荆布。别来千万语，含意苦难诉。”（《缶庐集》卷一）梦到妻子穿着当年的朴素布衣，真实得不像梦，只是不说话。两人都有千言万语要说，但梦中只能脉脉不得语。

《感梦》诗小序先叙述了妻子短暂的一生："元配章氏，同邑过山人，难中病没，仓卒埋桂树下。乱定发之，不得其骨，伤哉！光绪十年甲申九晦，苏州寓中忽梦见之。"（《缶庐诗》卷二，后《缶庐集》卷一也收入此诗，小序有修改）诗文回忆了妻子对家庭的贡献（"奉母赖汝贤"），着重写了他逃难前章氏嘱咐他好好保重、进取的深情："仓皇远来意，知汝怜我固。慰汝一言在，吾身困犹故……汝言我长佩，汝德我长慕。"吴昌硕知道妻子此次梦中来看自己的心意，是因为怜惜其痴情执着，当年的嘱咐还记得很清楚，深感慰藉，可惜至今依然还是穷书生，没有实现她的愿望。现实的困顿使吴昌硕常怀念章氏的柔情和嘱托，说你的话我一直记得，你的恩德我也一直感念。

留在家中的妇孺先后都死于饥饿和疫病，只有逃出去的吴昌硕父子幸免于难。幸存者的愧疚、悲怜终生放不下。让吴昌硕更难以释怀的是章氏竟然死不见尸，《感梦》诗中写的"形迹了无遇"就是指此，学晚唐诗人李商隐悼亡诗《房中曲》的"归来已不见，锦瑟长于人"。1862年春三月，吴昌硕回乡间，只见墙、屋还在，家中旧物却一概付于云烟。劫火烧不尽的，只有庭园中的桂花树，就是诗里写的"劫火烧不尽，中庭桂之树"。当时还健在的母亲万氏告诉他章氏在十多天前因饥病交集死去，仓皇中也无棺木收殓，只能草草掩埋在桂树下，"我母为我言，是汝葬身地。汝死未及旬，当时记不误"。

当吴昌硕父子于1864年中秋回乡时，家中已空无一人。乱后百事皆废，重新埋葬亲人骨骸、补办葬礼是当务之急。吴昌硕在《除夕寓庐展拜先人遗像泣赋二首》中说"乱定孤儿返，携锄白骨收"（《缶庐诗》卷四）。"孤儿"指丧母的自己，已无比凄凉，但更凄凉的是无骨可收。吴昌硕和父亲将浅葬于石坞的母亲遗骨收殓后，也想将章氏遗骨重新安葬。他清除了乱草杂树，挖开桂树下的埋骨处，却未见尸骨。也许是仓促中记错了地点，但母亲已逝，只能永成谜团。吴昌硕在《感梦》诗里说自己"泪下声复吞，徘徊空四顾"，想到妻子命薄至此，忆起两人有缘无分，他悲愤到极点，只能无语泪流，来回走动，茫然四顾。他只能安慰自己妻子已成仙，尸身蜕化。因为桂树的缘故，他常以奔去月宫的仙子比喻妻子，以同在月宫、日日砍桂树的吴刚自比。

吴昌硕一生都记挂着这个苦命的女子。1932年，吴昌硕被安葬于杭州超山，章氏夫人神主也移葬同穴，吴昌硕对她的诺言“他年招魂葬，同穴傍祖墓”终于实现。无缘同床共枕，总算能死后同穴。此时距章氏去世已近70年，确是“黄泉无自悲，百岁犹旦暮”。

因为贫困，吴昌硕在章氏死后十年才与菱湖施酒结婚，后来二人育有三个儿子。《感梦》诗中，他还告诉章氏自己后来的婚姻和此时已出生的两个儿子，以告慰元配的在天之灵。他还期待善良的章氏的灵魂能保佑他的孩子在乱世中健康成长：“后匹[①]菱湖施，家计顾我助。大儿年十二，作诗渐成句。次儿九岁强，弄笔满天趣。儿虽非母出，母汝汝当护。”

1909年仲春，吴昌硕已是66岁的老人了，他再一次在梦中见到章氏。他刻下朱文“明月前身”一印，以皎皎明月比喻妻子，并在印侧刻章氏背影像，款文说：“元配章夫人梦中示形，刻此作造像观，老缶记。”“造像”指雕刻肖像。他刻了一个长裙曳地、衣袖翩然、衣衫素净、发髻挽起的背影，宛如古典仕女，给人端庄美好之感。不见面目，更能引人发缱绻之思。“明月前身”四个篆书也很娟秀。“明月前身”出自晚唐诗人司空图《诗品・洗练》，意为当下的流水清澄无尘是前身几世如水明亮月光修得的结果，表达了禅意满满的宿命感。“明月前身”历来是文人喜欢引用的，如海上画派先驱、清末浙派印人赵之谦（1829—1884）等也多以此作印。吴昌硕对章氏难以忘怀，无果的少年情缘和虚度的青春时光交织，在善感多情的诗人心底成为永恒的美好回忆。中年结婚后，他常常以为妻子施酒是“明月前身”重得，倍加珍惜。他为施夫人写的《季仙五十寿》诗就说“前身明月终修到”。战争是噩梦，有人永远困在心灵创伤里。吴昌硕则依靠意志和艺术，终于在晚年超越心底劫灰，成就人生和艺术的明月之境。

---

①续娶的妻子。

卜居桃城

同治四年（1865），因为乡间不可居，回乡不久的吴辛甲带儿子迁居安吉县城。吴昌硕早年诗《归舟》，也许是迁居之时所作，“归”是心之归，“夕阳初散溪云湿”也许就是舟行苕溪。夕阳西下，怀着忐忑心情从山居来到水乡，诗的最后一句便是“知有人家住水乡”（《缶庐集》卷一）。

这一年，吴辛甲娶了安吉杨氏（1827—1904），重新组建了家庭。杨氏此时30多岁，大概是个丈夫与儿女都死在战乱中的可怜寡妇。因为吴辛甲于1868年病逝，她并无生育。吴昌硕此时虽已22岁，但经战争摧残，和父亲一样病弱。失去母亲的吴昌硕日后很感念杨氏此时的照顾，认为她有养育之恩，《芜园图自题》诗有“生我母云亡，抚我母尤瘁”（《缶庐集》卷一），叹息生母已亡故，也说继母照顾自己也很辛苦。3年后父亲去世，这个没血缘关系的继母就成为吴昌硕世间唯一的至亲，直到他结婚生子。杨氏在吴辛甲去世后继承丈夫志向，继续督促吴昌硕读书、刻印，可见也是有见识的女性。此后还为吴昌硕带孩子，对孙辈很喜爱、慈爱。

吴昌硕一直怀念战乱中惨死的生母，如《芜园图自题》诗里就多次出现提及，不过比较含蓄。“手泽鲜故书，杯棬无旧制”，前一句怀念父亲，后一句不忘母亲。“杯棬”（木质杯器）是思念逝去母亲的意象，《礼记·玉藻》说母亲去世而杯棬不能饮。北朝颜之推的《颜氏家训·风操》也说父亲的故书、母亲的杯棬，感其手口之泽，不忍再读、再用。吴昌硕恪守孝道，孝敬继母，曾几次因继母无人照顾或生病从远方赶回家中。他曾在《别芜园》诗里说“高堂念游子”，此处的“高堂”指的也是继母。这不是容易的事，有的人对亲生父母也难以做到这般地步。吴昌硕在画论里说作画用色难，就像事父母“色难”。“色难”出自《论语·为政》，孔子说孝顺父母时刻保持好的态度很难，吴昌硕引申为作画用颜色很难。当然他提到侍奉父母难这话并非一定有所指，但应该是有感而发。吴昌硕是个重情义、有道德的人，一直是“归仁里民”。他一直感恩并尽心赡养继母，直到杨氏以77岁高龄去世。

这次迁居安吉对吴昌硕而言是告别的悲哀大于新生的欢喜的。1865年秋，他离开满目萧索的鄣吴，涉过梅溪，迁居到25里外的安吉县城。两地虽相隔不远，但吴家是被迫迁居的，因为鄣吴村十室九空，一片荒凉，难以安身。对于安土重迁的中国人来说，被迫离开自小生活的地方总是可哀的，所以吴昌硕当时有“念昔归仁里，高会兹允臧。沧桑人世殊，三径久已荒。卜居桃城中，未殊居故乡。故乡虽未远，易地心忧伤。邱垄望不见，四山云茫茫”（《芜园图自题》六首之二）。他说鄣吴经历沧桑世变已物是人非，“三径”用陶渊明《归去来兮辞》“三径就荒”典故说故里家园已荒。他为同姓族人写的《湖畔小劫图为茮卿宗丈（荣光）题》诗四首之四也说“骨肉成浮寄，田园废旧村”（《缶庐集》卷一）。

清末，安吉县治在安城，古安城城池形如桃子，故又称桃州。吴昌硕诗中的“古桃州”“桃城”就指安城。“卜居”典出《诗经·鄘风·定之方中》“卜云其吉，终然允臧”，意思是向神灵占卜问询迁居的事，卦象说是吉利的，最终会是有发展的。屈原也有《卜居》篇，指选择所住地方，也指向上天和神灵问该怎样处世，有主动的意思，也有被时世推动的意思，体现出复杂情感。杜甫在安史之乱后居住于成都浣花溪草堂，有《卜居》诗，“主人为卜林塘幽”亦为主动选择避世野居。迁居选择不易，就像鄣吴吴氏始祖吴瑾选择归仁里时“卜云其吉，终然允臧”，是时世推动和个人选择的共同结果。吴昌硕从鄣吴到安吉，是他主动“卜居”的第一步，此后每一次卜居也都有曲折和犹豫，但最后也是“卜云其吉，终然允臧”。他此时的心情也许就像他为早年友人沈楚臣写的《沈楚臣（绍梁）隐居安吉西郭》诗说的“且住湖州安吉县”（《缶庐诗》卷三）。吴昌硕日后在书写早年交谊的《石交录》里写到沈，说自己当年在安吉居住时，来往的都是亲旧，此外只有天台人沈楚臣（绍梁）和他亲近。沈也是读书人，但应童子试不成，就弃文从军。在军中十年，有军功，但他不愿当官，于是到安吉依附于做官的族人，还以此地为家。沈性情豪侠有奇气，喜好排难解纷，所以被安吉人看重。

吴氏父子移居的安吉离故土不远，家族曾在此有读书楼，吴昌硕祖父曾在此为书院山长，故云“未殊居故乡”（和家乡区别不大）。但无奈离乡，心情还是低落的。“故乡虽未远，易地心忧伤”反映的就是不得不为之、知道自己的选择是正确的但仍不舍的复杂心境。“邱垄望不见，四山云茫茫”中，“邱垄”指以祖先坟墓为标志的家园。吴昌硕离乡，离别埋葬自己喜乐回忆和家人的乡间，直到家园望不见，直到家乡的山林、溪水被云雾隔断淹没。“邱垄”两句和《芜园图自题》六首之一的“遥遥望白云，慨然发长思”意思相同（白云代表家乡）。

和“望不见”“云茫茫”一致，吴昌硕反映这一时期生活、提及鄣吴和安吉的诗大都以秋色、雨声、暮色、烟霭为基调，流露出迷惘苦涩。除了《鄣南》诗的“地僻秋成早，人荒土著稀”，他还有来往安吉和鄣吴间的《鄣南道中》诗说：“木落天气清，长途策马行。浮云参野色，斜谷走溪声。树冷文殊宅，田芜晏子城。不堪频极目，虫鸟杂悲鸣。”（《缶庐集》卷一）诗写了战乱之后安吉等地的萧条荒芜，以秋日野色隐喻忧伤心情。“虫鸟杂悲鸣”和“鸥鹭笑忘归”写法不同但意思相同，后者虽有“笑”，写的却是不能归乡的“悲”，与回忆、梦境中鄣吴的宁静耕读之乐（“倚树沙沙落晚虫”“秋空巢鹤归”）形成强烈反差。

《寒食登金麓山》诗是吴昌硕战后回鄣吴登金华山祭奠亲人、族人时的所见所感：“故乡凭吊黯销魂，剩水残山冷一村。溪上草堂何处是，劫余耆旧几家存？荒原有鬼悲风雨，寒食无人泣墓门。欢息平林栖凤地，年年杜宇换啼痕。”（《缶庐诗》卷一）寒食节在清明前一二日，是祭祖、思亲的节日，是民间重要节日。吴昌硕回到家乡凭吊祭祀逝去不久的家人、乡亲，正当劫余，“残山剩水”，昔日的村庄一片冷寂。“溪上草堂”，就是他读书的溪南静室，也已破败。劫难后，族人没有几户。多雨的时节，荒凉的田地上凄风悲雨，人迹罕见，很多荒坟都没人祭祀，应是后代无人了。诗歌最后说昔日鸟儿停在村头平原的树林上和村民一起欢悦栖息，是自己最熟悉的情景。鄣吴村曾是人才辈出的“栖凤地”，如今，只有杜鹃鸟在此地悲鸣。战前千户成城、一姓成村的盛况荡然无存，雨纷纷落下，只有满地荒坟映入眼帘。没人扫墓的孤坟可悯，没有坟的孤魂野鬼也很可怜。

《归金麓山》诗也是此时所写，诗云：“夕阳逗林薄，独自返柴关。飞鸟恋故木，行云思旧山。逢人问亲友，方语杂荆蛮（原注：时多楚人垦荒）。惆怅清溪上，空余水一湾。”（《缶庐诗》卷一）“林薄”指草木茂密、人烟稀少处。飞鸟恋恋不舍“故木”（故林），“故木”指从前栖息的树林，这里指家乡，也指村前的鸥鹭云集地。“行云思旧山”指游子思念家乡（旧山、故山）。诗里写自己在黄昏独自回到家乡，想念家乡和亲友，无奈家乡已物是人非。夕阳烘托归乡的冷寂凄清。吴昌硕还用战争后鄣吴村人口减少、多楚地（湖北）移民迁入开垦荒废田地，表达自己的近乡情怯、惘然若失之感。鄣吴距湖北不远，战乱时吴昌硕就曾逃亡到楚地，此时一些湖北百姓来鄣吴生活，就像吴氏族人数百年前从淮安来到鄣吴一样。《鄣南》诗“人荒土著稀”也提到鄣吴战后荒地多、本地人少，这也是难免的现实。吴昌硕说自己想问故人亲友讯息，不料问到的人都是外地口音，正所谓“笑问客从何处来”。他站在村口溪边旧日鸥鹭归巢、老少嬉笑的地方，看着“空余水一湾”的“盈盈烟水阔”，倍感惆怅。

1918年秋的《鄣吴村诗梦中作》，他仍用色彩黯淡的秋色及梦境，再一次抒发见到“村墟堕劫灰”时的苍凉、失落心境：

> 玉华峰抱天梯入，石马岭登樵径通。
> 川涌似翻斜谷出，村墟还堕劫灰中。
> 耕荒叱叱驱晨犊，倚树沙沙落晚虫。
> 《秋兴》苍凉吟不得，年年栖凤失梧桐。[①]

《秋兴》八首是杜甫在安史之乱后写的怀恋故国故乡的诗篇，因秋意而感发，故名“秋兴”。其情怀苍凉，写了“异昔时”的种种现实。吴昌硕说自己战乱后的诗都是《秋兴》，虽不如诗圣的“诗史”开阔远大，也算是家乡的“诗史”。“年年栖凤失梧桐”就是追悼《寒食登金麓山》的“欢息平林栖凤地”，记录了鄣吴的衰落，也反映了他对家乡、往昔的无限留恋。这种情感就像杜甫一

---

① 《鄣吴村诗梦中作》被收入《缶庐诗》卷四，又名《戊午秋仲偶写鄣吴村即景，付涵儿家藏》，参见吴昌硕著，吴东迈编：《吴昌硕谈艺录》，人民美术出版社1993年版，第28页。

直怀念开元盛世那般，所以他也有不少和杜甫诗题一样的《忆昔》诗。

初到安吉，多愁善感的吴昌硕仍难忘往事，心里苦涩，只能借回故里或做梦来排遣郁结。无奈山水虽依旧，村落却早成劫灰。作为劫后余生者，失去、追思成为吴昌硕青少年时惨淡记忆的底色，也成为他日后诗画的沉郁苍凉底色。直到晚年，他仍时时念起祖母、母亲、妻子、弟弟和妹妹遭难的事实。每逢除夕祭祖或亲人冥诞，还拜先人遗像并赋诗，或去寺院祈福，感悼不已，甚至像陈三立为他写墓志铭时说的“终生茹痛习苦”[①]，始终难忘亲人受过的苦，也终生忍受心痛、习惯愧疚。这也就是他在《湖畔小劫图为茉卿宗丈（荣光）题》诗四首之四说的“我亦遭兵燹，余生劫后存”（《缶庐集》卷一），余生不能摆脱劫后余生的侥幸感。

不过，就像王维在安史之乱后信佛忏悔、杜甫在战后建成都草堂写诗一样，心灵创伤最终升华为吴昌硕艺术创作的助力。除了和父亲在安吉勉力开荒、建造芜园、重建家园以寄托心意，他还曾积极参与慈善赈灾。1877年、1878年，河南、山西大旱成灾，而江南多雨。吴昌硕刊无锡慈善家余治（1809—1874）的《江南铁泪图》劝赈，并关注身边民众生计：“……吴中淫雨伤春花。山民何处为生计？已过清明未采茶。”（见早年诗《登楼》及自注，《缶庐集》卷一）他的慈善心至老不懈。

吴辛甲听从朋友劝告，迁往安吉城以求新生。对吴昌硕而言，这次迁居也是自我救赎、蜕变重生的尝试和契机。在新的环境里，在芜园前后“十年”的疗愈中，吴昌硕在岁月流逝、学问艺术潜修和婚姻生活中慢慢修补着身心伤痕。

同治童生咸丰秀才

“同治童生咸丰秀才”“秀才乙丑补庚申”，这些看似颠倒历史、有悖常理的说法都是真实的，反映了吴昌硕生命里的一段悲喜剧。

吴昌硕迁居安吉的同治四年（1865）秋，适逢安吉县补考咸丰十年（1860）

---

① 陶紫正、洪亮主编：《吴昌硕》，西泠印社1993年版，第211页。

庚申科生员。吴昌硕在父亲和安吉学官、老师潘喜陶（1823—1900，字芝畦）的一再催促下，前往应试。他先前已通过府试，成为童生。此时又通过院试，补录为咸丰庚申年的秀才，即五年前的秀才。

五年前的庚申年，17岁的吴昌硕曾到孝丰县报名参加府试，后遇战争未果，此后流落江淮皖鄂，“失去”五年时光。这次重续科举，又中秀才，对于吴昌硕来说真是恍若隔世。他想起了旧愿，还有妻子、父亲的期望，喜悦中带着更多辛酸。

1920年，又是一个庚申年。已定居上海的吴昌硕为了纪念中秀才60周年，写了《重游泮水》两首，其一说：“秀才乙丑补庚申，天目回头梦已陈。诗逸鹿鸣芹且赋，年增马齿谷为神。悬瓢泽饮涓涓水，乞米书成盅盅春。珍重吴刚频历劫，可怜辜负月前身。”（《缶庐集》卷四）古代称儒生通过考试进入府、州、县学读书为入泮、游泮，“泮”指泮宫，即府、州、县学学宫。清代有一种庆贺仪式，即中秀才（举人、进士）满60年时，要模仿当年中功名情形举行入学典礼，称为重游泮水或重宴鹿鸣。“鹿鸣宴”指科举考试后的庆功宴，因在宴会上歌咏《诗经·小雅·鹿鸣》篇而有此名。重游泮水是很隆重的典礼，因为高寿的秀才不多得，更不要说进士了，这体现了社会对科举功名的尊重。虽然此时距吴昌硕实际中秀才才55年。

诗开头的“秀才乙丑补庚申”说在乙丑年补录庚申科秀才，以时间错乱的荒谬，将造化弄人、人生阴差阳错的可笑可悲展露无遗。吴昌硕后来更戏刻一印“同治童生咸丰秀才”，将同治年间童生考取咸丰秀才这一战乱造成的历史错乱、咄咄怪事，以更鲜明通俗的形式浓缩在印上。

天性聪慧颖悟，又经历变乱、生死，人生阅历颇多的吴昌硕，常常在貌似庄严的事上敏锐地感到荒诞。他的许多诗画书印都深刻揭示悲欣并集或啼笑皆非的真相，又能以精辟朴素的形式将人生的缺憾不足尽数化为豁达一哂，这是他艺术的高妙之处。

第二句“天目回头梦已陈”，“天目”指家乡、家族，说如今回想往事已如陈年旧梦。接着，他回顾了这一甲子里自己的作为。“鹿鸣”一句是说自己成为秀才。“马齿”指马的牙齿随年龄添换，常用来喻指人的年龄，这是说自己年纪已老。“悬瓢”指上古贤人许由崇尚无为，用手掬水饮用，有人赠送他一个瓢，他用后就悬挂在树上不再用，后引申为隐逸无为。“乞米”指来湖州为官的中唐书法家颜真卿写的向人借米的《乞米帖》，用来表达自己的穷愁和卖书画印的人生。

回顾过往后，吴昌硕又以吴刚、明月前身呼应第二句的“旧梦”，以在月宫砍伐桂树的吴刚自喻，暗指自己一生的愧疚难赎，以明月前身喻妻子章夫人和施夫人，说自己虽如章夫人所愿在战争中平安归来，也在施夫人帮助下有所成就，但终究还是辜负了父亲希望他复兴家族的期望。

清末科举是非常艰难的。吴昌硕中秀才后，科举便一直不顺遂，但他一直没放弃学业，继承复兴“家风旧学汉周秦”（《展拜先人遗像》，《缶庐集》卷二）。在芜园的他还说“愿为陇亩民，潜修足自遂”（《芜园图自题》，《缶庐集》卷一），这是他真实心迹的写照。“陇亩民”典出陶渊明《癸卯岁始春怀古田舍》的“聊为陇亩民”，指归隐田地成为山野中的农夫。吴昌硕借此说自己即使科举不顺，也要学祖辈父辈潜心学术，耕读终日。此后近十年，吴昌硕就在新家园芜园里，一边疗愈身心创伤，一边潜心研究他所笃嗜的文艺（诗书画印），在“汉周秦”神游。芜园是他潜修学术、涵养身心的重要所在。

第四章　且住湖州安吉县：永作芜园长

东畲结屋南窗读书

吴氏父子迁往安吉，于1866年在县城东北隅的桃花渡畔置地建宅。吴昌硕诗中的桃州有时便指此，如“桃州今小住，屋近桃花渡”（《自题小像二首，像独坐松石间，王复生笔也》二首之二，《缶庐诗》卷一），他的诗里常出现的“东郊”“东郭”也指此。

吴昌硕在安吉度过近十年的潜修读书生涯。1874年前，他基本长住安吉，之后多出外谋生，1880年去苏州，两年后举家移居苏州，他在安吉的时间不可谓不长。可以说，安吉是他学术潜修、人生重启的善地。

1866年的安吉虽不像此时的鄣吴那般不见人烟，但也是山城，也经历了战争洗劫，不免萧条。日后离乡的吴昌硕因怀念芜园而作《芜园图》，并在画上题诗，“寂寞山城隅，地偏荆榛长”（《芜园图自题》六首之二，《缶庐集》卷一），即是说他和父亲在山城偏僻一隅择地建屋，杂木丛生，很是荒芜。父子俩在数亩空寂的荒地上“赤手把长镵，种竹开茅堂”。“长镵”出自杜甫《乾元中寓居同谷县作歌》诗，指耕田器具，寓指父子二人自力更生开垦荒地，造起了几间房屋。诗里的“茅堂”“茅屋”指房屋简陋，“茅屋八九间”可能是虚指，也不排除是后来有所扩建。父子二人还利用屋子旁的空地开辟出一个园子，并种上竹子。

吴昌硕在1924年还有回忆芜园的五言长诗《忆芜园》。“蜗壳开堂皇，骚心乱风雨。书亡孰藏壁，党树各寻斧。瞢腾道何在，郁勃气频吐。悠悠复悠悠，煎熠镇肠肚。青芜十畮宫，经营劳我父。楼缚竹代陶，树种雨培土。清苕篆寒沙，玉磬折平楚。枕倚来羲皇，鼓击御田祖。残书宝瑚琏，旧学张门户……”[①]

“蜗壳开堂皇”指建造的居所简陋。“蜗壳”，是自谦房子很小。“骚心乱风雨”说战乱之后人心多忧患。“书亡孰藏壁”用秦汉学者伏生在焚书时藏《尚书》于墙壁内保存古籍的典故，问“孰”（谁）是藏书于壁者。这里应该指他自己。就像吴昌硕说过的“家风旧学汉周秦”，战乱中家里旧藏书都丧失，但自己作为诗书家族的后裔仍有复兴家族文化的决心。“党树各寻斧”写父子俩用斧头砍掉荒地上的树木，以重建家园。“瞢腾道何在”说一开始荒地没有道路。“煎熠镇肠肚”用韩愈《答孟郊》诗的“肠肚镇煎熠”，同“郁勃气频吐”中的“郁勃”共喻树木和人在乱后重生、重归繁茂的气势与旺盛生机。“悠悠复悠悠”大约指在长久时光里自在地修复身心创伤。

草创艰难，但成果可喜，建好的“青芜”园（即芜园）包括其中的房子共有十亩之大[②]。“经营劳我父”说主要是父亲劳累经营才得到芜园这个安居所。“楼缚竹代陶，树种雨培土”，言因财力拮据，园子里的楼、亭子均用竹子，而非瓦，还种了很多树。雨水滋养土地，树木长得繁盛，园子也很美，表达了重获安身地的欣慰。

“清苕篆寒沙，玉磬折平楚”写房子附近的风景，清清西苕溪（安城龙溪段）升腾的烟水如篆书，玉磬山平缓得像平野，都很合书画家的眼光和审美。“枕倚来羲皇”说自己和父亲在芜园生活，隐逸自在如同东晋躬耕隐逸诗人陶渊

① 见《缶庐集》卷五，也见吴昌硕《忆芜园诗稿卷》释文，载童衍方：《金石齐寿——金石家书画铭刻特集》上卷，上海三联书店2016年版，第140页。

② 吴昌硕《忆芜园》诗说芜园是“青芜十畮（亩）宫”（“宫”指有围墙的居舍），吴云为他作芜园图也说园十亩，而吴昌硕的《芜园记》则说芜园只有三亩，《别芜园》诗更是说“荒凉半畮宫”，《梅》诗也说“芜园……，半亩荒凉……”存在较大差异。吴昌硕诗人笔法，关于芜园的记录多因心境、视角不同而有差异。综合来看，他说芜园“十亩”应该是包括屋子及周围空地的园子整体，也可能有后来扩充的缘故，说“半亩”“三亩”应该是指不包括房子的园子，可能一开始的院子是屋旁空隙之地，后来有扩充并加围墙。

明。《晋书・陶渊明传》说陶渊明曾高卧北窗之下，清风飒至，自谓羲皇上人，即像上古隐士羲皇一样闲适。“鼓击御田祖”典出《诗经・小雅・甫田》的“琴瑟击鼓，以御田祖”，以击打乐器祭祀农神田祖，祈求风调雨顺，意思是自在耕作，收成有喜。

“残书宝瑚琏”中的“瑚琏”借珍宝指书籍的珍贵，和“书亡”“旧学”一样，都隐喻家族的诗礼传家传统要传续。“瑚琏”也用《论语・公冶长》典故，指人有治国之才，寓指父亲期待吴昌硕复兴旧日家族学术和门第荣光。

由于经济不充裕，父子俩初筑的楼房不高大，也较朴素，但仍按家族习惯建有读书楼。吴昌硕的书房名“朴巢”，这个名字也许来源南宋词人张镃、明末诗人冒辟疆的朴巢。朴巢位于芜园西面。

吴辛甲住的地方在芜园以北，却名南轩。“轩”指有窗小屋。南轩不是方位词，而是陶渊明《归去来兮辞》的“倚南窗以寄傲”、《问来使》诗的“我屋南窗下，今生几丛菊”，南轩、南窗体现了陶渊明的隐逸情怀和高远境界。后世诗人也多用这几个典故表达不凡志向，如唐李白《南轩松》“南轩有孤松……何当凌云霄，直上数千尺”，南宋陆游《南轩》“南轩修竹下”，都借此抒发凌云之志。吴辛甲去世后，南轩仍在，吴昌硕《病中得家书报贼退，喜而作歌》诗说“龙溪马渎南轩环”（《缶庐诗》卷一），说明南轩可见苕溪（龙溪）。一说吴辛甲的南轩还有篆云楼（也许是一建筑多名，古代文人常如此），也许是因登楼可看“清苕篆寒沙”，即如篆的山川气、云烟水。1880年，吴昌硕较早的印集《篆云楼印存》，以篆云之名纪念父亲对自己的印学教诲。可惜芜园、南轩、朴巢今不存，也无遗址遗存。

五年流亡生涯是吴昌硕淬炼筋骨的阶段，芜园十年耕读生涯是他脱胎换骨的成长阶段。安城不是偏僻山村，他考中秀才后结交的学人增多，眼界渐广，加上之前的家学基础，对人生、现实有了较深刻的理解，这对他的诗文、艺事进展大有裨益。

芜园是初垦未久之地，杂草灌木丛生，只有一个竹亭可见人工修葺痕迹。园内植物极多，吴昌硕父子先后手植了易活的绿竹，种植或移植了包括古梅的36株梅树，还种了松树、兰花、菊花、芭蕉等文人喜爱的传统雅卉，也有葫芦、南瓜、芜菁（大头菜）等可食用的瓜果蔬菜。这些生机勃勃又含岁寒或丰收文化意蕴的植物曾抚慰无数人的心，很多伟大的诗人、书画家都爱这些植物，像陶渊明归园田居后在柴桑种的菊花，杜甫在成都草堂种的竹、梅，草圣怀素种的芭蕉万株。吴昌硕父子也效仿前贤。

战争中被毁灭的家园、村庄和死去的家人族人在吴昌硕心底留下一片黯淡，而芜园草木的鲜明色彩使他渐渐恢复了敏锐的色彩感、艺术通感、想象力，涵养了他的身心："园果黄且红，如锦张秋空。安得制成衣，被之八十翁。"（《芜园图自题》，《缶庐集》卷一）多年后，在蓝色晴空衬托下，披着锦缎一样的美丽色彩的秋日芜园瓜果，还深深留在吴昌硕的记忆里，并化为艺术色彩存在于他的诗画及生活中，就像诗里比喻的那样，"制成衣"，披在他身上。"安得"是怎么才能求得、哪里能够得到的意思，吴昌硕的很多诗情画意都来自沉淀在他心底的人生体验，可时时撷取化用。观画者惊异于八旬老翁笔下的鲜红明黄时，不知是否"看见"了画者在芜园的时光。

芜园岁月也是吴昌硕与自然亲切相处的日子。他亲手劳作，芜园的如锦园果、青青芜菁和鄣吴的鸥鹭鸣叫、赶牛犊叱叱声、落虫沙沙声，一起成为他生命里的珍贵原色，也成为他诗画的重要底色。吴昌硕青少年时光都和自然共处，这在同时期文人画家里并不常见。他画中诗里常见的真实生活意趣、明丽自然光色，是他有意识中和化解来自书斋的强大的摹古惯性与习气，最终融合出土古物的高古气质和萌发于泥土的野逸气息，成就高古又秾艳、朴实又野逸的艺术特色的原因所在。很多花卉瓜果的明媚光影色彩就来自芜园，如"青青者芜黄菊花"（《福儿书报芜园近景，编成三绝句，寄令读之》三首之一，《缶庐诗》卷二）写芜菁叶子碧绿、菊花黄金，"畦菜嫩黄池满绿"写菜畦里的菜叶嫩黄、池塘里的荷叶满塘盈绿。

吴昌硕常说"可惜（叹息）芜园残雪里，一畦肥菜野风干"，可见他在芜园多种瓜菜。1915年春分，他在《园蔬图》题跋里先题写了"芜园肥菜"诗，又说"山居冬日早起，呼童锄数把下饭，齿颊清寒，有霜露气。令人欲不思乡得乎？乙卯春分节，安吉吴昌硕"。"山居"应指不同于上海都市的山城安吉芜园。冬日早起，锄几把新鲜青菜来佐餐，经霜的蔬菜格外清甜，让身在都市的他不由思乡。他另有多幅园蔬画也题写了这段“山居锄菜”题跋，有时还说“比来海上，卖菜佣隔夜以水浸之，大失真味。令人欲不思乡得乎？”他还说“不思乡得乎？”“得乎”是行吗的意思，就是不能不思乡。再如他的《扁豆花》诗“味和晓露摘来鲜，不羡金盘荐绮筵”（《缶庐别存》）也提及手摘园蔬的喜悦。

这段“山居锄菜”题跋不仅真实通俗，也富含文化深意。“有霜露气”这一意象来自陶渊明隐居耕作诗《庚戌岁九月中于西田获早稻》中的“山中饶霜露”。陶渊明说山居虽清寒，躬耕虽辛苦，但人生要亲手经营衣食，才能“自安”，希望能一直躬耕田亩、自得心甘，这才是人生归有道。吴昌硕经历战乱流浪之苦后，觉得平淡田园生活格外珍贵。他说亲手种的菜有山野之气，比都市的菜新鲜好吃，喻指芜园自然率性的日子比后来在都市里为官谋生的局促拘束生涯、大失真味的日子值得怀念。

吴昌硕此时在芜园读书日多，濡染了隐逸情怀。他后来有一幅淡墨蔬菜图，左上画青菜，右下画荸荠，中间是一个大南瓜，并题六言诗：“小饮息于瓴缶，大烹香入园蔬。容我东畬结屋，假得南窗读书。”（《缶庐别存》）这表明他已兼备高古、野逸意蕴。“小饮”指简单随便的饮酒。“瓴缶”即瓴缶之乐。瓴、缶指古代民间瓦制的盛水盛酒器，也可当打击乐器，相对于高堂上、雅室内的钟鼓竽瑟之乐，瓴缶之乐是劳动者的音乐。此亦借用《墨子·三辩》的“农夫春耕、夏耘、秋敛、冬藏，息于瓴缶之乐”写农耕之乐，同早年鄣吴村村头鸥鹭的欢闹呼应。“烹园蔬”指烹煮南瓜、青菜，也隐喻他逃难岁月吃野果野菜的经历。“畬”指耕作三年的熟地，“东畬”指在安吉东郭开拓的芜园。“结屋”指构筑屋舍。陶渊明也曾隐居耕作于家乡东皋，《归园田居》云“种苗在东皋”，《归去来兮辞》也说“登东皋以舒啸”。“假得”意为借南窗读书抒发隐逸心愿。前两句诗，吴昌硕说自己经历苦难后，在芜园重做耕夫、粗饭淡饭不再挨饥受饿的日子简单快乐，后两句说在芜园安身和读书值得庆幸。此意类似《别芜园》的“用是名芜园，容膝欣得所”，借《归去来兮辞》“审容膝之易安”说芜园这个小园使“我”得到满足。

再如《自题小像二首，像独坐松石间，王复生笔也》诗二首，题于工写生的友人王复生为吴昌硕作的画像。吴昌硕在画上题诗，说那幅“独坐松石间”

小像的背景就是芜园。吴昌硕一生有许多幅友人为他作的小像，不少都很有名且很传神，这是较早的一幅，画虽不存但由诗意可见画意。画里有松石，“松为古仙人，石为寿者相”，指他如松如石般的高古逸野风貌。诗接着说“共秉坚贞心，不变古形状。王郎工写生，著我坐清旷”，吴和松石等高古清雅之物一样秉承坚贞岁寒心、不同凡俗的古貌古心，融入芜园的草木土石，共同成就芜园清雅旷达之境。这高远淡泊物象、意境，就是陶渊明悠然望南山时参到的羲皇之境，所以诗的最后说：“澹焉忘尘虑，高契羲皇上。羲皇不易求，无怀未遽让。谁解静中趣，南山兀相向。”芜园的静中趣是隐逸之趣、人生之道，也是学术艺术旨意。

自题小像诗之二说：“锄梅引春气，种菊待秋暮。安得移灵根，南轩养风露。”（《缶庐诗》卷一）可见，芜园里除了松、石，还有梅、菊等岁寒雅卉。吴昌硕说自己学古贤者屈原、陶渊明、杜甫等人在芜园春种梅花、秋植菊花。“灵根”指草木根苗，他在南轩南窗下移种梅、菊、松、竹，以自然风露滋养，是有深刻寓意的。一则喻指他在芜园好学深思，有助于他复兴旧家学，就是《忆芜园》诗说的“残书宝瑚琏，旧学张门户”。二则也象征他的壮志，就是题竹画诗说的“岁寒抱节有霜筠，野火烧山未作薪”“犹恐夜深风雨至，一枝化作碧虬飞”“写来百尺凌云质，岂与芦蒿较短长”（《缶庐别存》）。

“枕倚来羲皇，鼓击御田祖”，芜园生活渐渐奠定了吴昌硕日后兼有雅卉风露韵格、蔬菜清寒霜露之气，以及高古野逸艺术风格的深刻基础。芜园于吴昌硕，就是田园柴桑（桃源）于陶渊明、山水辋川于王维。这是个异常丰富的世界，后来他自己和朋友诗画里的芜园有多种面目，甚至相差很多，有时疏野，有时高雅，有时乡野，有时园林，彰显芜园的不同侧面。

芜园何所芜

芜园一隅原本多丛生的灌木，十分荒芜，但经过吴氏父子的惨淡经营，已有许多生机雅韵。吴昌硕为何还名其“芜”？其实《芜园图自题》六首之一就给过答案：“大钧无遗泽，万物遂其私。荣悴间不同，亦复得安之。芜园何所芜？

人与芜园期。”（《缶庐集》卷一）“大钧”（自然天地）无情，世间万物包括人的盛衰荣悴都是瞬息变化、不可预测的，面对人生得失只能随遇而安。经历战乱后一度失落迷茫的吴昌硕更为信奉道家学说，认为人要顺应自然和时世。他以自然风霜雨露滋养芜园，也借芜园草木涵养自己，在其中潜修。就像王复生为他作的小像一样，他与园中松、石融为一体，人园合一，相互期许，共同精进。所以“芜”的不只是园，还有战后的幸存者。吴昌硕能用学术和自然治愈自我，将“芜”的野逸变成自己的人生态度和艺术特色，是因祸得福。

吴昌硕后来写有一篇《芜园记》：“朴巢之东，隙地三亩，草色青黄，与时枯荣，缭以周垣，强名曰园。故初未有，是有之，自同治丙寅始……乱既平，先君子挈余属安吉城，因买朴巢为读书地。奉讳以来，继母率妇及两孩以居，而余浪迹四出，以刻画金石治生。岁入或有余，就其中南植梅竹。北筑南轩，布置草草，又常不获在家，因名之曰芜园。盖妇稚茕茕，不遑事溉葺其芜也。固宜频年归省，幸轩不加漏，而梅竹渐以蕃，殆雨露之养，是天之未欲其芜，而余不能辞其芜之咎也。吁！读《归去来词》，窃有愧于陶令矣。是为记。”[①]

这篇园记中，吴昌硕立足于自己的书房朴巢。朴巢东有空地三亩，砌上围墙，勉强可称园林。芜园草创于1866年。父亲去世后，他居丧（奉讳），与继母和妻子还有两个孩子依然住在园中。他经常外出，以篆刻等谋生。收入如有富余，就在园子南部、中部种竹子、梅花。北面有南轩。园子较朴素简单，自己又不能常在家，于是把园子叫作芜园。因为家里妇女儿童孤单无助，无暇从事灌溉、修葺园子等事。自己本应经常回家，可惜生计所迫而不得，幸好房子也不漏雨。梅花、竹子渐渐繁盛全拜自然雨露滋养，是天意不想园子荒芜，自己不能推辞园子荒芜的责任。吴昌硕最后说读陶渊明的《归去来兮辞》，愧对“田园将芜胡不归”的坚定隐居之心。这篇文章借“芜园”之“芜”委婉转达了不能隐逸之愧，“芜园”为何“芜”倒不是主题。

文中，吴昌硕说在父亲去世、自己外出后，家人无力照顾修葺园子，幸好天意作美，植物很茂盛。《芜园图自题》六首之六亦言“念我手植梅，及今应一

① 梅松：《芜园——吴辛甲、吴昌硕父子故居考》，《荣宝斋》2018年第9期。

丈。桑柘旧时阴，先人所长养。几年未料理，出门徒惘惘”（《缶庐诗》卷一）。“雨露之养”可以和《自题小像二首，像独坐松石间，王复生笔也》诗两首之二的“南轩养风露”、《忆芜园》的“树种雨培土”相参考。他的《别芜园》诗“虚亭会百泉，破屋漏一雨”（《缶庐诗》卷一）也突出了芜园中荒亭、破屋的不修不葺和草木多得雨水滋养。所以《芜园记》认为“芜”是草木茂密、繁盛、蓬勃的自然生机野趣。

再来看吴昌硕笔下另一些诗文对芜园的描述，《自题小像二首，像独坐松石间，王复生笔也》诗二首之二说“锄梅引春气，种菊待秋暮”，《别芜园》诗说“梅竹气萧森，莓苔上亭庑”，题《兰竹图》诗说“排云修竹势千尺，绕砌幽兰香四时。此是芜园旧风景……”（《缶庐别存》），《病中得家书报贼退，喜而作歌》诗说“芜青亭畔竹葱茜”，可见芜园多梅、菊、兰、松等富含岁寒诗意的嘉卉。此外，《芜园梦中作》说“……南枝北枝啼胡卢（葫芦）。绿竹满庭自医俗，青芜作饭谁索租？眠展蕉阴叶叶大”（《缶庐诗》卷二），《福儿书报芜园近景，编成三绝句，寄令读之》三首之一说“青青者芜黄菊花”，题《牡丹》图诗也说“荒园只有寒芜菁”（《缶庐别存》），可见芜园中有竹子、芭蕉、葫芦、荷叶等，有听雨入画诗意，有能用来制作毛笔、文玩、酒器、纸张的竹等文人爱物，有具有遮阴、洒扫等俗世实用功能的植物，还大量生长着一种绿色植物——芜菁。

芜菁（芜青）俗称大头菜，是一种生命力极强的植物，可供荒年果腹充饥。吴昌硕曾说“青芜作饭谁索租”，他自己在战乱饥荒时曾靠吃芜菁活命。芜菁的特性很符合他的经历和心境，所以他为园内竹亭取名芜青亭，还自号芜青亭长。1879年冬，他在书房朴巢刻“芜青亭长”印章，在印的边款说自己开辟了芜园，又建草（竹）亭（楼）为远眺处，就是《忆芜园》诗的“楼缚竹代陶”，还说每当秋冬，除了松、柏，还是青苍、有岁寒心的，园内就数芜菁了。他还篆刻了“饭芜青室主人”印章，款上说昔日自己在战乱中避难于深山，求草根、树皮当粮食却不可得，感慨杜甫的同谷长镵之叹无过于此，以“饭芜青”为书斋的名字，是痛定思痛之意。“同谷长镵”用杜甫诗典故，杜甫遇到饥荒绝境，靠长镵挖草根、树皮为食，还写了《乾元中寓居同谷县作歌》七首，其中的

"长镵长镵白木柄，我生托子以为命"就说挖土找食救了自己的命。1893年，吴昌硕好友、海上画派画家任颐和苏州画家尹沅合作，为50岁的吴画《归田图》像，吴昌硕在画上题诗："长镵白木柄，饱饭青雕胡。生计昔如此，田园无处芜。"（《任伯年为画〈归田图〉戏题》，《缶庐集》卷二）"雕胡"本指水生植物菰米、茭白，《本草纲目》说青雕胡指芜菁，菰米、芜菁都是饥荒时的粮食。吴昌硕说有了芜菁，田园就不芜，人就不会饿死。经历过生死绝境的他和芜菁相顾相惜，所以称园子为"芜园"。

身为诗人、好用典故求丰富诗意的吴昌硕用"芜"字，当然不局限于有生机之意，也不局限于这一实物，还有更多寓意。正如他将书斋名定为朴巢。"朴"的本意是未加工的木材，意为本色，还指道家学说里道的自然状态，即老子说的无名之朴、朴散为器、复归于朴、见素抱朴，是涵养天性不为外物所惑，也是追求野逸意趣，正与"芜"相通。芜园朴巢岁月是吴昌硕生命里一段内省、深思时光，现实中的隐逸田园生活和书斋里的学术追求，在道家思想的"芜""朴"境界上相通，慰藉涵养了在战火中受伤的身心。

吴昌硕在芜园生活期间初步形成了人生观与艺术观，日后他的艺术思想底色就是道家庄子说的"道在瓦缶"。"瓦缶"是物之贱下、庸下者，比喻道无所不在，也就是芜、岁寒本心。"道在瓦缶"还表现在他笔下的野花、草木、瓜果蔬菜上，如芜菁、野梅、竹子等，古瓦缶、石鼓文等朴素无华的古金石也都是他的心头好。

何为"芜"？吴昌硕身边的师友们也有很多见解感悟。这些人大都与吴昌硕有相似的战乱经历，出身、教育背景也相近，所以他们对"芜"意感受真切，还为"芜"增加内涵。如吴昌硕的诗文师友、曾长住芜园、对芜园和他都很熟悉的朱正初也有《芜园记》，说吴其人"寡言语，安简默，取与不苟，长于歌啸而金石文字之艺最精，残芜其末而不芜其本，芜其外而不芜其中矣"[①]。朱正初说吴对科举之学不是很感兴趣，但善于诗文，可见他的性情才学和曾得到阮元赞许的从祖吴衡有点像。还说吴是个缄默、朴素、安静的年轻人，可见他此时

① 陶紫正、洪亮主编：《吴昌硕》，西泠印社1993年版，第81页。

还有点小时候“乡阿姐”的影子。“简默”出自《世说新语·识鉴》，指性情简静沉默。此外，吴虽不拘小节，但注重大节，与人交往时注意拿取给予，一丝不苟有原则。这应是他很有人缘的重要原因。

朱正初最具慧眼的是识得吴昌硕是土木其外而金玉其内，正所谓“残芜其末而不芜其本，芜其外而不芜其中”。这也是许多人对吴昌硕的印象，可见朱的慧眼识微、识之甚深。他看出“芜”是园子的特色，也是吴本人的特色。此时前后，吴的另一位友人王复生画了吴的芜园小像，说他人如松、石。后来识人无数的海上画派巨子胡公寿为吴作《苍石图》，也说吴颓然其形、介然其骨，与朱的见解相通。

朱正初（1831—1903），号六泉居士、六泉山人、餐霞居士，一说为安吉人。他早年受战争之苦，同治五年（1866）中举人（一说恩贡）。同治十一年（1872）授直隶州州判（州副职佐官）虚衔。后友人邀其去山东任候补教谕，一说他谢绝未去。他天性朴实，又有上进之心，多激昂慷慨之思，平素乐善好施，在家事母至孝，还抚养侄儿，在外多周济他人，为有困难的人排难解忧。他的生平与吴相似，性情也相近，所以能和吴昌硕成为好友。朱中年时长期隐居家乡。他善写古体诗，有诗集《山居杂咏》。吴昌硕由施旭臣介绍向朱学诗，因朱比吴昌硕大十多岁，所以吴称他为六泉吟丈（诗翁）、六泉先生，自称后学。他们多有唱和。

吴昌硕此时的另一位挚友、同学、安吉诗人施旭臣也写过《芜园记》，比朱文更富哲学意蕴。施浴升（1848—1890），字旭臣，又字紫明。他的父亲施文铨（1811—1861），字怡云，号寿民，举人，尤工古文，是安吉著名学者。施旭臣承家学，诗文造诣尤深，有《金钟山房诗文集》。他和吴昌硕是同年秀才，还曾一起就读于诂经精舍，跟从精舍山长、朴学大师俞樾学小学（文字、音韵、训诂）和辞章（包括诗词歌赋的韵文散文）。同治十二年（1873）举人，郡守赞其诗文是天授之才。可惜他此后也科举不顺，五次入京考试都不中，又遭家庭变故，贫苦多病。施旭臣好读书，性情貌似通达不拘小节，但骨子里古板，不屑于俗务和与人周旋，与俗世格格不入，世人多有非议。难怪他与吴昌硕性情相投。光绪十六年（1890），施旭臣又入京应科举，还没考试就去世了。他一贫如洗，依赖同乡考生捐钱送他回乡，人们还收集编辑了他的诗文遗著。湖州学者杨岘是施文铨友人，将施的文集删订为《安吉施氏遗著》。杨也是一个才高运蹇、志向不舒的才人，与吴昌硕以诗文书法结交。

光绪四年（1878）秋，施旭臣来吴家作客，在芜园盘桓旬日，惊诧于园子的不事修饰风貌。他看见园中花卉、草莱（杂草）乱杂并植，足迹能及之外都是菅草、芦苇。除书房朴巢、南轩外，园子本必有的台榭陂池，或缺失，或不加修葺。吴昌硕啸傲其中，若菟裘焉。“菟裘”典出《左传》，意为隐退居处，也指隐士。吴昌硕《鄣吴村杂诗》说鄣吴村是他的隐居地（“菟裘吾旧隐”）。“啸傲”就是陶渊明《归去来兮辞》的“登东皋以舒啸”、《饮酒》五首之四诗的“啸傲东轩下”，指逍遥自在、不受世俗拘束。

施旭臣悟得“芜”之意义，感叹：“芜之时义大矣哉！”此语出自《易经·遁卦·彖曰》的“遁[①]之时义大矣哉”，说“芜”的现实意义很大啊。施和吴昌硕都是逸民，也都很关心国事民生，所以能成为益友。施认为自然界有荒芜才有生机，人也是必先芜而后丰其德，经历战乱等苦难才能得到丰盛成果。“芜”除了荒芜、芜菁、见素抱朴、芜其外而不芜其中，又有了新蕴意，这亦是吴昌硕晚年入蔗命运的预言。

施旭臣在《芜园记》结尾说“吴子苍石，今之悖朴士也。其为人不事修饰而中情纯一”，认为吴昌硕是当世保持敦厚朴实、古风古心的士人，与芜园一样不讲求外在修饰而内心真诚且单纯。他还说“吴子为人，盖芜其身，而全其心志也”，吴“芜其身”（外表不修边幅）但能保全内心意志志气、心性性情的纯粹，“故不以嘉名锡（赐）是园，而氏以芜”[②]，所以吴没给园子起个美丽有诗意的名字，而是取名“芜园”。

施旭臣是很了解吴昌硕的，“芜”指芜园任其草木蔓生而不事修剪的野趣和生气，也寓意吴野逸率真的岁寒本心。“芜”字恰当体现了吴昌硕的心声，他才会如此恋恋不舍：“何日抛微禄，永作芜园长。”（《芜园图自题》）现实中的芜

① 隐逸。

② 陶紫正、洪亮主编：《吴昌硕》，西泠印社1993年版，第81页。

园只是寻常家宅园林，加上“芜”的多重人生寓意、诗意韵味、哲学意蕴，才成为艺术家吴昌硕的精神家园。

施旭臣还预言芜园是吴的暂时栖居与蛰伏之地，他居是园，耕是园，在此修炼，等待脱胎换骨。一旦有机会，吴身为慷慨之士，便展现才华，不会荒芜在芜园。这个预言得到了验证。

芜园是吴昌硕生命中的重要节点，幸而此时安吉师友的文字（日后还有多位师友的绘画、题画诗、题跋）展示了真实的芜园和吴昌硕。这几位朋友，也给吴以精神和人文滋养。

潜修足自遂

芜园十年是吴昌硕重要的艺文探索时期。此时他在寂静书斋朴巢里静心读书，和日后他的孩子在芜园读书情形相似，“……兄弟读书就作房。闭门屡月断人迹，莓苔一径通秋光”“荒鸡啼上芜青亭，了无人在秋月明。山城静趣貌不得，除却天籁唯打更”（《福儿书报芜园近景，编成三绝句，寄令读之》诗三首之二、之三，《缶庐诗》卷二），也和他小时候在鄣吴溪南静室废寝忘食的读书（“明月照山路”）情景相似。闭门读书数月，通往书房的小径都长了青苔。读书不觉到深夜，又到了清晨。安静的园子里，除了风声雨声水声、鸟鸣虫叫声，只有深夜打更声、凌晨鸡鸣声，还有读书声。杨岘在画家陆恢为吴昌硕作的《芜园图》上题诗也说“芜园气萧森，密树无昏晓。微闻人读书，书声在树梢”[①]，即芜园树木深密，只有书声萦绕。另一位友人、苏州顾家子弟顾承为吴作的《芜园图》也用王维诗“闭户著书多岁月”诗意。此句出自王维写隐士的《春日与裴迪过新昌里访吕逸人不遇》诗，说隐者隐居著述不出。吴昌硕常沉迷书中，静夜荒园，几不知岁月。这就是他在《忆芜园》说的“潜修足自遂”。这段潜修深造、不为外力所动的勤学岁月不到十年，吴昌硕《芜园图自题》六首之六就既怀念又遗憾地说“读书未十年”，但取其成数、约数称为“芜园十年”。

---

① 梅松：《芜园——吴辛甲、吴昌硕父子故居考》，《荣宝斋》2018年第9期。

此时，由于战火，吴家藏书几乎不存，即“书亡孰藏壁”“残书宝瑚琏”。战后，安吉典籍也散失许多。为了“旧学张门户”，吴昌硕有时要步行到数十里外借书，也不以为苦。借来后，就废寝忘食地阅读，为了日后能继续研读，有时还把整部或整卷书都抄录下来。因为此时得书不易，吴昌硕一辈子都很爱惜书。晚年在上海，他见到残编断简，还要予以收集订补，小心收藏。

除了书中的异代师友，对此时的吴昌硕影响更大的应是身边师友。他除了继续在父亲指点下学习诗文、篆印，还在芜园从师会友，结识当地饱学之士，如安吉本邑名儒施旭臣、朱正初、张行孚等人，及游宦、寄籍安吉的潘芝畦等人。他虚心向各家学习诗文、金石、书画、篆刻。施、朱等人还常和他在芜园诗酒唱和、切磋艺事，成为莫逆。这些人多是科举不顺或仕途不得志者，此时暂时隐居家乡或羁留安吉这一冷清山城，将他们的才华都传授给这个和他们志趣相投且好学的年轻人。

施、朱、潘三人是吴昌硕在芜园时较重要的知音、密友和艺文引路人。

吴昌硕在定居芜园的1866年就开始从施旭臣学作诗文及金石文字，主要学诗文。杨岘为施旭臣遗著作的序说，施诗学汉魏、中唐，文学唐宋八大家，也善经史考据。杨还说清末人大都诗学袁枚，文宗姚鼐，但施坚持学古诗文典范，不随波逐流，所以常被俗人非议。杨还感慨华美马车和破旧马车、锦绣美服和粗布短衣孰美孰丑世人都能分辨，但施的诗文和当时的庸常诗文比，好像夷光（西施）和丑女嫫母相比，却有人不能分辨。最后杨只能叹息如果施的遗著能流传百年，应该能有知音。施的诗文雅正高逸，论诗开阔不拘一格，于汉魏六朝、唐宋诗歌都能取其精华。吴昌硕日后的诗宗法汉魏六朝、中晚唐，兼取唐宋，风骨气韵兼备，都有这个早期师友的影响。

吴昌硕早年学家族前贤诗人，包括从祖吴衡和父亲的诗，施旭臣是他较早的诗歌老师。吴每有诗歌习作就请施削改，于诗法渐窥门径。不久，他去杭州诂经精舍从俞樾学文字、训诂之学，还与施同门一年。施、吴交情在师友间，更是知己。

施旭臣后来为吴昌硕中年诗集《缶庐诗》校阅并作序：“吾友吴子仓硕，性孤峭，有才未遇，以簿尉待次吴下，其胸中郁勃不平之气，皆发之于诗，尝曰：

‘吾诗自道性情，不知为异，又恶知同。’初为诗学王维，深入奥窔，既乃浩瀚恣肆，荡除畦畛，兴至揣笔，输泻胸臆，电激雷震，倏忽晦明，浩月在天，秋江千里，至忧深思，跃然简编。”（《缶庐诗》序）这确是知音之语。他说吴昌硕品性孤傲，不与俗人和同，有才华却未有际遇，只能以主簿、县尉等低级官员身份在吴地待次（官吏授职后依次按资劳等候补缺），胸中郁结不平之气都体现在诗中。施还提到吴昌硕曾说自己的诗只是性情抒发，不求与他人不同或相似，可见吴对自抒胸臆的看重。他还说吴的诗初学唐人王维，深得王维辋川山水田园诗的神韵，此后更是各家风格都学习，破除畦畛（规范格式），诗情兴之所至，直抒胸臆，笔下时而雷电交加、时而明暗转换、时而明月高悬、时而江流如画，内心的深刻忧思都流动在诗中。

吴昌硕也知施其人甚详，在他记录早年师友的《石交录》中，说施没城府，对朋友真诚。初见不了解者以为他落拓不羁，相处长久了能感受到他的诚恳笃厚。可惜世人少有人知晓他，所以施看起来和旁人合不来。还有人觉得施不知世故而欺负他，施也很宽容，明白但不与小人计较。由此可见，施、吴都是知世故而不世故的真性情人。吴昌硕还说，其实施只是不喜顺从俗世规则，还感慨：“造化生才不偶然，终不使其韬光韫宝也。”①

吴昌硕惋惜施，说造化造就有才华的人不是偶然的，不会让他隐藏才华、不露光芒。这和杨岘感叹施的话很相似。吴昌硕一生交游很广，师友们无论成功或失意的命运都如同一部部史书，使他感悟甚多。聪明、善于学习的他取长补短，在艺术和人生上取得成功，得助于各师友的得失经验很多。

施旭臣诗文出色，他的书法学王羲之、王献之父子，高古雅正、妩媚清雅兼得。他虽未系统学过篆刻，但书印相通，眼光独到，常能与吴昌硕见解契合。吴昌硕每有所作，他都能道出深意。

后来吴、施都离开安吉。施浪迹南北，生计困顿。中年后更是多病，多次到苏州就医，和寓居苏州的吴把酒话旧。两人平素多以诗赠答，如吴昌硕有《紫明先生就医苏州话旧》“吟怀因病减，高性爱人疏”（《缶庐诗》卷二），说

---

① 吴昌硕著，吴东迈编：《吴昌硕谈艺录》，人民美术出版社1993年版，第213页。

施吟诗的兴趣因多病减弱了，但高雅性情没变化，还是很少人能理解。1885年，吴昌硕有怀念青年时17位故人师友的《怀人诗》系列，其中《怀紫明先生》“南船北马阅人多，短后衣从市上过”（《缶庐集》卷一），说施南北舟车奔波，阅人无数，也无奈入俗世。“短后衣”指后幅较短便于活动的上衣，和文士长衫相对。他还有《答紫明先生》长古一首：“嗟我东西南北苦行役，贫典我书病我瘠。被饥驱向海上行，短棹飘零百忧历。那及先生病起看白云，玉磬峰头驻游屐。回首云龙天一涯，短句吟成泪沾臆。”（《缶庐诗》卷三）此诗应写于1887年第一次移居上海后。诗中提到当时施旭臣因多病在家乡安吉。“白云”指家乡，“玉磬”指安吉玉磬山。吴昌硕为了生计东西南北苦苦奔波，卖书多病很艰难，还被生活驱使乘舟前往上海，经历百般忧患。两人分隔一方，只能借书信诗歌互寄思念。施在京城猝然去世后，吴还有《哭紫明先生》长古三首，说“夫子诗若文，今世谁许鸣”“悲哉金石躯，一朝殉浮名”（《缶庐诗》卷四），慨叹施的诗文才华不为世人知晓，悲悼友人的逝去。

在芜园时，与吴昌硕亦师亦友的安吉学友还有擅长研究《说文》的古文字家张行孚，二人是同年入泮者，还是诂经精舍的同学。张行孚（1846?—1896?），号乳伯，同治九年（1870）举人，后任候补两淮盐运使属官，光绪（1875—1908）前期他多在扬州待次候官。其间曾多次赴京参加礼部考试，可惜都未成功。待次十年后才得任实职，但此时的扬州已衰落，其学者性情不适应官场，落落寡合，只能以著述自适。他精于文字学，毕生沉湎于研究文字、音韵、训诂，著述有《说文审音》《说文发疑》《说文揭原》等。他还工于篆书，推崇泰山、峄山（佼侗山）的秦汉刻石文字，书法也遒劲古茂。

安吉经战乱后，人才流失，少有博雅之士，能工帖括（八股文）的就已算难得。张行孚却独以朴学自励，淹雅通古，长于《说文》，并工秦篆。吴昌硕在经学、金石、文字、训诂方面都受其影响。张行孚性情孤僻，以专心著书为乐，和吴很投合。所以两人不仅在安吉多交往，张长期在扬州后，吴每次经扬州都去拜访他，两人抵掌谈古论今。张行孚在扬州苦学不已，肆力于古，多著力作。俞樾为《说文发疑》作序，称赞张于许慎《说文》用力很深，还为《说文审音》作序，说张于双声迭韵用力独深。

吴昌硕《怀人诗》亦云："一官匏系鬓苍然，著作无多信可传。十载扬州应梦觉，几时归放孝廉[1]船？"（《缶庐集》卷一）匏瓜仍挂枝头未被赏识，比喻不得出任官职或久任微职不得升迁。吴昌硕说张年逾五十仍沉浮官场，所幸著作精深可以传世。还感慨十年扬州，梦该醒了，不如行舟回家乡。其实这是很多清末才人学者的共同困境，吴昌硕也身在其中，所以感触深刻。后来吴昌硕在上海时，张还与吴互相校勘金石文字。吴昌硕感叹说，张如果生在金石学、文字学兴盛的乾嘉道咸年间（1736—1861），不至于寂寞如此。士人能否有际遇，时代很重要。太平天国运动后，社会日衰，参与科举、争取仕途的人多，但名额少，一群饱学之士迷失了人生方向，失去了安身之所，是个人与社会的双重悲剧。幸而，吴昌硕后来能顺应时代，以金石学、诗学入画学，成就与时俱进的人生。

吴昌硕的安吉师友多是这般不谙世事、清逸高古的民间逸士，他们给予吴地域历史人文的熏陶，传授给他经史、诗文、金石的雅正之道，也与他结下真诚的终生友谊。相对而言，吴昌硕与吴云、吴大澂、潘祖荫等著名学者、成功人士的交往，就多了一些希望被援引的现实意味。

吾邑高旷

在芜园期间，吴昌硕还多与诗友、学友游赏西苕溪山水，尤对古桃城及附近的古迹遗存感兴趣。他称芜园为"吾庐"（《芜园图自题》），也称安吉为"吾邑"，就像称吴氏家族为吾宗，鄣吴为吾乡、吾旧隐，渐多身心归属感。

居住在安城古城多年，吴昌硕去过灵芝塔、独松关、灵峰寺等周遭的著名古迹，还有附近一些不太著名的寺庙、道观、古迹。这些景观、古迹有不少是南朝、五代、南宋古遗存，对他了解地域历史文化、学古诗有裨益，对他日后形成高古雅健的诗书画印艺术趣味和气质也有影响。

吴昌硕曾有《登古鄣城》诗，可惜只有残句。残句提到的高塔，也许是安

---

① 举人，此处指张行孚。

城古城外的九层高塔灵芝塔。

安城古城在西苕溪马家渡（渎）西，始建于元代，明代重建，清代续修，今存城墙，属于明制清代古建筑，为全国重点文物保护单位。北门拱辰门外的北川桥，据说是吴昌硕族祖吴松在明嘉靖十一年（1532）所建，因为这是泽及百世、光耀桃城的善事，此桥也曾叫善济桥，后屡毁屡建。吴昌硕在安吉生活时的北川桥是咸丰三年（1853）重建的，不过仍可感受到族中先贤遗泽。吴昌硕早年曾号齐云馆，也许来自安吉安城西门的齐云桥（今名汪婆桥）。桥上有亭宇，也称青云，寓意平步青云和隐居仙风道骨，正与青年吴昌硕的志向呼应。今存的两桥都是新中国成立后重建的。安城古城内的古建筑因抗日战争时遭日军轰炸基本无存，包括吴昌硕家族的读书楼及芜园可能残存的遗迹痕迹。

吴昌硕曾与诗画友人出安城东门三里，过西苕溪马家渎（《病中得家书报贼退，喜而作歌》诗“龙溪马渎南轩环”提到距芜园不远的龙溪马渎），游南面小山麓而登五代吴越钱镠时建的灵芝塔。诗友们盘桓其间，酌水谈诗，趺坐为乐，并画此境，尽兴而归。灵芝塔今为浙江省文物保护单位。日后吴昌硕有《安吉城东马家渎南有溪有亭，酌水谈诗。趺坐为乐，画此一寻归兴》诗回忆当日情景，其中的“劫后问池馆，少此未焦土”（《缶庐集》卷二）说明了古迹经历战争保存完好的不易。

灵峰寺距县城约20里，建于五代后梁开平元年（907），是安吉最大的寺院，历来是骚人墨客雅集之地，吴昌硕也曾到过此寺。

喜欢中晚唐寒士苦吟诗风的吴昌硕，也和爱好金石奇字的韩愈、李贺、孟郊、贾岛等中晚唐诗人一样偏好清冷野逸又高古的景致，如寺院、古塔、古碑等。他曾夜宿城西15里的晓觉寺。晓觉寺就是他诗里常提及的文殊宅，建于南朝齐永明六年（488），是南朝孝子王文殊居所。他的《宿晓觉寺》诗写了秋夜在寺院与老僧切磋金石文字的清寒意境，诗云：“老僧知梵字，聊与考卢仓。”（《缶庐诗》卷一）“考卢仓”也许指中唐在湖州为官的书法家颜真卿的《叙本帖》（《与卢仓曹帖》）。

吴昌硕还曾因谋生暂住城东门外的茅庵寺，在壁上题诗《茅庵寺题壁》：“寒菜一畦分，茅庵住野僧。还将劫后火，来证佛前灯……”（《缶庐诗》卷一）

茅庵寺在东门迎春桥东北角，就是永庆禅院、永庆院，建于北宋治平二年（1065），也是安吉古禅院，俗名茅庵，道光八年（1828）重建，咸丰十年（1860）毁于战火。茅庵寺和芜园、吴昌硕一样，也是战火焚尽后重建（重生）的，所以吴昌硕说劫后余生的人适合在佛前灯下静思冥想。晚年的吴昌硕看通世情、慧悟人生，虽不佞佛，却有一颗禅心，此时已初见端倪。

吴昌硕还有《龙安院寻竹逸上人》云："欲问高人宅，樵夫何处寻？"（《缶庐诗》卷一）一说龙安寺就是梅溪古镇的后山寺。吴昌硕对这首诗和《宿晓觉寺》都比较满意，将其选入《缶庐集》。虽然朱正初认为这首诗是学王维，但也颇有诗人贾岛《寻隐者不遇》中"只在此山中，云深不知处"的禅味。

安吉附近的石虎山，吴昌硕有《书石虎山壁》诗写春游石虎山。

吴昌硕还曾游独松关。独松关是著名的天目三关之一，在今安吉东南，与杭州毗邻。建于南宋建炎初年。它垒石为关，关前曾有一棵经冬不凋的古松，"独松冬秀"为鄣南（安吉）八景之一，被历代诗人、画家写入诗画中。独松关位于安吉、湖州和杭州的古驿道上，历代学子、商人走过此关，也是兵家必争之地，隋末农民起义、北宋方腊起义、南宋岳飞抗金和文天祥抗元都在此有过战事。太平天国运动中，关上也发生多次战役。咸丰十年（1860），曾有独松关大战，就是改变吴昌硕一生的那场战事。

吴昌硕去独松关时，战争虽结束，但毕竟时日不远，关上还残留着战争痕迹，包括残破锈烂的兵器。寒冷的秋冬，登上大石砌成的雄关，听山风吹过山岭的松涛竹浪，仿佛当年战争中的呼喊，令人不由想起战争的残酷。经历过战争风霜的吴昌硕，对这一险峻地特别关注，登关时有"岩壑无端嗥虎狼，独松关下草荒荒"（《独松关》，《缶庐诗》卷一）诗句。光绪二十一年（1895），52岁的吴昌硕随军参加中日甲午战争时，因继母重病请假回乡，再登独松关并作画，题跋上说吾邑独松关有此高旷之气，不只是我学八大山人画风的结果。这是吴昌硕早期的画，也是少见的山水画。画上一巨石和一遒劲松树，不只是个人心境的写照，更多负载的是对家国命运的感慨。德祐元年（1275），元军逼近南宋都城临安（今杭州），独松关是最后防线。文天祥死守，但独力难支，最后关隘失守，这就是著名的独松关之役。历史流逝，但英雄和古迹永在，吴昌硕从古代豪杰的故事、诗篇中学习到宏大家国情怀，此时在关上更孺慕先贤英风。雄踞独松岭上的独松关今尚存西段关墙和关门，古风犹存，也是全国重点文物保护单位。关上“独松关”三字就是吴昌硕的弟子、书画名家、安吉人诸乐三的手迹，也见证历史的回响不绝。

吴昌硕还去过穆王城，即岳飞当年屯兵之地。同治《安吉县志》记载，穆王城在安吉南25里凤亭乡。北宋末南宋初，岳飞在此地垒土结营，因岳飞谥号武穆，当地人都称这里为穆王城。清末时，岳家军的将台犹在。吴昌硕有《穆王城怀古》诗，说这是穆王（鄂王）岳飞昔日屯兵之处，曾重重围困金人军队，后来金人趁黑夜逃走。700年间，这故垒间似乎仍有战血留存，城池古塞之地红旗招展，仿佛战火烟尘还在飘扬，夕阳下，独树孤峭，寒蝉凄切，引人发登临怀古之意。从南宋到清末，从家族始迁祖来此避难到父子亲历战争，历史仿佛在循环，自己只能在这衰微乱世怀念英雄，希望能再有岳飞、文天祥这样的英雄力挽清末衰世狂澜。吴昌硕长期不忍放弃仕途，参与甲午战争，清朝灭亡后成为文化逸民，都有其历史基础。

吴昌硕说独松关等“吾邑”（安吉）山水、古迹有高旷之气。“高旷”意为高远空旷，一指风景高朗开阔。吴昌硕此时在芜园，除了读书，也多游山水古迹，从真实处领略自然和历史的高旷意蕴。“高旷”在诗、画等学问艺术中还指豁达开朗境界，明代诗评家胡应麟、清代诗人与诗评家王士禛都赞赏过高旷超逸的艺术风格。

吴昌硕此时记录游历经历的诗歌虽然还多模仿，未成个人风格，但不失真情深意，的确具有高旷之气，为他日后的艺术增添深沉的历史、诗意底色，成为可贵的素材，也见证了他坚定的家国情怀。

岁寒三友

在安吉与吴昌硕常往来、同聚芜园的除了施旭臣，还有朱正初、钱铁梅。这代经历战乱而幸存的安吉士人，多与古代身处乱世的诗人（如屈原、陶渊明、杜甫等）一样厌憎战乱，向往山水田园的隐逸生活，但又不能忘却国事。

朱正初在太平天国运动中曾任石达开幕僚，因厌弃战争逃离了军队，来到安吉施旭臣等人处避难隐居。施向吴昌硕引荐了他。因为都在战争中深受伤害，朱和吴有很多共同语言，曾受邀长住芜园，吴昌硕早年诗《赠六泉山人（答六泉山人朱正初）》即说“来共芜园屋数间”（《缶庐诗》卷一）。

不必讳言，少年吴昌硕家破人亡，又苦度五年流亡生涯，日后足蹩身残，全因战争。他对战争是痛恨的。反战情绪在当时的江南士绅中很常见，包括吴昌硕、朱正初这样的民间平民文人，百姓也普遍厌战。战争带来的消极后果很多，如当时江南一带的人口、经济、文化遭受重创，但也让很多亲历战争的文士多有反思，加深了其诗文绘画的历史内涵，就像安史之乱对杜甫等中唐诗人的深刻影响。经历战争，对吴昌硕以后与任颐、虚谷、高邕、蒲华等有过太平天国运动经历画家的交往也有一定影响。虚谷是安徽歙县人，也经历过战争，十分厌恶战争，先为将领，后为画僧。

朱正初是吴昌硕的另一位早年诗歌老师，吴昌硕常应他的命题作诗，再求指正、唱和。吴昌硕的早期诗集《红木瓜馆初草》诗稿多有朱正初的评点。

两人还曾合作诗画。从吴昌硕的诗看，他们曾合作过一幅画，用九月九重阳节白衣人王弘给陶渊明送酒的白衣送酒典故，道出知己之情，也体现了文人交往的雅韵。吴昌硕《寄六泉山人》诗还赞朱是“知君赢得是清狂”（《缶庐集》卷一），“清狂”指放荡不羁。后来吴《怀人诗》也提及朱，说他“人世何妨狂是醒，不如归去让先生。六泉山下滑滑水，洗得诗肠彻底清”（《缶庐诗》卷二），表达了对朱山水为伴、诗书自娱的隐士生活的赞许，以及对朱清雅飘逸诗风的仰慕。

此外，苏州人钱铁梅[①]也在芜园住过。此人年纪比朱正初还大，没有功名，不曾做官，是个战争后的孤老，也是深受战争伤害者和科举仕途不如意者。年轻时，钱曾游幕湖州、杭州、苏州，吴昌硕赠钱的诗里说“江海愿同游”，意思是要与钱一样游历江湖。

---

① 吴昌硕日后诗中多有“铁老”字样，指的是后来认识的师友金树本（字铁老），但两人身世的确相似。

吴辛甲于1868年去世后，家庭经济压力骤增。1870年前后，吴昌硕曾在安吉东门城外迎春桥东北角的茅庵寺守馆（当私塾老师）谋生，教着十多个蒙童。在此守馆，是因为迎春桥畔是安吉县学所在地。茅庵寺地近县学，路过、借住读书者很多，寺僧还经营收化字纸业务。传统社会有敬惜字纸传统，写过字的纸张不能随意丢弃或沾染污秽，要收集后在专门的惜字炉焚化。茅庵寺也因靠近县学设有私塾，有秀才功名的吴昌硕就在此教育童子。他的祖父曾为教谕、书院山长，从祖吴衡曾在孝丰县学教书，父亲也曾在鄣吴义塾教书，吴昌硕此时的选择也很自然。

父亲去世后，吴昌硕再次陷入迷茫。幸好还有师友继续鼓励帮助他。吴昌硕任教私塾，但也没放弃课业，还以潜心金石、书画、诗文自娱、散心，常与朱正初、钱铁梅等人在芜园诗酒唱和，困境中不堕志向。钱铁梅有诗“苍松翠竹老梅桩，不合时宜人笑狂。把酒芜园皆自得，岁寒三友乐无疆”[①]，以芜园中的松、竹、梅比喻三人，自称岁寒三友。“岁寒三友”典出南宋遗民诗人林景熙的《王云梅舍记》，说自己种的梅和乔松（高大松树）、修篁（修长竹子）为岁寒三友。吴昌硕此时也的确正经历岁寒、风波。

以诗第一句的诗意看，钱铁梅年纪最大，名字里有梅，故梅有可能是吴的自谦，以芜园那棵历经战争的老梅桩自比，但也有可能指三人都是经冬不凋的松、竹和冲寒怒放的梅花。吴昌硕日后的诗亦有以松、竹、梅自比的意象。三人都是经历战争而浴火重生的人、“野火烧山未作薪”的竹，是虽然无人修葺但天生雨露养育渐渐繁盛的梅与竹，是独松关上的孤松。他们在经历战争摧残后以学问和艺术自我疗愈，成为有岁寒心的百折不屈的松、竹、梅。所以钱铁梅说，我们都是伶仃者，功名不成，壮志空寄，心中愤懑无处宣泄，行为思想处处不合时宜，世人多不理解，幸好芜园是桃源，我们亦可在园中把酒言欢、自得其乐。

“岁寒三友乐无疆”的日子虽快意但短暂。年岁差异、不同的生活压力使得他们很快分离。同治十一年（1872）春，28岁的吴昌硕外出游学。已41岁的朱

① 王季平主编：《吴昌硕和他的故里》，西泠印社出版社2004年版，第76页。

正初被友人邀请去山东候补县教谕，但他说宁可在家看山、打柴（意指隐居）。教谕是很难候补上的，何况要离家那么远。快要到知天命之年的钱铁梅更是厌倦流浪，准备回老家苏州。

三人分开后，吴与朱仍多交往，诗、信来往。吴后来有《赠六泉山人》诗，其中有“两地牵怀儿女小，一身行迹鬓毛斑”（《缶庐诗》卷一）之句，两人分隔两地但互相牵挂。1894年，正参加甲午战争的吴昌硕因继母重病归乡，还给朱写信，说自己从山海关南归，今天回到安城，希望明日一早就能在芜园见到朱，两人能像当年一样快意畅谈中日战事，还有新写的诗歌请教朱。信尾仍称朱正初为先生，自称后学。芜园岁寒友，经历岁寒，一生都是知交。

三十始学画梅

吴昌硕曾在晚年对诗友诸宗元说自己三十学诗、五十学画，应该是名士作风、诗人性情的他的自谦之词。很多古人也是这样表述的。

其实他在诗、画方面早已有小成。如他最早的诗集《红木瓜馆初草》诗稿初成于1875年（30岁左右），此时他已向俞樾学诗，也与苕上七子等主流诗坛诗人有来往。此外，他30岁左右就开始学画了，只是他认为此后的20年时间（向任颐、蒲华等人学画真正进入画人圈子前的时间段）一直还在学习中，自觉画艺未精，未成个性特色。此外，他在50岁之前都以作画为文人余技，没有全力以赴，没有将其放在诗、书、印之前。

吴昌硕家族是有书画诗印传统的。可惜到他的祖父、父亲时，由于年龄、战争等原因，吴昌硕未能得到更多学习。父亲曾传授他诗与印。从《元旦谨为先王父母画像》的“笔法能传写练裙”看，他的祖父也许能画。

吴昌硕从人学画，应该是芜园时从潘芝畦学画梅。潘喜陶（1823—1900），字芝畦、紫畦等，号燕池，海宁硖石人。1854年中秀才，为贡生，后任安吉县学教谕。吴昌硕晚年刻“同治童生咸丰秀才”印，边款提及潘“强曳之应试”（强行拉自己去参试），言中满是感激。吴昌硕当时不想去参试，觉得这几年

“流离转徙”使自己“学殖[①]荒落”。当时大乱之后，安吉人口锐减，人心也枯竭疲惫，读书人和有心愿读书者都匮乏，来做学官的潘芝畦于是循循善诱，见有材质可深造的学子都劝他们读书、科举，多加鼓励培植，是战后安吉学子（包括吴昌硕）的真恩师。

教谕是清代县学设置的正式教师，掌管文庙祭祀、教育生员，多为举人或贡生出身。候补为教谕的时间很长，一般要二三十年，所以教谕一般都是德行、才华、年岁都高的老人，如吴昌硕祖父就是五十岁才成为教谕。但战后人才奇缺，来安吉为教谕的潘芝畦是个难得的中年人。

潘芝畦性情淳厚文雅，但为人又潇洒自如。工于诗，也倾心书画，尤善画梅。他有《梅花庵诗集》，还是吴辛甲诗友，《半日村诗稿》中有两人唱和诗。因科举出于潘芝畦门下，吴昌硕称潘为老师，学画后又添一层师生之谊。

吴昌硕后来曾赞美老师所画梅花没有当时画人强作倔强桠槎的习气，只有雪后水边之致，就是北宋爱梅隐逸诗人林逋梅花诗“雪后园林才半树，水边篱落忽横枝”的清风远韵。诗画相通，可见潘的画属文人雅韵。潘芝畦学的是善墨梅的清末画家汤贻汾（1778—1853）的路数，善以飞白笔法扫画梅花枝干。吴昌硕随之学画，日后虽取经多家，并以篆法作画自成一大家，但笔法仍有受潘影响的痕迹。西泠印社藏有吴昌硕早期的画作，是他36岁作的赠内弟施为的梅花册页，正是扫枝梅花。

潘芝畦爱饮酒，吴昌硕也常陪着同饮，两人颇相得。不久，潘芝畦因不善逢迎而辞掉官职，离开安吉，流寓浙东、浙西多地，后移居杭州，虽生活贫困，却安之若素。1875年，吴昌硕去杭州参加科举，曾上门拜访，见其住所四壁萧然，年过半百的潘鬓发皆白，已一衰颓老翁，心下黯然。两人再次畅饮，吴昌硕求老师作画留念，潘慨然应允，吴则治“喜陶”之印作答。

此后潘芝畦又迁居他处，一度不通音讯，吴昌硕时时挂念。吴昌硕在苏州为小吏时，收到潘从故乡海宁来信。吴昌硕喜极，以《潘燕池先生书问近况奉答》诗答道：“……能狂山简谁？固穷东野吾。读书万卷愁，凿石双手痛。那知

---

① 学问的积累增进。

刻画能，深入贫贱涂。游刃虽有余，见咄屠门屠。吾师旅食[①]宽，叹息门下孤……局促人中龙，浩荡江头凫。时光任转移，富贵何有无？春江酒变成，此说良不诬。与公烂醉期，行止交相扶。”（《缶庐集》卷一）诗中以性情温雅、行为潇洒的晋代名士山简比拟老师，以穷愁苦吟的中唐诗人孟郊自比。把自己薄宦浮家做小官的无奈奔波、漂泊不定的苦涩、刻印求艺的穷愁清苦、受尽嘲讽的艰辛，都淋漓倾诉。声声的“吾师”“门下”，可见师徒感情之深。老师的来信和赠言，在他此时的漂泊迷茫时光里格外珍贵。所以诗最后的情绪较为明朗，“局促人中龙，浩荡江头凫”说如果入仕想当人中龙，人生就会“局促”（受束缚）不得舒展，如果当春江上悠游的野鸭子（成为隐士），那人生就会开阔。“春江酒变成”是期待再次和公（对老师尊称）畅饮，两人喝醉了可互相扶持。这扶持是实景，也道出了对老师给予自己帮助、教诲的感激。

吴昌硕后来一生喜写梅，曾在梅花画题跋里自称“苦铁道人梅知己，对花写照是长技”（《缶庐别存》），说自己是梅花知己，为梅花画像、写出神韵是自己擅长的。在他留下的画中，梅画最多且不乏杰作。这和他学画由梅入手有关，也和芜园多梅花有关。每当冬、春寒梅着花，吴昌硕都徘徊花下，把玩观赏，朝夕与共，得梅花神态精魂，梅花自然而然成为他画作的常取题材与素材。就像他在一首《梅》诗说的：“芜园梅树北庄移，半亩荒凉有所思。画稿依稀犹记得，疏烟古雪闭门时。”（《缶庐别存》）诗中说自己一次画梅，想起芜园的一个冬天，积雪经久未化，他闭门不出，在家赏梅作画。芜园的梅花，每一株都有故事，纷纷写入他的诗画里。

芜园多野梅，不受剪缚，不学那种为了迎合俗人审美而修剪、绑缚梅花造成横斜的恶俗，自有天然自得之趣。这种自然野性深得信奉道家思想的吴昌硕之心，也与他学汤贻汾、潘芝畦不强求桠槎画风相通。

吴昌硕曾在一幅梅画题跋里写过一个芜园野逸梅花故事：“古苔鳞皴，横卧短墙，作渴龙饮溪状。每风吼花落，疑欲飞去。天寒大雪，繁枝压折堕邻家，击槛悲歌无以喻我怀也。忽剥啄声甚亟，邻翁瓮水养折梅，亹亹然抱观，冻蕊

① 客居、寄食。

残英与白须眉相映，向予嘐啁，自谓能惜花。予笑谢之。嗟乎！当梅折未殊，缠以麻，封以泥，春气发生，犹得相联属。今断置瓮中，不过为几案间数日玩，失其性矣。”芜园有一棵老梅，枝干布满苔藓，树皮像龙麟，靠着园子的矮墙生长，身姿如虬龙。吴昌硕很喜欢这棵梅花，觉得每当大风这棵梅都有化龙飞去的感觉。一次下大雪，梅枝因雪太厚压折了，掉进邻居家。他正可惜，听到急切的敲门声，隔壁老翁用宽腹陶器盛水养着折断的梅花，颤巍巍地抱着欣赏，红梅和白眉相辉映，向主人喋喋说着自己能怜惜梅花。吴昌硕笑而谢之，心里却叹息，梅枝一开始只是轻微断了，扶起来缠上麻布再封好泥巴，等到春意萌动，梅枝还能相连。如今被折断放进容器里，只能成为桌上几天的玩赏物，失去梅的本性。这故事可能并非真事，而是一个类似“病梅”的寓言，邻翁和梅花形象都富含象征意义。邻翁代表世俗观念，自以为做善事，梅花的自然生命却被摧残。正如他在题画诗里说：“邻翁惜花翻助虐，我欲呼天罪滕六。风寒月落春夜深，应有花魂根下哭。淡墨聊当知己泪，貌出全神此长幅。残鳞败甲好护持，莫再人间遭手毒。”（《缶庐别存》）说邻家老翁怜惜梅花反而助纣为虐，自己作为梅知己很心疼，只能将淡雅水墨当作知己者的眼泪，把还没断枝前的梅花全貌画出来。这棵很像龙的梅花断折后的残鳞败甲要好好保护，不要再遭俗世毒手。这首诗和题跋都有《病梅馆记》之意。吴昌硕曾将竹子比作潜龙，“犹恐夜深风雨至，一枝化作碧虬飞”，芜园梅花也像蛰龙，松树也像潜龙（“松树漫成龙，迟我盘桓抚”，《忆芜园》），这都是他和芜园师友郁郁不得志、与俗世格格不入的身世性情的寄托。

年轻的吴昌硕仍旧渴望得风雨而化龙飞天。但化龙也要付出代价，他写给潘芝畦的诗里就说“局促人中龙”，即已经开始犹豫。他也受到朱正初的宁可在乡看山打柴也不出仕、潘芝畦的辞官自甘影响。

芜园这些带着野趣、古意和孤寂悲凉身世感的梅花，仿佛是从山野中来、在战火后重生的吴昌硕和芜园师友的真实写照。还有一首题梅诗也可贴切体现芜园时代吴昌硕的心境：“梅花阅世无知己，墨沛飘零亦可怜。郁勃纵横如古隶，断碑同卧白云边。”（《缶庐别存》）这次他不只是梅花知己，更是直接代入梅花本身，说自己是多历世事但知己难寻的孤傲野梅。用“墨沛”（墨汁）书写的线条就像自己不定、无依的生活轨迹。气势生机茂盛，枝条奔放自如，如高古隶书是我的风貌气度，但我不肯成为人人赞美的官梅，只愿和断裂残缺的古石碑一起高卧家乡的山水烟云间。无怪吴昌硕笔下的梅花都是那么有灵性、个性，它们不只是草木，也不只是金石书法的书写，也是他的人生、精神写照。

如此芜园归不得

芜园虽朴陋，却包容了吴昌硕屡遭风波、岁寒的心灵。父亲去世后，他只能暂别芜园。1882年，他迁居苏州时写的《别芜园》诗，既是对离开芜园的解释，也是对芜园的怀念，用在此时也适合："……我父既云亡，我身委羁旅。离声墙外禽，行色烟中橹。饥寒驱作客，独行亡踽踽……高堂念游子，妻孥守蓬户。昨归今出门，一别一寒暑。相知定何人，茫茫向江浒。读书愧未成，好古竟何取？男儿好身手，何不拔剑舞？区区谋一饱，坐受众人侮。沧波洗两眼，豪气郁难吐。回头望乡里，高歌聊激楚。携家苦无力，所至辄龃龉。何时逐狙公，故山拾秋芧。"（《缶庐诗》卷一）这首诗讲述了吴昌硕在父亲去世后为了家人不受饥寒而外出谋生的无奈，再次孤独探索、为谋一饱受尽轻侮的辛酸，对隐居清寒生活的恋恋不舍，诗末尾说自己情愿在故乡拾秋芧（橡子、芋头等野果）为生，就是朱正初情愿在家乡看山打柴而不愿远行入仕之意。这一典故化用了杜甫的"岁拾橡栗"诗意，也呼应战乱时为了家人不饿肚子去捡拾野果（"日拾橡栗难盈筐"，出自《忆昔》，《缶庐集》卷一）的往事。

芜园是吴昌硕一生中难得的隐居安宁地，因为一开始有父亲为他遮挡风波。后来，因为离开芜园后的江湖风波险恶、世间岁寒奇寒，于是这数亩小园时时浮现在他身为微宦或卖画鬻印的红尘梦中。就像常梦见鄣吴村一样，他也常梦见芜园，如他有《芜园梦中作》说："东邻西邻携酒壶，南枝北枝啼胡卢。绿竹满庭自医俗，青芜作饭谁索租？眠展蕉阴叶叶大，坐听檐雨声声粗。梦醒灯火逗寒碧，城头曙色翻鸦雏。"（《缶庐诗》卷二）其中写了很多芜园意象，"绿竹满庭"用《晋书·王徽之传》王徽之在宅内种竹之事，还说"何可一日无此君"，苏轼《於潜僧绿筠轩》诗也有"宁可食无肉，不可居无竹。无肉令人瘦，无竹令人俗”，说竹子可疗愈俗世之俗。“青芜作饭”说清贫生活可消解俗世压力，如“索租”。

没有“索租”压力很重要。50岁时，吴昌硕还在任颐为他画的《归田图》上题诗：“而今一行吏，转负十年租。何日陶潜菊，篱边对酒壶?”（《任伯年为画〈归田图〉戏题》，《缶庐集》卷二）表达了对为吏负租生涯的厌倦和对回归芜园享受田园时光的向往。《题画三绝句》诗里也说：“租地却饶园半亩，几时闲种邵平瓜?”（《缶庐别存》）用陶渊明躬耕田园和秦朝遗民邵平布衣隐居长安城东种瓜为生的典故，表达对芜园的思念。

吴昌硕还有《福儿书报芜园近景，编成三绝句，寄令读之》诗三首。福儿就是大儿子吴育，他从芜园写信给父亲，信中说了芜园近况。吴昌硕看后心情难以平静，作诗回忆芜园风貌。

吴昌硕一直视芜园为家园。芜园虽也有悲伤记忆，如“家食苦不给”的困窘和父亲早逝的悲楚，但值得追忆的居多。其《兰竹图》诗说：“此是芜园旧风景，几时归去费相思?”（《缶庐别存》）《梅花石屋图》题画诗也说：“梅花石屋坐谈诗，梦里清游偶得之。如此芜园归不得，岁寒依旧费相思。”（《缶庐别存》）他梦见和友人在芜园谈诗论画，芜园归不得，只能空自想念，尤其是在梅花开放的寒冬。

吴昌硕常年在外，1892年，49岁的他自作《芜园图》以慰乡思。简略勾勒茅屋、松、竹、梅、石及远山，并题诗“兴来频卧北窗风，梦里芜园有路通”。依然是梦境，“北窗”仍用陶渊明高卧北窗典故，和《忆芜园》诗的“枕倚来羲皇”意思相通。诗接着说“蹇驴风雪别岩阿，愧煞苕溪隐志和。何日买书松下溪，浊醪粗饭补蹉跎”[①]。“蹇驴风雪”用《宣和画谱》存王维《写孟浩然真》画像典故，宋人《潏水集》也记录唐代诗人孟浩然雪中骑蹇驴（跛蹇驽弱的驴子）与和他齐名的山水诗人王维相遇，王维戏写其寒峭苦吟之状，言孟浩然曾在灞水上冒雪骑驴寻梅花，自己的诗思在风雪中驴子背上。苏轼常用这一典故，也绘有《孟浩然骑驴图》。吴昌硕以到处奔波的苦吟诗人孟浩然自比。“苕溪隐

① 录自吴昌硕《芜园图》原画，见2016年“食金石力养草木心——吴昌硕艺术大展”。

志和”指中唐隐士词人张志和隐居湖州，他有著名的《渔父词》。吴昌硕借两位古代诗人不同处境、选择表达了对隐居苕溪畔芜园的怀念。诗的最后，他说希望有一天回到苕溪，甘愿以“浊醪粗饭”弥补今日的岁月蹉跎。

这前后也有友人为吴昌硕作《芜园图》，如苏州吴云和顾承等人。不过较为著名的《芜园图》是两位浙籍海上画派画家嘉兴杨伯润、石门（桐乡）吴滔作的，被放入一轴30多尺的手卷，卷首有吴昌硕师友、隶书大家杨岘写的“芜园图”三字，画后是吴昌硕自题诗及征求友人所得题咏，共有20余人次的题诗和题跋，时间跨度达20多年。画上不仅放入施旭臣在1878年写的《芜园记》，朱正初的文和诗，还有吴昌硕游学游宦游艺期间结识的师友杨岘、金树本、凌霞、谭献、诸宗元、潘钟瑞等人的诗作，颇具史料价值。

吴昌硕曾有诗提及吴滔（伯滔）的《芜园图》。《伯滔画〈芜园图〉见寄。伯滔未尝一至芜园，而图中之景约略能似。盖予之园，破屋数间外，老树丛竹，山石荦确而已。伯滔于芜字上着想，故能仿佛，亦岂寻常画师所及哉？若寻常画师，但见贵家花园，亭台高下，树木整齐，极金碧界画之工而画吾园，岂不为千古笑柄？于是知画虽小道，亦贵通才人士所为。予喜伯滔画古雅拔俗并图之似也。题二绝句，他日相遇当为诵之》（《缶庐诗》卷三），由诗歌题目可知他为什么选吴滔的画。因为吴滔和他熟悉，知晓他的为人，所以即使没去过芜园也能画出芜园真实面貌，而不是吴云等贵人想象的王维山水画的富贵气象。

《芜园图》开首有吴昌硕的题记和六首五言古诗《芜园图自题》。诗歌翔实地记录了开辟、安居、离开芜园的经过和心境，是了解吴昌硕早年生活的难得资料：

大钧无遗泽，万物遂其私。荣悴间不同，亦复得安之。芜园何所芜？人与芜园期。即此足容托，荒陋安足辞？遥遥望白云，慨然发长思。

寂寞山城隅，地偏荆榛长。赤手把长镵，种竹开茅堂。念昔归仁里，高会兹允臧。沧桑人世殊，三径久已荒。卜居桃城中，未殊居故乡。故乡虽未远，易地心忧伤。邱垄望不见，四山云茫茫。

……茅屋八九间，庶无尘鞅累。愿为陇亩民，潜修足自遂。

家食苦不给，买舟湖海游。读书未十年，窃愧升斗求。妻孥守荒芜，谷鸟鸣啾啾。人生天地间，局促宁自由。

……亦复爱吾庐，携图寄遥瞩。煮字未疗饥，一身徒仆仆。吁嗟梅与菊，终年长濩落。

归隐既未能，披图空神往。念我手植梅，及今应一丈。桑柘旧时阴，先人所长养。几年未料理，出门徒惘惘。客中虽云乐，故园终萧爽。何日抛微禄，永作芜园长？岁寒以为期，赋诗作息壤。

（见《缶庐集》卷一）

前三首诗里，吴昌硕说芜园虽“芜”，只有八九间茅屋，却足以容纳自己，所以即使园子荒陋也不嫌弃它。在芜园躬耕陇亩期间，没有尘世负累，能潜修深造，达到“自遂”（自行其意）、不为人所动摇的境界。可惜芜园不可留，如今远在外地。“白云”指思念父母和家乡，父母虽逝，但芜园、继母还在，还有鄣吴村，高祖、曾祖、祖父母、父母、妻子、兄长和弟弟妹妹的墓都在那里，如今“邱垄”和故园都远隔云山，想见而不能见。

后三首诗先说父亲去世后，自己成为家里的顶梁柱，苦于家人衣食不足，只能打破隐居芜园的平静自在生活，“买舟湖海游”。“湖海”指浪迹各地，也指他外出读书求科举、谋生求发展。吴昌硕虽高呼“人生天地间，局促宁自由”，说人生在世都爱闲适自在，谁愿意局促为生？但并不是谁都是不为五斗米折腰的陶渊明，他为了家人只能为升斗微利离乡外出。“尘鞅”指世俗事务的束缚。

吴昌硕是爱“吾庐”芜园的，所以借携带《芜园图》、在图上题诗寄托对远方家庭的思念与“遥瞩”（遥望）。“煮字疗饥”出自宋末浙江天台诗人黄庚的

“煮字符来不疗饥”，原是对学问难保生计的自嘲，也指无奈卖文（艺）为生。吴昌硕说外出谋生也难以温饱，还要舍弃芜园的梅、菊。“濩落”是凋谢沦落之意，也暗指自己境遇不佳。

归隐之念不能实现，只能偶尔拿出《芜园图》空自神往，想来自己亲手种的梅花应该很高了吧，父亲开垦的芜园田地已郁郁葱葱。自己离开芜园数年，只有过年才回到家乡，没时间料理园子，故园变得荒凉，每次离开都心境惘然。“客中虽云乐”出自东汉《古诗十九首》的“客行虽云乐，不如早旋归”，就是陶渊明《归去来兮辞》的“归去来兮，田园将芜胡不归?”吴昌硕说希望有朝一日能不为微薄俸禄而被迫奔波，永远在芜园做“芜园长”。他期待过年时能回家乡。“息壤”（隐居之地）指芜园这一心灵栖止之地，此时芜园暂不可见，只能以诗画做图上游。

第五章　酤酒篷背坐：买舟湖海游

曲园门下孤山旁

吴昌硕在芜园潜修的平静生活很快被打破。迁居安吉不过4年，创建芜园不过3年，1868年，吴辛甲因病逝世，年仅48岁，许是战乱时的流离失所、饥饿疾病、担惊受怕、忧虑伤痛削减了他的寿命。吴昌硕将父亲归葬在鄣吴缪家坞。这年他25岁。

后来他在《芜园图自题》诗中提到父亲在芜园留下的手泽，“桑柘旧时阴，先人所长养”。1911年，他在《除夕寓庐展拜先人遗像泣赋二首》诗之一里还说“图画重展现，梅树亦灵椿”（《缶庐集》卷二），即父亲手植的芜园梅花是父亲（“灵椿”）的象征。

祖母逝于1860年，母亲逝于1862年，不过6年，父亲又逝世，吴昌硕再次陷入凄苦惨痛。至此，与他曾朝夕相处、亲密无间的几位血亲都已离世，只剩下憔悴悲伤的继母。要担起家庭重任的吴昌硕压力很大，想起亲人往事，以至夜不能寐，起立彷徨，暗暗饮泣。他日后在《忆芜园》诗中说“可怜父弃养①”。《芜园图自题》六首之三也说“三复哀哀诗，益痛灵椿逝。手泽鲜故书，杯棬无旧制。敢谓子克家，析薪惧重寄”（《缶庐集》卷一）。

① 父母等长者去世，子女不得奉养。

“哀哀诗”指《诗经·小雅·蓼莪》的“哀哀父母，生我劬劳”，意为可怜我的父母抚养我太过辛劳。“三复”指祖母、母亲、父亲的接连去世，尤其心痛的是父亲这个为自己遮风挡雨的长辈的去世。“灵椿”原是《庄子》寓言里的长寿之树，用以比喻父亲。“杯棬无旧制”追悼母亲之逝。“手泽鲜故书”愧疚自己不能继承父亲的才能、事业。“手泽”原指先人的遗墨、遗物，出自《礼记·玉藻》的“父没而不能读父之书，手泽存焉尔”，父亲去世后所留下的故书（即读的旧书还有著作）因战乱散失而已不多，吴昌硕悲伤。他还觉得自己不能读父亲之书是因为才学浅薄。“敢谓子克家，析薪惧重寄”更道出吴昌硕对自己的怀疑、不自信。“子克家”出自《易·蒙》，指儿子能承担家事，“析薪”指继承家业，“重寄”指重大托付。他不敢说能在父亲去世后承担起家庭重任，还说自己对父亲托付的复兴家族责任感到惧怕。

于是，为了父亲的临终嘱托，吴昌硕再次被复兴家庭名望的期待和家庭经济的压力合力推向外出谋生、进修的道路。守丧三年暂不能科举，吴昌硕将原本因“父母在不远游”而暂时放下的游学计划付诸实施。

料理完父亲后事，吴昌硕离开安吉，一度来到湖州。明清时，湖州府有乌程与归安两个首县，同城而治，就像杭州有钱塘、仁和两个首县、同城而治一样。1869年，26岁的吴昌硕来到杭州，负笈西湖孤山的著名书院诂经精舍，在清末朴学宗师俞樾门下学小学和辞章之学。太平天国运动中，精舍被毁，同治五年（1866）重建。

诂经精舍是乾（隆）嘉（庆）重臣、扬州学派大儒阮元创办的。“精舍”是汉代（经学盛行）学生住处的名字，“诂经”意为不忘旧业且勖新知。可见，诂经精舍是崇尚汉学实学、主张研求经义的，选拔浙江经学修明、通五经一艺者在精舍修习课业。

阮元是博雅学者，也是古文字学家。他倡导朴学，还擅长以经籍训诂、经史考据求证古金石上的铭文。他在杭州时，幕客有清代浙派篆刻西泠印派八家中的陈鸿寿等人，他对浙派篆刻也有帮助。杭州日后成为印学圣地，与他有很大关系。阮元还以《南北书派论》《北碑南帖论》两著从理论上厘清了碑学体系，奠定了碑学在书法史上的主流地位。吴昌硕此时来到诂经精舍，还能感受阮元时代以穷经致用、实事求是为要旨的精舍学风，也濡染此时复兴精舍博雅融通、自然通脱的新学风。

新学风与此时任书院山长的俞樾有关。俞樾（1821—1907），字荫甫，号曲园，朴学家、文学家、古文字学家、书法家。湖州德清人，是吴昌硕的湖州同乡。1869年，是俞樾从苏州来杭州、出任诂经精舍山长并兼管浙江书局的第二年。此时，他学问精力鼎盛，而吴昌硕只是一个来自小地方的年轻生员。但作为精舍早年弟子，吴昌硕很受老师看重。俞樾后来曾为吴的《篆云轩印存》署端并题词，对他的金石文字功底颇为嘉许，还为他的诗集作序。

俞樾一生主讲过苏州紫阳、上海求志、德清清溪、归安龙湖等书院，吴大澂就是他任紫阳书院山长时的学生。他在诂经精舍执教时间最长，达31年，为浙江学术和人才建设建下功业。他门下弟子三千，学者有黄以周、朱一新、施补华、王诒寿、冯一梅、吴庆坻、吴承志、袁昶、章炳麟等，也多有通才。

吴昌硕出任西泠印社第一任社长时，印社选址孤山，与诂经精舍旧址（今孤山路浙江博物馆附近）及俞樾旧居俞楼（今俞曲园纪念馆）为邻。而吴昌硕对孤山之地、以丁敬为宗的西泠印派的向往，应该在读书于精舍时已产生。如今这三处所在静静相对，一起记录杭州的历史文脉，同为西湖边的不朽人文传奇，也是难得的缘分。

俞樾还于1875年在苏州造曲园。他晚年回到苏州，于1907年病逝。吴昌硕中年客居苏州时，租住地距曲园不远，多与老师亲近，也与俞樾的苏州弟子吴大澂等人交往。

阮元建诂经精舍，较在意科举和经学人才。俞樾虽然也重科举，但也在意科举、经学外的文学等学问，开古老书院新学风，科举不再是唯一追求，这对精舍弟子影响至深。这个变化也是为了与新式书院竞争。晚清书院盛行，多以新的教学内容或形式成为年轻学子的向往之地，尤其是开设在大城市的那些书院，如开创于同治六年（1867）的上海龙门书院。扬州学派学者刘熙载曾任龙门书院山长，著名学生有袁昶，也有新学风。这些书院都与诂经精舍相辉映。

俞樾作为清末大儒，在经学、史学、诸子学、文字学、音律、训诂、文学、辞章学、书法等方面都有不凡造诣。受其影响，吴昌硕主要专注经学、诸子学、文字学、辞章学。俞樾承清代扬州学派一脉，属于经学正统派，对先秦经学及诸子百家学说都有深入研究，有《群经平议》《诸子平议》等著作。吴昌硕精通古文字学，为篆印打下基础。他以篆书独步天下，除了一生不断学习积累，也得益于曲园教诲。但俞樾治文字学，受传统思想和时代影响，不取商周古器上的古文字，以为多是后世诈托。他认为古文字可辨形体、识通假的止于秦汉碑铭。这种后来被考古新发现证明过于保守的学术倾向对章太炎影响很大，吴昌硕应该也受到影响。由于时代局限，吴昌硕对古文字的探索也大致以石鼓文为限。他的艺术更多得益于战国秦汉古金石的高古气质，发轫时期的天真质朴较少。不过吴昌硕的醇厚纯正学术底子保证了其书画的古朴素雅，使他能结合来自乡野的朴野隐逸气质，在海上画派的新奇奔放中实现很好平衡。

俞樾作古文不拘宗派，取径渊博；作诗温和典雅，不失清新灵动，诗风近中唐白居易。作为清末浙派诗人的领袖，他对吴昌硕影响不小。尤其值得一提的是，俞樾对通俗文化的开明观念。俞樾是个能审时度势、正视现实的聪慧者，是能在科举应试诗中写出“花落春仍在”的历史感的人，他敏锐地看到通俗艺文发展势不可挡、令民众痴迷的原因，认同戏曲、小说的艺术魅力，承认其比儒家经典更具影响人性情的功效。这种在历史传统和现实巨变中的灵性态度和圆融姿势，在后来的吴昌硕身上也清晰可见。吴昌硕的芜园友人朱正初也曾书写过有现代思想的小说《新趣小说》①。

俞樾晚年享誉海内外，学术影响远播，日本学术界尤其景慕曲园，许多日本文士学者专程来苏州拜他为师。这对身为曲园弟子的吴昌硕既有榜样意义，也为他带来更多名声和倾慕者。晚年吴昌硕和老师一样，足迹不逾江浙，而海内翕从。虽然成名的领域不同，但他在日本的名气和受到的倾慕似不亚于当年的曲园先生。

吴昌硕在诂经精舍学习了一年多后，于1870年冬回芜园过年，1871年又到精舍继续求学。他两次问业曲园，后在苏州还常向老师请教，以在俞樾门下所

---

① 参见姚达兑：《从〈新趣小说〉到〈熙朝快史〉：其作者略考和文本改编》，《中国现代文学研究丛刊》2013年第11期。

学辞章学和文字学为底子，将其与诗、印、书、画融会贯通，自成大家。精舍生涯和曲园求学为他打下了坚实通博的学术基础。吴昌硕后来在苏州说自己“平生恨未多读书”（《读杨藐翁先生〈迟鸿轩诗集〉并谢题〈削觚庐印存〉》），是此时眼界渐广、接触渐多的实感。

光绪二十六年（1900）十二月二日，俞樾八十寿辰，吴昌硕作《曲园先生八十寿》诗。第一句就说“先生历四朝”，意思是俞樾已经历道光、咸丰、同治、光绪四朝。

1907年俞樾去世，葬于杭州三台山。吴昌硕撰挽联说：“薄植荷栽培，附公门桃李行，今成朽木；名山藏著作，自中兴将相后，别是传人。”上联中的“薄植”是自谦，他说自己根基薄弱、学识浅薄，“桃李”指前贤引进的后辈、栽培的学生。他说自己是俞师门下不成才的弟子，忝列其中。“朽木”也是自谦。下联赞美老师文化教育成就高，是在成为名将、名相外的另一智慧选择。“中兴”指太平天国运动后的社会重建，俞樾复兴诂经精舍。

吴昌硕两度在人才济济的诂经精舍读书，除了山长、老师外，学友也多浙江乃至各地英才，切磋攻错，对他多有帮助。杭州人徐恩绶（近代报人徐珂之父）也在精舍读书，与吴昌硕有交往。好友施旭臣、张行孚前后来精舍与他同学，施旭臣还曾与他同住附近的崇文书院。同属浙江清代四大书院的崇文书院在西湖跨虹桥西、岳庙附近（今曲院风荷内有一碑）。施、张都是隽才，张行孚在浙江学使举办的考试中获精舍考核最高等，得到俞樾激赏。吴走出芜园，有恨未多读书、松木列桃李之感，也慢慢恢复源自家族血脉的科举济世之心。

吴昌硕在精舍，曾与学友同游离诂经精舍、崇文书院不远的杭州岳庙，并作《萝塔》诗。诗的小序说：“西湖岳庙前有枯木一本，高百尺，大十围，藤萝缘其上，望之如塔形。西泠酬唱集曾赋之。”（《缶庐集》卷一）岳庙前的萝塔是藤萝攀附高大枯木形成的，如塔形，和西湖上的黄妃塔、保俶塔相对。清末在杭州的无锡人、书画家秦缃业（1813—1883）所编的《西泠酬唱集》记载，吴昌硕借攀缘枯木直上九霄、登临绝顶的藤萝来比拟自己，说这些藤萝得到西泠佛风和古英烈的滋养而成奇迹、灵迹，和他在芜园期间以松、梅、竹等草木浴火重生、遇风雨化龙自喻自我激励相通。松、梅、竹、藤萝都是吴昌硕诗画中喜欢作的植物。“危绿具阶级，凡体焉得上”，藤萝是凡体却能努力登阶级（官阶）而上，体现了此时吴昌硕年轻心灵中复炽的对成功、功名的渴望。他接着说“裴回（徘徊）望决定，所策夸父杖”。“夸父杖”用夸父逐日典故，更显现他的梦想热烈。吴昌硕的植物诗、画都是咏物，也都是抒情言志。这首诗以英雄岳飞墓园为背景，“鄂王功不成，忠气塞天壤。庙前草木奇，卓立人共仰……”使他的个人梦想更增了几分为国为民、复兴国家的色彩。吴昌硕和学友相互唱和，“咏物并怀古，相和歌慷慨。相见日落时，英风飒来往”，想象黄昏落日悬挂高塔之上时，岳飞等古英灵会在古迹上飒然来往，感受他们的英风高节。这是他爱读史书、凭吊古迹、多写登临怀古诗和读史咏史诗的好古癖好的延续。

今安吉博物馆藏吴昌硕诗歌手稿《〈西泠觅句图〉为沈大》，借沈画寄托对诂经精舍生涯的怀念。从诗的“一别头将白，风尘十九年”看，应写于1895年左右。诗中有“南北高峰下”“南宋一湖水”等句，尤其是“冷趣林逋鹤，英风武穆旗”一句（林逋是隐居孤山的隐士，孤山和岳坟很近），可窥见吴昌硕此时在隐逸和奋进中的摇摆。

《朴巢印存》

吴昌硕在1870年暂离诂经精舍回乡是因为生计困难，有继母需供养。他回家后就在城东茅庵寺设私塾，课读邻人子弟，并代人书写文字。

此时，乡间人称吴昌硕为芗圃先生。吴昌硕虽处于暗淡困顿阶段，却仍能坚持好学苦读，并勤习书法、篆刻，希望能早日完善印谱，完成父亲的遗愿与期待。就在此年，他在书斋朴巢里，将早一年在诂经精舍已初步编定的印谱集拓结集，名为《朴巢印存》。《朴巢印存》包括103方印稿，从他21岁到安吉后至此时所刻的200多方印稿中选出。他早年的印在战乱中丢失，所以这是已知他最早的印学成果。

《朴巢印存》是两册线装，其中多闲章，多吴昌硕早年字、号、室名印。如此时的别号芗圃（亦作香补），还有体现他对梅花不同寻常喜爱的“梅花主人”

（即梅知己之意）等。他以香草等嘉卉自喻，表达自己怀才不遇，希望有识才者能赏识自己，也以芜园为梅花居所、香草园地、自然不加工的草木巢栖地，希望梅花、香草等草木的香韵补益心灵。和诗、画一样，他的金石篆刻也是咏物、抒情言志兼具。《朴巢印存》里也有“虎口余生”等章回忆战乱生涯。

《朴巢印存》由施旭臣作序，他说书中的印章类型很广，不拘一格，有仿汉印的，也有学钟鼎文、古篆籀的；有朱文的，也有白文的；有受浙派西泠诸家影响的，也有受皖派影响的，且多受《飞鸿堂印谱》的影响。这是乾隆年间（1736—1795）寄寓杭州的徽州人汪启淑所拓印、编辑的一部大型众家印谱，在清末影响极大，学习借鉴者很多。《飞鸿堂印谱》风格芜杂，瑕瑜互见。《朴巢印存》也不免沾染习气。

虽然《朴巢印存》还以转益多师为主，尚未形成自己的风格，但这部日后被誉为“近代印学第一人”的最早印谱中，仍可见吴昌硕早年在篆刻上的可贵探索。吴昌硕自幼嗜好金石古物，虽所见不多，但浸淫其中十多年，在杭州又见浙派遗物甚多，有所进益。他此时受浙派影响较多。

施旭臣在序中还说昔日湖州有赵孟頫的《印史》传世，今日吴昌硕才过弱冠就已有成就，他日如能积累印存为巨篇，可待后世好古者与赵的著作同摩挲，也是湖州艺术的雅事。赵孟頫编《印史》，还书写《印史序》，提倡汉印典范和朴素古雅的审美风格。吴昌硕日后的印风貌似突破古典范式，实则芜而不芜，还在雅正之中。

《朴巢印存》的问世，是吴昌硕艺事的一个小结。1873年，《朴巢印存》问世后三年，吴昌硕开始为人治印，并在此后很长一段时期里以此谋生。他日后说自己三十学印，也是自谦且取整数的说法，他跟从父亲学印很早，只是到30岁才有较多实践积累，能说自己是个印人了。

《朴巢印存》没有完整流传下来。吴昌硕现存较早的印章是他30岁左右所刻，除了刻有早期名号“苍石”的小印外，还有后来编入《齐云馆印谱》的55方印。在这些印章上，吴昌硕30岁前与浙派间的渊源，以及此后渐渐受到汉代古印启发的迹象，都依稀可见，显示从师今人到师古人的发展。

夫婿心闲好读书

同治十一年（1872），吴昌硕已29岁了，因战后家贫、父母双亡，也因为为父母守丧耽误多年，他还是孤身一人。最终还是他的友人施旭臣做月下老人牵线，他才娶得湖州归安县菱湖镇施氏为妻。

施夫人有个很有意思的名字——酒，字季仙。施氏是菱湖望族，施夫人父亲名绥字亦吾（一说名延侗），也是善诗文而不善八股文，中过秀才，是贡生，但不是正途的五贡，应该只是增贡或例贡生，只能在安吉县衙里当幕僚。施绥有才华，却为小吏，奔走于俗世谋生，不免有些愤世嫉俗。这也影响了女儿施酒，不太看得起凡俗男子。

施绥与施旭臣早已相识，是同宗，也意气相投。后又得识吴昌硕，很赏识吴的才气和性情，以为这位青年非久居人下者。虽然吴昌硕此时已年近而立，其貌不扬，且家境清苦，还不是本地人氏，但施绥还是决定将爱女许配于他。

施夫人于道光二十八年（1848）八月廿八出生，比吴昌硕小四岁。她自小随父亲读书识字，也能写诗文，还帮父亲写作公文，知晓一些政务，是个聪慧能干的女子。但也因此眼界颇高，以致婚事蹉跎，年已25岁还待字闺中，在当时已算超大龄，被人讽为“石门槛”（湖州土话，老处女之意）。

施家深知吴家家境，不要聘礼，婚礼也办得简单。据说，其间发生一个小插曲，令围观邻人印象颇深。当时新娘子蒙着盖头向吴家走去，却不慎误踏入路边阴沟，一只鞋子尽湿。这在当地是不吉利的，旁边一个看热闹者急中生智，说了句吉祥话，说“潮靴”谐音“朝靴”，新娘命好，过门就可当诰命夫人了。吴昌硕只是淡然一笑，不以为意。

婚后家境清贫，施夫人操持家计井然有序。后来吴昌硕常出门游学、谋生，在家时间不多，就是《别芜园》诗里说的“昨归今出门，一别一寒暑”。次年，施夫人生下长子吴育，三年后又生下二子吴涵，家中还有老母杨氏要侍奉，家庭负担很重。吴昌硕收入又少，多亏施夫人操持整个家，以嫁妆补贴家用。颇长一段时间，因家中实在困难，施夫人还曾带着孩子到菱湖娘家寄住，以减轻负担。日后四个孩子的教养，如读书、写诗、作画也多是施夫人承担。吴昌硕1884年的《感梦》诗“后匹菱湖施，家计顾我助。大儿年十二，作诗渐成句。次儿九岁强，弄笔满天趣”（《缶庐诗》卷二）就写了施夫人对自己、家庭的帮助。他说施夫人是“明月前身终修到”，感恩上苍对他凄苦青少年时代的补偿。

吴昌硕对施夫人多感激也多愧疚，多首诗歌都有表达，如“浮家累妻孥”（《潘燕池先生书问近况奉答》，《缶庐集》卷一），“妻孥守荒芜”（《感梦》，《缶庐诗》卷二），“妻孥守蓬户”（《别芜园》，《缶庐诗》卷一），都道出拖累妻儿的内疚。1886年，他有题任颐为他画《饥看天图》像的《饥看天图・自题》诗，诗中有“我母咬菜根，弄孙堂上娱。我妻炊扊扅，瓮中无斗糈”。他说继母饮食简朴，还要带孙辈。“扊扅”指门栓，用秦相百里奚妻子早年用扊扅作柴火炖鸡、成为丞相夫人后在宴会上唱《扊扅歌》的典故，说家里贫穷缺柴缺米，妻子只能以门栓为柴，暗含对辛勤操劳的妻子富贵不忘的表白。

吴昌硕写于奔波路途中的《忆内》诗云：“竹内西风搜破屋，无眠定坐灯前卜。谁家马磨声隆隆，大儿小儿俱睡熟。”（《缶庐集》卷一）这也是他刻“安吉吴昌硕”印的边款诗，学习杜甫《月夜》写法，不写自己在异乡如何想妻儿，反说在芜园陋室中的妻子思人无眠，在孩子都熟睡后坐起，以灯花明灭占卜吉凶。可见，他们在柴米患难中结下的深厚感情。“磨声”或可用他晚年诗《消寒六集和苏东坡馈岁、别岁、守岁三诗原韵》里的注解，即安吉梅溪在磨盘山山麓，遇到丰年，就会听到磨声隆隆。吴昌硕写磨声，应该是期待丰收之年吧，这样家人能有更好的日子。

吴昌硕《赠内》诗云：“客里垂垂老，相依各性真。我残夔一足，卿瘦鹤前身。裙制量春草，头梳换旅程。平居数长物，夫婿是诗人。”诗中写了夫妻两人在苏州等地漂泊时相濡以沫、互相扶持的细节。他们在客游日子里一起慢慢老去，生活里互相依靠，多年夫妻真性情相对。吴昌硕以卿称呼妻子，可见亲密。吴昌硕说自己因为早年病痛而跛足。“夔”是上古贤君舜的乐官，传说只有一只脚，这里是自指。妻子常年辛苦，很瘦，如仙鹤。“春草”“头梳”是回忆两人年轻时的往事，前一句写自己在外谋生、妻子在家持家，正如唐宋人写的“记得绿罗裙，处处怜芳草！”“空庭春草绿如裙”，他看到青草就会想起妻子的青罗裙。后一句写妻子贤德助他事业，将自己的头饰卖了给丈夫当旅费。“平居数长物，夫婿是诗人”（《缶庐集》卷二）更是生动刻画了两人身为夫妻、知己的温馨场面。人到中年的两人无事聊天时，说起吴昌硕平生拿得出手的本领，施夫人笑道是你的诗。这很像苏轼问自己肚子里是什么，爱妾朝云答一肚子不合时宜。施夫人是骄傲，吴昌硕是自豪。家庭的温暖抚慰了一身孤残的吴昌硕，是他忧乐中年的幸运。

到1887年，吴昌硕已全家迁居苏州数年。家境依旧不宽裕，吴昌硕只能在妻子生日前一天写一首诗给她。这首《丁亥八月廿七日赠妻子》说：“山妻四十明朝过，往事低徊倍可嗟。曾把锄犁归老圃，更持门户向天涯。织缣出入添荆布，吃墨零星堕齿牙。醉眼却逢秋雨歇，节南山影在烟霞。”（《缶庐诗》卷三）诗虽平淡，却有深挚之意。诗中用乐府诗《孔雀东南飞》中的织缣（细密的绢）典故来赞美妻子的勤与巧，也用织缣与荆布的对比来赞美妻子的安贫若素。布衣荆钗的形象还隐隐将妻子比为古代贤妻孟光，点出两人举案齐眉的日常。他还用把锄犁、持门户道出对自己常不在家、妻子辛劳持家的愧疚。“节南”一句用《诗经·小雅·节南山》典故，道出夫妻虽贫贱却不百事可哀的偕隐共乐期待。

施夫人常是吴昌硕诗作的第一位读者。在长期不算富裕的生活里，夫妇俩一起切磋艺事就是人生乐事。施夫人在丈夫与儿子的指点下，还学会了篆刻，能作小印，偶有所作，斐然可观。可惜身为女子，不太为人刻印。“吃墨零星堕齿牙”中的“吃墨”，指吴昌硕作诗书画、篆印书写时，因入神忘情会不自觉用嘴一抿，吮吸笔上墨汁以控制笔头水分，唇齿不觉沾染墨汁，宛如缺了牙齿。这里是描述夫妻合作篆印的情景。

1893年，吴昌硕50岁。三月，好友、画家任颐和另一位善画肖像的苏州画家尹沅为他画《归田图》。画中，吴昌硕素袍荷锄立于山水松梅间，颇有隐士风范。吴昌硕有《任伯年为画〈归田图〉戏题》诗题于画上。两位画家也为施夫人作《采桑图》，显示两夫妻共同的归园田居心愿。尹沅（1836—1899），字芷芗，号丽生，工写真及人物，尤工仕女，神似又有神韵，南北闻名。尹沅为施夫人画像，任颐补景，吴昌硕在画上题两首七绝，杨岘也题跋称是季仙贤妹玉照。画上的施夫人素衣端庄，手持采桑工具，脚边放一桑叶篮子，体现了她的勤劳和气度。四位大师的艺术集于一幅画中，实在难得，较好地展现了施夫人的风采。

吴昌硕的题画诗就是后来稍经修改的《采桑图为季仙》诗两首。其一说“裙布不完头不梳，柔条采采叶扶疏。《豳风图》里劳人在，夫婿心闲好读书”（《缶庐集》卷四)，赞美妻子安于清贫和勤劳能干，以及对自己的帮助。《豳风图》指古代画家根据《诗经·豳风》诗意而作的农事画，《采桑图》则模仿前贤画意，又因为施夫人出身湖州菱湖这个养桑之地。“为季仙”指出是专门为施夫人所作，体现对夫人的敬爱。画中的采桑和《丁亥八月廿七日赠妻子》中的“曾把锄犁归老圃……织缣出入添荆布”呼应，“夫婿心闲好读书”和《赠内》诗中的“平居数长物，夫婿是诗人”意思相近，都是说施夫人不但是生活中的贤内助，还是吴昌硕事业上的知音，有妻子支持，他才能有闲暇闲心闲趣读书，取得诗文书画印上的成就。

吴昌硕对妻子一直敬爱有加。1897年秋八月廿八，施夫人五十寿辰，吴昌硕作《季仙五十寿》诗为她祝寿：“桂子腾香设帨辰，廿年宦海共风尘。前身明月终修到，夫子粗官累食贫。劝我耕田因识字，呼童投辖助留宾。儿童今日添欢喜，共觅陶潜漉酒巾。”（《缶庐集》卷四）“帨辰”指女子生日。其时恰逢桂花盛开，故先以桂香清雅赞美夫人品德。接着写20年微宦生涯中，夫妻共度艰难漂泊岁月，还说自己作为丈夫“粗官累食贫”，自愧连累家人，妻子却能体谅、尊重自己这个识字耕田夫，还能在事业和朋友交往中无私地帮助自己。除了“头梳换旅程”，施夫人还“牵衣投辖”，即殷勤留客。吴昌硕性喜交友，家中虽贫苦，却常有客人寄寓、寄食，施夫人都能替丈夫好好款待。吴昌硕尤为感激，一句“前身明月终修到”道出了无限深情。诗的最后说欲与夫人“共觅陶潜漉酒巾”，表达与妻子偕隐共老的心意。

正式迁居上海后，69岁的吴昌硕在《自寿》里还提到妻子，说“结发之妻安可忘，纵不糟糠亦箕帚”（《缶庐集》卷二)。可惜吴昌硕事业日益鼎盛之际，施夫人却病逝了。施夫人逝后一年，吴昌硕在鄣吴村附近的凤麟山麓择地建墓，命二子葬妻子于此。此处与玉华山遥对，邻近家族墓地。这是一座两个墓穴的双人寿坑墓，吴昌硕在妻子身旁为自己谋生圹，准备百年后与夫人合葬。后来吴昌硕葬在余杭超山，施夫人也迁葬超山。

妻子去世后，吴昌硕大病一场，病愈后多有诗悼亡。他夜不成眠，也梦见濡沫一生的妻子。他作《夜不成寐书二绝句》，其一说："桐棺一去隔浮云，来梦驻裾旧布裙。色笑承欢应似昔，缪家窝畔舅姑墩。"（《缶庐集》卷四）"桐棺"指质地朴素的棺木，是他愧疚丧事不够隆重。旧布裙指梦到妻子旧貌。只能安慰自己说妻子已落葬鄣吴村缪家窝公婆（古称，指舅姑）墓地附近，他们应团聚了。"色笑"指和颜悦色，"承欢"指孝敬父母，这是感念妻子生前侍奉继母。《夜坐有感》云："前匹死难白骨无，老妻又丧天难呼。片心宛转病不死，泪作铅注愁目枯。死者长已生声吞，昨宵入梦归来魂。梦醒一灯雌不温，顾影徒诧哀翁存。"（《缶庐集》卷四）此诗也是写自己梦见妻子，说元配死于乱中，骸骨难寻，如今相伴一生的老妻又去世，自己哀伤难过到生病，无声哭泣。梦里见到妻子，醒来后灯下只有自己这个独存的哀翁伤心自顾的孤影，"徒诧"两字写尽他不能面对现实的悲凉空虚。再如《病余》的"病余人比还魂鹤，弦断秋横涩指琴"（《缶庐集》卷四），还有1923年80岁寿辰时画梅题诗的"蝶谁梦续疏还补，琴不弦张抚自伤"（《缶庐集》卷五），"琴""蝶"都有悼亡之意，古代以琴瑟比喻夫妻，"断弦"指妻子亡故，也指知音逝去。诗里说施夫人弥补了自己破碎的比翼蝶梦，如今夫人归去，更感人生如庄子笔下的蝶梦般虚幻。

吴的悼亡诗还有很多，以《夜不成寐书二绝句》之二的"溪堂同赋竹深深，往事低徊思不禁。诗戒已持心是佛，双眸观我当长吟"（《缶庐集》卷四）和佳节思念逝者的《除夕诗》"无言别我遂长捐，强作欢颜笑语边。夫妇古稀人仅有，敢云天不假其年"（《缶庐集》卷四）最为感人。前一首写当年两人在竹子很多、溪水附近的芜园（"溪堂"）一起唱和，想起往事留恋不已，如今自己因为妻子去世不想写诗，一心向佛，长夜难眠，可谓古代著名悼亡诗元稹的《遣悲怀诗》"泥他沽酒拔金钗""贫贱夫妻百事哀""惟将终夜常开眼，报答平生未展眉"诗意的衍化。后一首说妻子"长捐"（去世）没留下遗言，如今除夕满屋笑语，自己也强颜欢笑。他安慰自己夫妻两人都能活到古稀已很难得，也不能怨恨老天不给妻子更多寿命。这些诗篇都是貌似平淡而细品下情真意深。

施氏夫人生的三子二女，都有艺术才华。长子吴育（1873—1888），字半仓，乳名福儿，就是《福儿书报芜园近景，编成三绝句，寄令读之》里的福儿。他生在芜园，作为长孙带给这个人丁凋零的家庭很多欢乐和希望。吴昌硕继母没有孩子，对孙子很慈爱，就像吴昌硕祖母万氏对吴昌硕一样。吴昌硕也对长子寄予无限期待，福儿稍大后会写信给父亲报告芜园近况，这些信应该给过在外漂泊的吴昌硕很多乐趣，所以他将儿子写的内容改为三首比较好懂的绝句，再寄给福儿让他学诗。福儿很聪慧，12岁就能作诗，很得吴氏家族家风。吴昌硕为儿子的才气喜悦，但也怕他的聪慧会带来不幸，父母之爱子则为之计深远，所以他给长子取字半仓、小名福儿，都有祈福避祸之意。可惜福儿仍多坎坷。1886年，福儿在苏州忽发天花，又遇庸医误投药，情况很危急，此时吴昌硕在外公务，幸而有吴昌硕画友金彰加以救助才转危为安。但两年后，福儿还是病卒于沪上，年仅16岁。这给吴昌硕以重大打击。

吴育去世后的次年寒食，吴昌硕作《己丑寒食》诗，序言里说儿子不但早慧能文辞，读书也能得古人意旨。诗中说："寒食东风吹郭门，孟郊哭子泪潜吞。一千日醉谋之酒，十六岁怜飘汝魂。母歇机声眠阁底，弟搜诗句历墙根。临残石鼓还听雨，如听商量屋漏痕。"（《缶庐集》卷二）先用中唐苦吟诗人孟郊哭夭折孩子的典故写寒食这个祭祀亡灵的节日里自己倍感丧子之痛，再用晋朝狄希酿千日酒（能醉千日的酒）而忘情的典故，以"十六岁怜飘汝魂"道出刻骨的痛惜和牵挂。还用妻子悲痛地不做家务、次子绕墙吟诗思念哥哥的举动，描写笼罩家庭的感伤气氛。最后写自己在听雨声中临摹残破石鼓文，又想起和儿子探讨书法的往事。"屋漏痕"就是白墙上雨水留痕般的笔法，笔下雨痕和耳边雨声，道出他心头的无限失落与哀戚。"屋漏痕"出自陆羽的《释怀素与颜真卿论草书》，草圣怀素和大书法家、曾任湖州刺史的颜真卿谈书法，颜说笔法要如破屋壁间的雨水漏痕，得到怀素认同。

爱子夭折，吴昌硕到晚年仍不能释怀。他在为好友丁仁幼殇之子作像并题诗时也曾借他人酒杯浇自己块垒，"诗成我亦滋泪痕，儿亡记客沧海滨"（《丁辅之子八岁殇索题小影》，《缶庐集》卷三）说自己的儿子也在上海这个客乡去世。还在自注里说育儿能读《史记》《汉书》，曾作《出猎》诗，有"猿臂一舒格苍虎，马头所向窜群羊”句，大有父风。

次子吴涵（1876—1927）就是《己丑寒食》中那个在墙角觅诗的孩子，也很有才华。他字子茹，号臧龛、臧堪，别署藏戡。因生在湖州，乳名湖儿，谐音壶儿、阿壶。也许因为母亲名酒，所以给儿子取小名为壶，也可见吴昌硕一家喜欢以文字为戏，一家人都有诗人气质。湖儿也很有天分，九岁就能弄笔作画。吴涵后为廪庠生，就是岁考、科考两试都得隽等的秀才，由府、州、县发给银子和粮食且有资格选为贡生，后来出任知县，还到江西为官。他也因家学渊源，训诂、辞章、书法、绘画、篆刻皆能。作隶书能得《张迁碑》神韵，该碑是吴昌硕早年学过的。篆刻则乱头粗服中寓法度，行刀亦冲亦切，作品老辣苍莽，一如其父。他不幸于1927年7月7日去世，早老父半年，不过50岁出头。当时家人为防吴昌硕再受打击，就说他到日本经商去了，一直瞒到吴昌硕去世。

三子吴迈（1886—1963），又名东迈。生于1886年正月初五。因生在苏州，小名苏儿。他也能作书画印，于20世纪20年代初在塘栖镇为官。

长女早夭，名不详。次女名丹姮（1888—1921），字次蟾。“姮”是姮娥、月中女神，“蟾”指月中蟾蜍，名、字应该都取“明月前身”之意，可能和她生于长兄去世那年有关，也可见父母对她的爱意。1909年，吴昌硕在苏州癖斯堂画秋菊，见深秋篱菊怒放，于是写之寄兴。丹姮见后觉得孤石无偶，为之补荆棘。可见她承家学渊源，能画，且和父亲情趣相近。她也善写隶书，颇得父亲风骨。今仍存隶书对联“低头拜东野，昔欲居南邨”等多幅作品，上联言诗学中唐孟郊，下联说要像陶渊明一样隐居，风格与父亲相近。后嫁湖州南浔邱培涵（1889—?，字养吾）。邱为庚子赔款留学生，曾于1914年留学美国，先进入康奈尔大学读农学，次年转入威斯康星大学读商学，可谓少年英才，开科举外另一番天地，与女画家很般配。选这样的女婿也可见出身文化家族的吴昌硕的眼光。

由子女的优秀也可见施夫人的养育与教育之功。施夫人不愧明月后身，在婚后也全力支持夫君外出游学游宦。因她长期寄住娘家抚养孩子，菱湖也成了吴昌硕的第二故乡。

菱湖小住

菱湖镇，清末属湖州府归安县，今属湖州市南浔区，北临太湖，西依天目山，位于西苕溪之畔。镇内河港纵横，湖荡罗布，是个适宜生活的江南小镇。中唐湖州诗人、东晋山水诗人谢灵运十世孙皎然有写湖州的“秋色起菱湖”“路入菱湖深”诗句，极言湖州风物之美，也许就是菱湖名字的来源。

菱湖自晚唐开始发展，明中后期逐渐成为归安雄镇。清乾隆（1736—1795）以后进入经济繁荣鼎盛，镇中宅第连绵，冠盖如云。光绪二年（1876），菱湖人口达6000多人，成为湖州府第一大镇。吴昌硕就是此时来到菱湖的。

因为吴昌硕婚后多在外地，妻子便带着孩子在娘家住，所以他也常去岳家小住。他中年后又长期在苏州等地担任小吏，菱湖离湖州、苏州、杭州等城市都不远，水路来往更便利。菱湖富足，人文也盛，也能在这里为人书写或刻印养家。

施宅名鸿绪堂，与茶楼青云阁隔河相望，吴昌硕常在茶楼里会友论文。菱湖岳父家最吸引他的，还是他失去又在此复得的温暖亲情。施家是个大家庭，吴昌硕与施家人相处融洽。岳父很器重他。施夫人弟弟施为，排行第六，也是他的好友，多向他问书画。施为（约1848—1904），字振甫，号石墨，诸生[①]。性情孤傲自负。他能诗，自称学屈原诗歌，风格忧郁，与吴昌硕诗风甚近。还能书古籀文，兼工篆刻，近秦、汉人印之意。施为和父亲一样能诗、善书法，可惜功名不利，只能终身为塾师和下层幕僚。据说，他曾自书一联“断简残编，一世功名成画饼；南船北马，半生事业等飘萍”，通俗贴切地道出包括他们父子和吴昌硕在内的清末平民文人的普遍命运。

吴昌硕和这个六弟虽名为姐夫、内弟，却有师友之谊。吴昌硕现存较早的画，有1879年画的《墨梅画册》，上题“振甫六弟属[②]画”，就是画给施为的。

---

① 经考试录取而进入中央、府、州、县各级学校（包括太学）学习的生员。

② 遵照某人嘱托。

两人后在苏州和上海仍来往密切，吴昌硕怀旧友的《怀人诗》中也有一首是写施为的，其诗云："新诗题上四间楼，春蚓秋蛇墨气浮。狂草今朝留一席，任君涂抹满墙头。"（《缶庐集》卷一）诗一开始就写了施为在吴家苏州寓所四间楼墙上题诗的情景。"春蚓秋蛇"典出《晋书・王羲之传》，表达了对这个性情相似的狂生才子的爱惜。吴昌硕还有《闻石墨度岁永康，得来书喜返棹菱湖，作诗寄之》（《缶庐诗》卷三）等诗，可见施为在永康谋生，过年才回菱湖与家人团聚，也见两人相似命运和深厚感情。

吴昌硕在菱湖结识的重要友人还有吴山等人。吴山后来名列吴昌硕《削觚庐印存》中的十八契友（情投意合的友人），又在其怀念故友的《十二友诗》中列首位（也许是因为此时他已亡故），还在其中年回忆录《石交录》上排第一，可见他在吴昌硕心中的位置不一般。除了他是吴较早的艺术师长外，也因为他是篆刻名家，从《石交录》里的"俊[①]遂师事"可见吴对他的敬重、他对吴艺术的影响。

吴山（？—约1886），字瘦绿，号铁隐，别号十二峰人。归安（今湖州）人，常年寓居菱湖。他少年时曾漫游大江南北，见识广博。为人豪侠，倜傥不羁。1885年，吴昌硕曾为他刻过一方"天下伤心男子"印章，可见他也是性情中人、有故事之人。吴山尤工篆刻，曾学习西泠八家陈鸿寿等人风格，后出入秦汉，颇得古雅之趣。擅长金石考证，多藏古铜器、玉器和书画，有《秋绿吟馆印汇》（"秋绿"出自王维《田园乐》诗的"萋萋春草秋绿"）。嘉庆、道光年间（1796—1850），湖州印人严坤继学丁敬、陈鸿寿等西泠八家，吴山是继严而起的湖州篆刻又一大家。他的号"铁隐"，也许就是隐于篆印之意。

吴昌硕是在1882年前后拜吴山为师的。他做客菱湖时，距吴山住所很近，闻名既久，于是登门造访。开始吴山冷淡，不好亲近，待到他拿出自己的篆刻与书法请教，两人才感投契。吴山指出吴昌硕此时作品存在的瑕疵，说书写刻画篆、隶要追求泥上印迹、沙上划痕般自然，不能求形似前人名家。他希望吴昌硕能多摹写秦汉金石文字，还慷慨相赠明代上海人顾从德和湖州罗王常所编

① 吴俊，即吴昌硕本名。

的《顾氏集古印谱》、清汪启淑的《汉铜印原》等书，指示吴学汉印正途。《顾氏集古印谱》是印学史上秦汉印章原钤印谱的开山作，以秦汉原作真实面貌印证元代湖州赵孟頫、杭州吾丘衍的印宗秦汉主张。吴昌硕早年篆刻深受吴山教诲的影响。

除了印艺，吴山对吴昌硕的人生亦有影响。江南多性奇才高的名士，他们多一生隐居小镇，虽率性自在，也影响了学问的进一步交流、传播，也就是此时吴昌硕诗中关于为龙局促、为凫（水中野鸭）浩荡自在的命运前途选择的思考犹豫。这些才人高士，是江南代代相继的文采风流和才艺绝技的典型显现，但他们大多数人貌似任性洒脱、实则结局蹇促暗淡的人生命运又往往让人慨叹。吴山后来猝然病逝于菱湖，因为没人继承衣钵，后代又多粗鄙，他所藏的珍贵古铜玉、书画不久就零落殆尽。1886年，吴昌硕作《十二友诗》，此时吴山已去世，他追念吴山说："一房山插十二峰，吸翠跃起龙湖龙。高吟直和郢中唱，古貌压倒墙头松。闻瓦甓道在朝夕，为儿女忙无夏冬。悲秋一病遽作古，数典问字吾谁从?"（《缶庐集》卷一）吴昌硕曾向吴山问篆刻、金石、文字学。"数典问字"指历举典故讲解文字，是两人在一起交流时的常景。他悲痛地说我再去问谁呢?"郢中唱"典故出自南朝梁昭明太子萧统《昭明文选》注，说郢中之歌有《阳春》《巴人》二曲，《阳春》和者甚少，《巴人》却有和者数千人，是对雅俗的认知。这都体现了吴昌硕对以吴山为代表的江南民间高士雅人艺术和人生的思考。

《十二友诗》《石交录》中早年民间师友，都成为吴昌硕日后漫长人生和艺术道路上极重要的学习楷模或警诫例子。清末，多了上海、苏州等城市容纳小镇怀才不遇者，也给了他们更多发展机遇和迁居融入机会。吴昌硕是其中的幸运者和脱颖而出者。

泛泛一水游东南

1872年于吴昌硕而言，除了结婚成家，也是他忍痛告别心底桃源芜园、走出安吉的一年。三十而立，吴昌硕并未沉湎于小家庭的温暖，婚后他再度出游。

一叶扁舟载着他和书箧，泛西苕溪而行，告别吾邑吾园。吴昌硕常从西苕溪旁的梅溪镇出发，他的一首题画诗说：“梅溪水平桥，乌山睡初醒。月明万峰西，有客泛孤艇。除却数卷书，尽载梅花影。”（《缶庐别存》）这首诗写的就是他泛舟离乡时，经过沿岸多梅树的西苕溪支流之一梅溪。安吉陆路交通不便利，他外出多是沿着西苕溪走出苕溪流域，再借太湖、运河、长江，去往更多城市游学、谋生。江南发达的水系正是他游历的重要依托。

父亲去世后不久的那次谋生游历中，吴昌硕由西苕溪先到湖州，又去了杭州，还去过嘉兴，足迹还不出杭、嘉、湖三府。1872年这次外出，他走得更远，去了当时属江苏的苏州、上海。

吴昌硕在1872年再来杭州诂经精舍读书，时间约一年，应该是为了科举再进一步。他的友人、同学张行孚、施旭臣、徐恩绶等人都在1873年中举人，他却因家庭变故、忙于生计等不能专心攻读，功名上暂无进展。转眼他年过三十，难免情绪更焦虑。光绪元年（1875），因为新帝登基多了一次乡试恩科。32岁的吴昌硕此年也来过杭州，应该是为乡试再作努力。

明清乡试每三年一次，逢子、卯、午、酉年开考，光绪元年（1875）是乙亥年。清末科场异常艰难，吴昌硕又和从祖、才子吴衡一样不太适应科举。故虽有俞樾这样的名师，仍又一次赴试失败。科举之途再次受阻。

由于科举不遂和生计的双重压力，为了家庭和自我发展，他清醒地认识到不能再沉醉于诗友艺友来往的小镇闲逸生活，必须出外谋生找机会。安吉毕竟地处偏僻，在学业和事业上都缺乏进一步发展的条件。

于是和许多安吉籍的前贤和师友一样，吴昌硕沿着西苕溪走出，先后转徙于嘉兴、湖州、杭州、苏州、上海、扬州等江南城市，谋生并结交师友，也不忘学习艺文。生活虽然依然窘迫未见明显转折，但还是在他面前展开较开阔的新面貌。以后，他除了在乡以贡生身份候补县学训导外，大部分时间都游学、游宦、游艺在外。训导是县学教谕的助手，从八品，这个职位一般由当地世家子弟、有地方名望者、举人或贡生出身者担任。芗圃先生虽然符合前两个条件，但他不是可直接出仕的五贡，所以只能候补。

从青壮年到中年那段漫长的游学游宦游艺生涯，就像吴昌硕在《〈芜园图〉

自题》六首之四里概括的，孤寂、窘迫但也不乏际遇：“家食苦不给，买舟湖海游。读书未十年，窃愧升斗求。妻孥守荒芜，谷鸟鸣啾啾。人生天地间，局促宁自由。”

吴昌硕因为家庭负担，只能“买舟湖海游”。“湖海”在古诗词里寓意江湖漂泊，实指他走出苕溪，走向太湖、长江和东海之滨的漫游历程。“读书未十年”指他痛惜在芜园、诂经精舍平静的读书生涯（约始于1866年芜园初建，终于1875年乡试失败）太过短暂，因为现实种种变故而不得不放弃，就像他在《缶庐诗》自序里说的“乱定奔走衣食，学愈荒矣”。家庭顶梁柱父亲在壮年去世，没有依傍的他只能走出书斋直面人生，为生活的升斗小利而努力。

吴昌硕还说自己在外漂泊，妻子孩子却在家受穷，听到鸟儿那像不如归去的叫声，顿生归家之思。诗末尾，他说人生在天地之间，不过短暂几十年，不愿受尽拘束，想要自由。“局促”用杜甫、陆游等诗人诗里说的为官束缚、情志不得舒展之意，就是他给老师潘芝畦《潘燕池先生书问近况奉答》里的“局促人中龙，浩荡[1]江头凫”。吴昌硕继承家族前贤和祖辈父辈信奉道家思想的野逸性子，自然向往“浩荡江头凫”，但为了将来的生存发展，他在世间只能努力去做“局促人中龙”。

这样的纠结无奈是传统社会文士几乎都会有的普遍情绪，这表现在很多古人诗画中。吴昌硕中年的诗画也常有表现。芜园诗最能体现他此时的矛盾心理。如他与芜园梅花相别的题画诗《铁骨红》：“梅花铁骨红，旧时种此树……百匝绕不厌，园涉颇成趣。太息饥驱人，揖尔出门去。”（《缶庐别存》）“铁骨红”是红色重瓣梅花，因为颜色艳丽受吴昌硕喜爱。“园涉”指游赏园林，他在芜园时遇梅花开放常绕梅树观赏，百看不厌。无奈生活逼人，生计驱使人背井离乡去远方谋生。离开芜园前，他这个梅花主人、梅知己虽恋恋不舍，但也只能决然与梅花一揖而别后出门离去。

在芜园时，吴昌硕常以梅花自比，也常在孤寂读书岁月里将梅花幻化为知己好友，与之进行心灵对话，就像诸子散文、楚辞歌赋里的对话问难体。梅花

① 寓意自由开阔。

既是他自己，也是他的化身，人与梅相望对话代表着他内省深思的内心矛盾。他这一揖，是与在父亲庇护下无拘无束的自我的告别。

写于1881年的《辛巳重阳》诗说："客中又重九，佳节屡孤负。黄花败风雨，对谁开笑口？去岁逃索逋，今岁思莼鲈。明岁更安往？今吾犹故吾。吾欲归家园，读书事耕稼。生计亦何谏，破屋荒山下。人生事由天，奚须常苦颜。酤酒篷背坐，醉看溪南山。"（录自原画。他的弟子赵云壑曾"录缶师旧句"题菊，"苦颜"作"开颜"，似应以"苦"为是）此时，他还常来往家乡芜园和苏州间。

诗开头说离开家乡时恰逢九月九日，重阳佳节本是团聚日子，但被自己屡屡辜负。接着说秋风秋雨吹败故园芜园的菊花，又说去年秋风起时离开家乡是为了逃避催讨欠款。"莼鲈"用西晋江南名士张翰秋风起时因思念家乡莼菜鲈鱼而决然辞官归隐的典故，这里说自己离开家乡还没走远就像张翰一样想念家乡。不知道明年的重阳我会在哪里？陶渊明的《归去来兮辞》说"悟已往之不谏，知来者之可追。实迷途其未远，觉今是而昨非"，"谏"指听从劝告而改变，懊悔过去的出仕，幡然醒悟而回乡隐居。他说"今吾犹故吾"，今天的我和过去的我一致，显示了他的本心。他说还是想回到芜园读书、耕作，在破屋荒山下也情愿。"破屋荒山"亦是芜园三友朱正初说的"看山打柴"，也就是他《芜园图》题诗说的"浊醪粗饭补蹉跎"。

吴昌硕在诗的最后说，人生命运都由天定，既然不能如自己意，又何必常常愁眉苦脸呢？不如像我一样买了酒就随性地坐在船篷的背面，半醉半醒地看苕溪边的山峰。"酤酒篷背坐，醉看溪南山"很有画面感，可谓诗中有画，吴昌硕任性抒发了类似"局促宁自由""浩荡江头凫"的心声，表达了对岁岁漂泊、无常的厌倦，对前途的迷惘，以及对家乡芜园清苦却可安宁耕读生活的思念。

芜园诗之外，他还有一首常题画的《雁》诗。这首诗有感漂泊湖海之苦，以秋日南飞的落单孤雁比喻离乡的自己，人与雁互相对话，与雁同病相怜，道出江湖珍重心声："长水绿复绿，旅情孤更孤。魂销秋一雁，天远下三吴。暮雨惊寒早，遥空逐伴呼。关心吾见汝，珍重在江湖。"（《缶庐别存》）"长水绿复绿，旅情孤更孤"写了令人厌倦的水上旅行，以及孤寂的旅行心境。

如果从1872年算到1882年举家迁居苏州，吴昌硕的江湖漂泊生涯有10年。如果算到1911年正式定居上海，他的湖海游历生涯有近40年。这些苦乐悲欣并存的平淡无奇经历为他后来的人生艺术发展打下了最厚实的基础，大约就是“风波即大道，尘土有至情”的最好演绎。

吴昌硕数十年游历的前期，除了在诂经精舍学习外，主要是游幕、游宦、游艺。游宦就是像很多家族前辈、乡里师友一样在异乡任小吏或候补官职。游幕就是他常说的为客，即客游外乡谋生，当大官豪门的食客、门客、幕僚。幕僚原本多是做文字工作，但清末金石学风兴起、大官多金石大家后，不少人以金石书画之艺入幕，希望得到援引，或在学术上得到提升。幕僚、小吏的处境有时相似。游幕、游宦、游艺、游学有时也难以明确划分开来。

门客、谋士、食客是春秋战国士族阶层下落时就出现的职业，到中唐、南宋等时代，因为科举和仕途的艰难，形成了很庞大的江湖游士阶层，明清以来“客”的数量更多。很多才华横溢但科举不顺的历史名人都做过门客，在这个位置上等待科举或仕途机会。清代大诗人黄景仁就有诗说自己是乞食江湖客。

吴昌硕的早年“为客”和当时很多江南民间文士一样，或寄居寄食故旧的富贵之家为塾师、幕宾，或被聘到大户人家坐馆授徒、在私塾做西席，或作幕宾（也称幕友、幕客，指账房或食客等顾问助手），以塾师束脩或幕宾酬金为生。其主要活动地域包括杭州、上海、湖州、嘉兴、扬州等江南城市，后来主要在苏州。1882年前后，他得到资助进入仕途成为初级小吏。

吴昌硕湖海游历的后期，主要是游宦和卖艺，既是官府的小官吏，也刻印卖画，主要活动区域就在苏州和上海两地。

吴昌硕在游历中广交友人，还接触和结交很多诗文书画与金石界的名流。这些人多是浙江籍或湖州人氏，也有诂经精舍同门，凭借同乡同门之谊的人脉转折介绍，他得以与这些人结缘。而这些人大多对吴昌硕这位性情宽厚随和的有才人士有相惜之意，多愿意给予指点帮助。这为他后来的发展奠定了人脉基础，这些人的经历也为他提供了仿效的方向。

吴昌硕游历的这些城市大都位于他家乡周围的环太湖流域、古浙西之地，是清末江南中心区域。这里正是19世纪后期的江南各界人士，在战火之后敏锐感触到时代变迁气息，以官员、文士、商人、艺术家等各种身份频繁活动的所在。他们不断迁居、流动，在新的地域努力开拓新事务、寻找新机会，以地缘等各种人脉在各个领域互相呼应，共同营建创立新的城市面目和移民融通文化。吴昌硕是参与其中的得益者。

在吴昌硕的时代，他游历的几个城市都属江南中心，但当时的地位与今日比较有很大不同。苏州、湖州、嘉兴历史上都曾是古浙西、环太湖的中心城市，杭州有运河，扬州虽在长江之北但从历史文化传统看属于文化江南范畴。这些城市都依托太湖、长江、运河等重要水系所带来的开放性而发展。在清末民初，最后兴起和胜出的则是凭借时代风云和浩瀚东海而起的上海。

江南重要城市地位的变迁与吴昌硕青年中年的游历谋生历程高度重合。他没有未卜先知能力，但他的人生道路变迁、师友交往遇合、职业生涯探索都如此密切地与江南中心的变迁相关联。他的父亲卜居安吉和他自己筮仕江苏，是时代的推动，也是个人的明智选择。

吴昌硕一生地缘颇多，从鄣吴、安吉到湖州、嘉兴、杭州、扬州，又到苏州、上海等地，得古浙西之地的文化底蕴之助，还得到更阔大深厚的江南人文学术氛围的滋养。而他善于顺应时代潮流，把握各种机会，以不拘一格的开阔胸怀、敏锐的现实感知力和来自家族基因的选择善地眼光，结合在大时代、漫长人生中磨砺出的宝贵人生经验，以及地域文化带给他的丰厚传统底蕴和变易通脱思想，终于在时代转折中迎来成功。

学游还学诗

父亲去世后，吴昌硕除去过湖州、杭州外，还去了嘉兴（秀水）。嘉兴是浙江重要城市，人文荟萃，更是书画渊薮，历代名家辈出。如元代有梅花道人吴镇。到清末，海上画派前后期重要成员中多嘉兴人，如张熊、周闲、朱熊和朱偁兄弟的花鸟，吴谷祥、杨伯润、吴滔的山水等，都影响很大，他们也多与吴昌硕交好，名列《石交录》，更不要说与吴昌硕渊源很深的海上画派大家蒲华。还有吴昌硕日后在上海的重要诗友沈曾植，身为大儒的他书法也高妙。

吴昌硕于1874年秋又赴嘉兴。因施旭臣介绍，认识了杜文澜的儿女亲家金树本（铁老），金的女婿是杜文澜从子（堂侄）杜连章（楚生）。吴昌硕和金铁老此时同客于杜文澜的曼陀罗华斋，结下友情。1880年，两人又在苏州重逢。1881年春，吴昌硕作《偕杜楚生（连章）、沈养和（涵）泛南湖题草庵壁》，与杜同游嘉兴南湖。《石交录》也提到杜连章，说杜少年练达，力学不倦，曾佐浙江藩幕，又自课举业。科举暂时不顺、边入幕寻找机会边准备再次科举的青年文士当时很多，吴昌硕的情况也差不多。可惜杜连章太过苦学劳累，积劳伤了元气。后来杜去苏州探视生病的金铁老，自己也生病了，在铁老去世后数日也去世了，委实可叹。吴昌硕人生里遇到过很多这样如流星般身名湮灭的有才友人，他们因为各种原因没有修成正果、成就声名，他将他们的故事写入《十八契友小传》《怀人诗》《十二友诗》和《石交录》等诗文，希望留下他们生活的痕迹，感念他们对自己的帮助。

杜文澜（1815—1881），字小舫（一说筱舫），秀水（今嘉兴）人。因战争时入大员幕府得到迅速升迁，属于乱世风云、从军行中的佼佼者。他在太平天国运动中入清军幕府，深得曾国藩倚重。官至江苏道员，署两淮盐运使。后被奏劾免官，回乡著述以终。作为生逢乱世的文人，他持维护清政府的立场，但作为有真情实感的诗人，其著作也留下许多战争史料。他是清末著名词人蒋春霖的好友，也善诗词，尤工词，词中多写烽火战血、寒沙磷火等战乱景象，还抒发国事民生多艰的忧患之思。

杜文澜也是学者，交游甚广。他在苏州任职多年，密友圈里有沈秉成、吴云、潘祖荫诸人。他们多是日后对吴昌硕有知遇之恩者，如吴云（杜订交30年、交情极深的友人）可谓吴昌硕的艺术伯乐。

1874年的曼陀罗华斋正如此时前后的湖州潜园，是藏龙卧虎之地。吴昌硕在此遇到了金树本。金树本（约1811[①]—1886），字铁老，一说为诸暨人，寓居钱塘（今杭州），曾为官，经历过太平天国运动，晚年流寓上海、苏州等地。工诗，作诗只学南朝《昭明文选》里的诗和唐代杜甫，不肯作一句妖媚语，有

① 吴昌硕约写于1881年的《与铁老话旧》说金“七十老翁何所求”。

《怀越堂诗钞》。书法古拙雅正，风格如东晋南朝造像。他是个诗、书都学六朝的异士，诗歌、书法追求都与吴昌硕契合。他有两子，一子名永，字道坚，也能诗，风格和父亲相近。

1874年，吴昌硕初次拜访金铁老，为学诗、探讨诗文而来。在当时，诗文仍是文人正宗道艺，书法尤其绘画只是余技。初见，吴昌硕只觉得此老须眉皆白，有飘然出尘之感。金铁老性情奇特，从不与客人寒暄，有人拜见，只是端坐直视。有厌恶他的，有敬畏他的，但很少有人懂他，他却坦然自若。吴昌硕读完金的诗集后，题诗说不知古人在何许，极赞赏金诗的高古奇崛，并在再次拜访时将诗作奉上。两人因诗味相投，甚为相得，结为忘年交。

此时，吴昌硕接受金铁老“学游还学诗”的劝告建议，认识到功夫在诗外，努力在生活、游历中锤炼诗情诗意，不像以往只从纸上模仿王维和中晚唐诗人面貌，单纯求诗的工整与对仗。此后他诗情显现、诗境进展，少了呆板，开始有了自我面目。他最早的诗集《红木瓜馆初草》诗稿于1875年开始收集，1877年结集完成，这和此前在诂经精舍受教于大师俞樾的辞章学有关，也应与此时际遇有关。除了金铁老，他此时前后还与清末湖州学人、诗人尤其是苕上七子交往。

金铁老还善于鉴别古玉，收藏也多，传授给吴昌硕许多识古器之法。吴昌硕此时前后还在杭州诂经精舍、湖州潜园、菱湖吴山处、苏州吴云处、友人金杰处见识古器物。虽然战争使得吴家古物旧书散尽，但这时期古浙西多地的游历，使古器物缘深厚的吴昌硕养成了古物喜好。无论石鼓文、古缶、古砖、古玉，“癖斯”已定。

吴昌硕《怀人诗》也深情怀念金铁老：“铁老诗如枯木禅，眇于情性出天然。商量听水听风去，满眼江湖同放船。”（《缶庐集》卷一）他说铁老的诗如临济宗的枯木禅，并非一味枯木死灰，而是通过克制滥情、消除妄念再恢复内心的活泼自在，也就是追求枯木逢春。金铁老的诗情感内敛、意境玄妙高远又不失自然，和他的为人、书法相通。吴昌硕认为金铁老的高古天真值得学习，他后来的诗、画等艺术也都追求“枯木逢春”“柳暗花明”意趣。

不过，高士也得谋生。金铁老和吴昌硕都曾入幕，也都曾江湖漫游，所以他们讨论诗歌等艺术时也会谈论诗与湖海游历的关系。“听水听风”指善于赏玩自然风景，“放船”指坐船顺流而下。这大约就是吴昌硕诗说的“酤酒篷背坐，醉看溪南山”，金铁老也让他从江湖旅程、山程水驿中找诗意素材。“江湖放船”意象还可能与吴昌硕为金铁老所作的《虚舟纵浪图》题诗有关。

“江湖同放船”，虽然暂别，终会重逢。1880年，吴、金分别近7年后，在苏州重逢，吴昌硕除了有《与铁老话旧》诗，还有《坐雨和铁老》《甲申三月铁老过西畮巷新居》《寓庸哄饮①招铁老》等诗，可见他们交往颇密。二人诗歌唱和也很多，还与此时也寓居苏州的湖州书法家、诗人、学者杨岘（寓庸）等人一起饮酒论诗画。《铁老约游邓尉不果》诗则表明他们曾相约游苏州邓尉山。

《与铁老话旧》是吴昌硕与金重逢后不久所作，诗里说的“灯愁八年前”指两人初见。诗的第一句就借用王维《夷门歌》诗的“七十老翁何所求（自注：摩诘句）”道出金铁老经历战争创伤后的无欲无求。然后说“洪涛逆浪挽虚舟”（《缶庐集》卷一）。“虚舟”典故出自《庄子·山木》，指无人驾御、任其漂流的舟楫，就是“江湖放船”，也就是中唐诗人韦应物《滁州西涧》的“野渡无人舟自横”之意，常被拿来比喻旷达襟怀，也意为迁居不定。“虚舟”就是金铁老、吴昌硕等清末有才但科举仕途不顺的文人流入江湖的共同命运，所以他们才能超越年龄成为知交。《坐雨和铁老》诗最后言“虚舟何处著，江海愿同归（自注：曾为题《虚舟纵浪图》）”（《缶庐集》卷一），吴昌硕说自己曾为金铁老所作的《虚舟纵浪图》题诗，还说江海漂泊虽苦，但有金铁老这样志同道合的契友可以同归，也很欣慰。

只可惜，江湖里，友人中，总有很多人注定相遇却不能同归。金铁老晚年境遇不佳，四壁萧然，仍吟咏不辍。1886年，金在苏州去世，吴昌硕有《哭铁老先生》长诗，追忆两人交往过程及金的生平性情学问：“老翁赋诗南楼秋，十二年前我同客。劝我学游还学诗，谓不知诗负游屐。润州诗气中泠泉，苕上诗索花乳石……恍对造像拜弥勒，芜园诗好幸重逢。七载恨坐云天隔，南北东西去复来。潦倒生涯情脉脉，狂歌唱彻梅树林……”（《缶庐诗》卷三）诗开头就

① 聚友饮酒。

说12年前的1874年和金初遇，两人于秋天在杜文澜的曼陀罗华斋里相遇并有唱和。“南楼”用《世说新语》太尉庾亮在武昌南楼举行宴会，让入幕的文人殷浩、王胡之登南楼歌咏的典故，这里是指金、吴当年在杜文澜幕中唱和的情景。吴昌硕还说金劝自己“学游还学诗”，以不知诗辜负行旅（“游屐”）鼓励他从漫游江湖中历练诗意。还提到两人同游过镇江（“润州”）中泠泉，也一同来过芜园，金还以诗和他换印（“诗索花乳石”）。“花乳石”指印章，元末诸暨人、画家、印人、诗人王冕始用花乳石刻私印。这是两人以诗、印交流的开始。还说可惜两人“七载”“云天隔”，幸而又重逢，互相陪伴，在为客潦倒岁月里添一份温情。“狂歌唱彻梅树林”写两人在苏州看梅吟诗的新交往，可见他们在看梅之约未果之后另寻机会去邓尉看梅了。

才人福薄，今古同悲。金铁老晚年垂老孤穷，抑郁以殁。他的女婿杜连章不久也一并殒没。此时正是清末衰世，吴昌硕所遇之人又多是和他一样科举不顺的文士，才高命蹇，多奔波辛苦，少享长寿。这是时代衰落的缩影，也是传统文人的宿命。吴昌硕早年的另一些友人，如施旭臣、吴山等，中年的一些师友，如任颐、蒲华等，都不免重蹈金铁老覆辙。吴昌硕后来幸运地以自己的努力和智慧，抓住历史机遇，摆脱了江南游士的悲情命运。

1874年，吴昌硕在嘉兴还结识了词人、海上画派画家周闲。周闲（1820—1875），字存伯，居嘉兴城南范蠡湖，号范湖居士，斋堂为范湖草堂。他性简傲，喜远游，也是性格奇崛者。他年轻时曾从军入幕，于第一次鸦片战争期间投身浙东抗击英军的战斗，为葛云飞等爱国将领草写檄文、出谋划策，时人视其为奇男子。后入仕，任江苏县令，因与上司不和，学陶渊明挂冠印归乡，此后以卖画为生，不干谒政要贵人。1858年，周闲曾与吴大澂等人结社于苏州虎丘，后侨居上海，成为海上画派一员。他善画花卉，工篆刻。花卉笔法挺秀，浓郁密致，韵味深厚，有似宋人处，也能融通明人陈淳（白阳）、清人扬州八怪李鱓的画法。他与海上画派名家、名列三熊和四任之首的萧山任熊（任熊画款署萧山，清末萧山和山阴都属绍兴）交契，画也近任熊。周闲的为人、画风对蒲华有影响，所以对吴昌硕也有影响。吴昌硕晚年还为周闲遗作《花卉》长卷作引首并题词，此时周闲已去世50年。

1874年，吴昌硕还初识了海上画派重要开拓者、嘉兴蒲华（1832—1911），才华超群却命运不济的蒲华实是吴昌硕日后画学上的第一知己与对手，两人多画艺切磋，蒲给了他很多帮助，对他的重要性与影响不亚于任颐。两人后来知交近40年。此时他还结识了《石交录》里提及的苏州吴县人李郛（约1844后—1886，字皋臣），曾赠印石给他。此时吴昌硕与周闲、蒲华等人交往已埋下日后他去上海的草蛇灰线。

扬州梦醒金石癖固

1874年，吴昌硕亦到过扬州，进入此时任两淮盐运使的杜文澜的幕府。两淮盐运使掌管东南六省的盐权，此时的盐运业务虽早非此前那般富甲天下，但也还算肥缺。入幕府任幕僚、门客是清末科举仕进暂不畅的文人谋生的常见选择。如1884年，比吴昌硕小21岁，和他在现代画史上齐名的原籍安徽歙县、生于浙江金华的画家、廪贡生黄宾虹（1865—1955），曾到扬州两淮盐运使署任录事小吏，不久就因不习惯官场伎俩而辞职归乡。清末官场，处处黑暗，吴昌硕在扬州也亲眼目睹了鸣枪惊海盗、私盐变官盐的丑恶内幕，看到了为谋生无奈沦为海盗、冒险走私私盐的盐民被抓后的欲哭无泪。社会多不平让曾经历社会底层生活的吴昌硕有无限感慨，写下不少诗描述此时所见，倾吐胸中郁结。

在古城扬州，喜爱古迹的吴昌硕还去了许多园林、古迹，如唐城遗址、古石刻。在这个画人八怪兴起的城市，他还关注民间散落的八怪真迹。

吴昌硕还与此时在扬州的湖州苕上才子、也是潜园七子之一的湖州著名诗人凌霞多有来往。凌霞（1820—1893?），又名瑕，字子与，号尘遗（一说麈遗）、病鹤，晚号癖琴居士、乐石野叟，归安（一说乌程，今湖州）人。他是明末殉国大臣忠介公凌义渠的后人，性情沉静好学。通文字学，于金石有癖好，多藏精本。善写梅，水墨数笔，若不费意，而有冷韵高情，不逊于清初苏州善写梅的遗民画家金俊明。书法学董其昌，绝无俗韵。工诗，与桐庐袁昶为诗文友，与同郡戴望、施补华、陆心源等诗人学者合称苕上（归安）七子。斋堂为二金梅室、天隐堂。

吴昌硕一直称凌霞为处士，可见凌没做过官，不求仕进。家庭清贫的凌霞寄居扬州，隐于商贾，为人做账房先生，见者都不知其为名士。吴的好友张行孚是凌霞的诗文友，经他介绍，吴昌硕到扬州后就去拜访了这位大隐隐于市的才人，并以摹印请教。两人都属龙，相差24岁，但谈论金石很是投缘。凌霞赠了吴一联诗“一意孤行秦汉上，十年劬学[①]琢磨中”，说他一心钻研秦汉古印，十年苦学，勤加琢磨，终得古意。“十年”应该是指吴昌硕到安吉后对篆印的继续努力。

两人谈到投机处，凌霞还与吴昌硕相约同游东邻日本。这可从吴昌硕写给凌的诗里看出：“芥航笼壁见真迹，戴子赠诗知隐流。携手未嫌相识晚，一篷秋雨话扬州。觅食芜城岁月深，寥天一鹤恐难寻。肯辞海外波涛险，誓欲从之负癖琴。”诗先以清末画僧、工诗、善画兰与竹的芥航大须的画比拟凌霞的画。“戴子赠诗知隐流”说自己是从戴望写给凌霞的赠诗得知凌这位隐士的名声。还说两人虽相识恨晚，但知己难求；得以相见相知已是难得，能在飘零旅次得以抵掌而谈，是人生之幸。两人在扬州（古称芜城）觅食谋生多时，虽有冲天志向却恐难以实现。凌霞号病鹤，所以称他是“寥天一鹤”（辽远天空的一只孤鹤）。最后说，如果凌霞要去日本求学、游历，自己一定不推辞海上风浪险恶，跟从他而去。

可惜去日本只是两人在书斋里的空想。虽然抛开尘务牵挂，去海阔天空的异域求知、求发展，在前辈中不是没有过，在当时人中也有，如清初湖州德清的沈铨，但在沉重的养家谋生现实之前，实现理想谈何容易？后来在苏州、上海，吴昌硕的书画印很受日本人推崇，他几次要去日本，却因各种原因作罢。他青年时的这个梦想最终没实现。不过，他的书画印诗日后漂洋过海，成为日本人的珍宝。

1876年，吴昌硕离开扬州，不久又与凌霞在潜园重逢。1886年，吴昌硕在《十二友诗》中提及两人唱和交往：“板屋逼仄天井圆，病鹤常在蜗壳眠。扬州梦醒住且续，金石癖固医难痊。惯涤愁肠酤美酒，好买花乳输青钱。昨日一卷

---

① 苦学。

寄江左，使我磨刀思踏天。”（《缶庐集》卷一）诗中说凌霞在扬州隐居时住的地方很狭小，天井圆圆的，显得号病鹤的凌霞像是住在蜗牛壳里。十年一觉扬州梦，梦已醒了，但现实中无处可去，无奈梦只得做下去。除了以美酒浇愁肠外，只有金石癖好可慰藉心灵，凌霞为收藏古金石（“花乳”）不惜钱财（“青钱”）。最后提及两人的诗画唱和，还借中唐诗人李贺写金石的《杨生青花紫石砚歌》诗的“端州石工巧如神，踏天磨刀割紫云”句，说自己和凌霞都是借诗与金石等艺术来超脱现实，纾解心中的不平和郁闷。

凌霞在扬州多年，对扬州八怪有开创性研究，对吴昌硕后来深入学习八怪画也有影响。凌霞的《扬州八怪歌》还说郑板桥辞官卖画是为谋钱财（泉刀）。诗句仿佛寓言，康熙、雍正、乾隆年间（1662—1795），画家的性情命运兜兜转转，在咸丰、同治年间（1851—1874），宿命般地传承下来，又体现在海上画家身上，只不过地点换成了上海。

1890年重阳节，吴昌硕与凌霞、妻弟施为聚会。1892年，他还在《石交录》中高度评价凌霞的高风远韵：“世风日薄，人不重才，士之怀抱文学者，不能自甘沉默，势不得不挟其技，角逐名利之场，所遇未必尽合。若君怀瑜握瑾，无求于世，自乐其真，岂易得哉？余为身世所累，浮沉薄宦，所谓知不可而为之者耶？高风远韵，吾于处士羡焉。”[①]吴昌硕说世界变了，以传统学术安身立命已不可能了。要有所成，就要追逐于名利场，但遇合也不尽如人意。在这个变迁时代，吴昌硕作为遵循传统道、艺的文人不免困惑迷惘。他倾慕凌霞作为传统隐士的品行高洁、无欲无求、率真自乐，说不容易做到。诗中，他也说出了自己的不同选择——因为家庭家人的期待不能不追求宦途，自嘲这是“知不可而为之”。他不能也不想做隐士。

吴昌硕在扬州数年，还与昔日好友、在扬州候官的张行孚有交往。昔日的书画之都扬州渐落寞，吴昌硕的入幕和卖艺收入不多，只够糊口，家里老少生计无着。所幸还有友人帮助他。日后更有人资助他在苏州谋得佐贰小吏之职。

吴昌硕和扬州（淮上）一带的缘分还没结束。光绪二十五年（1899）秋，

① 吴昌硕著，吴东迈编：《吴昌硕谈艺录》，人民美术出版社1993年版，第210页。

吴昌硕突然以积资劳的五品虚衔得到去淮安安东县为县令的机会，他似乎得到了梦寐以求的仕进机会。无奈为官不过一月，他发现自己闲散惯了，就像历史上的陶渊明、老师潘芝畦，不能适应官场的逢迎应酬。他毕竟还是“浩荡江头凫”，不能为“局促人中龙”。他终于决意放弃这差事。这是后话了，却印证了他当初写凌霞的“扬州梦醒住且续，金石癖固医难痊”，他骨子里同他们是一样的，都是自乐其真之人。吴昌硕也许都没想到自己日后会更清晰看清现实，在清政府覆灭前夕放弃仕途，摆脱身世束缚和薄宦困境，成为和凌霞一样以卖艺为生、自给自足的“处士”。

第六章　几时归去湖州：道在瓦甓

苕雪画者

如果追溯吴昌硕金石、诗文、书画诸艺的缘起，那便是在安吉、杭州、菱湖、嘉兴、扬州，在俞樾、施旭臣、潘芝畦、吴山、金铁老、凌霞等早年师友。而其成长则在湖州。1875年，吴昌硕第二次来到湖州，在金石收藏家陆心源家寄寓两年，在潜园中结识了杨岘，与凌霞重逢，又得从苕上七子中的另一大家施补华学诗词。他后来在苏州交往的俞樾、吴云、杨岘几位大家，都是湖州人。吴昌硕的人生、艺术如青竹、红梅和奇石，原本生长于故乡鄣吴和家学旧学的深山泥土间，移植于安吉芜园和杭州孤山，又成长于江南湖海江溪间，得师友和地域艺文风气的雨露滋养，终可萌发舒展。

吴昌硕晚年不但刻有“古鄣”等籍里印纪念鄣吴，还刻有多方关于安吉、湖州的籍里印，多取古人诗歌成句。他取晚唐湖州诗人周朴《董岭水》诗首联“湖州安吉县，门与白云齐”治印多枚，说自己是安吉人也是湖州人。1914年，他借用元代浙江诗人戴表元《湖州》诗末句“人生只合住湖州”为湖州友人王一亭刻章，赞美湖州风物、人文之美。吴昌硕来湖州的次年，次子诞生，就以湖州谐音取乳名壶儿。他还曾题《菊石图》，说：“秋色江南如此，几时归去湖州？”（《缶庐别存》）

湖州山水清丽、鱼米丰足，历代多有归此或来此隐居的，积淀了丰富的隐逸文化。中唐词人张志和在湖州写的《渔歌子》词创湖州隐逸词传统，张还善山水画（被明人董其昌认为是逸品），为后世留下隐逸诗画典型意象。北宋湖州太守苏轼关于湖州的词中俯拾皆是“归去来兮”，可见他对仕隐（中隐）的认可。元代赵孟𫖯在北京为官时高吟“余不溪上扁舟好，何时归休理钓蓑?”随夫居北京的管道昇在《渔父词》中也有“不如归去”。吴昌硕的“几时归去湖州”正是承前贤襟怀情愫，表达了对湖州的文化认同。他晚年身在苏州、上海多年，对阔别的湖州、安吉、鄣吴都抱有故土依恋之情。

湖州有2000多年历史，历来是东南望郡，山水间多清远辽阔的气息，包括悠远诗画书印传统和众多诗人画者履迹。

从三国吴国吴兴人、最早的知名浙江画人、佛画之祖曹不兴，东晋在湖州为官的书圣王羲之，南朝在此隐居、苦练书法的王羲之七世孙僧智永，中唐任湖州刺史的书法大家颜真卿，能写山水诗画的隐者张志和，北宋在此创湖州墨竹画派的苏轼、文同，写过《游湖州》诗、临过颜真卿《湖州帖》的米芾，到元代文人画成熟的代表人物、提倡诗书画印合一的赵孟𫖯，元四家之一的王蒙，再到日后的吴昌硕，湖州本籍人和宦游、游艺湖州者几乎书写了半部中国诗画书印史。一部湖州绘画史更是精彩纷呈。

湖州画风是写实的，有曹不兴的曹衣出水、误笔成蝇，南朝张僧繇（一说在湖州为官的苏州人）的画龙点睛、破壁腾飞。又是空灵的，如苏轼、文同的湖州墨竹画派，还有其继承者赵孟𫖯等湖州本土画家奠定的四艺兼美文人画传统。

赵孟𫖯（1254—1322），字子昂，号松雪道人、鸥波。他晚年归隐湖州，立志复兴文化传统。他的花鸟画有深切寄托，在画中题诗作跋，丰富了文人画的表现形式，体现了清雅文化意蕴。他还提倡书画同源、篆刻学古印，作为多才、全能的文人画家楷模，对后世影响很大。钱选（约1239—约1300），字舜举，号巽峰、霅川翁等，是宋末元初的吴兴八俊（包括赵孟𫖯）之一。宋亡后不仕，以卖画为生，隐于绘事终其身。他作画多题诗写跋，诗、书、画兼长并融合诗书画，被后世文人画家学习。王蒙（1308—1385），字叔明，号黄鹤山樵，赵孟𫖯外孙，元四家（一般指环太湖流域、古浙西的黄公望、王蒙、倪瓒、吴镇四人）之一，工诗文，擅书法、山水。经元代书画家努力，湖州形成了融通技道、兼备文人雅趣和写实通俗意味的书画传统。

吴昌硕受湖州书画传统影响很深。若将他与古浙东越地的任颐比较，任颐人物、花卉兼长，绘画技法写实精妙且有生活意味。吴昌硕的画则是四艺的综合体现。画中有真实物象、金石线条，还有虚灵诗意、题跋文字、印章形成的整体审美，这使他的画比任的画更符合传统文人画的格调气象。

到了清代，湖州书画传统在时代的影响下有了更多的变化发展，趋向世俗写实，也趋向开放多元。此时湖州画人多有走出苕溪者。有走向海外的，如康熙、雍正年间（1662—1735）的沈铨，号南苹，德清人。擅画花鸟、走兽，注重写实，形象逼真，色彩艳丽。雍正年间（1723—1735）携弟子东渡日本传授画艺，三年始归。日人随其学画者众多，其画风靡日本。创南苹画派，被推为“舶来画家第一”。也有走向杭州、上海等地的，如嘉庆、道光年间（1796—1850）的费丹旭（1802—1850），字晓楼（一说小楼），乌程（今湖州）人。工写照，为人画像，如镜取影。尤擅补景仕女。笔法松秀，设色素淡，形神韶秀，格调清雅。学之宗之者甚众，时有费派，与另一位肖像画家改琦齐名，是清末重要的人物画家之一。费丹旭一生卖画于江浙两省。吴昌硕《石交录》提到过费，说嘉庆道光年间，“吾湖”费丹旭以人物闻名江南，子弟多能画，小儿子以群（谷士）最工，画仕女韶秀绝俗，能传家法。

书画艺术到了明清之际，与经济、日常世俗生活有了更密切的关系。到了清末，卖画更成为书画家寻常的生存方式。湖州画家也多以卖画为生，如费丹旭早在道光年间（1821—1850）就来上海卖画。上海开埠后尤其太平天国运动之后，来上海卖画的湖州画家更多。这些画家，有的走了、放弃了，留在上海的、能耐心守候的，适者生存，成为后来海上画派的中坚。

海上画派画家，有江浙皖各地人，但以浙江人数量最多、实力最强，又以属于古浙西（吴地）嘉兴、湖州和古浙东（越地）山阴、萧山（清末山阴、萧山都属越地绍兴）等地画人最多。海上画派可分前、后海派。前海派前期，以嘉兴张熊为盟主，前海派后期几乎就是萧山、山阴任氏的天下。到后海派时，苕上画家群占尽风光，领头的就是吴昌硕。

吴昌硕最初来到湖州时，湖州书画界正人才辈出。他后来到苏州时，苏州也有寓居于此的湖州书画家杨岘等人。他来到上海时，仍多接触、得益于湖州书画家。等他登上海上画派最高位时，身边又围绕着许多新的湖州书画家。他的一生也见证了近代湖州书画的发展。他生逢清末，时世多变，有助于滋生浓厚的历史意识，他与湖州前贤赵孟頫一样有强烈的文化传承责任感。他对画史尤其清代画史，还有湖州画史的整理梳理很执着。吴昌硕在苏州时曾有与湖州学者杨岘唱和的《藐翁命题严修能[①]先生自写文稿》诗，"乾嘉老辈渐云徂，手稿清腴玉不如。苕上劫灰如可拨"（《缶庐集》卷一），表达了对湖州乾嘉学术前辈的敬慕，还有对战争摧残破坏文化传承、旧家旧学的深忧、憾意。

1905年，吴昌硕在上海对老友嘉兴张鸣珂说："瓜田征君的《画征录》后，则有冯广文《墨香居画识》、蒋霞竹《墨林今话》，迄今又五十余年矣。人才辈出，而记载无闻，将有姓氏翳如之憾。君何不试为之？"[②]言及张的家乡前贤、画学研究者、瓜田逸史张庚（1685—1760）有《国朝画征录》记录清初画者，是清代第一部断代画史。张庚是隐士，所以称征君。此后又有南汇（今属上海）学者冯金伯（1738—约1808）写的《墨香居画识》，该书记录了乾隆、嘉庆、道光、咸丰四朝画者。冯金伯做过书院山长、县学训导，所以称广文。昭文（今常熟）人蒋宝龄（号霞竹）有记录道光、咸丰年间（1821—1861）画家的《墨林今话》。他们多为江浙人氏。吴昌硕接着说《墨林今话》后又是50多年，画坛人才辈出而无人记录，很多画人姓名恐怕都会消失不见（"翳如"）。他让张鸣珂继承前贤传统，写本新的画人传，记录海上画派的发展。吴昌硕的建议体现了清醒的历史意识，确有开风气宗师的见识气度。

张鸣珂（1829—1908），晚号寒松老人、窳翁，嘉兴人。辞官后隐居家乡。工词，善治小学，嗜藏书。在吴昌硕鼓励下，这位八旬老翁在去世前记录了咸丰、同治、光绪三朝画家331人，作《寒松阁谈艺琐录》六卷，基本完成清代晚期画史记录工作。书中记述了海上画派的绘画历史，也有许多湖州画家事迹。

---

① 严修能，即严元照，湖州人，是清中叶书法家与藏书家。

② 〔清〕张鸣珂著，丁羲元校点：《寒松阁谈艺琐录·序》，上海人民美术出版社1988年版。

后来吴昌硕老友、杭州籍海上画派画家高邕（1850—1921）协助另一位上海籍画家杨逸（1864—1929）撰写了《海上墨林》，记录了宋代至清末民初的书画家史料，特别着重记录晚清海上画家。吴昌硕也提出不少意见，提供大量资料，如将金铁老、凌霞等写入，可谓史学意识很强。

吴昌硕自己也以诗文记录了许多在艺文界亲历的历史。如他在故交纷纷陨落、自己将近知天命之年时记录前半生交游者，配上自己为他们作的印章，撰成手稿。由于是草稿，体例较松散，记叙并不很严谨，结构也不很完整。其中，无至交任颐的记叙，印与人也不是一一对应，也许因为是未竟稿还要修改增添之故。原稿曾请两位重要师友、著名学者审阅，又可见他是郑重记录的。湖州书法家杨岘为稿子删削修改，同是俞樾诂经精舍弟子、后为精舍山长的杭州词学家谭献（1832—1901）为稿子作序。谭序说："吴子仓石，嗜古若炙。相知以心，雅好文章，余事篆刻……集廿年手镌之篆文，撰千里心交之别传。印人款识，名士簿录，不类而类之想，有意无意之间……题曰'石交'云尔。"[①]序说吴昌硕天性嗜古，交往的都是学问艺术上的知心者，他好诗文，善篆刻，汇集了20来年亲手为知交镌刻的印章，写成了这篇各地知心友人（"心交"）的别传。谭献说手稿是印人吴昌硕的个人记录，也是清末名士的历史记录。因为篆刻材料多取金石，所以命名为石交，也寓意吴昌硕和知交的交往如石般坚固。这就是《石交录》。

《石交录》记录了吴昌硕从1872年到1889年流寓游学湖、杭、苏、沪等地交往得识的46位友人，对他生平和艺术影响较大、与他特别投合的"尤契者"就有吴山（瘦绿、铁隐）、杨岘（藐翁）、凌霞（子与）、金树本（铁老）、王璜（竹君）、潘钟瑞（瘦羊）、吴云（他尊称吴为封翁）、沈秉成（仲复）、施浴升（紫明）、张行孚（乳伯）、胡镢（匊邻）、施均甫（补华）、谭献（仲修）、潘祖荫（郑盦）、胡横云（公寿）、金杰（獭将）、金彰（心兰）、顾潞（茶村）、张熊（子祥）、任薰（阜长）、吴滔（铁夫）、蒲华（作英）、顾沄（若波）、陆恢（廉夫）、杨伯润（南湖）、吴谷祥（秋农）等。此外，还有在叙述时被提及的费丹

---

① 吴昌硕著，吴东迈编：《吴昌硕谈艺录》，人民美术出版社1993年版，第221页。

旭（小楼），学问习于诂经精舍的苕上七子之一、德清学者戴望（子高），曼陀罗华斋主人杜文澜（筱舫），施旭臣父亲施文铨（怡云），老师俞樾（曲园）等。这几乎是一部湖州乃至江南清末才人艺者记录簿。

此前，吴昌硕已有《削觚庐印存》，其中有为18位生平契友（情投意合友人）所刻印章的印存，后附每人小传，与《石交录》所记可互参见。

这两份手稿是吴昌硕记录同时代金石书画师友的个人回忆录，也和他为鼓励友人所写的《寒松阁谈艺琐录》一样，是清末画史、艺术史、学术史记录，尤其可贵的是和《海上墨林》等著作一样及时记录了许多当时名气不弱、后来却鲜为人知的画者、印人。其中多湖州籍者，可补清代和湖州画史之缺。

1885年，吴昌硕在苏州作了记录青壮年时遇到的17位师友的《怀人诗》，次年又作了记录12位友人的《十二友诗》，这些诗都是历史记录。《十二友诗》被收入《缶庐诗》卷三时名《存殁口号十二首》，后又被选入《缶庐集》卷一。

吴昌硕本人也是清末湖州、海上画派画史及文化史中极重要的一部分，在海上画派、苕上诗书画印家群体中，他名声的晦显变迁展现了清末画史的一个侧面。张鸣珂写《寒松阁谈艺琐录》稿子时，谈起吴昌硕还不涉及其绘画，只是大赞其印艺。此书撰成于1908年，出版于1910年，其时吴已近70岁。而吴昌硕在古稀后才画名大振。

缶甓癖斯

1868年，吴昌硕在父亲去世后外出谋生，最先到的就是离安吉不过百十里的湖州府。提携者是颜文采。颜文采出身于湖州望族，贡生，早年在鄣吴设过教馆，可能与吴的祖父或父亲认识，所以对吴昌硕这个故人之后有所关照。颜还做过金石家吴大澂的老师，吴昌硕后来得吴大澂赏识，同他与吴都是俞樾弟子有关，也应与颜有关系。颜此时所起的重要作用是引路，即将吴昌硕引荐给湖州金石收藏家陆心源。

1875年前后，吴昌硕应陆心源之聘，到陆家做司账，并协助陆整理家藏文物。一说他到陆家是坐馆为塾师，并做抄写校对文稿等事。他在此增长了有关古物的见识，也与苕上七子、潜园七子有了交往。

陆心源（1834—1894），字刚甫，号存斋，晚号潜园老人，归安（今湖州）人，也是清末乱世乘风雨化作碧虬者。他出身商人家庭，但自幼好读书，聪敏过人，擅长经学。咸丰九年（1859）中举人，入仕后被指贪污而罢官归里。回乡后的陆又在老宅（陆家老宅恭俭堂在湖州东街边）不远的湖州城东赵孟頫莲花庄别业故址旁建园林潜园隐居，园中有五石草堂、守先阁、俗俗楼等十六景。守先阁是藏书处，他在此收藏古籍、校书，摩挲金石古物并著述。他还在家乡修复安定、爱山书院，修建仁济善堂并举办义学。他晚年得到李鸿章赏识，并受到光绪帝褒奖，说他著作甚多、学问甚好。

陆心源一生出入仕隐，是商人，是士绅，也是学者，是清末湖州儒林很有历史特点的复杂人物。他留下的遗迹也很多。潜园外，还有他老宅中的藏书楼皕宋楼和楼旁藏古砖的千甓亭。

陆心源名列清末湖州著名文人群体苕上七子，但他以收藏家而非学者为人所知。陆心源性爱藏书，入仕之初正逢太平天国运动，连年的战乱兵火使江南故家旧籍大量流出，散落民间，价格很低。而他罢官归乡时，已积聚财富，人又博学，带着商人基因的他乘机大量购进秘籍善本。至1882年，陆心源藏书总数达15万卷之多。清末，宋刻本已为稀世之珍，陆所得达100多种。于是他将老宅藏书楼分为两处，一处名皕宋楼，藏宋元刻本和名人手抄本。“皕”意为藏宋刻本两百种，其实取成数、约数。一名十万卷楼，藏普通书籍。潜园的藏书楼名守先阁，藏明以后的秘刻及精抄、精校本。陆家皕宋楼一度被誉为江南藏书第一楼，与当时的常熟瞿氏铁琴铜剑楼、钱塘丁氏八千卷楼、山东聊城杨氏海源阁并称清末四大藏书楼。可惜皕宋楼所藏精品，在陆去世后被其子以低价卖给日本人。这些古籍在皕宋楼聚散不过数十年。

有了大量藏书，陆心源学识更博，著述甚富，有《潜园总集》940余卷。除了研究宋史、湖州方志和探求古书源流，他也着重诗文研究，有整理湖州诗歌的《吴兴诗存》，还着力考证金石、鉴别与收藏书画。

陆心源还以金石收藏家著名于世。他尤喜收集古砖，集有汉、晋古砖近千块，在皕宋楼旁筑亭藏之，名之千甓亭。亭子建于1881年，亭成后，他还请杨岘以隶书题额。

吴昌硕来到陆家时，陆心源41岁，收藏的古砖数量未达到千数，千甓亭也未建成。陆心源仕途失意后，想要在学术上更有作为，正当中年的他富有财力，又是有心人，很快在金石收藏与考释古文字方面有建树，尽管他被同时的浙江名士李慈铭贬为好为诗、古文而不工，多蓄金石书画以为声誉。也有人认为陆收藏的古砖只限于湖州及邻县，多是普砖，汉砖不过数块，他号称千甓、五百汉晋砖斋主人，和皕宋一样是自夸。也有人说陆心源急功近利，以高价收购古砖，以致四乡民众为利驱使，掘地三尺搜求古物，使得湖州附近汉晋墓葬被大量盗挖毁坏。

陆心源潜心收藏古砖虽可能有为名利成分，但仍是盛举，正如杨岘在千甓亭匾额的跋文里说陆性耽汉晋古砖，网罗逾千，可谓豪矣。陆的古砖，大都出于吴兴、武康等县古墓。晋朝是江南发展的重要时期，古砖上多有别致花纹、独特文字，有不同于中原文化的地域特色。尤其保留了古代纪元、地理、官制、姓氏等资料，是研究江南文化的珍贵资料。古砖上的文字可阅古事，证异文，是道光、咸丰年间（1821—1861）以来金石学的学术热点之一。陆心源将藏砖上的文字、纹饰拓出，加以考证后辑成《千甓亭砖录》《续录》《古砖图释》等。杨岘在为《续录》作序时，认为古砖研究可作为历史和书法篆刻史的重要旁证。

千甓亭得以落成，也有吴昌硕的心血。吴昌硕此时寄食陆家，协助陆收购古砖，并整理、修整、拓印古砖，还抄写、誊正古砖录与图释。他与古砖为伴，摩挲、洗刷、拓印、记录。这些看似辛苦枯燥的工作，自幼就喜爱石头和古物的吴昌硕却有亲切和满足感，对金石古器物的奇古之气有了更真切感受。这使得他对古砖古器有更深切爱好，培养刻古砖为砚的技艺，并多学古砖文字的朴拙笔法来治印，形成了外表朴茂野逸、骨子里古拙雅正的治印风貌。参与古砖文字的抄录、校对，也加强了他的古文字考释功底。

吴昌硕在潜园见识大量古籍、古物尤其古砖，更由古砖的高古素朴之美更深体会到庄子说的“道在瓦甓”。1876年，他有“道在瓦甓”印，还在边款说自己天性爱好汉晋古砖，所以取意庄子语来摹印。四字出自道家经典《庄子·知北游》的道在蝼蚁、道在瓦甓、道在屎溺，指出天地人生大道包括学问、艺文之道无所不在，它们存在于世间很多不起眼的平常之物中，比如不如青铜礼器贵重、较常见的民间普通瓦器中。吴昌硕日后关于“道在瓦甓”的思考还一直持续。1882年，他得到湖州金石商人金杰的古缶，从此号缶庐，并以缶为庐。1884年春，他得晋砖，又名堂号禅甓轩。缶庐、禅甓轩是他的虚拟书斋堂名，终生用之。至晚年他还认为“道在瓦甓”与湖州书画家王一亭的佛偈“风波即大道，尘土有至情”契合相通，是艺术之境，也是人生之境。那时他仍得益于江南古金石尤其古缶古瓦器之意，得益于湖州千甓亭经历。

日后吴昌硕也得益于陆心源的广泛交游人脉。陆结交的俞樾、吴云、杨岘、吴大澂、潘祖荫等人都是清末金石学人、收藏家、书法家中的一时之秀。虽然吴昌硕与陆的关系只是门客与座主的关系，但不能忽视陆与潜园对他的重要影响。历来座主和门客间不乏援引佳话，如南宋辛弃疾和刘过，张镃、范成大和姜夔。清代包括清末也多荐引传说。再则，陆心源多结善缘、善于利用社会资源和善于审时度势、造势应该也给吴昌硕留下深刻印象。陆心源的人生成功自有其合理成分，可能成为后来者日后取舍的参考。

颜文采、陆心源都是吴昌硕年轻时得遇的“津梁”，为他引来更多人脉。

潜园七子

潜园有许多美景，但在吴昌硕眼中最吸引他的是这里的人文荟萃风光。当时湖州学人多聚首此处作诗酒会，最著名的就是苕上七子中还存世的凌霞、施补华、陆心源。凌霞、施补华都是吴昌硕前几年的旧识，此时是潜园常客，再加上丁葆元、李仲廉、徐凤衔和园主人陆心源合称潜园六子。加上杨岘，还有潜园七子之称。吴昌硕在此有机会与名家交游，请益诗词、金石。他除了继续向凌霞学习金石、诗画，还向杨岘请教隶篆，从施补华学诗词。施的诗词、杨的隶书在当时的江南都属独步一方。

清末的湖州苕上六子包括戴望、凌霞、施补华等诗人学者，大都有诂经精舍的教育背景。戴望（1837—1873），字子高，德清人，他是诂经精舍名宿周中孚的外甥。戴望少有大志，为诸生，但后来科举不顺遂放弃举业。他好读先秦古书，致力于文字学，也精研经学。同治四年（1865），两江总督曾国藩聘其为金陵书局编校，校勘周秦诸子学说。他治学严正，个性倔强孤傲，与曾论经学从不屈从。梁启超对戴望研究颜元实学的《颜氏学记》评价很高。可惜，他卒于1873年，吴昌硕未及从学于他。

杨岘（1819—1896），字见山，又字季仇，号庸斋、寓斋、寓庸斋，晚号藐翁、显亭长，自署迟鸿残叟，斋堂为迟鸿轩等。归安（今湖州）人。书法家、经学家、诗人。咸丰五年（1855）举人，会试不过，曾为曾国藩、李鸿章幕僚，后为江苏松江知府，权知常州府。他虽在官场却为人耿直，不谐流俗，终因与上官不和被弹劾罢职。朋友都将此祸归咎为他藐视上官，希望他能变得世故些。他却自号藐翁，并以此自得。

杨岘在咸丰、同治年间（1851—1874）以隶书名重一时。他一生勤于临碑，于汉碑无所不窥，得《礼器碑》和《石门颂》神韵，遗貌取神自成一家。有人评他以草法写隶书，也有人说他七分是隶、三分像篆，都是合适的评价。杨岘于书法孤高自许。当时多有人模仿他，但多如优孟衣冠，因为他的书法以学问为底子。杨岘潜心经学，学术基础扎实，这是他诗文、书法古雅的根基。他的诗、古文都一洗凡近，一如其人的脱略不羁，能直抒胸臆。

杨岘为人很好，朋友有危难，拯救尤出力。平素爱才好士，见人一善就称赞不已。他对上不恭敬，对下很怜才，只讲意气相投。此时，他对吴昌硕这个小辈很客气。所以吴昌硕日后常说这位不拘小节、没有大家架子的藐翁和他契合独厚，并不以身份辈分有别为嫌。

杨岘颇赞许吴昌硕的篆刻，以为近古人。杨虽不以印出名，但年轻时曾与浙派后劲、西泠八家殿军钱松（1818—1860）交好。钱松中年后归居杭州，还与杨岘、僧六舟等人结社南屏。而且印以篆书为根本，杨身为熟谙汉碑的大书法家，对吴昌硕多有指点。后来两人又在苏州重逢，有了更多亦师亦友的情谊。

施补华（1836—1890），字均甫、均父，乌程（今湖州）人，诗人，也是诂经精舍弟子。吴昌硕于1873年第二次来诂经精舍时，遇到在浙江书局任职的施。当时江南遭战乱后典籍荡然无存，俞樾也在总办浙江书局。在潜园，吴、施重逢。

施补华是同治九年（1870）举人，为山东候补道员。他生性寡言，不了解的人多怀疑他傲气，人缘不好，多有毁谤他的。也因此，他在曾国藩、左宗棠幕府中都不是很得赏识。但这样的性格，和芜外不芜内的吴昌硕很契合。

施补华曾入幕随军去西域，出嘉峪关，沿天山南下，至阿克苏。所以他有西域诗。他以诗文著称，有《泽雅堂诗文集》。散文文辞简洁、气象雄阔，非桐城派诸家能及。诗尤深沉秀雅。还著有《岘佣说诗》诗论。

后来吴昌硕在《石交录》中说近年浙人中可称许诗歌的诗人，一个是仁和（今杭州）谭献，另一个就是乌程施补华，二人都是诂经精舍弟子，都能熔铸汉晋、唐代古朴诗风，写诗清奇而不冷僻、雅正而不平庸，胜过寻常诗人，成就大家风范。吴昌硕的诗文也非咸丰、同治年间（1851—1874）文坛流行的宋诗与桐城派文章。他的诗歌受到青年时代各位师友的濡染，俞樾以外，多学施旭臣、施补华、杨岘、凌霞、金铁老等人（他们多学六朝、唐人诗风的流丽奇崛），还崇尚他们的性情，这也体现在书、画、印等其他艺术中。

正因为和湖州诗坛尤其苕上七子的密切关系，后来同光体浙派诗人袁昶认为吴昌硕是湖州诗坛后起之秀。1893年，与戴望、施补华、凌霞、张行孚有诗文交流，同为诂经精舍学生的袁昶读到吴昌硕的诗，作诗赞许他，就是《于湖小集》卷一的《寄吴昌硕少府诗》："公干有逸气，庄生多寓言。英华兰菊擅，流派戴诗存（苕霅间，诗人自亡友戴子高、施均甫后，今推张乳伯、凌尘遗健在。吴君晚出，乃异军特起者）。吏傲真堪隐，诗穷亦自尊。欲招吴市去，息影谢篱樊。"[①]"少府"指州官副职，因为吴曾授江苏同知、直隶州补用知州。"公干"是以魏晋诗人、建安七子里的刘桢（字公干）比吴，说吴的诗学魏晋诗有逸气，也像庄子文章一样有深刻讽喻寓意。袁昶是懂诗的人，也懂吴昌硕的诗歌。更重要的是袁昶确定了清末湖州诗人的诗风传承，认为苕上诗人自他的老友戴望（子高）、施补华（均甫）去世后，如今只有另一位精舍舍友张行孚（乳伯）和老一辈凌霞（尘遗）[②]还在世，舍友吴君（吴昌硕）晚出，是异军特起

① 朱关田主编：《吴昌硕年谱长编》，浙江古籍出版社2014年版，第120页。

② 凌霞卒年一说1890年，从袁昶记叙看应该在1893年之后。

者。诗最后还提及吴在吴市（苏州、上海）吏隐。

吴昌硕成为清末苕上诗派的一员、苕上诗人后劲，与他是诂经精舍弟子有关，也和他多从学苕上七子、潜园七子有关。湖州文人画家是诗人、四艺兼备的传统在清末得到传承。

菰城多印隐

吴昌硕在安吉和湖州时，大致是同治年间（1862—1874），他此时以刻印小有名气。他此时的湖州遇合、交往中，除了吴山、凌霞，还有一些湖州本土、寓居逸士才人（对他的金石篆刻有影响）。这些逸人后来也多被写入《石交录》。

吴昌硕曾拜谒归安荻溪的章紫伯。章绶衔（1804—1875），字紫伯，号辛复，别号瓜纻外史。室名磨兜坚室、翼诜堂、读骚如斋。“磨兜坚”的意思是诫人慎言，可见章的性格。章为贡生，书、画、印、诗诸艺皆长，在当时的湖州乃至上海一带有盛名，尤以博学多闻、精于鉴别著称。藏书很多，藏书印有“紫伯过眼”等。家藏古器尤其铜器、书画甚富。太平天国运动期间，他客居沪上，日本人购买古书画多请他鉴别。战乱后归乡，他已年逾七十，吴昌硕就在此时拜谒了老先生，向其谦虚请教。章紫伯嘱他刻了几方印，奖许很殷切，说今人作印都学陈（浙派陈鸿寿）、邓（皖派邓石如），但貌合神离，称赞吴作能力运字中，气充腕下，如精进不懈，未可限量。

吴昌硕也是此时在湖州遇到通篆籀、善镌印的近代著名印人胡䦙。胡䦙（1840—1910），字菊邻、掬邻，号老菊、老鞠、废鞠、不枯，晚年号南湖寄渔，石门（今桐乡）人，同治八年（1869）秀才。当时寓居湖州。胡相貌清癯，神采隽秀，是位多才多艺之人，工诗，善书画。书法初学唐人，后致力汉魏碑板，遒劲古拙。山水、花卉兼善，写兰、菊娟秀、雅逸、有韵致。篆刻宗秦汉，浑朴妍雅，静逸古茂，颇有天趣。他还能刻碑，尤善刻竹木文具。胡䦙篆刻和吴昌硕一样受名家赵之谦启发，熔铸秦汉印风，形成自我风格，印如其人，有高古雅正之意。

清代篆刻以皖、浙两派最著名，两派都师法秦汉，只是取径不同、各得一体，差异、高下不只在用切冲刀法，也在巧拙。浙派自丁敬开派以来，本以朴拙厚重为宗，后因多机巧，拙厚多失，此乃浙派衰微之因，也是世人以为浙派不及皖派有根底的原因所在。胡钁篆刻初学陈鸿寿，后学秦汉，于汉玉印尤有会心，得醇厚古劲的浙派本色。一般认为清末四大印人是吴让之、赵之谦、吴昌硕、黄牧甫。胡钁治印名声和吴昌硕之名媲美，苍老不及而秀雅过之，也曾与吴让之、赵之谦、吴昌硕并称清末四家。吴昌硕在《石交录》中对胡颇多赞美。日后两人重聚上海，还是西泠印社社友。

此时吴昌硕从胡钁等印人身上看到学到了很多，尤其是意识到向当时出土渐多的秦砖汉瓦及秦汉古印学习的重要性。两人意气相投，欣然订交。胡欣赏吴昌硕的印能独开生面。吴昌硕仰慕胡的艺术还有为人，感慨古来擅长艺事者人品多清逸，反之则艺术不工。不知情的世人说艺术是雕虫小技，像胡这样的篆刻艺术怎么可当小技看呢?

吴昌硕在湖州结识的艺友，大都是不谐时俗的读书人，性情既执着又通达。早年孤独沉默的吴昌硕与他们很投缘，也更多地从中找到艺术归属感。他此时学习这些才人学子，与其说是单纯学技艺，不如说是得到人格、艺术品格的濡染。

此后，吴昌硕就像当年离开鄣吴、安吉一样，走出苕溪流域和湖州，但他一生都难离湖州这一背景，如他一生都喜欢用湖笔来写字作画。元代，湖笔成为文房四宝之一，湖州此时出了赵孟頫、王蒙等大画家。吴昌硕后来以书写石鼓文出名，他说，写石鼓文用笔宜恣肆而沉穆、圆劲而严峻，而湖州羊毫最易达到笔意恣肆的效果。他还喜用羊毫画梅，就是“羊毫秃如垩墙帚，圈花颗颗明珠圆”（《缶庐别存》）。

湖州、苏州、上海是漂泊湖海的吴昌硕一生中较重要的三个驿站，许多重要遇合都发生或始于此。湖州对于此时的吴昌硕，仿佛一扇门，让他见到更多有名于时的学者才人，也让他见到一些因时代和个人因素而成就功名的成功者。从潜园开始，他得到更多机遇。当然，因乡谊、同门的结交只是机缘开端，他后来得到赏识遇合还是靠才学、努力，以及他所受过的正统朴学、诗文教育。离开湖州后，湖州人身份对他仍有很多帮助，他日后在苏州、上海的多位荐引、助力者，如吴云、王一亭等都是湖州同乡。

而吴昌硕日后的最大成就，就是像安史之乱后的杜甫、王维和韩愈等中唐诗人创立与盛唐有别的诗风、深刻影响后世那样，创立了适合清末乱世的奇崛沉郁艺术形式和艺术风格，这既包括他隶属于清末湖州诗风和同光体浙派诗风的诗，也包括他的书画印。他继承和光大道光、咸丰（1821—1861）以来的金石碑学风气，并将其引入绘画领域。还将雅俗共赏的时代因子引入绘画，同时又坚持元四家以来的文人画精神。这是清末绘画、海上画派的重要新变，也是湖州近代画史的新风气。此时的湖州，尚处新变开端。

家鸡不如野鹜

吴昌硕在湖州，与许多士夫学者交往，还与苏州人、在湖州的古董商人金杰因金石结缘。在此时的最初职业生涯里，与金杰的交往中，他深刻思考了雅俗问题并有所悟。此时前后他也在师友吴山、金铁老、凌霞等人的生平经历里领悟阳春白雪和下里巴人的融通、取舍。1875年，他有“缶记”印，次年还有“道在瓦甓”印，都似有寓意和寄托。

吴昌硕后来将金杰写入《石交录》，和同时遇到的达宦、学者、雅士放在一起。并作小传说：“金颊将名杰，震泽人。任侠使气，好古，以收藏古物为务，力有不逮，必多方称贷以济。尤癖嗜古甓，蓄至数百种。一甓之值，或十余金，倾其资不顾也。为质库司会计，岁入之俸，尽以购古物。素与余厚，曾书‘道在瓦甓’四字赠之。颊将得书狂喜，以古缶为答。余宦游吴门，颊将送余苕上，临歧揖别，有黯然之色，心颇讶之。未几，讣音果至。颊将既死，家唯四壁，所藏亦星散。余每击缶，辄有人琴之感焉。”[①]满是感同身受的同命相惜感。

吴昌硕说金杰字颊将，太湖边的吴江人，为人有意志气概，以侠义自任，好帮助别人，见义勇为。这一性情特点在吴昌硕的早年民间友人中常见，如朱正初、沈楚臣等，也见于他后来的知交杨岘、蒲华等人，这也折射了吴昌硕本

① 吴昌硕著，吴东迈编：《吴昌硕谈艺录》，人民美术出版社1993年版，第217—218页。

人性情和对这一古貌古风的向往与践行。

金杰天性好古，多收藏古物，举债借钱也要达成目标。尤其爱好古甓（砖），收藏了数百种。古砖价格很贵，他却倾囊购买。金杰是典当行（质库）账房，全部收入都用来购买古物。吴昌硕和金应是工作时认识的。两人此时身份相似，性情爱好也相投，成为好友。

吴昌硕回忆说，金杰和自己亲厚，因金喜爱古砖，自己当时就书写了他感悟颇多、也源于芜园之芜的“道在瓦甓”四字赠送金杰。他1875年有“缶记”印、1876年有“道在瓦甓”印，可为参照。金杰得字很是欢喜，更感激吴的知己情。

1880年，金杰曾赠送三国古砖给吴。吴昌硕后来在给古砖砚收藏家、好友沈石友的《谢沈公周（瑾）赠赤乌残砖》诗说：“缶庐藏甓旧有此，金大论交重一诺（原注，谓颊将）。”（《缶庐诗》卷三）诗中提到自己有旧藏古砖，是重许诺的老友金杰赠送的。

就像吴昌硕和很多友人的长久友情一样，金杰与吴昌硕的交往持续很久，他还曾和吴昌硕一样去上海，介绍吴认识了海上画派重要成员高邕。1882年，吴昌硕因为入仕离开安吉、湖州，举家迁居苏州前夕的四月九日，他又得到金杰赠送的古缶。“缶”指大肚小口的古瓦器，可汲水，盛水、酒，也能击打为乐器。“缶”可代表通俗，为民间乐器，大概就是吴昌硕写鄣吴、安吉乡间娱乐的“鼓击御田祖”，也是写吴山诗里提到的郢中曲除了《阳春白雪》还有《下里巴人》。“缶”是古雅的，也是朴素的，《易・坎卦》说“樽酒簋贰，用缶……终无咎”（一樽酒、两簋饭，用瓦缶盛着献给你，礼虽然轻情义却重，希望你没有困境）。

金杰赠送吴昌硕很贵重的古缶当临别礼物，是因为知晓他对古物的喜好，是很有诚意、很有心的。可见，金杰的确有民间江湖人知恩图报的品格，他感念吴昌硕的不看轻，他对吴的帮助、祝福也是出于真心诚恳的设身处地。

吴昌硕也很感动珍惜，四月有《缶庐诗》记录金杰赠缶之事，诗的小序说：“金颊将赠予古缶，云得之古圹，了无文字，朴陋可喜，因以名吾庐，光绪八年壬午四月记。”（《缶庐集》卷一）吴说金杰赠送自己古缶，这个从古墓得到的古缶没有文字，朴实无华却又高古，正合自己的审美、艺术理念，所以以缶作为自己书斋（书写在诗画里的虚拟读书处）的名字。金杰确是他的知音。

吴、金两人的友情本还会延续。可惜，金杰拿古缶来送别他时，吴昌硕发现金面带黯然之色，即面色灰败。吴昌硕很惊讶，心中有不祥之感，果然不久就传来金逝世的消息。金杰去世后，家徒四壁，收藏也很快如云烟般消散。这和吴山去世后的境遇相似。吴昌硕说自己感念故人，一直珍藏金所赠的古缶，敲击古缶，有人亡琴存的感慨。人琴典故出自《世说新语·伤逝》，王羲之之子王徽之以琴悼念弟弟王献之，可见吴昌硕是以金杰为至交好友的。

1886年的《十二友诗》也有写金杰的："双脚误踏市井门，移家苕上鸡与豚。独树当门傲五柳，坐石醉客湼一尊。抱汉晋砖当白璧，识金银气[①]游黄昏。土缶持赠未及报，呜呼死别声难吞。"（《缶庐集》卷一）诗说金杰有才华却生在市井，为了生计来到湖州，他个性隐逸，如五柳先生陶渊明，爱古且能识别珍爱汉晋古砖。两人都爱酒，常一起饮酒论古。最后说赠古缶的情谊还没来得及回赠，金杰却遗憾早逝。

小传、诗说的是金、吴交谊。吴昌硕初识金杰，大约是第一次到湖州时，约在1872年前。金杰经营古物，是职业，又是爱好。他是吴江人，住在湖州，可见当时环太湖流域内的人员流动是很频繁的。金杰为人任侠，和吴昌硕一样都曾历江湖风波。而他识金石、好古物，尤其嗜好古陶器、古砖瓦，可见他虽身份不高但很有雅人气质。他得知吴昌硕也酷爱古砖，就引为同道。吴昌硕常去金杰处看古物，也以古物拓本交流，情谊日渐月进，终为至友。作为一个家道中落、曾流落江海的世家子弟，吴昌硕是懂且欣赏金杰的，说他傲五柳，还赠他"道在瓦甓"书法，以金杰喜爱的古砖暗喻他虽是商人也是金石知音。金杰很感动，以珍贵古缶赠谢知己之意，还给了吴昌硕很多可贵帮助，曾在1872年（一说1873年）带吴到上海结识海上画家，为他拓展新人脉。他还鼓励吴去苏州。难怪吴昌硕要用兄弟知音情深的典故来追思他。

金杰的早逝很可惜。陆心源也出身商人家庭，后凭科举和战时入幕成为官

---

① 指金杰识地下出土古物。

员和收藏大家、乡贤。聪颖、有雄心的金杰其实只是一个未能成功的人。此时还是豪门门下客的吴昌硕对乱世里振兴家族、得到个人成功有了更多认知。

吴昌硕一生的交往很广，与思想通融、不抱残守缺、深谙文化、爱好艺术的近代浙商的交往也是其中的重要部分。除了早年的陆心源、金杰，后来还在上海与宁波人严信厚及湖州人王一亭、刘承干、周庆云等有交往。他在与浙商群体的密切交往中，更为及时地捕捉、了解近代社会与民众的思想和审美变化。

每个历史时代，文化和艺术都会遭遇“雅俗”争论。时至近代，艺文的雅俗变迁更是不可避免，吴昌硕和同时代的很多士夫、雅士也在思考。吴昌硕早年游学中，不但深受老师俞樾融通雅俗思想的影响，也受到朱正初、吴山、金铁老、金杰、凌霞、杨岘等通脱不羁、多有奇思的师友影响。他最终成就的亦雅亦俗艺术风格，受湖州乃至江南近代才人、友人的影响甚多。

就像此时在湖州，吴昌硕一边出入潜园七子间，一边与商人金杰来往。此时，雅俗之别在许多学者文士心中还是存在的。虽然陆心源也借印书尤其买卖古砖积蓄财富和名声，但潜园云集的雅士，除了杨岘、凌霞等少数豁达者，对身份高低仍是有执念的，认为雅俗终是不同路。对此，当时的吴昌硕由于边缘身份不能多说，不过心里是不服气的，才会说出家鸡野鸡毛色不同还不都是鸡之类的话。

吴昌硕对自己的士人出身、家风旧学也很珍视，所以为金杰所作诗的第一句就流露了可惜他“误踏市井门”之意。但他也在民间流浪多年，知道身份卑微者中也有天性高贵典雅的，比有些一生都在高楼书斋中的人多通达见解，而乱世变迁也会使得世家中落或寒门上升，所以其门第观念并不深。他替金杰抱憾的更重要原因是隐隐为自己鸣不平，他当门客、塾师、司账时很敏感，在湖州虽有吴麟吴龙后人、秀才、诂经精舍弟子身份，应该也受过歧视。这和“道在瓦甓”的思考一致，见解更是深刻，还能切中湖州文化传统的变化传续。

吴昌硕的家鸡野鸡一语，虽似俗语，却是有典故出处的，就是“家鸡不如野鹜”，即家养的鸡不如野鸭之意，是南朝文人典故，还是书法史故事。与王羲之同时的书法家庾翼少时与王齐名，后来王羲之书法大进，庾翼见人们习王之书体颇不以为然，以为时人是贱家鸡、爱野鹜。后来这句话成为熟典，如苏轼题写王献之书法的《书刘景文所藏王子敬帖绝句》诗中就说“家鸡野鹜同登俎”，同被后人祭祀，是通融雅俗的豁达之见。吴昌硕在画中也常用此典，表达雅未必一定胜俗的观点，如他曾题“新石桥东，老石桥西，借一枝栖，家鸡不如野鹜”（《缶庐别存》）。

在潜园的吴昌硕就借曾被认为是野鹜、后来成为书圣的王羲之旧事讽今，表达野鹜终能胜过家鸡的倔强傲气。吴昌硕将金杰和自己比作来自民间的野鹜，就像他曾自喻“浩荡江上凫”，显现了追求自我、不受拘束的远大志向，也隐含了对身份高下、艺术雅俗的超逸见解，家鸡未必一直胜过野鹜，《阳春白雪》《下里巴人》都是郢中曲。日后他更是在任颐等人的艺术影响下，突破超越了雅俗局限，不忘雅正，别有取径，在正统与变革之间成就了自我。

金杰送给吴昌硕的古瓦缶，吴称为“土缶”。它来自泥土、材质为泥土，没有古金石中的青铜古器珍稀高贵，但也是经历历史风波、蕴含文化深意的古物，还体现“风波即大道，尘土有至情”之意。这个了无文字、朴陋可喜的古缶的确是融通雅俗、兼得高古与野逸之物，难怪会被吴昌硕选为自己想要构建的艺术境界“吾庐”的象征意象，“以缶为庐，庐即缶”，现实芜园是“吾园”，虚拟“缶庐”也是“吾庐”。

出身不高且早逝的金杰虽然只是吴昌硕漫长人生、众多师友中如流星般的存在，但他较早与吴昌硕一起参悟“道在瓦甓”“家鸡不如野鹜”，送的古缶成为吴日后闻世名号的灵感来源，还带吴昌硕第一次去了上海。他被吴昌硕写入《缶庐诗》《十二友诗》和《石交录》，可见他对吴昌硕高古野逸艺术风格和雅俗并存审美取向的重要影响。

第七章　双城记：吴门或海上

初来沧海头

正如苕上、菰城、苕霅、西吴、霅上是湖州古称别称，姑苏、苏中、吴中、吴洲、东吴、吴门、吴郡、句吴是苏州古称别称，海上、黄歇浦、春申江、申江、沪渎、沧海头、云间（松江）等则是上海别称或雅称，既有古雅诗意，又深寓历史感。海上画派也是约定俗成的称呼，以海上之名命名萌生成长于上海的近代画派，多了许多历史内涵、文化意蕴。

吴昌硕初至上海约在同治十一年（1872），他随金石商人、朋友金杰来此。上海是吴昌硕生命中的重要善地，他晚年成为万众瞩目的大师，多得益于这个迅速崛起的都市。

嘉庆年间（1796—1820），江苏下设8个府、3个直隶州、1个直隶厅，其中松江府下有上海、华亭等县。到1840年前后，松江府上海县县城城墙内的旧城厢（今属黄浦区）虽然繁华，但只有几平方公里。1842年，第一次鸦片战争后，清政府被迫签订近代史上第一个不平等条约《南京条约》，上海成为通商口岸。这是屈辱历史，但客观上成了上海从小县城向大都市发展的起点。次年，上海开埠。因中外杂处不便，1845年《上海土地章程》订立，上海出现第一块租界——约位于上海县城外西北至黄浦江、吴淞江汇合处的一片蔓草丛生、人迹罕至的涨滩荒地。

此后，近代史上的几次大事加速了上海的城市化进程，租界在血与火的锻造中逐步蜕变。1853年，上海小刀会起义，许多士绅商贾逃到租界，打破了租界只准侨民居留的陈规。1860年，太平军进军东南。战乱中，上海及江苏其他地方，还有浙皖等地的乡绅、百姓竞相逃往租界避难。租界人口激增，房屋、店铺也增加。此后数十年间，这片渔村变幻为西式建筑林立、各国银行商厦云集的所在，逐渐成为上海的新城市中心，取代了原来的中心老城厢。

五口通商后，又有更多口岸被迫开放，上海何以能迅速崛起？天时地利人和、各种机缘际遇不可或缺。上海处于长江入海口，有地利。当时，江浙其他城市如苏州等地因文化根基较深而比较保守，上海远离政治文化中心又多国内移民，地域文化比较开放包容，是为人和。20世纪初，中国北方饱受八国联军蹂躏，上海却得到较持续发展。第一次世界大战期间，外国资本纷纷从西方转到上海，使之又得机遇。

上海走上中国近代化的历史前台，传统文化、生活方式在此演绎了比其他地方更急剧的变迁。不过，在上海貌似天翻地覆的变化中，自有从容合理的历史脉络。许多上海人（包括开埠前的土著和后来的移民）都以来自传统文化、地域文化、民间文化的韧性等积极应对变数，重塑上海雅俗共存、务实灵性兼具的文化，这成为城市和个人人生的底色。

日后，吴昌硕也成为上海移民里的一员，不过这是在进入民国前夕的1911年，此时距他初来上海尚有近40年。他与上海冥冥中仿佛是有些缘分的，他出生的1844年是上海开埠的次年，而他去世的1927年，上海脱离江苏成为特别市（类似直辖市）。上海成为大都市是历史选择，来到上海则是很多人的个人选择。面对历史，吴昌硕和他的先祖、父亲一样多次做出理性抉择，虽然他对迁居上海有过迟疑，来得也有些迟。

吴昌硕初来上海的1872年，此时开埠近30年的上海刚度过社会、文化发生剧变的19世纪60年代，借助其腹地（环太湖流域的浙北、苏南等地）发达雄厚的经济、聪慧灵活的人才，战时战后人口的迁入，人才、资金等资源高度汇聚，还有同光新政、四通八达的水道等有利条件，迅速且超常地发展起来。这时的上海已粗具都市雏形。

吴昌硕对上海的注意，应该还受到这时许多身边人关注上海的潜在影响。同治十年（1871），他的老师俞樾受时任上海知县的浙江人应宝时（建龙门书院者）之请，编著了同治《上海县志》。

得识上海画人

城市繁荣往往带来城市文化兴盛，此时的上海逐渐形成新旧、华洋、雅俗并存的城市文化，多元且富有创造力。而绘画的昌盛、画派的鼎立是一个城市文化兴盛的重要表征，如南宋到明清的杭州、苏州、扬州等江南城市。画派兴盛，首先需要人员聚集。清末，上海会聚了许多江浙皖籍的江南画人，他们在此行道（指画家到各地去卖画）讨生活。

1872年，金杰带吴昌硕在上海结识了年轻的杭州人高邕。高是海上画派的中坚，曾给吴昌硕很多帮助。

高邕（1850—1921），字邕之，号李盦，仁和（杭州）人，久居上海。他是江苏候补同知，也做过县丞，应该是在上海候官、为吏。中日甲午战争后，他改号聋公，可知对国势颓废的激愤，吴昌硕此时也自号大聋。宣统元年（1909），他在上海旧城厢中心豫园创立书画善会，邀蒲华、王一亭、吴昌硕等人入会，并作画以助善会之账，可见他们关注人间的慈悲情怀。辛亥革命后，他成为文化遗民，黄冠（道冠）儒服，以卖字为生。高邕工书法，以秦汉篆隶为根本，独好唐代善写碑的李邕的书法，还有位于镇江、传说陶弘景所书的《瘗鹤铭》石刻。他因苦学李邕而致病，和吴昌硕苦学石鼓文相似。晚年书法有变，开一家风貌，时人评价他的字有孤介之致，正如其人品的愤俗嫉邪。高邕后来曾与吴昌硕同列海上四大书法家。他还以草书作画，宗法八大山人、石涛，山水花卉画作神韵冷隽。又兼善篆刻，宗浙派，少年时曾受同乡、西泠八家后劲钱松影响，1877年还曾辑钱的遗印成《未虚室印赏》四卷。高邕的生平、人生态度及艺术追求，多与吴昌硕相似，因此两人相交多年且交厚。

高、吴两人都性喜秦篆汉碑，在金石篆印上尤多交流，就从此时开始。后来，他们还与任颐等海上画人多交往。吴昌硕曾为高刻印20多方，如在1884年为高刻“西泠字丐”印，又刻“狂心未歇”闲章，还在边款说高有古狂者之风，书画也超逸尘表，咄咄可畏，是自己的知己。次年，又为高刻“与陈留蔡、江都李同名”印，说高和前贤东汉蔡邕、唐李邕同名，借以赞美高的书法。高邕40岁生日，吴还作菊以祝寿，说高人淡如菊。

《缶庐诗》卷三还有《高邕之邕书丐图》诗，诗的小序里说高邕之司马是翩翩浊世佳公子。“司马”是古官名，后指上佐之类的地方小官，这里指高邕为县尉。“佳公子”指才行出众的世家子弟。还说高邕善书法却自号书丐，还让任颐为自己画小像，画中高的头发蓬乱如草，穿着破衣提着筐，筐内放着笔砚，极寒酸局促之态，见之令人失笑。这很像任颐为吴昌硕作的《酸寒尉图》，也与吴昌硕为高刻的“西泠字丐”印相通。

高邕与任颐关系很好，吴昌硕就由他介绍而结识任。1872年这次见面后，吴昌硕托上海友人帮忙得到自己向慕的任颐的画，爱不释手，这位友人可能是高邕。此后，吴昌硕多次来上海，渐渐与上海诸画人结识相交。一说1877年高邕介绍吴昌硕向任颐学画法。一说1883年吴、任两人才有缘见面。

吴昌硕较早认识的海上画人还有杨伯润，大他7岁，也是书画兼长的文人画家，嘉兴人。吴昌硕的《怀人诗》《十二友诗》《石交录》都提及杨，杨则为吴作《芜园图》，可见两人亲厚。

杨伯润（1837—1911），字佩夫（甫），号茶禅、南湖等。工诗，善书画。书法近颜真卿、米芾，骨秀天成，尤工行草。山水学董其昌。咸丰末年，为避战乱，他寓沪卖画养母，此后一直在上海卖画。中年后绘画自成特色，气韵清邈。吴昌硕曾称颂其山水之妙。由他曾请杨作《芜园图》，可见他对杨山水画的认可。杨后来任豫园书画善会会长。

吴昌硕于1873年曾与杨伯润在上海同住数月。他们除了绘画上的交流，诗歌也有切磋。吴昌硕曾说杨的诗法近乎宋人苏轼、陆游灵动一路，虽然与他学魏晋六朝和中晚唐的清寒诗风不同，但和他受金铁老影响、学习“学游还学诗”的思路相通，大约就是陆游论诗的“工夫在诗外”“君诗妙处吾能识，正在山程水驿中”之意。杨伯润也在太平天国运动中遭受磨砺，与吴昌硕多同病相怜感。杨伯润曾以从九品虚职在苏州为小吏，与吴昌硕又重逢，同在苏州听鼓从公，都感俗不可耐，同病相怜，常相约在苏州市集中饮酒，也常有诗画印相赠。

所以吴昌硕说自己和杨是天下事物必有其偶，妙哉妙哉。“人必有其偶”的观点出自清初戏曲家黄周星，吴昌硕借用此说是认为自己和杨伯润是同一种人。高邕、杨伯润和吴昌硕成为石交是有原因的，他们是海上画派里的文人画家，内在的相似性很多。

吴昌硕有长篇古诗《赠杨南湖》：“浮家沧海头，携手绕汀洲。一别杨夫子，于今惧酒楼。帆当秋早落，云当浦东流。泛泛看江上，题诗赠白鸥。筑耶城畔潮头落，渔子舟人共往还。记得市桥呼酒罢，一镫扶醉写云山。生涯湖海本寻常，时与天随共笔床。作吏不知谁唤起，未妨随分濯沧浪。”这首诗应写于在苏州时，提及他们早年在上海分别，也写两人在苏州一同作吏。他称呼杨伯润为夫子，以表敬重亲近。首句“浮家沧海头”写他们一同寓居上海往事。还提到“筑耶城畔”，晋代筑耶城遗址在上海闵行旧镇西北，今不存。“记得市桥”两句回忆了两人在上海酒肆呼酒痛饮后带醉作画的狂态，模仿杜甫《饮中八仙歌》写法，突出两人洒脱不羁的名士风度。诗的前半部由汀洲、白鸥等典故表达了对隐逸生活的向往，诗的最后再用湖海、天随子典故，感慨两人做小吏的身不由己、浮家泛宅、湖海漂泊，再用古时生活于水上舟中隐士的故事，如屈原《渔父》诗中渔父吟唱“沧浪之水”的豁达旷达，晚唐活动于吴江的诗人陆龟蒙（号天随子）带着笔床等文具在船上吟诗、写书画的闲逸自在，抒发了两人共同的放达襟怀。

《怀人诗》也有写杨伯润的：“海上浮家长闭关，似乘书画米家船。南湖烟雨春无主，想见吟诗思渺然。”（《缶庐集》卷一）用北宋书画家米芾带着书画泛舟江湖的米家船典故，将海上浮家的杨比作诗书画合一的米芾。

《十二友诗》也有《杨南湖伯润》：“南湖水浸烟雨楼，不能归去南湖愁。奇书下酒见青眼，一官入世将白头。句句诗吟海上雪，山山画出云间秋。何日与君脱尘网，去买钓艇披羊裘。”（《缶庐集》卷一）这首诗写两人共同的思乡与隐逸之思。“南湖”和“烟雨楼”点出杨的家乡嘉兴。“云间”指上海松江，和海上都可代指他们漂泊流连的上海。“句句”两句说杨的诗画清雅高古。“奇书下酒”以汉书下酒和晋代名士嵇康能为青白眼（对高士青眼有加，对庸才加以白眼）典故，指出杨和自己是名士狂客却为做一介小官泯灭性情的无奈，“一官白头”道出困于官场的人生困境，“脱尘网”说希望有一天能和杨一起辞官脱离尘世束缚。“钓艇披羊裘”指东汉隐居桐庐一带的隐士严子陵披着羊裘垂钓，道出吴昌硕希望能和杨做真正的隐士的愿想。

当时很多上海画人的情况都和吴昌硕相似，多是因太平天国战乱或战后故乡凋敝而漂泊在上海的浙江人，也多一开始来往江浙各城市间最后才选择在上海定居的人。许多人由于故土难离情结、家庭拖累，在上海也不离本土，常来往其间。

吴昌硕初来上海时，街头还没有汽车和电车，1873年后才有人力车。1875年开始用上煤气，苏州河上建成桥梁。1876年又有了铁路。因为人多地少，当时民居多为战争期间所建的空间较节约逼仄的老式石库门里弄。吴昌硕和许多海上画人都曾租住（分租）过石库门小房子，一起在街头小酒馆喝酒。其中多有浙江大同乡，更有不少湖州、嘉兴等地的小同乡，互相切磋技艺外，还常相互帮助。初来上海，吴昌硕还曾得到海派前辈张熊等人的援引。

张熊（1803—1886），字子祥，号鸳湖外史，秀水（今嘉兴）人。鸳湖就是南湖的别称。张熊成名早，画在道光至同治年间（1821—1874）就流布苏杭与上海，从其学画者甚众，有鸳湖派之称。他来沪也早，在太平天国运动结束前的同治二年（1863）就流寓沪上，因年纪最长，被誉为当时的沪上寓公[①]之首，有声望。书法工于行、隶（八分书），也善篆刻。绘画方面，花卉、人物、山水皆擅。以花卉见长，尤擅大幅牡丹，设色浓丽，纵逸古媚。与任熊、朱熊合称沪上三熊（都是海派发轫者）。平生收藏金石、书画甚富。

张熊早年曾在湖州开设古董铺子，又与清末大书法家何绍基（1799—1873）交往，也是出入雅俗之人，为人大气仗义，与吴昌硕为莫逆之交。吴昌硕后来曾对后辈说，自己初来上海时，与张熊在上海旧城厢合住在少见阳光的狭窄小屋，里面只摆两张硬板床和一张画桌，几乎没有回旋余地，两人却每日读书作

① 寓公原指亡国后寄居他国的王侯贵族，后指客居他乡的官宦乡绅。此时的海上寓公多是太平天国运动后来沪的各地文人。辛亥革命后来上海的寓公则多为朝中大员。

画，笑对人生。后来，吴昌硕又与张熊在上海重逢，1883年为张刻“张熊之印”。可惜1886年张就去世了。吴昌硕对张的评价很高，以为他的山水、花卉不尚奇僻，可见张雅俗并存的画风对他的影响。《十二友诗》也有悼念张的诗：“祥翁海上复见面，八十余岁颜若酡。丹青暮年转奇特，彝鼎闲日供摩挲。虬髯侠气眼中少，王宰能事门下多。游魂秋冷归去未？月黑风高难渡河。”（《缶庐集》卷一）诗中说两人在上海重逢，张熊80多岁了还面色红润。还说他晚年的画有奇气，也一直研究金石。诗中还将张熊比作性情豪迈的唐代奇侠虬髯客，也比作杜甫《戏题王宰画山水图歌》诗里的山水画家王宰，还用王宰门下弟子很多比拟张熊，说老人侠义气概虽逝去难追，弟子众多也是安慰。最后道出对老友的深情追忆。

吴昌硕还较早就结识了海上画家中的上海本土书画家胡公寿。胡公寿（1823—1886），初名远，号小樵、瘦鹤、横云山民，以字公寿行，华亭（今上海松江）人。曾为州县掌书记，中年后流寓海上卖画，1861年定居上海，以书画称雄一时。善山水、兰、竹、花卉，融通诸家之长，尤喜画梅。他被上海钱业会馆礼聘，是海上画派早期的权威人物。书画传至日本，声誉极隆。早期居沪上的日本画家多师事之。张熊是商人出身，胡公寿、高邕、杨伯润、吴昌硕都是小吏出身，后转职业画家，共同组成海上画派。

胡公寿工诗，诗宗杜甫，清健遒练。他很喜爱吴昌硕的刻印和行书、篆书，知道吴号苍石便画了《苍石图》送给他，并题曰：“瞻彼苍石，风骨嵚崎。纵笔减笔，大痴云林。颓然其形，介然其骨。”“苍”指黯淡深浓的土石青灰色，也有饱经沧桑、苍凉之意，吴昌硕号苍石也取“芜”之意。胡公寿不愧是观人无数的海上画派领袖，说观照你这块苍石，感到风骨不俗。“嵚崎”原指山石高峻，也指人的品格特异不同流俗。“苍石”指石头，也指吴其人其书画印。他说吴的书画是放手书写，笔墨简约，有元四家黄公望、倪瓒画风。这当然是对后生的鼓励。他还称许吴昌硕虽貌不惊人、土木形骸，却有个性和风骨，内心坚实狷介，是“颓然其形，介然其骨”，书、画、印章也如其人，平朴中有风骨。得到这位当时执上海画坛牛耳的人物的高度评价，是吴昌硕进入海上画坛之始。“苍石”借由胡画成为吴昌硕其人其艺的形象呈现，和梅花、芜园、古缶一样。

胡公寿可谓巨眼识人。

《十二友诗》也有《胡横云公寿》一首："横云画竹风雨痕，横云画石怪鸱蹲。泼墨黑风倒吹海，悲秋黄叶齐打门。一鹤梳翎有何寄，众佛低首谁敢尊？有时搁笔发浩叹，濯足颇厌申江浑。"（《缶庐集》卷一）诗中先说横云山民胡公寿写竹、石笔墨生动，竹子仿佛带着风雨痕迹，石头好像奇怪的鸱鸟（猫头鹰）蹲踞，气势逼人，功力不凡。接着以胡的另一个号瘦鹤赞美胡一鹤梳翎，暗喻他在海上画坛顶端的雍容气度，画家们都很尊敬他。二人地位虽有别，但流离湖海的心境是一样的，所以吴昌硕理解功成名就的胡公寿有时会放下画笔大声叹息的心有不足。诗的末联也借楚辞《渔父》中的"沧浪之水清兮，可以濯吾缨。沧浪之水浊兮，可以濯吾足"写海上画者努力消融雅俗、和光同尘的豁达态度。"申江"指黄浦江（又名春申江、黄歇浦），指代上海，因为上海和湖州一样，也是战国四公子、楚国春申君黄歇的江南封地，传说他曾开浚黄浦江。

筮仕江苏江南作尉

同治十一年（1872），一说吴昌硕去了三个地方——杭州、苏州和上海。去杭州是为了在诂经精舍读书并参加岁试，为继续科举做准备。金杰带他去了上海。他也去了苏州，并初见金石鉴藏家吴云。吴云是他的诂经精舍同学朱镜清的岳父。

此时，吴昌硕已有离开芜园外出发展之念，这些游历是到处谋生，也未必没有选择未来栖居善地之意。苏州和上海，他都是首次前往，这两个当时古浙西、环太湖流域的双子城一古老一新异，都给他留下深刻印象，对他以后的选择产生影响。

古人信吉凶，做重要决定前都要占卜。选择定居某地，为卜居，要择一善地而居，就像吴昌硕先祖选了兴族山水善地鄣吴、战后父亲吴辛甲选了涵养身心善地安吉，屈原有《卜居》诗。外出做官也要占卜问吉凶，为筮仕（后引申为初次外出为官），所以后来吴云说吴昌硕筮仕江苏。卜居、筮仕都是选择，看似敬天意，实则出于现实考虑。

三个城市中，此时吴昌硕最熟悉的其实是杭州。1873年，吴昌硕再度赴诂经精舍继续求学（一说是为乡试）。在杭州，他结交了画家吴滔。吴滔（1840—1895），字伯滔，号铁夫、疏林等，室名来鹭草堂、萧萧庵，石门崇福（今嘉兴桐乡石门）人。吴滔生性淡泊，无意功名，唯醉心艺术，终年杜门挥毫作画。他早年学元四家、明四家（苏州吴门四家沈周、文征明、唐寅和仇英）和华亭董其昌、清四王（太仓王时敏、王鉴、王原祁和常熟王翚），兼收并蓄。山水高古，一洗当时画风或枯槁或甜俗的习气。花卉也不落凡俗，学扬州八怪的李鱓，设色秾艳，笔法老辣。晚年学清中叶西泠八家奚冈的自在山水、超逸花卉，自成面目。

吴滔也能诗善书，后与吴昌硕、嘉兴吴谷祥（秋农，1848—1903）合称“三吴”，还与嘉兴蒲华交好，尤与吴昌硕交往甚密。吴滔性情耿介，曾被誉为江南第一山水画家，乞画者众多，从远方慕名来拜访的官员、富人也不少，他却坐于堂上大呼吴伯滔不在家。若遇到知交或脾性相投的，他就便服相迎，一起豪饮并畅谈古今，酒量宏大不见醉。这样的名士，难怪与吴昌硕性情相投、交往密切。他们常一起切磋书道画艺，以为快事，彼此成为一生知己，此后更延续了三世交情。他的儿子吴征（待秋）、孙子吴彭（敉木）也是著名画者。

吴昌硕题吴滔《芜园图》的诗说，他能懂自己和芜园之芜，而且是通才，画风古雅拔俗。他还曾赞吴滔的《山水卷子》，说他是画中好手吴疏林（吴号疏林），他笔下的岩壑任意挥洒，山水不逊于元倪瓒（倪迂）、清石涛（清湘道人）。1887年，吴滔赠吴昌硕山水并索梅花图，吴昌硕欣然应之，并题诗“滔老不画还数谁”赞之。《石交录》也以为吴滔的画以浑厚胜，古意盎然，前辈文人画的优秀传统因他而不堕，非一般时人能比。可惜吴滔56岁（此年为1895年）就去世，吴昌硕痛哭痛惜。

1879年，吴昌硕又到杭州，以手拓近作印章编成的《篆云轩印存》向老师俞樾请教。这是他继《朴巢印存》《苍石斋篆印》《齐云馆印谱》后的又一部印谱，较成熟，所以请老师指正。俞樾为之署端并题词：“昔李阳冰称：‘篆刻之法有四：功侔造化，冥受鬼神，谓之神；笔画之外，得微妙法，谓之奇；艺精于一，规矩方圆，谓之工；繁简相参，布置不紊，谓之巧。’夫神之一字固未易言，若吴子所刻，其殆兼奇、工、巧三字而有之者乎？”[①]俞樾说吴的篆刻除了神境，其他三境已达到较高水平。

施旭臣也对友人的这部印谱给予高度评价，《题吴苍石印谱》长篇七古说吴印“灿如繁星点秋汉，媚如新月藏松萝。健比悬崖猿附木，矫同大海龙腾梭。使刀如笔任曲屈，方圆邪直无差讹。怪哉拳石方寸地，能令万象皆森罗”[②]，以连绵的比喻极赞吴印之美，说他的印明媚如秋天银河繁星、隐藏松萝间的弯弯新月、矫健如悬崖上攀援树木的猿猴、大海里腾跃穿梭的巨龙。还说吴昌硕运用刻刀像用笔一样任意转折，方圆弯直没有偏差。惊叹小小的石头，这片方寸地上，能呈现万象。和俞樾说吴篆刻得笔墨微妙、规矩方圆、繁简相参的奇、工、巧，有异曲同工之意。

也是此年，吴昌硕写成长篇七言古诗《刻印》，诗中表达了自己此时对篆刻的理解：“赝古之病不可药，纷纷陈邓追遗踪。摩挲朝夕若有得，陈邓外古仍无功。天下几人学秦汉？但索形似成疲癃。我性疏阔类野鹤，不受拘束雕镌中……不知何者为正变，自我作古空群雄。若者切玉若者铜，任尔异说谈《齐东》。兴来湖海不可遏，冥搜万象游洪濛。信刀所至意无必，恢恢游刃殊从容……捐除喜怒去芥蒂，逸气勃勃生襟胸。时作古篆寄遐想，雄浑秀整羞弥缝……今人但侈摹古昔，古昔以上谁所宗？诗文书画有真意，贵能深造求其通。刻画金石岂小道，谁得鄙薄嗤雕虫？……蚍蜉岂敢撼大树？要知道艺终无穷。”（《缶庐集》卷一）

此诗是吴昌硕这些年苦学篆刻的真实领悟与心得，从不同角度阐明了他的刻印之道，侧面说明他作为印人的趋于成熟。他说刻印不可一味模仿古人，清代以来印人们纷纷学“陈邓”遗风，但自己日夜摩挲篆印有所悟，认为学浙皖两派外还要学秦汉古印，不过只学形似又会使印风疲弱。他还说自己性子疏野旷阔像野鹤，即“浩荡江上凫”，篆刻也不受拘束，和写诗、写书画一样都是抒

---

① 吴昌硕著，吴东迈编：《吴昌硕谈艺录》，人民美术出版社1993年版，第236页。

② 吴昌硕著，吴东迈编：《吴昌硕谈艺录》，人民美术出版社1993年版，第236页。

发胸中逸气灵感。

接着他写出了此诗警句“不知何者为正变，自我作古空群雄”，抒发了成宗立派的意识，说要不拘于正道或变途，我自己就是古人，玉石章、金石（铜）章上学到的正奇刻法都能化为己用。“自我作古”指自我创造不依傍沿袭前人旧例。灵感才思来了不可遏制、宏阔广大，信手奏刀，游刃有余，体现生于胸襟的勃勃逸气。正如俞樾所说，吴昌硕笔下的古篆文寄托了他的思想、情怀。最后，他还说今人都推崇摹古，但古人又模仿谁？他总结道“诗文书画有真意，贵能深造求其通”，说诗文书画都有源自自然的深奥本意，就是大道，要达大道真意，需要融通自然和古人艺术，并不断学习研究精进达到精深境界。

吴昌硕还强调刻画金石不是雕虫小技，不能鄙薄嗤笑。他借用中唐诗人韩愈《调张籍》诗中的“李杜文章在，光焰万丈长……蚍蜉撼大树，可笑不自量”，说篆刻是大道非小技，道艺结合可达无上境界。由此可窥见他日后成为天下印人楷模的眼界襟怀。

虽然杭州是浙江省城，是浙派印人西泠八子曾生活之地，是金石之都，也有良师益友可请益切磋，但吴昌硕没有选择杭州。也许是因为当时杭州的文化地位不如苏州、上海。

吴昌硕是较迟才将人生重心倾向上海的。他在40岁左右，约1883年，才渐有移居上海之心。此年，他结识了海上画派的任颐、虚谷与任薰，向他们学画并得到赞许。1887年，他因在上海得官首次合家迁居上海，居此至1893年左右。1903年，他又常在上海，曾客居严信厚的小长芦馆。最终，他在辛亥革命前夕的1911年（68岁时）定居上海。他与上海若即若离、离离合合，关系有些微妙。

吴昌硕中年时大部分时间都在苏州度过，从1880年算起，到1911年有近30年。他为何流连苏州？原因应有很多。一个重要方面应该就是他由于家族出身始终放不下对仕途的执念，就像他在《石交录》里羡慕凌霞不入仕时说的“余为身世所累，浮沉薄宦”。出身仕宦家族尤其没落诗礼家族对于子弟是一种无形的束缚，他们只能努力科举入仕，科举失败者则捐功名等待候补。吴昌硕的同窗张行孚如此，他的画家朋友杨伯润也是如此。

在19世纪80年代初，吴昌硕选择来苏州，是为了进入仕途并期盼升迁机会，虽然一开始只能做佐贰小吏。苏州在清末是江苏省首府之一（另一首府是江宁，即南京），是江苏巡抚和苏州知府衙门所在地，相对于上海地位更高，结交官场中人、有益宦途的机会也较多。而且当时苏州城中除了有省治、府治，还有吴县、元和、长洲三县县治，为官为吏机会也较多。

此时苏州是江南金石中心，吴昌硕希望以自己的诗书画印尤其篆刻金石修为得到身为金石圈中人的达官显贵赏识，如他在苏州遇合的吴云、沈秉成、潘祖荫、吴大澂等人，以求在仕途上有所进益。

还有，吴昌硕的绘画成名较晚，很长时间里，他是以印人而不是以画家著称的，且海上画派主要以雅俗共赏的花鸟、人物悦人之目，这并非此时吴昌硕的长处。刻印写字只能吃菜饭，画画才能吃上肉饭。无怪他还是暂时选择待在苏州。

此时，苏州依然还是江南艺文中心，古城的文化底蕴仍倾向文人雅文化，和上海这个迅速崛起于商业城市审美迥异。在此后的岁月变迁中，吴门的雅韵在审美更替的历史角力中最后还是输给了海上画派的雅俗共赏。这一变化的背景是江南中心的改变。太平天国运动后，规模空前的移民让江南中心城市发生历史性改变。不过数十年间，原本僻处东隅的上海取代苏州等城市，成为环太湖流域、古浙西的杭嘉湖苏松常六府的新中心，并率先向近代蜕变。苏州渐失旧日光彩。

上海的崛起，是近代江南区域史上最重要的事件之一。到清末，上海也渐渐成为书画重镇。在早期的上海画坛，吴门画派的影响一度在浙派之上。同治年间（1862—1874）后，世风流转，人心易变，现实世俗、个人真情的文化因子越来越被重视。海派画风中，吴门画派清雅的影子淡去，浙派画风的华丽热闹占了上风。浙派画风从明代杭州的戴进、蓝瑛，到明末诸暨的陈洪绶（老莲），再到清中期扬州八怪的杭州金农、晚年在杭州的华新罗，始终面向世俗，注重市民阶层审美，更容易与新上海人的口味合拍。浙派的逸笔、减笔、写意也使它在市场浪潮中赢得先机。雅俗共赏的海派画风中两种画风的此消彼长恰恰折射了苏州和上海的地位变化。

海上画派阵营庞杂、风格多异，一派是以赵之谦、虚谷、蒲华、高邕、杨伯润等人为主的文人画家，注重传统文人趣味，坚持以书法为宗，讲求笔墨，讲究诗书画融于一体，是文人写意风格。另一派画家注重通俗趣味，大都受过画技训练，传统技法功力深，多作工笔。题材以花鸟、人物、走兽为主，以接近现实画风、清新画面、艳而不俗用色、神形兼备形态等赢得民众欢迎。代表者朱熊、张熊、任熊、朱偁、任颐、钱慧安、任薰等人。这一派似乎更接近海上画派内涵。两派人员交往密切，同荣共盛，相互影响。

上海地域文化、海上画派的共同底色就是融合新旧、融通雅俗的近代江南新文化。吴昌硕以源自传统文化和丰富时世阅历的深邃智慧，找到雅俗的可相通处，与海上绘画、上海共成长，而在苏的30年则是重要积淀时期。

一官匏系酸寒尉

吴昌硕在光绪六年（1880）来到苏州，此时的古城里，近20年前的兵火仍存痕迹，城市有些萧瑟，文化还未年华谢去，只是显现出绚烂至极后的倦意。

二月，吴昌硕开始寄寓在湖州老乡、同宗贤达、前苏州知府、金石收藏家吴云位于苏州城南的听枫园，坐馆，做塾师，课读童子。他还作客吴云两罍轩幕中，并借助两罍轩丰富的金石继续篆印研究。

此时，吴昌硕卖艺还不足以自立、养家，他虽与吴云相处和谐，但依附为客或为西席不是长远之计，非他来苏州的目的（想改变命运和生活）。幸有友人资助，他得以入苏州官衙为小吏。

九月，吴云为吴昌硕作《芜园图》，题跋中提及筮仕江苏。“筮仕”也指初次出仕，可见吴昌硕此时已入官场。以他此时功名，虽不能像正途的举人、五贡那样直接为县令、教谕，但可先为佐贰小吏赚取微薄俸禄，虽仍不足以维持家计，但能够攒资劳以待升迁机会，也许还能借从军等契机有其他机遇。

小吏生涯是辛苦的。吴昌硕此时有很多写自己奔波漂泊于江浙（沪）一带的诗，也多是舟行诗。如《过枫桥》《过江》《黄浦》《渡太湖》《焦山》《丹阳道中》《野渡》《驿亭》《雁》《田家》（均见《缶庐集》卷一）等，都写了行役之苦、累。他有行舟晚泊苏州的《过枫桥》，诗中说“乌啼钟正晚，清绝掩篷听”，虽然是清雅绝伦的“月落乌啼霜满天……夜半钟声到客船”，但“一篷秋雨”“酤酒篷背坐”的诗意也掩盖不住奔波的艰辛。他还有1880年写于京口（镇江）的《庚辰作于京口》“京口月明船不哗，大江东去天无涯。便须挂席翦沧海，击楫和以铜琵琶”，经京口、海口（南通）渡过长江的《过江》“杳杳迷京口，荒荒接海口……莫负澄清志，同谁击楫论”，在镇江的《焦山》“……浮云看得失，成败论英雄……落日沉大江，烟涛浩难越”。此外，还有《丹阳道中》的“三百里程争一日……失路几惊穷鸟叹……输尔南归雁数行”，在上海附近的《黄浦》“风雪渡黄浦，劳劳愧此身”，渡过太湖的《渡太湖》“偷闲在行役”，住在野外的《野宿》“故乡浑似客”和住在驿站的《驿亭》二首“愿随渔父去，天地久低昂”“野行唯我独，秋兴偶然孤。人薄抱关吏，天怜识字夫”，以及《重九》“把卷浮生见，灭灯行役休……愁思满苏州”。

“行役”典出《诗经》，指因劳役、公务而外出跋涉，后来诗人多用。行役虽苦累，但吴昌硕曾受金铁老“学游还学诗”的教诲，也在行旅中看山水体味天地自然诗情，并得机会多游历古迹，抒怀古咏史情志，如渡长江想起晋人的中流击楫壮志，游焦山怀念古贤行迹，在驿亭想起《史记》里年七十得到信陵君赏识的抱关小吏侯嬴，应该是有感于自己的小吏身份。

1880年，吴昌硕在苏州过重阳节，有回忆往昔的《忆昔》诗。这首诗写了此时的宦游辛劳：“穹窿一山云低昂，东西洞庭烟苍茫。一官匏系心彷徨，人生富贵何所望。胡不遂初返故乡，不然手挽强弧射天狼，使我倚天长剑生光芒。”（《缶庐集》卷一）“穹窿山”“东西洞庭”都是太湖地点。“一官匏系”用《论语·阳货》孔子说的匏瓜焉能系而不食之意，借喻自己赋闲羁滞官场不为大用，吴昌硕曾用此典写在扬州候官的友人张行孚。诗最后，他说为何我不抛弃官服穿着原本的初服返回故乡呢？“遂初”用屈原《离骚》的初服典故。不放弃是因为心底还有为国为民、为了家族复兴的壮志，所以写了“射天狼”“倚天长剑”等意象。

此时的《田家》（“古田家在修竹园……饭青芜处胡不归”）则体现了吴昌硕对芜园的恋恋不舍和思念。1880年秋，家乡安吉很不安宁，有匪徒作乱迹象。仍寄住听枫园的吴昌硕，从信中得知家人在匪徒骚扰时乘乌篷船在水上避乱，忧心颇深。秋冬时他又遭遇疾病，客寓卧病，只有老仆照顾，病体痛苦外，他的心境更是寥落。

1881年，吴昌硕得家中书信说贼寇已退，妻儿老母都平安，于是有《病中得家书报贼退，喜而作歌》诗：

钟鸣叶落风激湍，老夫病我城南端。
……
得仆如此愿亦足，骨肉远隔犹团圆。
家书忽报贼氛退，全家昨撤乌篷船。
芜青亭畔竹葱茜，龙溪马渎南轩环。
山妻邻里慰牢落，大酒肥肉墙头传。
大儿小儿觅梨栗，抱孙况得慈母欢。
此时胜服特健药，破涕为笑心神安。
生气顿觉入肠胃，起看天地行蹒跚。
杜陵得书喜贼退，我今蹶起真生还。
满庭苍绿照窗户，仿佛移我桃花山。

（《缶庐诗》卷一）

这首七言古诗，前半部写在听枫园斗室中生病的凄凉无助，后半首突转为得家书获闻乱事平息，家人邻里同庆，芜园的建筑、草木无恙，欣喜之下，病情顿愈。诗学杜甫《闻官军收河南河北》诗，如“家书忽报贼氛退”“杜陵得书喜贼退”。但家乡动乱只是暂息。

此时吴昌硕已入仕，有了较稳定收入，苏州生活尚算不错，不想再与家人分离，也希望有人照料生活，所以回安吉过年的他决定在次年春举家迁居苏州。

1882年四月的这次旅程和前两年吴昌硕在苏州和安吉间的春去冬回一样，也是由梅溪出发，乘船出苕溪，经湖州、平望、吴江等地去苏州。家乡故老相传，这次坐船出发时，施夫人因在溪水里丢了金簪很痛惜，吴昌硕则笑着安慰她说“去”就是“去灾”，丢了好，丢得好。民间关于芗圃先生的记录应该和新婚“潮靴，朝靴”故事一样，有一定事实基础，也有演义。吴昌硕此时的《缶庐诗》也说“折钗”，他1886年写的《赠内》诗也提到夫人“头梳换旅程”（夫人变卖头饰换成旅费），应是更真实的记录。去往苏州，虽然失了金簪，放弃芜园，但全家都期待着更好的生活。此年冬，吴昌硕刻了“归仁里民”“其安易持”两印，一印纪念家乡，一印典出《道德经》，意思是平安时容易把持，就是珍惜平安之意，也就是金杰赠缶希望无咎的意思，反映了吴昌硕离开家乡的复杂心境。

吴昌硕带着全家来到苏州，一说曾借住在苏州古城中心、醋库巷的杨岘家旁边。1884年（甲申年），吴家迁居离杨岘家不远的西畮巷（今十全街）四间楼新居，有吴昌硕写给金铁老的《甲申三月铁老过西畮巷新居》诗为证。后又一度租住苏州南园附近，见他1886年写给苏州友人潘钟瑞《瘦羊赠汪郎亭司业手拓石鼓精本》诗中的“葑溪新居南园邻”（《缶庐集》卷一）。这个南园一说是苏州城东南、葑溪边、葑门旁较偏僻的南园一带，即清末姑苏城较有田园风光的地段，源自元代张士诚为抵御外敌所经营的苏州城内种菜种稻园地。一说为五代吴越王钱镠之子广陵王钱元璙在苏州子城西南所建南园，北宋诗人苏舜钦又在此建名园沧浪亭（今苏州古城中心三元坊）寄托隐逸之意，距醋库巷、西畮巷都不远。似应为后者。

此时，吴昌硕养家负担虽重，但骨肉团聚、有人照顾、三代同堂也是安慰。他从1860年离乡逃难后，20多年间各地奔波，只有短暂的芜园前期岁月（1866—1868）有父亲庇护，还暂时“父母双全”。此时，在苏州，他又有了久违的家庭之乐。

清末，苏州非常繁华，古城内同时有吴县、长洲县、元和县三县县衙，这在当时是全国仅有的。吴昌硕一度搬迁的西畮巷地近帝赐莲桥、十全街，北接长洲路。长洲路上就有旧日苏州府长洲县衙，吴昌硕有可能在此任佐贰小吏。

佐贰指辅佐主司（主管官）、品级略低于主司的副职官员，清代时州的辅佐官如通判、州同，还有县的辅佐官县丞、主簿，都可称为佐贰。县丞是县里辅佐主官的副职之首，主簿是主官属下掌管文书的佐吏，是朝廷正式任命的在编官员。但县官七品、县丞八品、主簿九品，看似级别差别不多，实则悬殊。县令一般是进士、举人。而县丞则由举人及秀才的优秀者，如贡生里的副贡（副榜举人）、恩贡、拔贡等担任。县主簿、盐运司知事等为九品，可以由非五贡的贡生担任，日后可凭资劳（为官阅历资格和成绩功劳）升迁为县丞、县令，但要等候多年。吴昌硕初入仕途应为九品官，只能任较低级的主簿，主要职责是负责文书工作。

清末科举难，入仕更难，吴昌硕的家族先辈和师友大都苦苦挣扎于科举和仕进困境中。当年，他的二伯逢甲就曾为九品衔。他的友人杨伯润也曾候补九品。吴昌硕也不能摆脱命运的左右。

佐贰小吏大致相当于唐代县令的辅官县尉，诗歌学中唐的吴昌硕此后常以“酸寒尉”自称，说自己是样子寒酸、收入微薄的小吏。这是用中唐湖州诗人孟郊任溧阳尉的典故，出自韩愈《荐士》诗的“酸寒溧阳尉”。吴昌硕诗里屡屡提及这个典故，更常用“酸寒”说自己贫寒。他此时写给老师潘芝畦的《潘燕池先生书问近况奉答》诗也说自己是“固穷东野吾”，即同孟郊（东野）一样穷。

孟郊46岁才中进士，经铨选释褐，50岁屈任微官溧阳（今属江苏）尉。他的身世与吴昌硕相似，他的《游子吟》也写不能奉养母亲的遗憾。孟郊的诗还多写自己屡试不第、仕途艰辛、中年丧女等人生困境。吴昌硕的很多诗都学孟郊，他的科举仕途不顺、中年丧子都与孟有共鸣。孟郊去世后，友人张籍私谥他为贞曜（坚贞、光耀）先生，吴昌硕去世后，弟子也私谥他为贞逸（坚贞、放达）。

孟郊来溧阳后，持中隐心态，懈怠办公。溧阳山水如画，他常前往水边观赏景色，流连赋诗，县尉事务多荒废。县令很不满，上报上司。上司派了一位“假尉”替孟郊办公，并分走孟的一半俸禄。吴昌硕以孟郊为自己的异代知己，他虽在小吏职位上勤恳作为，但内心仍保有一点源自芜园时代的“芜”，即隐逸傲骨，他自称“酸寒尉”不全是消极。

吴昌硕的入仕（为小吏）是从1880年左右开始的，后来还曾去上海为小官。1897年，他写给妻子的《季仙五十寿》诗中有“廿年宦海共风尘”，说入仕20年了，就是取从此时算起的大致年数。“风尘”指旅途奔波的艰辛劳累，也指漂泊江湖的境况、纷乱的社会景象。这些困境，他和妻子都面对过、经历过。

吴昌硕一生留下许多画像，其中有著名的《酸寒尉像》，作于1888年八月，画了他身着小官官服的样子。这幅惟妙惟肖的画像是任颐所作。1888年，吴昌硕在上海为小官，两人常来往。一日，吴昌硕刚从衙门值公务回来，还未及脱下官服，样子呆板可笑。任颐乘机画了吴的样子，成为吴小官吏生涯的真实写照。任不愧是出色的肖像画家，画中的吴昌硕身着低级官服的土黄色袍子，外罩乌纱马褂，头戴八品的镂花素金顶戴花翎，下着厚底皂色官靴，服饰很写实。更真实的是画中人神情体态传达出的微妙心境。吴昌硕穿着马蹄袖的双手微微拱着，似在谦恭地迎来送往，很切合小官身份。动作似乎局促尴尬，表现出在官场迎送中的无奈。站立的身形显出几分不稳，仿佛踟躇犹豫，显示了内心的矛盾。此画体貌太过真切，相识的人见了画都指着说：“这就是吴苦铁！”

这幅画勾起吴昌硕入仕以来的许多苦涩感触，于是在画上题写“酸寒尉像”，并在画边题诗《予索伯年画照，题曰“酸寒尉像”。冠服端立拱手，厥状可哂。相识者皆指曰：此吴苦铁也。题句自嘲》。其以自嘲口吻倾诉心声：“达官处堂皇，小吏走炎暑。束带趋辕门，三伏汗如雨。传呼乃敢入，心气先慑沮。问言见何事？欲答防龃龉。自知酸寒态，恐触大府怒。忧惕强支吾，垂手身伛偻。朝食嗟未饱，卓卓日当午。中年类衰老，腰脚苦酸楚……我昔秀才时，食贫未敢吐。破绽儒衣冠，读书守环堵。愿言窃微禄，奉母有酒脯。铜符不系肘，虚秩竟何补？枉自刻私印，山石遭凿斧。名留书画上，丹篆粲龙虎。回思芜园里，青草塞废圃。咫尺不得归，梦倚故园树。逐众强奔驰，低头让侪伍。如何反招妒，攻击剧刀弩？魑魅喜弄人，郁郁悲脏腑……”（《缶庐诗》卷四）

吴昌硕说在上海做小官，上司坐高堂，自己却在炎热夏天里奔走。穿着小官官服奔赴衙门，三伏天大汗如雨。上司传唤才敢进入，心底先开始恐惧沮丧。上司问话，回答前先谨慎思考以防说错话。他说知道自己一副酸寒态，战战兢兢，只怕触怒了大官。忧惧之下，强行支支吾吾，垂手，身子伛偻，样子谦卑。在衙门当差，早餐又没吃饱，到中午已很累，尤其人到了中年开始衰老，站在那里苦于腰脚酸楚。还说自己虽谨慎小心、努力做事，却仍常受到同僚的嫉妒打击，所谓“魑魅喜弄人”，这违背天性的辛苦日子使人未老先衰，更使人压抑。

诗里吴昌硕还回忆了昔日生涯、对故园的思念和对篆刻的执着。他说当年做秀才时，缺衣少食，生活清贫。“愿言”句说自己辛苦任官吏是为了有微禄，使继母及家人过上稍富足、有酒有肉的日子，同“我母咬菜根”对照，也就是他说的有口肉饭吃的朴素心愿。但一眼望去，卑微的微宦生涯感觉没有出头的希望，朝廷给予虚的官衔，似乎永无上进机会。

吴昌硕说自己在这压抑辛苦的中年生涯里只能靠艺术来自我宽解，尤其是于篆刻，仍用力很多，期待“名留书画上，丹篆粲龙虎”的未来。“山石遭凿斧”一句含义颇深，正如他此时常用苍石之名，以刻印山石比喻自己，说进入官场就像不规则的山石被硬生生斧凿、雕刻成规矩方正的印章。他感慨为官压抑天性，思念芜园清贫但自由的生活，无奈生活压力很大，想回到荒废的芜园也不能。最后他感叹“咫尺不得归，梦倚故园树”，说安吉虽不远，但只能梦回故乡倚靠在手种的梅树上。

吴、任两位海上画派巨擘，一诗一画成绝配，是讽刺清末人间的喻世警言，也是生动真实的近代文人生活写照，更是这两位大画者被生活磨砺淬炼后的心灵倾诉、精神呼应。吴昌硕说任颐画自己是“怜我宦情苦”。他还说要把画挂在墙上，与画像对饮，写下：“拂壁挂吾像，饮之以薄醑。顾影酾无数，兀然自宾主。权作醉尉看，持杯相尔汝。”诗中，自己和“寒酸尉”（醉尉）对饮，亲密无间（“相尔汝”），有李白与影子对饮的意境，表达了精神的孤寂、灵魂的孤傲。

吴昌硕在苏州、上海衙门为官吏期间，虽也接触到一些达官显贵，这些人待他也亲厚，但交谊并不能从根本上改变其命运。就像历史上的许多著名例子，如韩愈与孟郊、贾岛，欧阳修与梅尧臣，苏轼与陈师道，范成大、张镃与姜夔等，前者并不一定能帮到后者。吴昌硕当着“酸寒尉”，志向郁郁难酬，心中难免苦涩。

多年后，吴昌硕因朋友资助和叙资劳升至知州虚职。他51岁时入吴大澂幕参与甲午战争，就像当初师友陆心源、杨岘、杜文澜、施补华等人的入幕从军行，似是机遇，可惜转眼成泡影。56岁那年，似乎峰回路转、柳暗花明，他有了做实职县令的机会，却又在一月后辞官，大起大落，谱写了一曲清末官场悲喜剧。直到辛亥革命前夕，一叶落而知秋，他知道清王朝已回天无力，悄然退隐上海，以艺林为归宿。

吴昌硕虽因家族家庭影响而有功名心，但他入仕的确也出于清末文人人生路的狭隘及生计所迫。他心中其实始终有芜园梦，想成为陶渊明那般的人物。30年苏州、上海微宦生涯，是他兼济入世之梦的逐渐幻灭过程，也微观真切显示了封建社会末世士人在时代推动下从官员到职业画家的命运转折。梦的主要背景之一就是苏州这个由盛而衰又萌生历史新意的文化古城。

第八章　明道若昧：苏州遇合

削觚为圆

苏州是吴昌硕中年游宦游艺的中心区域之一，也是他诗书画印发展融合之地。他的苏州生涯很漫长，如果在诗文中寻踪，也许可以约略把握到他的苏州履迹与刻痕：寄居吴云在苏州古城中心的听枫园（听枫山馆），暂时租住同在古城中心的醋库巷杨岘家隔壁，迁居离杨家不远的帝师莲桥畔西晦巷四间楼，一度搬迁到南园附近，一度到上海为官，经历甲午战争挫折后再次将生活重心放在苏州，住在古城中心石灰桥附近的铁瓶巷（距听枫园、怡园和曲园都不远），又迁居桂和坊癖斯堂。其间交织着他在苏州广泛的遇合交游，包括他散落于苏州各名园间的身影。

吴昌硕1872年初来苏州时就拜谒了吴云。吴云（1811—1883），字少青、少甫，号平斋、榆庭、愉庭、抱罍子，晚号退楼主人。斋堂名为两罍轩、二百兰亭斋、听枫山馆、师酉二敦之斋、金石寿世之居等。归安（今湖州）人[①]。和前贤与同时代的文士一样，吴云的斋堂很多，有的是现实中实存的，如两罍轩，有的未必实有，只寄托自己的喜好向往。吴昌硕的书斋亦然，前者如朴巢，后

① 一说吴云是安徽歙县人，也许是原籍。苏州有状元望族吴氏，但吴大澂这支祖籍也是徽州。也有可能是与乾嘉时期的另一官员、原籍安徽休宁县而寄籍江苏吴县的吴云（1746—1837，号玉松）混淆了。

者如缶庐。

1880年吴昌硕再来苏州，受聘于吴家，设馆，课读吴家童子。他在吴云的听枫园（今苏州市姑苏区金太史巷旁的庆元坊12号）住下，后得以观摩吴云收藏的众多上古（夏商周三代）彝器（古代祭祀用的钟、鼎、尊、罍等青铜礼器）和战国古鉨印[①]、秦汉魏晋古印及古书画，还得闻吴云讲述金石书画鉴藏之说，于他有得窥堂庑之大感。

听枫园曾是南宋词人吴应之的红梅阁旧址，宅居不广，小有花木之胜。南面庭院旁有主厅听枫仙馆，馆东是书房平斋，馆西有两罍轩。吴云的收藏，以西周齐侯罍两件、王羲之《兰亭序》帖200种最珍贵。罍是古酒器。两件罍是金石大家、诂经精舍创始人阮元旧藏，吴云第一次得到罍时自号抱罍，第二次又得到时，名所居为两罍轩。吴云又因偏爱书法圣品《兰亭序》帖，收藏旧拓本达200种，名其斋为二百兰亭斋。来到两罍轩是吴昌硕在潜园后的又一重要遇合。

吴云也工书、能印画，书法学颜真卿、何绍基并博采众长，但更多致力于收藏古金石书画。鼎彝古印、宋元古籍、名画、金石碑拓无不收藏，富且精，为江南之冠。当世都认为他和山东潍县陈介祺是清末南北收藏界两位巨擘，并称北陈南吴。吴云也是清末著名金石学者，精于鉴别考据，有《二百兰亭斋金石记》《两罍轩彝器图释》等著作，他还亲自绘图，在当时颇为少见。他的鉴藏印也很多，如“吴云平斋曾读过”“归安吴云平斋审定名贤真迹”等，很多是吴昌硕为他刻的。

和陆心源、杜文澜的宦迹略相似，吴云的宦途也是借才干资劳与时势因风而起。他是举人出身，援例为通判，先后任官于江苏常熟、宝山、镇江等地。咸丰年间（1851—1861）担任扬州江北大营营务并筹划军饷有功，升任苏州知府。1862年，因被诬而辞官，此后便侨居隐逸于苏州，托病不再出仕。

吴云为人和善，又喜交游，兼家中富裕，常有潦倒或未出名的文人艺者寄寓他家。如他曾让金石大家、扬州吴让之（1799—1870）寓居家中。吴让之是

---

① 一般认为中国最古老的印章是先秦时的古鉨印，战国印较多见，多为铜质。

提倡碑学的书法家、金石大家、皖派学者包世臣弟子，篆刻学秦汉古印，也学皖派邓石如，后自成一派。清末时，吴云家是才人云集地。吴昌硕因是同乡同宗，也得到吴云许多帮助。吴云还应吴昌硕之请为他作《芜园图》，题跋里称吴昌硕为苍石贤宗，还说吴昌硕家乡有十亩之园，里面有古树（梅、松）、幽篁，有山林隐逸的雅趣（芜园面貌是吴昌硕口述的），现因筮仕江苏离乡，其称园名为芜园，寄意很深。吴云也认为"芜"是陶渊明"田园将芜胡不归"之意，还安慰鼓励吴昌硕说，如果有一天你能功成身退，今天的芜园也许可以和"绿野平泉"[①]辉映。[②]这当然是客套话，吴云没有深刻理解芜园的真意。不过他自己也不是进士出身，凭才干做到知府，所以他的鼓励也有几分以自己经历激励后生的真诚。

因为吴云的温厚，吴昌硕后来常说吴云待他很好，对他有知遇之恩，他铭感肺腑。如他曾向友人吴滔儿子吴待秋说，没有平斋就没有我昌硕。

吴昌硕初来吴家时，吴云因事务很忙而无暇顾及他，后来闲了就问新来的先生闲来作何消遣，回答说只见执刀刻砖，不懈不倦。吴云原知吴昌硕曾在诂经精舍读书，小学、辞章学底子不错，听说他还会刻印，就去探望。他只见吴昌硕正在灯下刻印。吴昌硕说自己自学刻印很早，但向他人请教和模仿古印不到10年（应该就是从《朴巢印存》论起）。吴云看过他的篆刻，说他刻印有天分，又指出他所见不多，只学民间常见的秦玺汉印是不够的，要多见秦汉精品和上古三代及战国时的古印。

吴昌硕此时作印本已自觉有小成，也得到不少大家如俞樾、杨岘的赞许，但还是心悦诚服地听从吴云的告诫，拿出近作《篆云轩印存》向吴云请教。吴云看后删削存精，还更名为《削觚庐印存》。"觚"是青铜礼器，也是有棱角之意。"削觚为圆"指去掉印章生硬太甚的圭角而化为圆润和雅，同融合浙皖两派篆刻优点的意思暗合，同时含有将朴直方正的性格磨砺为圆滑成熟之意。吴云用意很深远，是希望吴昌硕多学浙派圭角崭然的刀法而有更多变化，艺事能更

---

① 绿野是唐代宰相裴度在洛阳的别墅绿野堂，平泉为唐代宰相李德裕在洛阳的别墅平泉庄。

② 梅松：《芜园——吴辛甲、吴昌硕父子故居考》，《荣宝斋》2018年第9期。

圆转纯熟，也是希望苏州这个温文古雅地能锻造他的性情，使他的艺术风格能更好地平衡融通朴野、高古，实是用心良苦。吴昌硕也自然心存感激。

吴云还慷慨地将其所藏印谱、秦汉古印都展示给吴昌硕。吴昌硕得以纵观、尽览吴云所藏。因其所藏既多又精，吴昌硕的所见所悟也极多。到1883年，吴昌硕40岁那年，《削觚庐印存》终于初成，师友杨岘、潘芝畦等人都为之作题识或题诗。唯独没有吴云，因为此年他去世了。

1884年，吴昌硕刻印了《削觚庐印存》，加之1881年他集拓本、近作编辑刻印成的《铁函山馆印存》，一同记录了他10多年来（从《朴巢印存》到如今）在印学上由入门到精通的过程。吴昌硕自书《题削觚庐印存》四绝句，有名句："铁书直许秦丞相，陈邓藩篱摆脱来。"（《缶庐集》卷二）"铁书"就是篆刻，"秦丞相"指善写篆书的李斯，"陈邓"指浙派篆刻高手陈鸿寿、皖派巨子邓石如。这两句呼应了吴云说的篆刻要突破浙皖藩篱直接学秦汉古印，也加深了他1879年《刻印》诗说的"纷纷陈邓追遗踪……陈邓外古仍无功。天下几人学秦汉?"之意，也就是他晚年说的"奇书饱读铁能窥，蝶扁[①]精神古籀碑。活水源头寻得到，派分浙皖又胡为?"[②]"铁""错铁""苦铁"指篆刻的铁刀，也是吴昌硕自称。

在苏州，通过多学古碑古印等古金石上的篆书、籀文形神，吴昌硕渐觉找到了篆刻的源头活水，脱出早年模仿浙、皖两派的痕迹，成就自己的风格，其根本就是多看多学古金石精品。这里面有平斋吴云的功劳。1892年，吴昌硕在《石交录》提及吴云时尊称他为封翁（因子孙显贵而受封典的人），是因为吴云去世后他还曾得到吴云后人的帮助。他还提及自己因吴云得以"纵观"（尽情观赏）两罍轩中法物，才能在摹印作篆上稍有进境，字里行间都是感激。

1883年前，吴云和听枫馆在苏州很有影响力。他曾聚在苏州的致仕官员于听枫园雅集酬唱，学中唐白居易香山九老会、北宋司马光洛阳真率会的做法，结吴门真率会。这和吴昌硕族祖参与过的明代湖州岘山逸老会是一个性质。真

① 略扁的篆书。

② 吴昌硕著，吴东迈编：《吴昌硕谈艺录》，人民美术出版社1993年版，第134页。

率会虽号称怡老诗社，不拘以往身份和虚礼形式，追求率性而为，实则参与者多为致仕官员，年龄较大，主盟者多为高官，有一定影响。

吴门真率会成员没有定数，以听枫园为中心，先后有沈秉成、李鸿裔、顾文彬、张之万、俞樾、吴大澂、潘祖荫、潘遵祁、汪鸣銮、杜文澜、陆心源等人参与。曾有真率七子之说，包括中坚会员顾文彬、沈秉成、吴云等七人。[①]雅集不止诗词唱和，也品鉴彝器、碑拓、古籍和金石书画，有诗意风雅，也有金石学术研讨。真率会兴于吴昌硕来苏州前夕的光绪初年，到吴云去世后渐衰。吴昌硕此时在苏州，也濡染了其诗情学氛。会中这些学人，多与他有渊源缘分。其中，吴云的遗泽厚且长。

苏州古城中心（今属姑苏区）多名园，听枫园东南是过云楼楼主顾文彬的怡园，西北是俞樾的曲园。吴昌硕在苏州期间，与参与真率会的老师俞樾过从较多。同治初年，俞樾就在苏州任紫阳书院讲席，学生有吴大澂等人。到同治十三年（1874），即吴昌硕求学于诂经精舍期间，俞樾在苏州购得大学士潘世恩（潘祖荫祖父，状元）故宅废地，建成曲园（今苏州古城中心姑苏区人民路马医科巷43号），从此自号曲园居士。他晚年常在曲园。

吴昌硕在苏州还有一些艺文友人，也与吴门真率会诸名家有关。如被他写入《石交录》《怀人诗》且进入《海上墨林》的汪芑，是和他身世相似的科举不顺之人。汪芑，字燕庭，号茶磨、茶蘼、茶磨（苏州石湖行春桥畔山名）山人。吴县（今苏州）人，世居盘门。家中贫寒，沪北鸿文书局曾延聘他校勘文字。同治年间（1862—1874）坐馆于苏州文化世家贵潘的一支、真率会诸子之一、潘祖荫堂叔潘遵祁家。工诗词、书法，书法洒脱、别具天籁。时称盘溪才子，有《茶磨山人诗钞》。吴昌硕有《挽茶磨山人》诗将他比为汪伦，可见两人情谊深厚。

吴昌硕寄寓听枫园两年后，因接来家人，搬离了吴府，但与吴云的关系仍很密切。1883年吴云去世之后，吴昌硕一度境遇不佳，又得吴云后人照顾，仍得以在吴家设馆授读。平斋的知遇之恩，以及身后仍惠及自己，吴昌硕实是

① 参见2016年苏州博物馆举办的“烟云四合——清代苏州顾氏的收藏”展。

感激。

吴云卒后，听枫园渐衰微，后来屡换主人。到宣统二年（1910），吴昌硕搬离苏州前夕，他后来在苏州结交的又一同乡至交、晚清词学大家朱祖谋一度寓居听枫园。朱祖谋1906年辞官后来苏州，先后寓居听枫园、沈秉成耦园西园织帘老屋、鹤园（今姑苏区韩家巷4号）等处。吴昌硕常向朱请教诗词，很受教益。朱日后也到上海，两人交往更多。

朱祖谋（1857—1931），与王鹏运、郑文焯、况周颐合称清末四大词人，有《强村词》。原名孝臧，字古微，号沤尹，又号强村，光绪九年（1883）进士。他早年政见与袁昶的政治主张相似，于1900年上疏反对仇教开衅，触怒慈禧太后，差点获罪，后以忠心谋国，为内阁学士、礼部侍郎。光绪三十年（1904）出为广东学政，与总督不和，托病辞官归苏州。宣统元年（1909）为弼德院顾问大臣，未赴任。辛亥革命后隐居上海，拒绝袁世凯之聘，以君礼参拜废帝溥仪，可见是文化遗老。朱祖谋除精于词学外，善画工书，作人物、梅花多逸趣。楷书宗颜真卿、柳公权，以中锋作倚侧之势，风骨整严，标格苍劲，堪称别调，为艺林所重。艺术风格与吴昌硕契合。吴昌硕逝后落葬杭州超山，墓碑由朱书丹。

朱祖谋1928年还来过听枫园，有《六丑·吴门听枫园僦舍，十年来三易主人矣。戊辰闰春偶过其地，海棠一树，摧抑可怜，凄对成咏》词感慨往昔，此时吴云已去世30多年，吴昌硕也已去世一年。此园现为苏州国画院所在，继续见证吴门画派历史，可谓得其所哉。

寓庸斋内老门生

吴昌硕举家携眷迁苏州，离开听枫园后曾搬家多次，从他诗集诗意等处看，曾和同乡、潜园七子之一杨岘在醋库巷为邻。比较明晰的是1884年迁居到离杨家不远的西畮巷四间楼，后又租住南园一带。

1896年杨岘去世后，吴昌硕写的《藐师遗像》诗有“板屋吴洲失比邻”（《缶庐集》卷三）句，说两人在苏州曾是邻居。“板屋”用《诗经》典，指简陋房子，“吴洲”指苏州。

杨、吴两人在苏州是邻居，多有切磋交流。从来往的诗歌看，吴昌硕称杨为南邻。“南”不一定是方位，应是借用杜甫在成都草堂隐居时《南邻》诗的锦里先生朱山人这个隐士形象来赞美杨岘，那个戴着乌角巾、盎然有古风、安贫乐道、喜爱隐逸田园生活的邻居真的很像杨岘。

吴昌硕当时租住之地，似较狭小简陋，没有园子。他在一首玉兰诗的序里说寓所无花木，欲求一枝为案上清供却不可得，幸而杨岘斋外玉兰盛开，清晨来访时折了新鲜带露的玉兰送给自己。吴昌硕欣喜地汲取早晨清冽的井水，以古缶盛水养之。玉兰洁白，清香满室，使陋室蓬荜生辉。杨向他索画，他就为花写照回赠。

吴昌硕还在诗中描述杨岘赠花：“晨钟未报楼阁曙，墙头扶出玉兰树。南邻老翁侵晓起，持赠一支带晓雾……感翁惠重索我深，借使春风开绢素。老梅雪落垂柳金，子云宅畔春无数。愿从日日花下游，一日看花三百度。”（《缶庐别存》）杜甫在成都建草堂，有《堂成》诗说“旁人错比扬雄宅”，即将草堂比作西汉著名古文字家、辞赋家扬雄的家（扬雄写《太玄经》的草玄堂就在成都）。吴昌硕用扬雄（子云）宅比喻身为书法家、经学家和诗人的杨岘的住所，赞美杨的学问，并表达了愿日日与杨交游的心声。

杨岘比吴昌硕长25岁，当时地位尊贵、学问又高，吴昌硕对他的书、印、诗都很敬佩，想拜杨为师。他曾为杨岘作诗，诗中自称“寓庸斋内老门生”，并将这句诗刻成自用章。1890年，他的《哭紫明先生》三首之三提到杨岘时说“藐翁吾师范”，认为杨是自己学习的典范。他还说过“藐翁吾先师”（《张叔未书金篆斋，吴石潜索题》①，《缶庐集》卷四）。杨岘去世13年后，他题杨岘遗像的《藐师遗像》诗也说“《师说》一篇陈历历，门生再拜舞蹲蹲”（《缶庐集》卷三），以韩愈的《师说》表露他认为杨与自己是师生关系。

而杨岘一向是不拘礼节的放达名士做派，觉得自己与吴昌硕是同里同艺，不必拘于师生之礼，对吴两次递上拜师帖子都婉言谢绝。他还说师徒称谓未免

① 张叔未，即清金石学家、书法家、嘉兴张廷济。全篆斋为直教斋仪。吴石潜，西泠印社创始人。

太俗，不如模仿自己以前和同乡沈秉成的订交之例，不以弟子见礼，彼此赠物（即民间的换帖）平辈相交，以兄弟相称。杨岘说师生尊而不亲，弟兄则尤亲矣，一言而定。吴昌硕感其诚意、盛意，从此两人以平辈相称。杨岘也称施夫人“季仙贤妹”。

来苏州的杨岘已罢官，以卖字为生，而吴昌硕仍是穷儒一个，又做小吏。比起在潜园时，此时两人的交往就像诗里那枝杨岘带来的玉兰花，没有太多功利意味，有了更多平等率性的意味，他们是以性情、艺术而交。

不谙世故却阅人无数的杨岘没看错，吴昌硕这个晚辈确是他的知音。两人此后10多年过从、诗书往来甚密，吴心中始终尊杨岘为师长，敬重不改。不管两人为邻居还是分居两城，他都常有金石书画呈杨，请杨指正。杨岘也常有诗歌寄赠吴，还将自己的《迟鸿轩诗集》手稿寄给吴，请他指正，并请他为书画题款。

两人交往中，自然是杨指点、引导吴昌硕居多。杨岘曾在信中指点吴昌硕唯古书不可不读，要多读古书、多看古物，书画知源流，才会有书卷气、古气。但他又说画事不必过事高古。看似矛盾，其实指出了过犹不及这个道理。联想吴昌硕画作被人指出素雅高古有余而青春妩媚之气不足（傅雷语），可见杨确是他的良师。

杨岘的金玉良言很多，如另一封信里，他指出吴昌硕此时的诗有不入韵处。尤其当吴昌硕以自创的放纵形体石鼓文向杨岘请教时，杨回信直率，指出吴的石鼓文欠火候处，还说这就是不拘束的流弊。杨岘的眼光可谓入木三分、正中肯綮。

此时，吴昌硕常为杨岘刻印，1881年刻“迟鸿轩主”，1885年刻“显亭长”。1884年，吴昌硕还有“明道若昧”“进道若退”印，用老子《道德经》典故，意为在得悟过程中感到迷茫，循着正道前进却难免后退。后又有“宿道”印，典出《荀子》，意为归于正道。这都是他此时学艺过程中的真切体验。

1884年，杨岘为吴昌硕的《削觚庐印存》卷首题诗，说“吴君”刻印如刻泥，他治印“钝刀硬入”，举重若轻，随心所欲。印上的文字富于生机，朱文白文粲然如画，文字长短、肥瘦参差错落。还说吴治印时手、刀齐奏，几案间一时有风雷声。杨岘还进一步说吴手、刀下仿佛有秦代书法家和文字学家李斯、程邈（传说中的改革篆书为隶书者）助力，这是称赞吴的篆刻得秦汉面目。他认为吴昌硕此时的印能得朴拙古茂之趣，可谓评价很高。关于吴“钝刀硬入”的治印特色也提炼到位。后来对吴昌硕篆刻独特风格和不足的争论也曾集中在他的“钝刀硬入”之法上，喜者以为大气，不喜者以为浮浅。印人邓散木（1898—1963）曾为吴昌硕辩护，说大书深刻有时也会过犹不及，他是用佛门之旁参法以校其失。

吴昌硕读了杨岘诗集和他对自己篆印的评价后，有《读杨藐翁先生〈迟鸿轩诗集〉并谢题〈削觚庐印存〉》诗酬答感谢：“平生恨未多读书，刻画金石长嗟呼。赠言直抵江山助，大美不在面目腴。妙舞此曲吾乌敢？嗜痂有癖公谁俱。寓庸斋头好秋色，坐我但觉游唐虞。”（《缶庐集》卷一）诗中，吴首先遗憾（恨）自己平生读书未多，篆刻难免不够古雅。这是谦逊，但因为对方是曾让他多读古书的杨岘，所以也算实情。他还感谢杨岘对自己的指点、诤言，以为比得上“江山之助”。“江山之助”就是“学游还学诗”“工夫在诗外”，指对自然山水的深刻体验可激发灵感，有助于创作。他说杨岘的评论虽朴素却是至理（大美至美）名言。他接着用杜甫赞公孙大娘弟子舞姿的“妙舞此曲神扬扬”（《观公孙大娘弟子舞剑器行》）句自谦技艺不精，感谢杨岘谬赞的盛意。他用了《南史》“嗜痂有癖”典故，自谦自己的篆印风格不合世俗口味，说杨赞赏自己是因为两人趣味相投。最后以“寓庸斋头好秋色”赞美杨岘的诗歌艺术，说杨的诗风有上古尧舜（唐虞，唐尧与虞舜）时代之风——风格雅正高古。

日后，吴昌硕还有多首诗写到杨岘。可以说，杨岘是他师友诗中提到次数最多的人。《怀人诗》也有写藐翁先生的“奇诗动似春葩吐，古隶书成乱发团。人是人非都不问，了无人处自家看”（《缶庐集》卷一），吴昌硕说杨岘的诗歌奇崛灵动，隶书高古深邃，性情率性自在。

吴昌硕常为杨岘作画题诗，有《藐翁先生命题孤松独柏图》二首：“狂名满人口，长物一诗囊。冷合辞官去，饥犹寻笔忙。”“诗文谁能麈，人世重孤标。松柏一以古，岁寒同寂寒。”（《缶庐集》卷一）他先说杨岘在世人口中留下狂客名声，又说他清贫，别无他物，只剩下和中唐诗人李贺一样收集诗句的诗囊，暗赞杨的诗名显著。还说杨性格孤傲，所以辞官而去，但为了谋生果腹还是忙于笔耕（以卖书法为生）。另一首说杨岘的诗文谁能敌，他的清高气质得到世人重视，人们都以为他像岁寒松柏，就是画里的“孤松独柏”。他还有《〈归老显亭图〉藐翁先生命写》谈及杨岘的归隐。

吴昌硕有《将之沪上留别藐翁先生》二首：“谈经推祭酒，识字胜中郎……”“坐上客无佛，人中公是龙。乾坤碍强项，金石饱罗胸。白发秋逾落，名心老更慵。”（《缶庐诗》卷三）这应是1887年他暂别苏州去上海为官时留别杨岘的诗，先赞美杨岘的经学、文字学学问不亚于古人。“祭酒”指东汉经学家许慎，“中郎”指东汉学者、书法家蔡邕，并将杨比作此二人。接着说杨是人中龙凤，交往的也都是才人。还赞美杨一生性情倔强脱俗，满腹金石书画才华，说他早年就不爱名利，如今年老发白更是慵懒不理世事。他还有《迟鸿轩呈藐翁先生》诗云：“到眼无长物，登堂类古初。奇文诸子笔，余事八分书。迎客履倒著，说诗头懒梳。原非甘肉食，休笑出无车。”（《缶庐诗》卷四）说杨岘的书斋迟鸿轩空无长物，但主人盎然有上古（“古初”）之风，他的诗文奇崛有战国诸子风格，还擅长隶书（“八分书”）；他对访客有倒履相迎的热诚，一旦谈论诗文就废寝忘食，连头发都懒得梳。还说他生活清贫但并不在意，安于食无肉、出无车，不像世俗之人那么热衷名利。

这些诗，有的记录杨岘性情狂傲、艺术奇崛的实事，有的议论概括杨岘性情、人品、学问，可见吴昌硕对杨岘其人其艺本色的熟悉与了解。吴诗歌传至今日，让这位清末隶书大家能以更鲜活的形象留在历史中。杨岘若泉下有知，应以吴为九原知己。

1888年，杨岘七十大寿，声明不收贺礼。在上海的吴昌硕别出心裁，作了一幅《三千年结实之桃》大幅画障，在题跋中说：“此桃非人间果，乃西王母群玉山上三千年一结实之桃也。如世俗园林所生，安足奉我藐翁哉？老缶非有东方曼倩伎俩，不过假笔墨游戏，以博一笑。”他又题长诗：“千年桃实大如斗，泼墨成之吾好手。仙人馋涎挂满口，东王父与西王母。藐翁先生七十寿，人将进酒翁不受。海上桃熟偷无多，供养桃花添一缶……赤颜若花老不丑。”（《缶庐别存》）吴说普通桃子不够资格献给大家杨岘，自己虽没有西汉东方朔

（“东方曼倩”）偷仙桃的本领，但借笔墨画得仙桃祝老师之寿。长诗说得谈谐有趣，画也画得鲜艳绚丽，更巧妙地称颂先生寿如仙人，无怪杨岘要欣然笑纳这“蟠桃”。

1893年12月，吴昌硕50岁仍暂居上海。他将自己所作的八幅学古人或今人的山水画送到苏州，请杨岘作题。此时自谦山水外行的他也画山水，学画友蒲华粗头乱服、逸笔草草风格。他对自己的山水仍无信心，所以要给杨岘过目。杨岘对他的山水大加鼓励，在画上题诗，中有“陆痴与严怪”之句，将吴昌硕比作元四家、山水大家黄公望（本姓陆）和清山水名家严沧醅。杨岘又作祝贺吴昌硕五十寿辰的《寿诗》于卷后：“画好一雪个，书工双阳冰。低头吾欲拜，下笔尔真能。”[①]杨岘曾建议吴昌硕在学海上名家外，兼学徐渭、八大山人、石涛等前辈大家。这首诗中，他以清初八大山人（雪个）的画、中唐篆书家李阳冰（李白从叔）和李潮（杜甫外甥）的书法同吴昌硕字画相比，是赞美，也是期望。他还敏锐地指出，吴昌硕山水中的野逸生动之气（“野气狎山川”）是其特点，并说他此时广交天下之贤，并为己师，所以书画有进展。虽说“吾欲拜”是过誉，但也表达了这位老人在与吴昌硕久别后看到他艺术猛进、“下笔尔真能”的欣慰。杨岘的赞许应该对此时致力于书画的吴昌硕是很大的激励。

杨岘还在1895年与吴大澂、顾文彬之孙顾麟士、陆恢等人结怡园画社，吴昌硕也参与其中。那已是杨生命的最后日子。这个如六朝人物一般率性真诚的老人，艺如其人，其高古书法、高远眼界对吴昌硕影响很大。

吴昌硕在苏州所见所交游者，如吴云、吴大澂、潘祖荫等都是江南一时名流。他后来和友人诸宗元说，其中磋磨尤笃、平素最服膺的就是杨岘、任颐（伯年），自己书法、绘画也得益于此两人最多。

杨岘去世后，因他和吴昌硕早年友人吴山一样后嗣凋零，吴曾为他修墓道。1919年，定居上海的吴昌硕见到杨的遗像仍悲不自禁，有《藐师遗像》云：“显亭归去十三春，板屋吴洲失比邻。《师说》一篇陈历历，门生再拜舞蹲蹲。梦来丁令千年鹤，道在林宗一角巾。奢望不堪期后死，倘教无恙作遗民。”

---

① 刘海粟等编著：《回忆吴昌硕》，上海人民美术出版社1986年版，第19页。

（《缶庐集》卷三）他说杨逝世已13年。“板屋”用《诗经·小戎》典，指两人在苏州（“吴洲”）比邻而居，也追忆了与杨岘交往、向他学习的往事。他用《搜神后记》里丁令威学道成仙后化鹤归乡时感叹世事多变的典故，寄托杨岘逝后物是人非的惘然，又用东汉太学生领袖、清流名士郭泰[①]之典赞美杨岘的人品。最后说如果杨岘能活到如今，应该和自己一样是个退隐艺林的文化遗民吧。杨岘对吴昌硕人生、人格的楷模意义是深刻持久的。

耦园中人

在苏州日久，吴昌硕得识更多寓居苏州的湖州名士。苏州古城各名园都留下他的墨痕印迹。

吴昌硕与此时寓居苏州的湖州同乡、苏州画家顾若波的弟子沈瑞琳成为书画交。沈瑞琳（1874—1948），字韫倩，号砚传。光绪十九年（1893）举人，候选郎中，是湖州籍仕宦、藏书大家沈秉成第四子。沈瑞琳妻子龚韵珊也擅书画，儿子沈迈士后来也是画家。《石交录》还提到沈凤韶和沈祚。沈凤韶，字赓虞，沈秉成次子，江苏候补知府，文采倜傥，有东晋名士王、谢之风。沈祚，字福庭，也是沈秉成族人，通《说文》、小学，考订精密。吴昌硕友人张行孚著《说文发疑》，见者多不置可否，只有沈祚称善，还以己意笺证数处，张深以为然，可见沈学问深邃。

沈凤韶、沈瑞琳的父亲沈秉成（1823—1895），字仲复，号耦园主人。沈氏是湖州望族，多出才人。沈秉成中咸丰六年（1856）进士，改庶吉士，历任翰林院编修、内阁学士兼礼部侍郎等清贵朝官，也出为江苏等省按察使、苏松太道、两江总督等重要实职，有政声。他为官秉承老子之道，素来正直，曾多次上书谏言。吴昌硕尊称他为沈中丞，因他曾任总督。

沈秉成在1870年左右出为苏州、松江、太仓兵备道（兼理江海关），此时

---

① 郭泰（128—169），字林宗。一次，郭遇雨，头巾被吹折一角，因他德高望重，时人竞相仿效，称为折角巾。郭是隐士，谢却官府召辟，又好褒贬人物，以正直名重一时。

道治在上海县。他正遇上上海剧变的重要历史时期。当时的上海人员复杂，难以治理。但沈为政数年能一片晏然，民心咸服。沈在同治十三年（1874）引疾退隐，侨居苏州，后又购得1860年毁于太平天国运动、位于苏州古城中心仓街小新桥的涉园废址。“涉园”取自陶渊明《归去来兮辞》的“园日涉以成趣”。沈聘请名画家顾沄等人设计营筑宅园。经重修扩建，园子于光绪二年（1876）落成。因园子的格局中心为住宅，宅东、西各有园，古代称两人耕种为耦，于是名为耦园，寓含夫妇归田双栖终老之意。沈秉成雅好金石书画，精于收藏鉴赏。沈夫人严咏华，湖州人，工丹青词赋。夫妇琴瑟甚笃，在耦园中读书作画、联吟唱和，度过8年隐逸生活。

耦园西园有书斋织帘老屋、藏书楼鲽砚庐。沈秉成一生藏书超万卷，多有珍贵典籍，所藏金石书画也多精绝者。他尤爱砚，曾得石，剖之有鱼形，制砚二，名鲽砚，又名其居为鲽砚庐。儿子沈瑞琳号砚传也源于此。

沈秉成在耦园的日子殊不寂寞。苏州古城当时多名园，多原籍、寓居及宦游苏州还有罢官后隐居此地的名宦、学者、诗文书画名家居住其中。除了曲园的俞樾、听枫园的吴云，还有李鸿裔、张之万、潘祖荫、顾文彬等吴中真率会中人，这些人也常来耦园雅集，与园主诗酒宴饮，酬唱于泉石间，风雅一时。他们更是藏书楼雅客，常在此鉴赏古器、碑版、古籍，摩挲把玩，相互探讨研究。

住在苏邻小筑的是曾任江苏按察使的书法家李鸿裔（1831—1885），字眉生，号香严，又号苏邻，四川人。苏邻小筑就是今苏州四大名园网师园（今苏州古城中心姑苏区十全街），南宋时名渔隐。因为网师园靠近宋代诗人苏舜钦的沧浪亭，李自号苏邻。李鸿裔是咸丰元年（1851）举人，后因试卷微瑕与进士失之交臂，入曾国藩幕中，因才能出众很受器重，并得到升迁。后因耳疾，中年隐居苏州。他善治经学，工诗、古文，精书法，临魏晋碑铭神形皆似，也多收藏，藏书4万余卷，多蓄三代彝鼎、汉唐金石碑版、书法、名画，对金石、文字都颇有研究。

住在拙政园的是张之洞兄长张之万（1811—1897），字子青，号銮坡，直隶南皮（今河北）人。道光二十七年（1847）状元。同治九年（1870）携母赴任江苏巡抚（驻地在苏州），入住拙政园（今苏州古城中心姑苏区东北街），次年放弃赴任他地，以母亲年迈需赡养为由上书朝廷乞养（回原籍养亲），实则退隐苏州。到光绪三年（1877）母亲逝世他扶灵柩归乡前，张之万居拙政园，营造园林，召集雅集，与俞樾、李鸿裔、顾文彬、沈秉成夫妇等多有学术艺文交流。张之万也是书画家，山水用笔颇佳，骨秀神清，为士夫画中逸品。曾与逝于太平天国运动中的杭州画家戴熙交好，时人称南戴北张。书法精于小楷，唐法晋韵兼擅。他是状元宰相，一生经历四朝。光绪十年（1884）入值军机处兼署吏部尚书，后加大学士，逝后赠太保，谥文达。

此外，除了曾为军机大臣和宁绍道台的两位苏州人潘祖荫、顾文彬，与朱祖谋合称清末词学四大家的郑文焯此时正在江苏巡抚幕中，也常来耦园。郑文焯（1856—1918），字叔问，号小坡，别号瘦碧，晚号大鹤山人，祖籍山东高密，奉天铁岭人。词家、医学家，兼善书画金石。与同为清末诗词大家的王闿运、程颂万、易顺鼎交往。光绪元年（1875）举人，入江苏巡抚幕府，为宦十余年，后又侨居苏州数十年，与朱祖谋唱酬交往。清政府灭亡后居沪，以行医、鬻书画自给。吴昌硕1884年曾为郑作“大壶”印。

沈秉成此时与吴云、李鸿裔、顾文彬、潘祖荫有姑苏五老之称。只是小吏的吴昌硕，因与沈氏、吴云的同乡关系，适逢其时，也得见听枫园、耦园等处之盛。在耦园，吴昌硕曾写有《题翁方纲隶书联》诗。翁方纲是清中叶乾隆、嘉庆年间（1736—1820）的高官、金石鉴赏考证学者、诗人，善隶书。吴昌硕这首诗写此时耦园中满座高士坐谈经学、金石、书画、诗词的盛况，隐隐有与乾嘉文化兴盛时相比之意。他向慕这些当世学人之情也暗含其中。20年后，顾文彬孙子顾麟士的怡园雅集里，他终于成为怡园诸子之一。

沈秉成和吴云一样喜欢提携寒士，对吴昌硕也照顾有加。吴昌硕曾为沈秉成刻印10多方，沈都称善。《缶庐诗》卷一中有《鲽砚庐图沈仲复大中丞命题》。

1884年，沈秉成复出，先后为广西巡抚、安徽巡抚，还创办南京水师学堂、安徽经古书院等融通新旧教育的学堂或书院。耦园却沉寂了。1893年，吴昌硕还曾求沈秉成援引，然不果。1895年，沈秉成卒于耦园。此后，由于耦园浓郁的文化氛围，仍有许多文士在此借住和研究学术，书香不灭。耦园成为名园，和很多苏州名园一样，实与史上所附的人、事、雅韵分不开。民国后，耦园渐芜，鲽砚庐藏书也散佚，书去楼空。人与园林、书籍、金石书画的命运同盛衰，这一宿命是收藏家都无法逃过的。吴昌硕一生中见过太多这样的聚散悲喜，在潜园、听枫园处见之，亦在苏州另一个收藏家族潘家见之。

贵潘吉金

吴昌硕约于1881年结交出身苏州贵家却性情淡泊的潘钟瑞（瘦羊），他是苏州当时最显赫的文化家族“贵潘”的一员。潘钟瑞还介绍吴认识了族弟潘祖荫。潘祖荫称潘钟瑞为叔伯兄，潘钟瑞的诗说自己是癸未（羊年）生。潘钟瑞，字麟生，因生于羊年所以号瘦羊，晚号香禅居士。诸生，候选太常寺博士（太常寺掌管祭祀的官员，正七品）。善书法，擅诗词，还长于金石考证，有《香禅精舍集》等。光绪十三年至十四年（1887—1888）间，在京城的潘祖荫曾请在家乡的潘钟瑞系统棰拓虎阜（虎丘）古石刻，编为《虎阜石刻仅存录》三卷。吴昌硕和潘曾一起去苏州天平山看枫叶，有唱和，吴有《天平山看枫和瘦羊》诗。潘去世后，吴昌硕有《哭香禅居士》，以梅妻鹤子的隐士林逋比喻孑然一身的潘，可知潘也是爱梅人士。

1887年左右，吴、潘两人曾去江南赏梅胜地苏州邓尉山看梅。吴昌硕回来后为潘作梅花，并有七言古体长篇题画诗《为香禅画梅》：“罗浮梦醒春风赊，笔底历乱开梅花。青虬蜿蜒瘦蛟立，冰雪点点迷横斜。千枝万枝碾寒玉，缶庐塞破窗粘纱。江城五月动寒意，放笔拟泛梅溪槎。梅溪梅树涨山野，移种记拨芜园沙。芜园劫余有老物，补卅六株争槎枒。别来梦想不可见，故乡隔在天一涯。前年腊月暂归去，着花犹未过邻家。翠羽啁啾不知处，最恼人意山城鸦。离奇老干欠收拾，势压亭子穿篱笆。江南作尉醉亦可，所嗟不学耽风华。七年邓尉未一到，香雪海听香禅夸。囊中诗句动惊俗，时吐光怪抒寒葩。偶思画意偏好古，泼墨一斗喷烟霞。灯前月下见道气，入坐老辈同乾嘉。请君读画罥烟雨，风炉正熟卢仝茶。”（《缶庐别存》）

诗中说“七年邓尉未一到”，可见诗大约写于吴昌硕到苏州的第7年、去上海前夕的1887年。也许是政务太忙，爱梅的吴昌硕曾与金铁老约游邓尉看梅却不果（有《铁老约游邓尉不果》诗为证），后来有幸成行，有“狂歌唱彻梅树林”（《哭铁老先生》，《缶庐诗》卷三）。另一赏梅胜地香雪海，吴也未曾去过，只听潘钟瑞夸过。诗里吴昌硕酣畅书写了自己与梅花的情缘，虽是写梅，但亦是写自己在苏州“江南作尉”、学术荒废的可叹际遇与思乡心声。曾和他一起看梅的诗文交金铁老此时已去世，此后他还要去上海继续“江南作尉”，前途仍是迷惘。所幸还有潘钟瑞等好古知交慰藉心灵。

吴昌硕《怀人诗》17首里提到的另一位藏书家、书法家朋友潘志万，也是潘祖荫族人、姻亲。潘志万父亲潘介繁是潘祖荫族人。他还是潘祖荫的连襟，和潘祖荫同娶汪家之女。潘志万（1849—1899），字子俣，号硕庭，号笏盦、智盦，斋室名还砚堂、桐西书屋等。吴县（今苏州）人。诸生。潘家父子都喜藏书，多藏碑版。潘志万继承藏书并全力守藏，书法学颜、柳，晚年所书多金石气。著有《苏州金石志》等。

由潘钟瑞介绍，吴昌硕还得见了收藏大家潘祖荫。苏州作为明清以来的江南文化中心，藏书家、金石藏家最多，其中两吴（吴云、吴大澂）一潘（潘祖荫）是最出名的。吴昌硕在苏州与他们都有交谊。

潘祖荫的滂喜斋藏书、攀古楼金石收藏在同治、光绪年间（1862—1908）享誉江南。他自己也是清末名臣、通儒学者。潘祖荫（1830—1890），号伯寅、郑盦。祖父潘世恩是乾隆癸丑科（1793）状元，官至太傅、武英殿大学士。父亲潘曾绶官至内阁侍读。叔祖潘世璜是乾隆乙卯科（1795）探花。潘祖荫幼承家学，通经史，治《说文》，嗜汉学，兼工诗词，精楷书。咸丰二年（1852）探花，授编修，先后担任过国史馆协修、国子监祭酒、会典馆副总裁等清贵之职，在南书房近40年，主持纂修过《艺文备览》等典籍。多次掌管殿试，所得多真士，慧眼提携很多名臣，如左宗棠等。他并非寻常翰墨侍从之臣，学问渊博、通晓外情更兼才识高远，能力练达，勤于政务，任刑部、工部尚书时严而不苛，百废俱举。光绪年间（1875—1908）官至工部尚书、军机大臣。更难得的是他敢于上谏，直声震朝，也曾历朝堂荣辱，为官甚清。还参与解决中俄新疆纠纷。终因积劳成疾，逝于任上。

潘祖荫生平喜收藏，金石书画无所不收，尤喜收藏善本书、金石碑版。他的藏书室有滂喜斋、功顺堂等，藏书印有“分廛百宋”“金石录十卷人家”“佞宋斋”等。他还编成《滂喜斋藏书记》等。他醉心金石古文字，多收藏有三代文字的古器。每发现古彝器必倾囊购之，有攀古楼专藏青铜器、甲骨龟板、石碑。攀古楼历年所藏，除了清后期出土的国宝吉金（青铜礼器）重器西周大克鼎、大盂鼎外，他的《攀古楼彝器款识》还记载有500多件珍贵钟鼎彝器，使他成为当时收藏吉金第一家。更难得的是他每得一器，就与同好者切磋研究，图状释文，以传后世。常与他商榷的有朝中的张之洞（1837—1909）、王懿荣（1845—1900，金石大家，甲骨文发现者）、吴大澂等，多是清末有金石癖的一代名宦。在目录学和考古学上，他多与同乡门生吴大澂切磋心得，两人颇相得。潘祖荫是吴大澂会试时的阅卷大臣、殿试读卷官，是他的座师。

潘祖荫有如此成就，身后的潘氏家族不可忽视。潘氏是清代苏州高华簪缨望族、清贵文化世家，名人代出，状元、探花、翰林、举人无数，时有天下无第二家之誉，苏州民间称为贵潘。潘祖荫虽为极品高官，但因家风教诲，为人不失书生本色，秉性直率，重贤爱才，喜广结天下朋友。最爱提携寒酸，人有一善，则称道不及。他族兄潘钟瑞也是这样的人。

光绪九年（1883），潘祖荫在苏州家中（今苏州古城中心姑苏区南石子街）丁父忧。就是这段潘祖荫在苏州读《礼》居家日子里，吴昌硕拜见了他。

潘祖荫还喜好藏古印，藏有官印、私印300多方。他深入研究钟鼎彝器、古印上的钟鼎文（金文）、篆书、隶书文字与书法，也擅书法，曾与祖父潘世恩、叔祖潘世璜被称为苏州书法三杰。1883年春，潘祖荫偶然见到吴昌硕的篆刻，有很好的评价，还让潘钟瑞请吴给他刻“井西书屋”等印，先后有数十方，都说很好。两人身份悬殊，社交圈子不同，很久都无缘见面。潘祖荫又请潘钟瑞致意，还赠送吴昌硕古青铜器、金文拓本（片）多种。两人得以相见时，潘祖荫以通经学古鼓励吴昌硕，还赞赏吴的行草、诗文俱佳，一说赞他篆书入古。吴昌硕苦练篆书多年，得到这位当世大学者的肯定，自是感激。后来吴昌硕曾委婉地说自己不是引大家的话自抬身价，而是认为不接受潘的好意就辜负了潘的知遇恩情。

吴昌硕更由这一关系得见潘祖荫所藏的部分鼎彝和古今名家手迹。此时正当潘祖荫收藏最盛时，攀古楼中金石器物及拓本无数，吴昌硕得以见识，也是难得的机缘。

愙斋门下

1890年，潘祖荫去世。同年，潘钟瑞也去世了。此年，吴昌硕早年的重要师友施旭臣、凌霞、施补华等人也去世。不过吴昌硕在此年也结识了新的师友，其中有俞樾的紫阳学院学生、潘祖荫的门生吴大澂。当时吴昌硕47岁，吴大澂比他大9岁，已年过知命。两人性情、艺术喜好都相似，很快就相见如故了。吴昌硕在吴大澂处，一说是为塾师，后来也入幕。

吴大澂（1835—1902），初名大淳，为避清穆宗爱新觉罗·载淳（同治）讳改为澂，字清卿、恒轩，别号白云山樵、愙斋等。吴县（苏州）人。和老师潘祖荫比，吴大澂的人生较传奇，和陆心源等都属有故事的人物。苏州有状元望族吴氏家族，但吴大澂并非出身此家族，而是来自徽州，祖父是江南富商。父亲功名不高，只是国学生，即进入国子监的秀才。吴大澂的母亲韩氏是苏州收藏家、金石学家韩崇之女，他的外祖家是书香门第。吴大澂早年受教于道光二十年（1840）的榜眼、洋务运动前驱、苏州学者冯桂芬，受老师影响，慨然有经世之志。1865年，入紫阳学院，受教于俞樾。此后曾应苏州道台吴云之邀，为其办理文墨；应苏州同乡、大学士彭蕴章之邀，课读其子孙。

吴大澂34岁考取同治七年（1868）进士，授翰林院编修。但他少见的没有选择在翰林院这样的清贵地熬资历，而是入湖广总督李鸿章幕府，可见其眼界胸襟。他考乡试时，江苏巡抚（驻苏州）李鸿章是监临，也算是他的座师。吴大澂很受李及多位朝臣器重。1871年他回京后正遇直隶旱灾，曾组织赈灾。1873年，他出任陕甘学政，陕甘总督左宗棠对他评价很高。1877年，赴山西赈灾，救民无数，得左宗棠、李鸿章推荐。1878年，授河南河北道，缓解饥荒，减轻徭役，得百姓称颂。1880年，赴吉林，实边强边，有建树。1885年，授三品官衔，赴吉林与沙俄谈判，据理力争，重勘边界，寸土必争。1887年，任广东巡抚，赈惠州灾害，勘探被葡萄牙侵占的与澳门相连的香山土地。1888年，署河南山东河道总督，重筑黄河决堤，有功于治河。1894年中日甲午战争起，他请愿率湘军出关，兵败。1898年被革职，后主讲于上海龙门书院。

俞樾、潘祖荫、李鸿章、冯桂芬之外，吴云等人也是吴大澂的前辈师长，状元翁同龢、陆润庠是他紫阳学院的同学，左宗棠、金石学家陈介祺、王懿荣等人是他的同僚和友人，张之洞是他的同僚兼儿女亲家（吴的女儿嫁给张子），他的三女儿则嫁给苏州潘家。他与潘祖荫关系尤密切，是同乡，是姻亲，是师生，也是金石学术友。

同属吴门真率会成员的藏书家汪鸣銮是吴大澂的表弟和妹夫。汪鸣銮（1839—1907），字柳门，号郎亭，一作郇亭，原籍徽州休宁，寄籍钱塘（今杭州），晚年侨寓苏州。同治四年（1865）进士，历任各省学政，迁内阁学士。光绪二十年（1894），召在总理各国事务衙门行走，调吏部侍郎兼刑部。他和吴大澂都属清流帝党，是光绪帝师翁同龢门下弟子翁门六子之首。因支持光绪帝变法触怒顽固后党被罢官，后主讲于杭州诂经精舍、敷文书院。

吴大澂以书法最出名。他诸体皆善，尤精于小篆。小篆从《说文》入手，承“二李”（秦李斯、唐李阳冰）的正宗小篆玉箸篆。入仕后，他得遇书法家吴让之、莫友芝、杨沂孙等人，尤其多受与翁同龢为游文书院同学的常熟书法家、工大篆（大致包括钟鼎文金文和以石鼓文为主的籀文）的杨沂孙影响启发。杨沂孙（1812或1813—1884）开创性地将上古金石文字大篆融合小篆，吴大澂对此很认同，还到虞山（常熟）拜访杨沂孙。杨沂孙说，要上溯三代彝器学大篆，才能重振当时学篆的萎靡习气。所以吴大澂中年后致力融合大小篆的结字、笔法，创独特风格。晚年更潜心研究彝器铭文、金石玺印上的大篆古籀以求更多进益。他是在邓石如、吴让之、赵之谦、杨沂孙等人后进一步复兴篆书的清代书法家，被誉为开书金文者。吴昌硕日后以写石鼓文出名，他的石鼓文受吴大澂渊雅朴茂书风熏染却不为所囿。因此，前人评价两吴石鼓文各见性情。

吴大澂也善画、诗文、刻印。他善画山水、花卉，用笔秀逸清朗。书画收藏也很丰富。他家老宅在苏州古城中心的双林巷，巷中有清初著名画家和藏书家金俊明的春草闲房。1858年，吴大澂曾和嘉兴书画家、词人、海上名家周闲等人在苏州虎丘结社。1862年，他还曾客沪上，入萍花社书画会，与顾沄、胡公寿、钱慧安、倪田、吴谷祥、金彰、陆恢等为萍花九友。

吴大澂受师友影响，中年后也喜收藏研究古钟鼎彝器、玺印、陶器，能审释古文奇字，有《愙斋集古录》《说文古籀补》《古玉图考》《恒轩所见所藏吉金录》等古器鉴识、文字考据著作，且和老师潘祖荫的金石著录一样有图文并茂的特色。这也促进了他的书画印创作。

吴昌硕、吴大澂因金石结缘，更因此深交，商讨学术甚相得。吴昌硕为吴大澂刻了"愙斋藏书画"等印，还得以遍观其所藏，博览深究，颇得进益，有摘录笔记多种。可惜后多散佚，仅存《金石考证》50多篇、《汉镜铭》28篇。他日后书画金石多得益于此。

吴昌硕受吴大澂影响不只在艺术上。作为清末清流派官员和爱国者，吴大澂的生平思想、爱国爱民作为与吴昌硕很契合，对他是很正面的激励。而吴大澂因书生习气等因素带来的悲剧仕宦结局也让吴昌硕对清末时代变局有了更清醒认识，对他之后的人生取舍有启示。

也许和出身有关，吴大澂的性情还是较幼稚、激进，没有他出身世代官宦的老师潘祖荫等人那么游刃有余于官场。他虽在仕途，骨子里还是个文人，在朝就以性格耿直、敢于上谏著称，很多想法有点像他的书法，看似方正实则自出其意。吴大澂的一生有数件大事都值得一书。

第一件是以大篆书写边界柱碑。1885年中俄第二次勘界，吴大澂作为大清特使来到吉林，与俄国使臣谈判。他抱着寸土寸心的爱国心，推动重新勘定边界，迫使俄国重立土字诸界碑，使我国边界线前移8公里，还收复俄国占领的黑顶子地，为国家争回近327平方公里疆土。次年，他还立大铜柱于中俄边界，自书大篆勒铭其上。吴大澂爱古成痴，难免食古不化，他平时的书信就常用篆书书写，任湖南巡抚时批公文也用大篆，下属都看不懂。在勘界铜柱上以大篆勒铭，于他而言，只想学西汉窦宪大破北匈奴后采燕然山石勒石记功的故事。可叹他的爱国心的确可比燕然勒石，但他的外在表现却被看成文人狂态。他本来还想力争将图们江出口作为中俄公共海口，虽然谈判中只争得航行权，但可由此出海，可见他的眼光，也知他绝非腐儒。吴昌硕《缶庐诗》卷四有《上愙斋大中丞》诗，自注提到“中丞奉使定中俄地界，刻铜柱纪绩”。

第二件是治河。1887年黄河决口南泛，几任官员都难以胜任，危难之际吴大澂主持河政。他以知其不可而为之的执着完成了这个任务。他誓言期限内不能完成者斩，自己也以身殉职。见者无不凛然，于是日夜赶堵，四个月即告成，还节省银60余万两。《清史稿》赞誉他治河有名望，也批评他好言兵、才气自喜，因为“虚憍”（虚骄，虚浮骄矜）、意气用事而失败，最后说惜哉，还是为他可惜的。

第三件就是甲午战争期间“虚骄”的军事活动及他本人对战败的反思。吴大澂在56岁时调任湖南巡抚，正是宦途畅达、名声日隆时，也正是此时他认识了吴昌硕。中日甲午战争风烟乍起，他主动请缨，督湘军赴辽东前线杀敌。他就像治河时一样慨然陈词，说今日誓师请行，不敢作出将入相之望，但求马革裹尸足矣，使光绪帝很感动振奋。他率军出关，不久就在会战中兵败，因督师无功被弹劾，但仍为湖南巡抚。后又牵涉变法党争，后党厌恶他为帝党，于1898年革其职，永不叙用。他回到原籍苏州。1902年因穷愁长逝，不过68岁。当时朝廷给他的罪名是言大而夸、自负不凡。不过朝野间也说他是因得罪权贵而获祸，兵败只是借口。

历来对吴大澂的评价，也多偏严苛，或局限于成王败寇的成见。清末诗人黄遵宪写了《度辽将军歌》，讽刺吴是逃将。还有人说他想拜相封侯，更有人骂他是历史罪人。还是与他同时的常熟文人曾朴写的小说《孽海花》比较中肯，书中的何太真（珏斋）就影射吴。吴大澂之失多在性格缺陷上。他是名士性格，天真率性负才气，好为大言。军事非其所擅，他又不甘心只作金石考古家和书画家，喜欢自诩文武全才。中日战事起，他恰好得到有“度辽将军”四个古篆字的汉印，使他觉得这是胜战谶语，坚定了出山海关的决心。谁知短兵相接，顷刻大败。还有一事可见吴的人品。他败归后，在湖南巡抚任上，听到日本人所索赔款巨大，心中愧愤，上疏愿将自己一生收藏的金石献出。他虽功名心太重，但一向为官清正，也不像清末很多高官颟顸自私。

吴昌硕作为幕僚曾随吴大澂出关，下文另述。作为有志功名者，他对吴大澂是支持的，坚定跟随，并作了许多有金戈铁马气息的诗画。吴昌硕虽因继母重病回乡，没有参与战争全程，从军时间较短暂，但却成为他一生中难得的激荡岁月，像施补华笔下的西域风光，北国风光作为素材融入他日后的许多诗意、画意。

晚年的吴大澂，虽然仕途中断人生潦倒，所幸仍有金石书画为伴。他在1895年与顾麟士、杨岘、吴昌硕、陆恢等人结怡园画社。晚年更靠卖字画、古玩为生，可见其骨气，正印证他（时任湖南巡抚）在永州浯溪见到颜真卿书写的《大唐中兴颂》碑而发的感慨“公者千古，私者一时”。他去世时，也被革职归乡的翁同龢为他题挽联“文武兼资，南海北海；汉宋一贯，经师人师”，以直言耿介被冤杀的唐代北海太守、书法家李邕比拟吴大澂，说他的德行、学问都可为世人表率。

怡园新社

吴昌硕在苏州的重要遇合，除了金石文字的两吴一潘，就是画学的顾文彬、顾麟士祖孙，尤其后者。

顾文彬（1811—1889）是吴云好友，吴门真率会中坚，也是怡园和过云楼的创始人。他号子山，晚号艮盦、艮庵、过云楼主。元和（苏州）人。道光二十一年（1841）进士，官浙江宁绍道台等职。工书法，溯源唐欧阳询、褚遂良。好书画，爱收藏，精鉴别。他于1873年起在苏州阊门内铁瓶巷建过云楼（今苏州古城中心人民路和干将西路交界处），楼名取苏轼的烟云过眼典故，寓意书画于人不过是过眼烟云而已，这一意蕴既积极又豁达，深得收藏真意。他收藏天下书画，多宋、元珍品，名重江南。当时苏州有江南收藏甲天下、过云楼收藏甲江南之说。他还凭此著有《过云楼书画记》。当时曾群贤毕至，在过云楼中挥洒笔墨、品评书画，一派风雅。

顾文彬还于1874年前后在过云楼附近兴筑怡园（今苏州人民路），由儿子顾承主持营造，海上画家任薰、苏州画家顾沄等人参与筹划设计。顾沄（1835—1896）就是耦园设计者。任薰（1840—1896），字阜长，和兄长任熊还有任颐（伯年）称三任，为海上画派代表画家。顾承（1832或1833—1882），原名廷烈，后改名承。长于书画，学董其昌、四王，也精于收藏和鉴识。善诗词的顾文彬还集宋词名句自题怡园园联。9年后，大约就是吴昌硕携家属定居苏州的1882年，怡园建成，这一年也是顾承去世之年。建成后的怡园，博采苏州诸园之长，体现清末艺术集大成却少原创面貌的特色。

1881年，顾承也曾为吴昌硕作《芜园图》，借王维《春日与裴迪过新昌里访吕逸人不遇》诗的“闭户著书多岁月”诗意，大概也就是吴云说的“绿野平泉”（富贵隐逸）之意。富贵人士创作《芜园图》的诗意的确不如吴滔等人作的《芜园图》得园之真意。吴昌硕有赞吴滔作《芜园图》的诗，委婉道出此意。

顾文彬还以怡园为中心，依托过云楼，形成当时苏州书画诗文中心。从时间看，正好接续此前的苏州诗文中心听枫园和耦园，许多江南乃至天下名士、画人来此雅集，名盛一时，也属广义吴中真率会的延续。但主角仍是退隐官宦、士夫、学者，画家只是其中点缀。此时的苏州文化传统仍是保守的。

不过到顾文彬的孙子顾麟士时，怡园雅集面貌有了大变化。顾文彬有三子，长子、次子都在太平天国运动期间去世，三子顾承也体弱早逝，幸而留有佳儿麟士可承家风。顾麟士（1865—1930），字鹤逸，自号西津渔父，别署西津、鹤庐等。吴昌硕曾有《题鹤逸画》赞美顾麟士其人潇洒、其山水画可贵，有“鹤逸游艺自古今，不受促迫拘翱翔”“水石孤秀南天独……光价明珠论百斛”（《缶庐集》卷二）。“游艺”典出《论语·述而》的“依于仁，游于艺”，指他优游于古今艺文间，是有学者、名士风范的书画家，还说他是和自己一样不愿被局促（促迫）、想要自由的性情。“水石”指山水，是说他的山水孤拔超逸。

1889年顾文彬去世后，31岁的顾麟士在光绪二十一年（1895）的春夏之际，自为东道主，并以晚年在苏州的吴大澂为盟主，创立怡园画集。他们在怡园内每月固定雅集，或切磋绘画六法，或挥毫自娱，后成就苏州第一个近代意义上的绘画社团怡园画社。不过20年，怡园画社（集）和早先那些较多旧士夫气息的真率会之类雅集已悄然不同，虽也以吴大澂为盟主，但看重的已不是他的官位而是他的学术艺术成就，画社（集）已有平民意识、近代气息，主体是士人、艺术家而非官员。这变化，在苏州的吴昌硕见证始终。

吴大澂是第一任社长。主要社友有金彰（心兰、瞎牛）、顾沄（若波）、倪田（墨耕）、陆恢（廉夫）、吴昌硕、吴谷祥（秋农）、任预、王同愈、沙馥（山春）、费念慈、翁绶琪、杨岘、郑文焯、蒲华、黄山寿等书画家、印人、词人、金石家。

怡园社友多有合作，常交流画艺。如1895年冬月，怡园雅集上，吴昌硕和倪田、顾沄、金彰、任预、陆恢、吴谷祥、沙馥合作贺岁的《鹤庐岁朝图》。“鹤庐”为顾麟士别号，也是怡园中的建筑名。社友中的陆恢、任预、金彰、吴昌硕等人，有时还留宿怡园中，或去过云楼临摹所藏名画。社友中有士夫画家，也有民间画家，如任预、沙馥。新怡园的平等舒展氛围是苏州古老绘画传统复兴蜕变的良好土壤。

早先也曾有怡园七子之说，指园主人顾文彬和6位先后来园中的书画金石名家，吴昌硕也名列其中，还有顾沄、金彰、倪田、吴谷祥，以及去世比较早未入后期怡园画社的胡锡珪。

名列怡园七子的画家，先看名列《石交录》43契友之一的金彰（也作涑）（1841—1909），字心兰，号冷香，因为生于牛年又号瞎牛，自署冷香馆主人。长洲（今苏州）人。1862年，曾参加沪上的诗画会萍花社，后与吴大澂、顾沄、倪田、吴谷祥、陆恢等并称萍花九友。

金彰工山水，私淑小四王之一、王时敏六世孙王原祁曾孙、太仓画家王宸。也擅花卉，如梅、竹等，尤善画梅，清隽似八怪的汪士慎。晚年失明又复明后，墨法更精湛，同陆恢、吴昌硕交好。吴昌硕的《冷香画荷索题》等诗可见两人诗画交流。

金彰为人坦率，吴昌硕在来苏州之初的1880年就结识了他，两人投缘。金还通医术。1885年，吴昌硕忽发背疮，幸得金尽心医治50天才转危为安。金还劝他多学画，并肯定他的画有金石气，这和任颐早两年的断言很相似，可见也是知音。1886年，吴昌硕到上海、天津行公务，长子吴育在苏州忽发天花，又遇庸医误投药，情况危急。金彰知晓后忙延请专科医生诊治，等吴昌硕知道，吴育的病已有转机。这两次危情，如果没有金，真是不堪设想，不是对朋友精诚过人的人怎能如此？1904年秋，吴昌硕暴泻，通体浮肿，应是早年流浪时感染的肝病发作，又幸得金悉心诊治才渐痊愈。吴昌硕非常感念，《石交录》为金作的小传说，没有你，我几次都差点死了，你救活我不止一次，却不肯接受一点财物，不愧是古人称颂的独行之士。“独行之士”出自东方朔写屈原的《七谏 · 沉江》，指志行高洁无私之人。

《十二友诗》也有写金彰的一首：“瘦羊病鹤高自由，结交又得金瞎牛。良医肯居古人后？新诗吟罢吴山秋。移家别君过旧岁，访友乘兴无扁舟。遥想梅花写尺幅，月明寒水溪云流。”（《缶庐集》卷一）吴昌硕说自己结交潘钟瑞、凌霞这样的名士朋友后，又结交了性情和他们相似的良医金瞎牛，还借梅花、明月、清溪等意象赞美金这位善写梅花的良医兼名士的高风亮节。“访友乘兴”典出《世说新语》，即与友人意气相投。

金彰为人仗义，曾为友人、画家胡锡珪料理身后事。他去世后，顾麟士也为他操办丧事，吴昌硕为其篆盖并撰墓志铭，陆恢书丹。也名列怡园七子的胡锡珪（1839—1883，一说1890），字三桥，出身布衣，长居苏州。幼习丹青，长大后学恽格（南田）、华岩、李鱓、改琦诸家之法，善花卉与仕女，尤善于作没骨人物。

怡园七子还有顾沄（1835—1896），字若波，以字行。吴县（今苏州）人。精山水，能汇四王、吴历、恽格（南田）诸家之长，丹青水墨、巨幅小帧都得古人遗意。也能写花卉、人物，近于八怪里的华新罗。他很得沈秉成器重，沈任苏松太道时礼聘他入署，还让儿子向他学画。光绪十四年（1888）曾游日本，山水画备受日本人赞赏。他是清末吴门画师里的一流名家，后长期鬻画沪上，也属海派六十家之一。他的生平和吴昌硕一样，折射绘画中心从苏州向上海转移的变迁。

吴谷祥（1848—1903），字秋农，别号瓶山画隐，晚号秋圃老农，嘉兴人。工山水，远师明代苏州画家文征明、沈周，近法清末杭州戴熙。也能画松，并擅人物花卉，尤善仕女画。俞樾曾评其画为神品。他曾一度去北京作画，享誉南北。1900年南归，客居苏州，入怡园画社。曾在上海卖画。海上画风推崇纵横草率，但他仍坚持自己风格。后归嘉兴，并在嘉兴去世。吴谷祥曾与任颐、吴昌硕并称晚清三大家，又与吴滔、吴昌硕合称三吴。吴昌硕有《吴秋农瓶山画隐图》赞美他的山水可追唐代画家王宰（“水石师王宰”），可见他的画有古

风。两人还有偕隐约定“言寻缶居士，共语瓶山头”，可惜不能如愿。（《缶庐集》卷二）

倪田（1855—1919），字墨耕，扬州人。善画马。光绪年间（1875—1908）到沪上，因追慕任颐的画，放弃自己的画法而学习参用任的画法并得其神髓。善写花卉，设色花卉加水墨背景，腴润遒劲兼得。后在沪上卖画30年。

可见怡园七子里，有金彰、胡锡珪这样不离吴门的，有顾沄这样兼得吴门、海上画风的，有吴谷祥这样坚持自我风格的，也有倪田这样放弃自己风格学海上大家画风的。在时代变化前看到画友们的多种取舍，应该对吴昌硕的选择有启发意义。

七子之外，如陆恢（1851—1920），字廉夫，原籍江苏吴江，居吴县（今苏州）。他原本走科举之路，曾中秀才，无奈有人举报其父曾为太平军工作，断了他的功名路。从此学画，花果、翎毛得名最早。山水学四王。山水、人物、花鸟、果品无一不能。书法工隶书，遒劲有金石气。后得遇吴大澂，两人谈艺投合。陆纵观吴所藏绘画，艺事大进。他也曾入吴大澂幕，而且去过湖南、辽东。经历丰富、眼界打开后，绘画笔意、意境也更进一步。吴昌硕1887年曾为陆刻“画癖”印。陆恢的生平，真实体现了清末断了科举之路后的文士通过入幕等形式获得功名道路的失败。不能再复制前辈的成功，最终只能转向职业画家。他的人生也对吴昌硕有启发。

沙馥（1831—1906），字山春，苏州人。出身绘画世家，初学陈洪绶，后问业海上四任的任熊，还与任薰过从甚密，又改学清代人物画名家改琦、费丹旭，善画人物、仕女、花鸟。吴昌硕有写给沙馥儿子沙辅卿的《沙辅卿临边寿民画册》诗，说沙能继承父亲画意。沙馥的改学改琦、费丹旭和倪田的改学任颐都值得思考。

黄山寿（1855—1919），武进（今常州）人。官直隶同知。1905年开始卖画上海。善书画，工隶书，人物、仕女、青绿山水、双钩花鸟及墨龙、走兽、草虫、墨梅、竹石无一不能。

翁绶琪，吴江（今苏州）人。光绪十七年（1891）举人，后官广西等地。工诗文。爱好书画、金石，尤精鉴古，有《汉铜印范考》。善画山水，法四王，也能得宋元画境。印摹秦、汉。

除了早逝的胡锡珪等人，怡园七子、怡园画社（集）的很多人，如吴昌硕、顾沄、倪田、吴谷祥、蒲华、黄山寿等，出身不同，经历不同，后来都走向上海成为职业画家。再则，萍花九友与怡园七子、怡园社友多有重合，吴大澂、顾沄、倪田、吴谷祥、蒲华、吴昌硕等人早年都曾去过沪上。可见吴门画人和海上画者并非界线分明，他们的流转变迁都反映了时代的推动、自我的选择。也可见吴昌硕的选择并非个别现象。他们的选择可互为参考。

新怡园画社（集）时期，怡园仍是怡园，主人仍是顾家人，但处处可见与老怡园时的不同气象。画社中仍有一些与早年真率会一脉相承的士夫名家，吴大澂、杨岘、郑文焯、费念慈、王同愈、翁绶琪等也参与其中，但吴大澂、杨岘都是思想较变通者，郑文焯后来也去上海，费念慈思想靠近改良维新派，王同愈后办新学。他们和早年的吴云等人一样赋诗挥毫、研究金石书画，但其间风气已悄然变化。

费念慈（1855—1905），字屺怀，一署峐怀，号西蠡，晚号艺风老人。武进（今常州）人，书法家、藏书家。光绪十五年（1889）进士，授翰林院编修，与珍妃老师、诗词名家文廷式还有维新派江标都在翰林院有声望。费精通天文历算、金石目录之学，也善书法、山水。曾任浙江乡试副主考。因故罢官后寄寓苏州，以诗文、书画、藏书自娱，还与常熟翁同龢、钱塘汪鸣銮等成为师友。

也曾入吴大澂幕的王同愈（1856—1941），元和（今苏州）人，晚清民国学者、教育家、藏书家、书画家、文物鉴赏家。学过新学，也中过进士，做过翰林院编修等，还曾任驻日公使参赞，当过乡试考官、学政、两湖大学堂监督，也当过江苏学务总会议长，在江苏兴办新学。

怡园画社吸纳成员不拘一格，但中心成员是吴中和海上书画家。吴昌硕早年在湖州没能名列潜园七子，此时在苏州终于名列怡园七子。

顾麟士家境富裕，又沉浸苏州风雅文化底蕴，是个淡泊名利的名士，一生不问仕途，沉湎于书画诗词、金石鉴藏。又好交游，往来皆书画文友，也多寻常百姓，常于怡园畅论艺事，将原本文人精英化的书画平民化、生活化，与海上画派的近代化遥相呼应。吴昌硕在其间当有所感。

顾麟士的书画收藏在祖、父辈基础上又续藏千件，其中有具文人雅韵的宋元明名作，尤多吴门画派画作，还多清初四王、六家（四王、吴历、恽格）画作，也有八大山人、石涛、龚贤及扬州八怪的花鸟、山水、人物，不拘一格，成就大观。就像顾沄早年在沈秉成处、怡园处看古画多得涵养一样，多看过云楼藏品于吴昌硕等新怡园画家的绘画也大有帮助。吴昌硕就因此突破学恽南田花卉，开始多学八大山人画作，日后他的《梅菊图》等力作也成了过云楼藏品。

任预（1853或1854—1901），一名豫，字立凡，萧山人，任熊之子，任薰侄子，长期在上海、苏州卖画，画艺得到任薰、任颐和赵之谦的指点。他虽承家学，但一变任氏宗派，开始学习文人画，人物、山水、花鸟无所不精。他和父辈合称四任，是其中最年轻的一位。

任预和顾麟士这两位沪上画者和苏州士夫的后裔，身份有差异，立场也可能不同，却都已敏锐感触到新时代的气息，开始新的探索，互相理解学习、借鉴靠拢，努力消除文人画和民间画以往的隔膜。如顾麟士开始打破高墙壁垒，向民间传递书画文化。如任预、陆恢、沙馥融通文人画和民间画，打破绘画专长，山水、花鸟、人物无一不能，也是为了适应绘画市场的新要求。书画印不再是士夫独享的风雅。这些都应该给了身处其中的吴昌硕很多感触，他也有自己的思考。

怡园画社（集）时期，吴昌硕与顾麟士相处甚笃，多受顾的鼓励。他曾为顾以篆书书写怡园的三个亭阁匾额——丰（峰）亭、鹤庐、杨楳（梅）柯竹之斋，还为其作《鹤庐印存序》，并为其刻印数十方，有“一丰亭长”“顾麟士画记”“鹤庐主人”“西津仙馆”等。现苏州古城中心醋库巷40号还有顾麟士故居西津别墅旧址。吴昌硕在苏州后期选择住在铁瓶巷石灰桥畔，应与怡园画社、过云楼、顾家有关。

第九章　石交录：江海有古心

金石契

20世纪末的怡园新社已昭示苏州甚至江南的社会文化新风尚，当然身在其中的人难免当局者迷。吴昌硕仍按惯性延续旧日的人生模式，但在思想上则顺应世变追求艺术新境和突破。

这期间，岁月如川流逝，他恍然惊觉很多师友已离去，痛切之余以敏锐的历史眼光及时记录了这些曾在人生道路和艺术上给予自己很多帮助的才人。显宦名家外，他更愿意以个人视角、感性文字记录那些名声不算大、但对自己影响深刻的师友们的言行。

1885年，吴昌硕在苏州作《怀人诗》，怀念青壮年时遇到并成为至交（包括至亲、姻亲）的17位故人师友，包括给予他重要教诲的师长金树本（铁老）、杨岘（藐翁先生），他去天津出公差遇到的诗人杨光仪（香吟），与他关系密切的早年师友张行孚（乳伯）、施旭臣（紫明）、朱正初（六泉），表弟万春涵（东园）、妻弟施为（石墨），还有来苏州后结识并给予他很多帮助的苏州友人潘钟瑞（瘦羊）、汪芑（茶磨）、顾潞（茶村）、潘志方（硕庭）和陆恢（廉夫），在上海结识的早年重要画友、嘉兴画人杨伯润（南湖），以及曾给他建议和启发的安徽人裴景福（伯谦）、嘉兴人沈翰（藻卿）、湖州人毕兆淇（蕉庵）等人。此时这17人应该都还在世。故人取故知旧友之意。怀人是怀远方之人和心中思念之人。

除了前文已提及的故交外，苏州友人顾潞是《石交录》也提及过的。吴昌硕说自己游吴门后，相契者（即性格相合、相交深厚）如顾茶村。为何相契？因为顾潞出身与吴昌硕相似，先祖显赫但如今家族中落，性格也相近。顾潞是元代顾瑛的裔孙，还是清代杭州诗人屠倬的孙女婿。顾瑛在苏州昆山召集著名的诗画雅集玉山雅集，参与者有诗人画者柯九思、杨维桢、顾瑛、黄公望、倪瓒、王蒙等，元四家有三家来会，这在文化史上可与东晋谢安、王羲之参与的绍兴兰亭雅集，北宋苏轼、苏辙、黄庭坚、米芾、秦观、李公麟参与的汴京西园雅集媲美。如今顾家败落，顾潞只是诸生，性子木讷，但能诗工书，善山水画，嗜紫砂，所以引起吴昌硕的相惜。两人初次相见就如故知老友，顾潞赠吴昌硕紫砂器，两人交往越发亲密。吴昌硕还提到顾的妻子屠夫人也工于画，善刺绣，绣人物、花鸟栩栩如生，人称针神。他们与吴大澂、杨岘等多来往。吴大澂在《画中七友歌》诗中也说顾茶村为人古道热肠。

裴景福，字伯谦，号睫暗，安徽霍邱人，收藏鉴赏家。光绪十二年（1886）进士，曾为广东知县。他酷爱收藏，也因此得罪两广总督岑春煊，遭受冤狱。

沈翰，字厚安，号藻卿，嘉兴人。书法家沈卫的兄长，沈钧儒的父亲。曾为江苏知县。工书画，喜收藏古物。自学作画，善绘花卉、翎毛、草虫，兼擅篆刻。

也入《石交录》《海上墨林》的毕兆淇，字蕉庵，归安（湖州）人，书法学赵孟頫、董其昌，工诗。曾寓居上海。吴昌硕说他与毕兆淇论诗，以为合律工整很重要，毕却说诗歌要追求通俗好懂有情思，如果学古人合格律却很沉闷，那还有什么可读呢？这一见解和金铁老教诲吴昌硕的“学游还学诗”相通。吴昌硕记下这次对话应该是有所感触，他兼取友人意见，后来的诗画自抒胸臆又不忘恪守古人笔法格律。

《怀人诗》因为是初次记录故人，所以对人的选择难免较粗疏且有遗漏。吴昌硕次年写的《十二友诗（存殁口号诗十二首）》便是查漏补缺的成果。

《十二友诗》包括此时已去世和还在世的12位重要友人吴山（瘦绿）、张熊（子祥）、胡公寿（横云）、凌霞（病鹤）、朱频华（镜清）、任颐（伯年）、吴淦

（鞠潭）、蒲华（作英）、杨伯润（南湖）、金彰（瞎牛）、金杰（獭将）、王璜（竹君）等人。其中，多为画人。杨伯润等人在《怀人诗》中也出现过。1886年，海上画派早期领袖张熊、胡公寿，早年友人金杰，以及来他家坐馆的年轻文人王竹君都已去世。

《怀人诗》《十二友诗》中，除了朱镜清，其他人也大都出现在他1892年所作的师友传记《石交录》中。师长金树本、杨岘，早年师友张行孚、施旭臣、凌霞、吴山、金杰、沈藻卿，上海画友张熊、胡公寿、蒲华、杨伯润，苏州友人潘钟瑞、顾潞、陆恢、王竹君等人被提及了不止一次，有较多生动翔实的记录，因为他们都在吴昌硕生命里留下过重要痕迹。

朱镜清，号频华，归安（今湖州）人。诂经精舍同学。同治九年（1870）举人，光绪二年（1876）进士。吴云女婿。

吴淦，字鞠潭，室名原胜斋，钱塘（今杭州）人。廪贡生。官嵊县训导。工诗文，有《杭城辛酉纪事诗》记录太平天国运动，还有《原胜斋诗集》。精楷书，学晋、唐人。后卖字，以行书出名。于上海卖字时，与任颐、胡公寿等人书画唱和，交往甚密。

《石交录》简要提及了40多位生平交游的故人，这些友人都曾向他索印。吴昌硕感慨，金石之交就是这样的吧？一语双关，既说金石篆印，也说情谊如金石般坚固不朽。这包括顾潞、顾沄、陆恢、胡锡珪等苏州画人，以及张熊、任薰、吴滔、蒲华、杨伯润、吴谷祥等海上画人。其中有25人被较详细记录，应该属于有故事者，包括吴山、杨岘、方浚益、凌霞、章紫伯、金树本、王竹君、顾曾寿、潘钟瑞、徐士骈、吴云、沈秉成、施旭臣、陈殿英、张行孚、胡镬、周作镕、施补华、谭献、徐维城、潘祖荫、胡公寿、金杰、杨晋藩、金彰等。这25人中，吴云、沈秉成、潘祖荫是对吴昌硕有援引之恩的显宦巨子，杨岘、凌霞、施旭臣、张行孚、金树本是书画诗文印上的早年师友，金杰是古缶之交，吴山、章紫伯、胡镬是印人朋友，施补华、谭献是诗文知交，胡公寿是海上画人师友，潘钟瑞、金彰是苏州友人。

徐士骈，字渠生，宣统元年（1909）任丽水宣平知事。吴昌硕早期诗有《寄徐渠生孝廉士骈海上》："荒城日萧索，独坐更谁亲。无事消残岁，清游忆故人。寒山生紫翠，落日冷松筠。怅望离群客，相思在海滨。”“清游忆故人”中的“清游”意为清雅游赏，也许家乡这位较早去上海的举人是到上海为学官或教书，也可见当时吴昌硕对上海的向往。诗最后的“怅望离群客，相思在海滨”表达了对徐的思念。徐还与身为海上书法家、诗人的湖州人汤经常有诗文书法交流。汤的书法学颜真卿，与任颐等常交往唱和，求画者曾以任伯年画配汤经常书法。

徐维城，号韵生，祖籍丹徒，寄籍顺天通州（今北京）。道光十四年（1834）举人，官贵州贵筑知县。工诗及骈体文。其诗慷慨任气，磊落使才。骈文有六朝风致。有《天韵堂诗存》。72岁去世。吴昌硕的《缶庐诗》卷三有《哭徐韵生》诗，其中提到他是在吴鞠潭处认识徐的。

杨晋藩，字蕉隐，江苏阳湖人。工书善画。年七十余，官梅溪，闲官，多空暇，以书画自娱。

方浚益（？—1899），字子听，安徽人，咸丰十一年（1861）进士，先为翰林院庶吉士，任江苏金山知县。他生性嗜古，藏金石甚富。书法宗六朝，工花卉。篆刻学汉印，并得力于浙派吴让之，印文多草篆、草隶之意，貌似草率实则秀韵焕发，自成一家。他还精于训诂，尤熟于彝鼎奇字，每见一字，能马上指出这个字可见某某器，那个字可解释为某某字。自北宋欧阳修、元代赵孟頫到清代金石家，著录之有无，训释之同异，他都了解并能有包容折中的看法，见解高出前人。家藏古器及各家拓本多不胜记，他都能一一辨别真伪。方知道吴昌硕喜欢金石，多次拿出拓本同赏，吴昌硕则刻印报答。

方浚益也是孟郊、米芾一样的名士性格，他当知县时，因一年未去坐堂被罢职。人们说他是被好古成癖所误。与杨岘的被藐视上司所误可谓异曲同工。习惯了做闲云野鹤的“浩荡江上凫”，是不可能做“局限人中龙”被官场束缚的。吴昌硕日后也是如此。

周作镕，号陶斋，又号井南居士。湖州人。他和吴昌硕一样都是捐官，都在江苏为知县。周性情潇洒，无官气，也是位名士。他曾官丹徒，终日不问政事，小吏把案牌送进，他却吟诗作画自如，正是唐代孟郊、清代扬州八怪等人作派。不久，他被弹劾罢官。有人说此事还可挽救，有个显要巨公愿帮他周旋。

两人约好一起去拜访达官，半途上周看见一本古画册，就忘了要事。周拙于理财，又嗜古好客，家中亏空很多，落职后不能偿还。手下人请他将所藏书画卖了，他唯唯诺诺，但到了交易时却找不到他。找到后，周作镕却怡然说："这些东西可卖，那么我的老妻也可以卖了！"

周作镕能诗，尤擅词，曾与同光时著名词人、名列清代三大词人的蒋春霖等交游。书法学董其昌。画花卉、果品、茶具、种菖蒲的水盎之类，都修洁绝俗，如他的诗词一般。吴昌硕有写给周的《荷花寄井南》诗："荷花荷叶墨汁涂，雨大不知香有无？频年弄笔作狡狯，买棹日日眠菰芦。青藤白阳呼不起，谁真好手谁野狐[①]？井公持去挂粉壁，溪堂晚色同模糊。"（《缶庐别存》）可见两人有诗画唱和，画风都学青藤徐渭、白阳陈淳之风，诗风画风也互相影响。

周作镕很喜欢吴昌硕的印，同治十三年（1874）夏吴昌硕就为周治印。光绪七年（1881），吴昌硕又在苏州与周重逢，先后为他作印百枚。后来周就以"百篆"命名其书斋。

可见以上五人都是和吴昌硕身世相似者，是清末时怀才不遇、科举不顺、漂泊宦途、不合时宜的"酸寒尉"。方濬益、周作镕的行为则很有吴大澂的影子。吴昌硕写他们的生平，是怜惜，也是自我警诫。

王竹君的人生从另一个角度揭示了当时的才人困境。光绪十年（1884），吴昌硕延请王竹君在苏州寓所为两个儿子授课。次年十月，王不幸病殁，吴为之料理后事。王竹君是金铁老次子金道坚的友人，江宁人，流寓苏州。他为人磊落负气，学习法家申不害、韩非子之学。每次大家在酒肆饮酒，他就拍案狂呼，满座皆惊。众人都认为他是怪人，他却浑然不觉。吴昌硕每次见到金都能见到王，因素昧平生，从未交谈。后来吴昌硕的两个儿子渐渐长大，想延请教师课读。金道坚介绍了王，吴昌硕有些担心，问是否就是那个滥饮狂呼的人，怕他不守师范。金却以为无妨。金去问王，王竹君问"是否就是吴俊卿？"说"我阅人无数，只觉此君可人意。我今天就去他家，束脩厚薄我不计较"。于是，王竹君就在吴家设馆，训导十分勤勉，不再是往日豪纵不羁之态。设馆约8个月后，

---

① 指偏路，非正道。

王竹君背上发疽，吴昌硕为他请医生治疗，不愈。王竹君无妻无儿，感激吴昌硕为其医治，自知一病不起，言语中多酸楚之意，吴昌硕多方慰藉。王的病越来越厉害，最终不治而亡。

吴昌硕感慨，王竹君秉性落落寡合，不俯仰求荣，但遇到自己敬重的人，又一点也不傲。他表面上性情奇特，其实是个淳正朴实的人。还提到他临死之际将自己头上的冠顶摘下说："我是布衣，没有功名，以前头上用冠顶是姑且从俗，今天要死了不可僭越殓葬。"吴昌硕以为这可比《礼记·檀弓上》孔子学生临死前换掉身下的大夫之箦一事，足见王的人品雅正。吴昌硕与王竹君本无深交，却为王养生送死，且能理解他，不啻是王的生死知己。他还在《十二友诗》写王竹君："先生慷慨非俗儒，延课二子来缶庐。谈兵击折铁如意，读书不改金根车。青毡坐穿耗心血，白鸡梦恶死背疽。斗醪设祭萧寺晚，月明滴泪枯方诸。"（《缶庐集》卷一）说王竹君非是俗儒，乃是名士。

吴昌硕为何对王竹君的人生如此感同身受，应该也是觉得他和自己是同一种人，同样处于时代和社会的困境里。

吴昌硕还在苏州格外留心顾潞族人、能画的奇士顾曾寿（1836—？）的轶事。顾曾寿，字韡翁，号楞伽山民。善画山水，多用古法，取径高古。性情孤介，不乐家居，常身在荒谷绝涧或松石间。受道家思想影响，学吐纳导引之术，还豁达地自为挽句："仙人一去如黄鹤，达者不必吊苍蝇。"吴昌硕以为顾曾寿是"好奇之士"（对人间和艺术充满探知欲），但也有现实中难以排解的苦闷。他是懂顾曾寿的，顾曾作一自己趺坐苏州石湖边棱伽山中的图画分赠知交，还在题跋中说自己名号里的山民不只是山中隐居者，而且是旁立于社会主流之外，在《会试录》《乡试录》《秀才录》甚至《纳粟簿》上都无名的畸零者。《会试录》指进士录，《乡试录》指举人录，《纳粟簿》指科举不顺买官入仕者的名单。顾曾寿的旷达实是一种看破世间不公却无可奈何的愤世嫉俗。他的言行实则比方浚益的消极无为被罢官、周作镕的不通实务被罢官更进一步，体现了清末时文人对科举入仕的深刻反思。吴昌硕对顾曾寿的事迹感慨良多，因为他也长期困于科举和入仕。清廷覆灭前夕他才走出这一心灵与人生困境。

在《石交录》的最后，吴昌硕说："余性喜交游，而足迹所至，素心人恒不多觏，由迂拘所至，亦由不欲滥交也。”[①]明着是说自己性情迂阔拘谨，虽喜欢交游，但去过的地方、见到的“素心人”不多，实则是说知音可遇不可求，自己不愿滥交。“素心人”出自陶渊明《移居》诗的“闻多素心人，乐与数晨夕”，吴昌硕说自己从安吉来到湖州、杭州，再来到苏州、上海，移居各地，就是想寻找心地醇正、世情淡泊的知交。《石交录》中所记的这些向他求印、知晓看重他的才华、自身性情高古野逸的才人都是他的“石交”（金石之契）。

这些“石交”，大都是些和吴昌硕一样才志高远却流落江湖的不遇文人，多有以微官、小吏、幕友、门客、塾师等职业为生者，也有闲散文人。这样身份的文士在历史上极多，明清以来尤多，如扬州八怪、西泠八子等，他们终生困于科举或仕途，甚至成为社会中的边缘人。这些人大都性情淳厚朴实，却被世俗社会视为畸人，即使有时看清自己的人生困顿也不能有所作为，所以他们既可悲又可爱。吴昌硕之所以能怀着真切的悲伤，爱惜地书写他们，是因为相交多年、知之甚深，也是因为相契相似。

吴昌硕虽没有自制年谱，但一生用诗文等形式记录了大量琐碎而珍贵的与友人交往资料。也许这些自传性文字会有不可避免的主观化问题，但因为是一手资料，真实性还是相当高的。其可贵性尤其在于一些生动的对话、场景，能从中揣摩还原出当时人交往、在艺术上攻错的鲜活氛围。这样的时代文化氛围是雕琢磨砺吴昌硕气质和艺术的重要因素。

以缶为庐庐即缶

吴昌硕中年后始以缶庐为号，后来人们多尊称他缶翁。的确，缶这种古器是吴昌硕喜爱的，很能象征他淳朴野逸又高古雅健的性情及艺术风格。

何为缶？古代盛水或酒的器皿。材质多为陶。形制一般是圆腹小口，有的有盖，肩上有环耳，也有方形的。古缶也是古代打击乐器，如《史记》中蔺相如曾迫使秦王击缶。春秋战国时的古缶较多见。

① 吴昌硕著，吴东迈编：《吴昌硕谈艺录》，人民美术出版社1993年版，第218页。

缶庐之名何来？与友人金杰有关。光绪八年（1882），吴昌硕39岁。四月初九，金杰回赠吴一个古瓦缶，据说是出自古墓的春秋古器。吴对这个刻有雷纹、没有铭文的古缶喜欢异常，觉得它朴陋却可喜，有古拙之美，与自己的趣味契合，终日摩挲不已。后来吴更以缶为庐室之名，并取缶庐为别号，此后还有老缶、缶道人之称。以所藏珍贵器物命名斋馆本是文人寻常风气，如吴云的两罍轩。但吴昌硕以一个朴素瓦缶为爱物，且为“吾庐”（即精神栖息地、安身立命之所），还另有深意。他此前的“吾庐”是芜园，此后还有缶庐。

从野梅、芜园代表的自然草木到苍石、缶庐象征的金石古物，这变化源于他在湖州、苏州等地所见金石古物渐多，濡染的艺文传统底蕴渐深。这也体现了他因为自身经历和趣味，对古金石中较素朴平民化、有残缺沧桑意味的器物和文字有偏好，如选择古缶、古砖、石鼓文。这种爱好从早年的杭州、湖州等地萌生，而成长深化于苏州。吴昌硕得到古缶后有长诗《缶庐》以志纪念。一说这首诗就写于光绪八年（1882）四月：

以缶为庐庐即缶，庐中岁月缶为寿。
缬将持赠情独厚，时维壬午四月九。
雷文斑驳类蝌蚪，眇无文字镌俗手。
既虚其中守厥口，十石五石颇能受。
兴酣一击洪钟吼，廿年尘梦惊回首。
出门四顾牛马走，拔剑或似王郎偶。
昨日龙湖今虎阜，岂不怀归畏朋友。
吾庐风雨飘摇久，暂顿家具从吾苟。
折钗还酿三升酒，同我妇子奉我母。
东家印出覆斗钮，西家器重提梁卣。
考文作记定谁某，此缶不落周秦后。
吾庐位置侪箕帚，虽不求美亦不丑，
君不见江干茅屋杜陵叟。

诗极赞古缶高古素雅之美，说缶上幸没有俗手刻的文字，保全了质朴面目。还说“不落周秦后”，断定古缶是周秦（东周战国）之前的古物。

“廿年尘梦惊回首”说自己学古人击缶高歌（“兴酣一击”）抒发情感，惊觉离乡外出学艺、谋生已近20年。这应该是取同治七年至光绪八年（1868—1882）的约数、成数。他回首了初次离开芜园的四顾心茫然，到湖州等地为“牛马走”（为人仆役）的辛酸，在湖州（“龙湖”代指湖州）和苏州（“虎阜”代指苏州）与艺友的交往。“王郎”是用杜甫《短歌行赠王郎司直》诗的“王郎酒酣拔剑斫地歌莫哀”，与诗中的“兴酣一击洪钟吼”呼应，并与诗最后的杜甫以破茅屋为“吾庐”对照，以王郎和杜甫自比友人与自己，自嘲狂生古今如一的酸寒窘境。

来到苏州的吴昌硕成为“酸寒尉”，生活依旧艰难，也难以还乡，所以幻想以古缶为家，代替风雨飘摇的故庐芜园，也希望以古缶为自己初步成熟艺术的寄托。所以他说“吾庐风雨飘摇久，暂顿家具从吾苟”，他言漂泊已久，也在一些收藏大家处见到许多珍贵金石古器古印（“东家印”“西家器”），但还是钟情古缶并从中悟得金石之艺的妙谛要诀。一首长诗，写得虚虚实实，尽显吴昌硕的奇崛诗风。

古缶的确是一个重要象征。吴昌硕在接受古缶前后，正受此时交往较密的苏州金石家吴云、杨岘、方浚益、徐康等人及与吴云齐名的陈介祺（1813—1884）、吴式芬（1796—1856）等金石收藏大家影响，从在湖州等地接触较多的秦砖汉瓦、秦汉印到渐渐得遇上溯先秦钟鼎彝器及古玺印等上古金石器物，不过其素朴高古审美的偏爱没改变。徐康（1814—1888），字子晋，号窳叟，长洲（今苏州）人，诸生。工诗、画，篆、隶、刻印无不研究，尤精于鉴别金石等，能洞悉源流。杨岘将徐比作清初大收藏家宋荦。

吴昌硕日后知交沈曾植在《缶庐集》序里评价他“篆刻朴古自金文”。吴昌硕的篆刻确是得益于其对大篆的精通谙熟。他此时在吴云等人处得见一些珍贵钟鼎彝器，对较常见的小型器及款识也颇为注重，还求之于金石拓片。他关注的不只是古金石上的文字，如他觉得古缶没文字（“眇无文字”）也古朴可喜。他也关注古金石的形制与高远朴素韵味，“雷文斑驳类蝌蚪”和古文字的苍劲厚朴、高古雅正都被其融入自己的书法、篆印，也影响了他篆印与篆隶、书法的面目。沈曾植还说吴篆刻“结构之华离杳渺，抑未尝无资于诗者也”。其篆刻的整体构思布局趋向参差、悠远缥缈，也受到古金石器物本身体现的朴拙高古韵味影响。

吴昌硕平素多见的古金石以石刻、陶器等民间古器物为多，加上他高古朴野的审美趣味，故偏爱刻石、碑碣、封泥、陶器等较朴素古器物，如古缶、古砖、石鼓文。他在长期的游宦游学游艺过程中到处寻幽觅古，就像他诗中写的“裹饭寻碑苦不才，红崖碧落莽青苔”（《题〈削觚庐印存〉》，《缶庐集》卷二），多见经历岁月和战火面目沧桑宛如自己化身的残碑断碣、残瓦破缶，心意相通，所以会有以缶为庐、抱十石鼓的想法。他在这些朴陋残缺而古意盎然的古器物上发现与自己精神内核及艺术追求深层契合的意蕴，就像他在吴山、方浚益等金石才人身上看到与自己的相似处，从中领略意趣，激发灵感。

此时是吴昌硕的书法篆印渐成自我特色之时，偏好朴拙、残缺之美，这来自他苦难身世遭遇的心灵投影，也来自他的“家风旧学汉周秦”、求学诂经精舍等经历造就的喜好高古性情。他的书法、篆刻追求的是，类似安史之乱后杜甫、韩愈力创的中唐诗，有脱去盛唐气、以丑为美的求朴陋感，有残碑断简感，有高远金石味，有贴近平民风，有历史沧桑感。这都与古缶、石鼓文相通，就是他说的“吾庐位置侪箕帚，虽不求美亦不丑”，他说“缶庐”（即他的艺术理想）是平朴的，类似“箕帚”扫地的畚箕和扫帚意象，取意道家的“道在瓦甓”，也就是题竹诗“岁寒抱节有霜筠，野火烧山未作薪。莫笑离披无用处，犹堪缚帚扫黄尘”（《缶庐别存》）之意，竹子即使做成扫帚也能扫尽天下尘土。这也就是“芜”的芜而不芜、不美不丑，也就是以丑为美。

赠古缶两年前的光绪六年（1880）四月，金杰还赠吴昌硕一块三国东吴孙皓建衡年间（269—271）的古砖。吴昌硕将古砖凿成一方砚台，并在内侧以隶体铭“建乃直，衡则平，谈何容易争书名。庚辰四月仓石自名（铭）”字样。古砖（砚）就是“仓（苍）石”，经千余年风雨而古意斑驳，砚面似不经意凿成，布满刻刀之痕，粗砺中自有一种朴素古雅，很能体现吴昌硕的艺术意旨。

古缶、古砖（砚）从此成为吴昌硕的诗意寄托，也成为他的艺术借喻，还成为其人生象征。如诗中的“既虚其中守厥口”，“虚中”说古缶大肚，言像竹子那么虚心，为艺术要没有杂念、心神专注；“守口”说古缶小口，也指缄默不语，显现守分安常的人生态度。由此，可见金杰赠缶、砖的深刻意义。吴昌硕为之赋诗并刻印再三。他的一方“缶庐”印边款上也说，自己得一瓦缶是夏商周时期的古物，古朴可爱，因此以缶命名庐（即住处）。光绪十一年（1885），他还将《缶庐》长诗作为边款刻在另一方印面也为“缶庐”的印上。

可惜金杰早逝，不能与吴有更多艺术交流。他去世后，吴昌硕常将古缶拿出摩挲，击缶长叹。他一直珍爱古缶与古砖砚，身后还与古缶同葬，真的是以缶为庐。

抱十石鼓善抱不脱

光绪七年（1881）前后，吴昌硕在苏州认识了友人潘钟瑞。光绪十二年（1886），潘送给吴一本汪鸣銮手拓的石鼓精拓本（一说未果），使他得见更多石鼓文拓本。

唐代在岐阳（今陕西宝鸡石鼓原）出土的石鼓文是古代金石古物经历史巨变、战乱摧残虽文字漫漶严重但屡失屡得屡次浴火重生的典范，富于传奇性，被认为是石刻之祖、汉字活化石。韩愈说它“雨淋日炙野火燎”（《石鼓歌》），很适合吴昌硕“野火烧山未作薪”的自我认定。和朴实无华近乎芜的古缶一样，石鼓高古、残缺兼得的面目也很符合吴的审美，他说“抱十石鼓”，也就是“以缶为庐”。而他选择书写石鼓，因为石鼓文字虽多湮灭但仍多拓本展现，多学习研究阐释者。

潘钟瑞擅诗词，是咸丰、同治年间（1851—1874）吴派声律派词人，有《香禅词》。也有书名，善北魏隶书和隋楷，还能篆刻，精于金石考证。他性情淡泊，相貌温和清秀，是个有名士气的好奇之士，喜游山水。《怀人诗》有一首写他：“黄山白岳几回看，经过严陵七里滩。听水听风随处可，香禅居士著蒲团。”（《缶庐集》卷一）这首诗说潘游历过画坛前贤（如清初石涛）爱游历的名山徽州黄山、白岳（齐云山），元四家黄公望钟爱的富春江、严子陵垂钓的七里滩等奇秀山水。

“听水听风”也就是吴昌硕的“买舟湖海游”“酤酒篷背坐”、金铁老的“学游还学诗”，指的是艺境提升的外在促力。学禅深思则是内在促力。吴昌硕还为潘画过《香禅精舍图》，说他妻子去世后不再娶，无家室之累，翛然一身，如空山老禅，却无打钟供佛之烦，出语精妙，深得禅理，写诗学唐代诗佛王维的诗歌。金铁老和潘钟瑞的修禅都是一种疗愈心灵的方式，也对提升艺境有帮助。“翛然”出自《庄子・大宗师》，指无拘束、超脱的样子。吴昌硕也爱唐诗，说自己和潘论诗、禅，两者都有进展。潘母是在丈夫去世后奉养婆母并养育孩子、在婆母去世后自杀殉夫的孝（节）妇，吴昌硕感念其为失母的可怜人，为潘写《潘孝妇传书后（孝妇，瘦羊之母也）》。

潘钟瑞属苏州贵潘分支，虽不比潘祖荫尊贵，但也很富裕。只是他生性不屑进取，只以考订金石自娱。他与吴昌硕有默契，过从甚密。每次得到珍贵的书画碑版，都邀吴一起赏析。他常为吴昌硕的书画题跋，吴昌硕则为他奏刀刻印，两人相得甚欢。

光绪十二年（1886）秋日，吴昌硕与潘钟瑞同游虎丘并作诗赠潘。这次游历也许与潘祖荫请潘钟瑞椎拓虎阜（虎丘）古石刻有关。潘钟瑞知道吴昌硕一向对石鼓文有研究，想让吴帮他临阮元所刻的宋拓本，还愿意以汪鸣銮拓本相赠，让吴昌硕多见石鼓拓本，使吴有了更多临摹研究并化为己用的动力。

十个石鼓自唐初出土后，就备受书法家、学者重视。经安史之乱，石鼓遭劫十余九，韩愈的七言长篇古诗《石鼓歌》是诗人张籍拿着石鼓文拓本来找他的有感而发，先以“少陵无人谪仙死，才薄将奈石鼓何”自谦没有李白、杜甫的才华写不出石鼓的高古。诗中，韩愈探讨了石鼓起源，认为是东周古物，痛惜石鼓在野外遭受日晒雨淋，呼吁朝廷给予保护，剜苔剔藓，放在太学中供学者研究。后来石鼓进了陕西凤翔孔庙。北宋嘉祐年间（1056—1063），苏轼初登仕途就来凤翔，写下“旧闻石鼓今见之，文字郁律蛟蛇走”（《凤翔八首之一・石鼓》），说石鼓上的文字雄奇如龙蛇。宋代的帝王、文人多好金石，从宋仁宗到宋徽宗，找齐了十个石鼓并将它们迁到都城开封，为了保护石鼓还用黄金灌注。可叹金人灭北宋后，刮走黄金，又将沉重石鼓抛弃荒原。到了元代，国子监教授、虞集又发现石鼓，将其送入文庙保存。石鼓流落民间，岁月侵蚀，又屡经兵火，鼓上文字漫漶严重。据说到元代只存300多完整字。所以宋、元、明、清各时期拓本的字数、质量都不相同，但也成就了石鼓文的独特魅力。清代金石文字学复兴，多有学者深入研究石鼓文，环太湖流域苏州、嘉兴等地学者顾炎武、朱彝尊、何焯等都是石鼓文专家。

吴昌硕早年即学石鼓文，约在第二次来到杭州求学时，临摹过金石学者阮元重刻的鄞县范氏天一阁所藏北宋石鼓文拓本。阮元认为天下石刻文字以石鼓文最古，可惜原石剥蚀，唯北宋拓本存字较多。他为浙江学政时，以他以为最为可据的天一阁本为底本，参考明初各种石鼓文拓本推究字体、模拟书意，并请在天一阁临写精研石鼓的海盐篆刻家、浙江篆刻大家丁敬弟子张燕昌（1738—1814）书写，后篆刻放置在杭州府学（今杭州市上城区府学巷杭州碑林），使学子们能见到古老文字真迹，实在是文化视野高远，这是和建诂经精舍一样有益后学的文化盛举。得益于曾提携家族族贤吴衡的诂经精舍老山长相助，吴昌硕较早就接触过石鼓文较优拓本，此后他又在两罍轩和曼陀罗斋等处见过元、明拓本，但他仍认为阮刻石鼓可靠，虽不易得，但他尽力寻求，并一生摹写不倦。

此外，从阮元的重刻石鼓文中，也可见石鼓文的出土史。它的残缺面目决定对它的临摹与学习可以是一个再创造的过程，秉承扬州学派经世致用、求变求新精神的阮元是这样认为的，濡染阮元创立精舍精神的吴昌硕也是这样想的，这为他后来的石鼓文书写奠定了基础。

潘钟瑞所拥有的吴大澂表弟、钱塘汪鸣銮手拓本，是光绪元年（1875）汪鸣銮在京城任国子监司业时手拓的。这个虽是清末拓本，但石鼓在明清时保存较好，又是学者亲自手拓，所以可谓精拓本，较有神韵。吴昌硕以为这个拓本也很好，虽然字数较少，但胜在可以更清晰地看到书法笔触。

光绪十二年（1886），吴昌硕有《瘦羊赠汪郎亭司业手拓石鼓精本》长诗记录得到拓本之事，“有此精拓色可舞”“从兹刻画年复年，心慕手追力愈努”“清光日日照临池，波干古井磨黄武”（《缶庐集》卷一），描述了得到精拓本时如获至宝之感，也道出此后要参照多个石鼓文版本，继续挥毫临习、心慕手追、临写研究不辍。“临池”是东汉书法家张芝临池学书至池水尽黑的勤苦典故，“日日”“波干古井”“磨”也是此意，且“临池”亦有《文选·司马相如》中的君子之学临池不浴、乘舟不渡、知止不穷之意，有观照思考意味。由此，可窥见他学石鼓文既摹拟又创新自立的态度。“黄武”指吴昌硕此时所用的一方由三国东吴孙权黄武年间（222—229）古砖制作的砚台。

诗中还说“葑溪新居南园邻，种竹移花满庭户”。光绪十年（1884），吴昌硕曾租住帝赐莲桥旁西畮巷四间楼，此处比他在杨岘家旁边的住处稍宽广。爱好花木的他在庭中种上梅花，拟造了芜园情景，《四间楼》诗最后一句就是“梅花树树开围屏”。而南园附近的新居也许是因为三子出生后家里人口渐多才搬迁的，也有满庭院的梅花、竹子。不管住得远近，他与杨岘来往仍多，曾与杨岘一起赏析新石鼓拓本。杨岘也作诗四首记此事，说吴昌硕这个苦铁道人酷好古物，对精拓本很珍爱，一日千摩挲。杨岘还用曾以石鼓文入篆的清末篆书大家偲翁莫友芝（字子偲，1811—1871）、泳翁杨沂孙（号泳春，1813—1884）鼓励吴，说这两位书写石鼓文的名家都已去世，你要超越前贤。吴昌硕当时的石鼓文书写的确还受到当世名家的影响，如他35岁左右写的石鼓文就还属杨沂孙风貌，笔画细瘦，体态平板，略显拘谨。杨岘的话日后终于成真。

石鼓文是我国目前所见最早的成篇刻石文字。“刻石”指古人用文字在石头上记史或人，因为材质坚硬，能和青铜器上的文字一样流传久远，所谓金石不朽。“石鼓”是刻有籀文四言诗的鼓形石（实是碣形，即圆形石碑），共十只，因铭文多言秦国国君渔猎，又称猎碣。中唐诗人杜甫、韦应物和韩愈都认为是周宣王时物，清末罗振玉等人以为是秦文公时物。因为其在唐初出土于陕西凤翔府陈仓，也称陈仓（周秦文化发祥地）十碣、雍邑刻石。石鼓出土早，历代文人学者多记录研究，影响极大。石鼓文书体介于周古籀与秦篆间，是由大篆到小篆的过渡性书体，也是大篆形法保存较完整的书迹之一。学石鼓文可上追大篆、下学小篆，后世学篆者奉为正宗，无不临习。

清中叶以来，金石学勃兴，古物被大量发掘，一些学者因考据古文字而学古金石书法，书法尚碑学渐兴。阮元、包世臣等学者大力倡导。道光、咸丰（1821—1861）后，碑学书风大盛，打破帖学一统局面，张扬刚健高古书气与期待国家复兴的时代心态暗合。篆隶创作繁荣。石鼓文成为学篆重要范本，它作为最早刻石，比甲骨文、金文更书法化。吴昌硕之前的许多前贤，如邓石如、阮元等，以及与他同辈的许多书家，如杨沂孙、吴大澂等，都以石鼓文为学习大篆的重要范本，潜心临摹，并有创新。

光绪十二年（1886）后，以潘赠汪精拓本为契机，凭借以往的积累，加上杨岘的箴言和鼓励，吴昌硕从此更不倦地摹写、研究石鼓文。光绪十五年（1889）寒食，他在《己丑寒食》诗中说自己在政务之余不忘“临残石鼓还听雨”（《缶庐集》卷二），还曾与长子讨论石鼓笔法。此后，经多年苦思勤练，其融石鼓笔意渐趋自如，有了自己的特点，比如字的结体取纵势，一些左右结构的字初显左低右高欹斜之势，气韵也渐离原刻的规整，变瘦劲为朴厚。他还多见多参宋、元、明石鼓文佳拓，不拘一格，沉潜其中，深切领略笔势与气韵。还参考两周鼎彝金文和秦石刻，旁通秦玺、汉印和瓦当，以石鼓文与金文、小篆相印证。受杨岘影响，在篆隶神韵中融入狂草，更得乱头粗服、不美不丑之趣。在参与怡园画社、再次来到上海期间，也就是60岁前后，逐渐形成后来人们较熟悉的缶翁石鼓文面貌——采用参差、富于变化的结体，赋予原本平正圆匀却有些凝重板滞的石鼓文以既古朴奇崛又灵动自在的个性，即书法家兼诗人沈曾植领会到的“结构之华离杳渺”。

此后他也仍坚持不懈，在65岁临石鼓文时自题，说自己学篆好临《石鼓》，数十年从事于此，一日有一日之境界，道出学石鼓的个中甘苦自知和豁然有悟、有变有成的喜悦。晚年书写石鼓文更注重整体气势，“临气不临形”，也就是更重视“结构之华离杳渺”，不似石鼓面目，又是石鼓气韵无疑。70岁以后，是他石鼓书风成熟时，他浸淫石鼓数十年，对石鼓文特点了熟于心，追求“书之所贵贵存我，若风遇箫鱼脱筌”（《缶庐别存》）的超逸境界。字的线条得心应手、丰富多变，结体上或左右紧束、上下纵展，改变了石鼓文方正圆匀的形态，呈现出郁勃恣肆的气韵生机。到了生命的最后几年，他所临所书石鼓文又出现回归平正的返璞归真倾向，线条沉厚平缓，结体凝重和雅，或有一些斜倚呼应，这也印证了他高古野逸、不丑不美的人生艺术探求与追索。

吴昌硕曾在为苦学汉碑数十年的清末金石书法家何绍基（1799—1873）之

书法册题的诗里说“曾读百汉碑，曾抱十石鼓。纵入今人眼，输却万万古”（《题何子贞太史书册》，《缶庐集》卷四），这既是仰慕前贤，也是一种自我期许。

篆书是吴昌硕艺术的基石，无论是他早已成名的篆刻，还是成熟较晚的绘画，无不得益于篆籀线条。吴昌硕在书画印上的学习、求自我历程，也最能从他学石鼓文中反映出来。从他选择石鼓文拓本的态度可知，他不是没有师承，而是不薄今人爱古人、转益多师，学杨沂孙等前辈，更直接师承金石古物，取径、取境都较宽广。他还学阮元、俞樾等学者对传统、古物的通脱态度，慕古但不避求变。

再则，吴昌硕选择石鼓文，是对自身高古雅正又朴野残缺面貌的高度认同。在大篆中，石鼓文与钟鼎金文相比，有从金到石、从庙堂高雅到民间朴拙的不同，他在石鼓文中找到“芜”，以自己的精神去融入石鼓文，以石鼓为庐，创造出一种寓古于新的个人风格。吴昌硕以行笔写石鼓、集石鼓文为楹联等都体现了他的艺术意旨。当然，褒贬此法者甚多。他的友人郑孝胥评论近世篆书家时就赞许缶道人（吴昌硕）于石鼓最精熟，笔情理意能自成宗派。这是懂他的。罗振玉弟子、古文字学家商承祚（1902—1991）则对吴氏石鼓文评价不高。

近40年（从而立之年到古稀之年）的流寓宦游生涯，时代氛围、碑学思潮、个人际遇，尤其清末苏州等地金石文化圈的风气，对吴昌硕的石鼓文创作大有影响。经半生苦心孤诣地沉潜运化，他的石鼓文终自成面目，具备了化方为圆、化正为奇、化雅为俗的创新意味，甚至顺应时代心态成就一种新范式。在他之后，学石鼓文者多以他为楷模，学原本工整风格的人反而少了。他以一人之力和半生苦功，改变或者说开创了石鼓文顺应时代的新面目，同海上新画风相呼应，这成就是值得记录的。至于褒贬，他年轻时已有人提出家鸡野鹜之论，自是早已不在意。

石友介于石

吴昌硕的中年艺术进益，受益于多见巨族大家收藏的古金石书画，也得当世许多民间收藏家之助，如金杰、吴山、虞山（今常熟）沈石友。就像吴中真率会、潜园之社、耦园之集和芜园三友唱和、海上画友小酒馆畅饮、怡园新社有不同取向的氛围意趣，不同于吴云、吴大澂、潘祖荫等大宦学者富于学术意味和高华之气的彝鼎金石癖，以及陆心源爱古砖成癖但更少功利意识，沈石友的砚癖、古今砚台收藏较特殊，他很注重个人爱好和趣味，更贴近艺术。

沈家是虞山望族，而沈石友是著名处士，自晦于时，学而不仕，深居简出，足迹不出吴越间。他性情淡泊正直，对艺事、收藏的爱好多出于天性，名利心不重。吴昌硕《石交录》等诗文记录的友人多是这类人。

沈汝瑾（1858—1917），字公周，又字梦痕，号石友，以号行，晚年别署钝居士等。斋堂为笛在月明楼、鸣坚白斋、师米斋等。“笛在月明楼”取五代词人李煜《望江南》词句，化虚的诗意为实的斋堂。沈家小园遍植花木，清丽多逸趣，同邑文士常聚于此吟咏为乐，遗址在今常熟翁府前38号。“鸣坚白斋”取庄子文意，即庄子和惠子争论石头的色白、质坚是否可同时存在。作为爱石（砚）者的沈石友觉得石的纯净坚实可同存，他和吴昌硕都是庄子爱好者。“坚白”也出于《论语・阳货》说的磨而不磷（坚）、涅而不缁（白），意为君子在浊乱之世能保持志节坚贞而不可动摇，沈石友和吴昌硕都是这样的贞者。“师米斋”意在学藏砚大家北宋米芾。沈汝瑾号石友是因为爱砚，他也成为吴昌硕之石交。

沈石友是著名诗人，也是不仕秀才。吴昌硕为他写的挽诗《石友庭中玉茗一株，数百年前物，花时吟啸其下。石友病殁，花亦枯死。佥曰：“玉茗殉主矣。”养浩书来索图，媵三绝志凄感》三绝句第一首就说沈是“历劫秀才今沈约”，以南朝湖州大诗人沈约比沈石友。“佥”指众人。沈石友能作古文，更善吟咏。身逢衰乱末世，他写了许多反映国事日艰、民生疾苦的诗，也有怀古读史、抒情写景之作，还有题画、镌砚铭诗等。他生前未整理诗集，1917年去世后，吴昌硕等人整理他的诗文，刊印为《鸣坚白斋诗钞》。吴还为沈的诗集题签作序，以为沈诗有三变：少年诗清逸，中年诗趋沉挚，晚年诗有悲愤之情却貌似闲适平淡。还以“乐府鲍明远，诗城刘长卿”说沈的古体乐府诗可比南朝诗人鲍照，五言近体诗律诗可比中唐号称“五言长城”的诗人刘长卿（《沈石友遗像》，《缶庐集》卷四）。沈也是吴的诗歌知音，曾将吴诗比为孟郊的苦吟，还说他好作不平之鸣，同情民生，为多难苍生而哭，故清逸诗风暗含“变徵”（凄怆悲凉之声）。可见，两人诗歌内涵、风格相近。

沈石友多才多艺，善书法丹青，书法取法二王；能作花卉蔬果，别有天趣；精于篆刻，善鉴赏，尤以富藏古砚闻名。笛在月明楼就是藏砚所，所存多前代名砚、精砚、美砚，如玉溪生（李商隐）像砚、苏阿翠像砚（上有明末秦淮名妓、诗人画家马守贞湘兰题记）、李易安（李清照）像砚、黄文节公（黄庭坚）真像砚及吕晚村（吕留良）手琢砚等。他也收藏近人所琢新砚，自己也善琢石为砚。新砚多名人所作或题记铭刻者，其中至交吴昌硕所作者颇多，沈所藏160多方名砚中有120多方砚铭是吴书刻的。早年多是吴昌硕琢古砖为砚并篆铭文，后来多由吴篆铭、吴的常熟弟子赵石（古泥）治砚篆刻。这些砚上铭文都刊入沈的《沈氏砚林》砚谱，也见于《缶庐诗》附录。

笔墨纸砚中，砚因为材质一般为坚硬石头，故可长久传世。而且砚兼具实用和赏玩审美功能，宋代有端、歙、澄、洮四大名砚，也有米芾、苏轼等爱砚成痴的名家。清代藏砚爱砚者也不少。光绪八年（1882），25岁的沈石友多在笛在月明楼，39岁的吴昌硕经吴云介绍上门拜访。两人订交后过从甚密。次年吴云去世，他的介绍使吴昌硕得到后半生至交。虽然吴年纪较大，但沈对吴的帮助较多。正如吴在沈的遗著《鸣坚白斋诗钞》序中所说，以年龄算自己是兄长，但说到学问博雅自己却受之有愧。

此后吴昌硕常替沈收集古砖篆刻铭文。沈则以家中收藏供他见识，并资助他学艺。好客的沈石友还收留和资助过吴的画友蒲华。另一位海上画家吴谷祥也曾住沈家。吴、沈都爱诗，常唱咏酬和，切磋诗艺。沈石友在作诗上给吴很大帮助，常为其改诗，晚年还为作画极多、应酬繁忙的吴代笔题画诗，为吴的《缶庐诗》做校勘。两人交往30多年，感情极深。到吴昌硕晚年在上海的名气日大，也给此时生活渐窘迫的沈石友许多帮助。沈石友的藏砚后来蜚声东瀛，多与吴昌硕的作品有关。两人之交，超越岁月和贫富穷达，可谓情如金石。

吴昌硕与沈石友的故事很多，且大都和石、砚、诗有关。

吴昌硕曾在诗中说：“石友介于石，镌肝淘俗尘。”（《二友诗寄养浩、石友》，《缶庐集》卷三）其以镌石洗尘成砚比喻沈石友，极言他本质如石般耿直、有骨气，镌成秀逸石砚吹去石尘则更为出尘脱俗。还说“交我尤绸缪”，足见两人情谊深切。

吴昌硕在苏州、上海时与沈书信来往不绝，多是致问候、述近况，也多求沈指正诗句。民国后，两人还常以明信片交流。这些信、明信片多被后人收藏，也见证着他们的友情。如光绪十三年（1887），昌硕初次定居上海前后给沈的几封信都谈到诗，如“今世诗人多矣，能纵横变化，丝丝入古，唯吾兄一人而已”“梦中诗是仙华，虽青莲复生当退避三舍”“诗之师已得我公周先生矣！”“今年拟学作古诗”①，他称沈是自己的诗之师，还说跟沈学古诗乐府歌行。吴昌硕早年较擅五言近体，学作乐府古体多得杨岘、凌霞、沈石友等人教益。他晚年诗名大著，有其家学渊源，也因得诗学良师益友倾心传授，如早年的施旭臣、俞樾、施补华、凌霞、金铁老，中年的沈石友、杨岘，晚年的诸宗元、朱祖谋、沈曾植、陈三立、冯君木等。1915年吴昌硕72岁时，还在信里自谦无诗才，望沈石友能教之。吴昌硕是“寓庸斋内老门生”，他的“老门生”（非牛马走）精神更是他晚年四艺兼长的重要原因。

吴昌硕晚年的一封信先写对沈近日没信件的挂念，说自己因小恙而有些日子不作画写信，又说上海逼仄喧嚣，格外思念常熟笛在月明楼清静的日子，表达了希望能在沈的虞山之麓建一茅舍日日与友人切磋酬唱的心愿，可惜囊中羞涩不能成行。信末还附两首五言诗请沈指正。信中娓娓道来的看似都是废话，又全是真心话，的确是老友口吻。吴昌硕作诗尤其晚年作诗常是诗不厌改，有中晚唐诗人的苦吟风，反复推敲琢磨，还请友人指正。所以他的很多诗出现在不同画上时，会配合画意而有字词差异。

吴、沈相交，每年都有许多诗相酬答，《缶庐集》就收录了20多首，是吴与友人诗歌来往中较多的。如《寄公周》《寄石友》《沈石友洗砚图》《谢沈公周瑾赠赤乌残砖》《品砚图为石友》《石友西泠觅句图》等。沈去世后，吴昌硕还有《沈石友遗像》《玉茗三绝》等诗。

---

① 转引自刘海粟等编著：《回忆吴昌硕》，上海人民美术出版社1986年版，第20页。

每首诗和信一样，字里行间都有看似朴素的深情厚谊在。常熟出产象笋，因洁白如象齿而得名。吴昌硕家乡鄣吴、安吉也以产笋著称，吴有嗜笋之癖，但吃过象笋后，以为家乡名笋猫头缩也不及其鲜美。他在苏州、上海时，沈常寄笋给他。

一次吴昌硕患肺病，沈寄了陈米、象笋给他，说这两物颇宜病中吃，遥劝加餐。他还寄藤杖以解吴跛足之忧，可见情谊之深。1917年初夏，他又寄给吴60根象笋。吴昌硕与家人大快朵颐后，作《象笋图》寄赠沈为谢。画上有诗《石友赠象笋画笋为答》，云："虞山嫩笋牙牙萌，白若象齿以象名。石友寄将数六十，泥香沁鼻心怦怦……廿年前事演一过，再廿年后天下平。我今年已七十四，只望强健天赐龄。愿祝石友亦无恙，送笋赠画同欢迎。请君更种竹千亩，龙孙凤尾干宵青。彼此吃笋吃不了，不须辟谷能长生。"（《缶庐集》卷四）诗以看似天真实则豁达的口吻道出一个少年时曾饱经战事之苦的74岁老人祈望健康太平的心愿。"廿年前事"似指甲午战争风波，吴希望两人都能健康地再活20年，看到世道太平。

可惜沈石友当年去世了。事与愿违的，还有世道也不太平。吴昌硕曾有一首《石友以象笋寄惠。书中谓常熟饥民数百食大户，县令闭城拒之。有感而作，即以志谢》，以小见大，描绘了动荡多事之秋的一段真实的民间疾苦。沈石友一次春日寄笋来时说常熟闹春荒，虽是鱼米之乡，但也有饥民去吃大户，被县令弹压。吴昌硕品象笋之香甜，却不能忘老友信中所言，慨然叹息："忽忆饮民无告苦，雨窗扶病读《西铭》。"（《缶庐集》卷二）他一想起饥民无所投诉之苦，便想到北宋道学家张载《西铭》说的"民胞物与"，百姓都是同胞，世间万物包括象笋都是上苍的恩赐。他想起自己少年时遇到的战乱饥荒，不由悯然而叹。吴、沈两人的诗都有东晋南朝、中晚唐诗风，貌似写隐逸生活之平淡脱俗，实则隐含世间苦难之深刻沉重。

光绪十二年（1886）元宵，沈石友请吴昌硕画菜，后又补画一卷书在菜旁。沈认为真的读书人一定没有封侯食肉之相，只咬得菜根。虽是戏言，却是从自己和吴昌硕等人的人生阅历中得到的感悟，也深化了画的内涵。吴昌硕也有同感，又在画上题七古云："菜根常咬坚齿牙，脱粟饭胜仙胡麻。闲庭养得秋树绿，任摊卷轴根横斜。读书读书仰林屋，面无菜色愿亦足。眼前不少恺与崇，杯铸黄金糜煮肉。”（《缶庐别存》）化用西晋贵族豪富王恺与石崇斗富，晋惠帝听说天下饥民无数居然问为何不食肉糜的典故，表达对世间不平、富贵不仁的义愤，正是杜甫茅屋、朱门诗意。

由此可见，吴、沈一生深交的基础，除了共同的艺术理想，也因为有希望世间公平太平的共同理想。吴昌硕一生多作写意花卉，人物画很少，传世者据说不到10幅。光绪三十四年（1908）冬，他据沈石友诗意作《灯下观书图》，一名《短檠微吟图》。“短檠”是穷人所用的灯，与富贵人家所用长柄灯不同，是吴诗画里常出现的意象，表现酸寒书斋意境。画中，一中年书生披衣而坐、挑灯夜读，逸笔草草，但冬夜奇寒、清坐寂寥的境界呼之欲出。吴昌硕在画上题写了沈诗，还说因为对沈诗警句“独坐忧时艰”深有同感，才画了这幅画，只怕自己的拙笔不能体现沈的雅韵。两人在清末民初的乱世中深切关怀时局的艰难，“独坐”则体现不与世俗喧嚣为伍的清醒内省态度。两人一自称石友，一自称苍石、缶庐，都取石（瓦）在时世纷扰中保持坚白信念之意。

沈石友藏砚以石砚最多、最佳，所以别号石友。吴昌硕也爱石、善刻砖为砚，两人相互影响，将对古石古砖（砚）的爱好融入日常生活和艺术中，达到雅俗并存境界。这也就是吴昌硕晚年艺术的深层底蕴。吴昌硕曾说自家书斋缶庐藏有数片汉魏古瓦，后琢成陶砚供书画之用。一次冬日苦寒，砚水冰凝，笔也胶结，不能濡墨作画。家中孩子戏要着将砚台用来供水仙花，居然成一幅天然画稿，清雅异常。于是他拥炉作画，记录下这一图景，并在画中补小诗：“缶庐长物唯砖砚，古隶分明宜子孙。卖字年来生计拙，商量改作水仙盆。”（《缶庐别存》）这真是奇思妙想，用刻了隶书的古砖砚改做水仙盆、成为金石花卉清供图素材的寓言故事，形象隐喻了他晚年作画把金石古物、隶篆书法和自然（花卉）合为一体的融汇雅俗、打通古今、高古野逸兼得的诗意构思。

吴、沈相惜相契交谊见于亦存于砚铭。两人和《石交录》里的顾曾寿相似，不在《会试录》《乡试录》内，虽然胸怀天下、才华出众，却不能补天填海，只能在书斋里耕砚田、石田。砚田、石田指砚，因为文人以文墨为生，所以称砚为砚田。

吴昌硕曾为沈石友所藏“牧牛砚”刻砚铭说这是耕石田，1908年为“填海补天砚”刻铭说这是补天填海没用之石做的砚台，1913年为“精卫衔残砚”刻铭说这是填沧海留下之石头刻的砚台，1915年为“石破天惊砚”刻铭说这是欲补金瓯犹缺（比喻国土破碎）而不能的石头做的砚台。其有感于砚石的命运，借道家寓言，称砚石本是奇石，可成为女娲补天、精卫填海、补全金瓯的大材，可惜没用上被废弃而成为无用之才、文人笔耕之物。石为云根，自有灵气，虽蜗居小小书斋，却仍可成雨泽被天下。这样的铭记实是深含身世之感。沈石友自己为“夔龙砚”刻铭说此研（砚）不遇于时也是同一意思，夔龙集凤凰池，本是天上物，却时运不济，落入凡间成为文人雅玩。

吴昌硕还有一砚铭说此砚是补天不足、墨守旧学，无异于卞和璞，也是感慨砚石不能补天而成为文房四宝，恪守旧学，抱残守缺，就像和氏璧虽美却无人赏识，流露了时代变迁中的无奈与被抛弃感。“竹节端砚”铭文，为沈石友作于1901年（辛丑年），说竹子不实，凤凰也饥饿，只能闭门，写感慨时事的诗篇。铭文巧妙借用砚台如竹的形制，咏物抒怀，暗寓针砭。传说竹子饥年开花结实为竹米，鸾凤食之，是荒年之兆。这段砚铭写于八国联军侵华次年、《辛丑条约》订立之年，难免有忧时伤世的沉郁悲愤情怀。1916年秋，吴昌硕为沈石友刻砚铭，说“挽银河，洗甲兵，文运兴，咏太平”。此时国内外战乱不绝，铭文借杜甫《洗兵马》中的“安得壮士挽天河，净洗甲兵长不用”，也就是武王伐纣遇到大雨认为是天洗甲兵，表达了希望文运兴而武运衰的望太平之意。这一方砚上，沈石友自刻的八字铭文“支织女机，写黄绢辞”更是有巧心妙思，他说这方砚原是天上织女的支机石，如今却在小小书斋，但友人吴昌硕在上面写上绝妙好辞，也略令人欣慰。“黄绢辞”出自《世说新语》里的“黄绢幼妇，外孙齑臼”八字隐语，意思是绝妙好辞。一方方小小砚台上，两人的诗意情怀处处可见。

沈石友藏砚，晚年多至数百。他曾请人作《洗砚图》，吴昌硕为之题跋，先赞沈之砚癖难得，是“千秋一沈郎”，洗、磨古砚能焕然一新，称砚是汉代古朴砖瓦所制并有古雅铭文，最后赞许沈隐居书斋日处百砚中，在石田中耕耘多年多有收获，收藏成就乐趣可超越王侯之富，即“石田耕有获，真欲傲王侯”

（《缶庐集》卷三）。吴昌硕也曾为沈作《品砚图》，沈坐蒲团上品评砚，一派魏晋名士风度。他还将沈最爱的12方砚拓制成册，题诗说："石友好砚老成癖，十载搜罗数逾百，蒲团独坐细品之……砚分三品上下中，写图事属吴大聋。大聋平生癖金石，虽处两地精神通。闻君最宝十二砚，拓装图后称精选。与图同传千万春，见此长如见真面。"（《缶庐集》卷三）可见，两人晚年虽分居两地，却因同爱金石而心意始终相通，诗画印（砚）合作仍相得益彰。

1917年，沈石友在家乡常熟长逝，终年60岁。此年，吴昌硕曾题诗沈所藏名砚玉溪生像砚。这方砚台刻了有才无命、善写无题诗的晚唐诗人李商隐（玉溪生）像，据说是明代苏州画家陆治（号包山）画的。沈石友得到这方诗人砚后非常珍爱，应有身世感同之寄托，日日用它练习书法、写诗。吴昌硕称砚上的李商隐像为"神仙姿"，隐含赞美友人的意思。不料，砚铭才成，斯人已逝。此年，与吴昌硕患难与共、相濡以沫的施夫人也去世了。也许因为连连打击，吴昌硕数次欲写挽诗悼念沈，竟都不能成篇。

沈石友逝后，其同里友人携其遗诗三大册来沪，转达石友遗言，请吴为之斧正并作序。吴昌硕却觉得自己不足改诗，就将石友之诗原样出版，并和墨以泪，在序言里彰显其人其诗。他以为沈才志高远，但以吟诗、抱石消磨岁月，更因吟诗的辛苦缩短了生命，是可悲的事。又说以沈之性情，处当时之世道，如不沉醉诗篇，也只能仰天痛哭。遗诗是沈平生寄托，出版面世使他传名后世。吴昌硕没有辜负至友生前所托。

沈石友去世后，家中庭院间的一株数百年玉茗花也枯死了，众人都说花树殉主。吴昌硕以为石友是诗人，多痴情、灵气，常于花开时在树下吟咏，花木得到他的气脉感应，才使物亦有情，故感慨"玉茗殉主何因缘"（《读石友诗稿偶书》）。《石友庭中玉茗一株数百年前物，花时吟啸其下。石友病殁，花亦枯死。佥曰："玉茗殉主矣。"养浩书来索图，媵三绝志凄感》诗也借花的枯死表达感伤。他还题《沈石友遗像》诗于遗像上，诗云："露顶炯双眸，依然古丈夫。没教神抱谷，狂如口谈觚。坚白填词屋，高寒《涤砚图》。鹤归重枨触，天意醉还醐。乐府鲍明远，诗城刘长卿。斯人天不禄，吾道日孤行。秋社虚前席，春田罢耦耕。古心宁可貌？聊尔慰平生。"（《缶庐集》卷四）他说沈石友双目炯炯，有“古丈夫”风范，也有“古心”（不同凡俗的古人思想），用了韩愈“孟生江海士，古貌又古心”之典故。以“坚白填词屋，高寒《涤砚图》”概括沈写诗、藏砚一生艺事，说他的诗显示坚贞洁净诗意，藏砚癖体现高洁清寒情怀。最后感叹说，天不给“斯人”（这个人）以时日，他去世了，我也越发孤独了。“吾道不孤”出自《论语》，指有了志同道合的人就不会孤独。老友、老妻的去世，使得吴昌硕格外孤单。

蒲老狂

吴昌硕为官苏州、客居海上期间，认识了许多著名画人，包括蒲华、任颐等人。他向这些画友学画，渐入作画门径。

吴昌硕后在《怀人诗》《十二友诗》和《石交录》等记录这些画人朋友，说自己天性喜好绘画，自从游寓江左（江东，长江下游南岸，包括苏州、上海等地），遇到很多画士，皆画艺精湛。他向他们求画并学习。各位画家都名重一时，寻常人求画不得。很幸运他们待自己很友善，去求画都有求必应。他就拿篆刻回报他们。可见，至少在写《石交录》的1892年（他49岁）之前，吴并不以绘画出名。不过他多与画人交往，虚心向学，在交流中画艺渐进。

《石交录》所记画友很多，还提到画印交谊“尤契者”（即交往特别密切、趣味特别契合的画家）是嘉兴张熊、蒲华、吴滔和萧山任薰，还有善山水的苏州顾沄、陆恢、李郛（相识较早，已去世）和嘉兴杨伯润、吴谷祥。没有提及任颐、高邕可能是疏漏，也许是要另辟一处独自讲。

吴昌硕评价这几位画家的特点和值得学习的地方都很准确，可见是有认真学习之心的。比如他说张熊擅画山水、花卉，循循规矩，不追求奇僻，而功夫独到。说张画好像清初诗人施闰章（愚山）诗，一砖一瓦都从平地筑起，不是那种没有基本功像变戏法般弹指就出现的，所以张画深稳不可及。

吴昌硕在《石交录》最末一节说：“长夏多暇，理箧中旧为诸君所印，因此类书其后。余年来亦颇学画，率意为之，自适其趣。人或谓似青藤，或曰似白阳，余都不自知。与诸君无一仿佛，独酷好诸君画。诸君亦不遐弃余，所谓臭味相投者。然耶？否耶？离合同异，还与诸君参之。”[①]光绪十八年（1892）夏整理为画人们所作印章，是作《石交录》的原因。吴昌硕含蓄地提到自己的学画心得，看似谦逊，实则自有心底守则。他先说自己近年“颇学画”（用心学画），不过是率性而为。旁人以为他的画像前贤青藤（徐渭）与白阳（陈淳），他虽然自谦不敢受，但其实是很认可这一说法的。他更是话锋一转，说自己虽然酷爱各位画人的画，却又与各位画人的画没什么相似。最后他说自己和各位画人是志趣相投的，至于绘画上的似与不似则是创作个性问题。这还是和早年说的家鸡野鹜观相通。可见，在跻身怡园七子之前，吴昌硕已有自成风格的自信和觉悟。到70岁后，已在画坛成名的吴昌硕更是力陈“画当出己意，摹仿堕尘垢。即使能似之，已落古人后”（《论画》），说绘画要有自己的内涵、风格特色，不能只是模仿、形似古人。

吴昌硕晚年还多次强调自己生平得力之处在于以作书之法作画：“予素不知画，衰病多睡虑伤脾，时以作篆之笔，横涂直抹，丑态毕露。人谓似孟皋，似白阳，似清湘僧，予姑应之，‘特健药’而已，奚画为！”[②]（《吴昌硕花果册》跋）看似自谦“不知画”，选择写画是年纪大了怕多睡伤脾胃的养生消遣，以“作篆之笔”写画，还说自己率意涂抹，朴素粗陋，深层意思应是自信。他再次回答那些赞扬他的画像前代名家的人，“姑”是姑且之意，委婉含蓄地说他觉得自己的画只是“特健药”，不是画。“特健药”是书画人常用语，指好的书画能抚慰人心、拯救世道。他的画只是他入世之志的外化。

明代青藤、白阳和清初清湘老人（石涛）都是善写花卉的名家，吴昌硕当然很崇敬，但他仍不正面回答别人说他像前贤画家的话，还很以自己得力于石鼓文的创造性画风自豪，他不愿做第二个陈淳、徐渭、石涛，想做第一个缶翁，做近代画史上开新风的广大教化主。所以他有意无意地淡化自己早年学习其他画家的经历，包括前贤画人，也包括一些同时代画人。这也是人之常情。他学画虽然没有明确师承，但处处皆有老师。他光绪十三年（1887）曾拟石涛笔法

① 吴昌硕著，吴东迈编：《吴昌硕谈艺录》，人民美术出版社1993年版，第224页。

② 吴昌硕著，吴东迈编：《吴昌硕谈艺录》，人民美术出版社1993年版，第195页。

参以己意作山水一帧，并题“狂奴[①]手段”显示个性。光绪十六年（1890）又模仿八大山人画。光绪十九年（1893）还写八幅山水，其中有学古人的，也有学蒲华逸笔草草风格的。

吴昌硕选择学画的目标，就像他选择石鼓文，也只选与他“臭味相投”的画人，无论历史中的画人还是当世画人。如他的题跋常提及拟张孟皋笔法。他的花卉在学徐渭、陈淳、八大山人等大家外，也学张孟皋等中小家。他对张偏爱有加是有原因的。张科举不顺，在江南如杭州、上海枫泾一带当贰尹、典史、县丞多年。张为人耿介绝俗，但生活窘迫，只能靠卖画贴补生活。这引起了吴昌硕人生和艺术上的共鸣。因为要卖画谋生，所以在花卉画审美上他和张孟皋都选择拟徐渭、陈淳笔意，兼用恽南田设色法，讲究古艳，保持文人画个性的同时也迎合大众情趣。追求文人画的通俗化，是两位隔世知己的心心相印。

同时期的画家中，吴昌硕学得较多的两位画人应该是嘉兴蒲华和山阴任颐，二人都是海上画派关键人物。蒲画偏于文人风格，任画趋向写实和雅俗共赏。任逝于1896年，蒲逝于1911年，吴昌硕画风在这期间逐渐成熟，也许正好折射了他关于艺术是自适自娱、听从本心还是要懂得世情、合于时宜的深刻思考，也对应着他对两位朋友生平得失和艺术取舍的历史性借鉴。他与蒲华的关系最为微妙。

蒲华其实是吴昌硕的早年知交，同治十年（1871）吴昌硕初涉湖海漫游就在嘉兴遇见蒲华。后又在上海等地重逢，友情弥笃，到蒲华去世共相交40年。1926年，吴昌硕在蒲华遗诗集《芙蓉庵燹余草》序中说两人是50年前的老友。

蒲华（1832—1911），字作英，别号胥山野史、种竹道人，斋名芙蓉庵，寓沪时斋名九琴十砚楼、不染庐。秀水（今嘉兴）人。他是海上画派的重要成员，画艺高逸，但生性狷介，不谐流俗，以致身前潦倒，身后名声在民间不如任颐和吴昌硕。幸好到了当代，他的才华更多地被世人认识。海上画派四杰中，蒲华年龄最大，他的画、书、诗还有人品气质对吴昌硕的影响比后者晚年提及的可能更多。

---

① 典出《后汉书·严光传》，对狂放不羁之士的爱称或自嘲自评。

比起自叹不入《纳粟簿》的顾曾寿，因父亲曾为太平天国效力而被取消科举资格的陆恢，蒲华的出身可谓更加卑微。他不但自小穷困，且生于堕民（贱民）家庭，自幼被排斥于社会正途外，尝尽人间酸楚。他幼年做过庙祝（看庙人），后有机会跟随外祖父生活与读书，才得到正统教育机会，可惜24岁中秀才后多次考试均失败。他自知与科举不合，于是绝意仕进，致力艺术。青年时，蒲华喜吟咏、嗜书画，曾与人结鸳湖诗社，诗歌很得名家赞许。他书法始学魏碑、古篆，小楷学颜真卿，笔法清矫超逸，能以书法入画，工山水、花卉。花卉画初学同里周闲，后取法明人陈淳、徐渭和元四家吴镇。山水画笔墨浓郁密致，画品清逸奇秀，超逸时人。蒲华作画多逸趣，墨色淋漓污衣也不在意。向他索画的人知他喜饮酒，就请他饮酒，待他酒酣耳热，将备好的笔墨纸砚拿到杯壶边，引得他画兴勃发，手起笔落，山水花卉，大屏巨障，顷刻即成。

蒲华画名渐大，年纪不大就得到郑虔三绝（诗书画）的美誉。其妻子缪旵，也善书画，两人诗画应答，伉俪甚笃。不想郑虔才高命蹇的命运也在他身上复现。蒲华放弃科举后曾想从军，生大病后灰了壮志。功业无成，他只能寄情诗酒。同治二年（1863），他的妻子又在太平天国运动中病故，他自此不再续娶。为消解心中伤痛也为谋生，蒲华外出游历，去过浙东的宁波、台州等地，先后在温岭、椒江等地为幕僚。因性情不耐官场应酬和公文烦琐，屡屡弃幕，也屡被遣退。潦倒的他还寄寓温岭等地寺院，卖字画自给，仍不改名士脾性，不矜惜笔墨，有索辄应，常致生活不济。后又流寓温州、宁波、杭州等地。

吴昌硕就是在这样的情景下初识蒲华的。一说吴昌硕是来沪后，在同作客严家小长芦馆时才结识蒲华的。严信厚，慈溪人，绅商。曾官直隶候补道，工书画，尤善仿扬州八怪边寿民的花卉、翎毛（如芦雁），萧然有江湖之思。他也善鉴藏，上海寓所小长芦馆蓄碑版、书画、古印很多。出现不同说法也许是因为杜文澜字小舫，严信厚字筱舫（一说小舫），两人都同蒲有交情。吴、蒲也曾同客小长芦馆，但时间较晚，约是光绪二十九年（1903）之事。严信厚去世后吴昌硕有《严翁芦雁》诗，“妄想起翁”表达对严去世的悼念，还认为严的“芦雁图”可比杜甫的杜陵诗、宋代为民的郑侠《流民图》，能以孤雁寄托家国感慨。

据说曼陀罗华斋主人杜文澜奇蒲华之才，待若上宾，无奈门下众人大都鄙夷蒲出身低，耻与相交，甚至羞与共席。唯独吴昌硕，同遭遇过战争和家庭变故的他，能与蒲身世感同，经历过流浪乞讨生活的他也不抵触蒲的生活习惯，更感佩其才华，对蒲很敬重。蒲华饱尝世态炎凉，有感吴的诚恳，自此将他视为知己。

蒲华前半生游食于浙江多地多年。早年多在浙东一带，对近世浙东文人画家中诗书画印皆长的临海傅濂（啸生）、镇海姚燮（梅伯）及绍兴赵之谦等人多有学习。又遇金石家、上虞徐三庚（1826—1890），结为金石交。和吴昌硕学张孟皋等画者一样，蒲华的一些早期作品题跋中虽题写着仿黄公望、陈淳、八大山人、恽南田等人字样，但细品下，其笔墨、设色技法实多学清末画家，爱古人而不薄今人。

后蒲华去了上海，多在此地行道（卖画）。光绪七年（1881）春，蒲华还曾从上海去日本，画作很受日本人推重。同年夏，回国。明清以来虽有画者出洋，如吴昌硕和友人凌霞在扬州谈论向往的清初湖州德清画家沈铨，清末也有浙、沪画人出洋，蒲华去日本则是近代著名画家较早的出洋经历。《海天长啸图》《海天旭日图》记录了这一不寻常的卖画经历。归国后，蒲华依旧浪迹于浙西、浙东之地，尤多在上海。

中年后，蒲华更勤于书法，学张旭、怀素，也常把玩、漫（随意）临元明各家书帖，多作行、草书。书法渐有龙蛇纵横之象，逸放恣肆。蒲华对自己的书法很自负，常对人说自己的画是书家画，后来他的书名终被画名所掩。他更以篆、隶、草书入山水、花卉。花卉用笔肆意纵放，墨色酣畅淋漓。尤擅画墨竹，一竿通天，叶若风雨。他更融合白阳亲切妩媚的俗世韵味和青藤狂放不羁的文人意趣，开始显现个人气质。

可惜蒲华不拘形似、随意挥洒、水墨淋漓的画风在当时海上画家诸子较艳丽平易的风格中显得曲高和寡，非寻常时人能喜爱、理解，被认为是脏黑。蒲华也被称为“蒲邋遢”。所幸他的画也有知音，吴昌硕就极爱他的墨竹，以为一片天籁率真。他的花卉对吴昌硕影响较深。

光绪八年（1882）吴昌硕定居苏州后也常来海上，两人常有来往，重拾旧谊。吴昌硕曾为蒲刻朱文印“蒲作英”，是两人交谊实证。光绪十三年（1887）吴昌硕一度迁居上海，两人交往更多，多诗画合璧或合作花卉、山水。如蒲华为吴昌硕绘《丛竹虚亭图》。这时是吴昌硕对绘画关注较多之时，受到蒲华较成熟画风的影响，此时留世画作笔致较疏放、水墨亦淋漓。光绪十九年（1893），吴昌硕写山水八幅，也有拟蒲华笔意处。

吴昌硕于光绪十五年（1889）作小帧墨笔《蝴蝶花》，款署“学徐渭法”。他以画向蒲华请教。蒲华题长跋于另一纸上，说另一位花卉大家陈淳师法文征明，徐渭则没听说过有老师。他指出，吴昌硕说自己的画学徐渭而不说学陈淳，就是要表明自己的画是无师之画，是天机（自然、个性）的流露，而且他学徐渭不是对青藤真迹描头画角的模仿，而是融通百家的创作。蒲华不愧是吴的知音，吴昌硕自我期许无师之画就是他说的“人或谓似青藤……余都不自知”，也就是他说自己推重青藤但不愿当青藤门下牛马走。而蒲华的评价似全是高度赞扬，细品却暗含告诫，身为画坛前辈的蒲华觉得初学花卉的吴昌硕如果纯以自己的天赋与书法作画，离开传统走得太远太快是危险的。这和此前杨岘对吴昌硕学篆书的善意告诫相像。

蒲华并非食古不化者，他的画也多自我书写和创新，在他临摹前贤的画中仍可感受到他的性情。但他仍坚守绘画传统的重要性，对绘画遗产和过往的艺坛巨匠心怀敬重，认为要在传统基础上建立自己的风格。如他所作山水花卉多山居、读书和兰、竹等传统题材，但构思布局有新意。蒲华的这一告诫给吴昌硕留下深刻印象，日后吴成为画坛盟主，也像前辈对他那样，对新人很宽容，只说好而不加评论，却给意气风发的新进者潘天寿写诗说“只恐荆棘丛中行太速，一跌须防坠深谷，寿乎寿乎愁尔独”（《读潘阿寿画山水障子》，《缶庐集》卷五），爱之深求之切、严正告诫的意味是一样的。

蒲华和杨岘都曾委婉劝诫过吴昌硕，认为他的书画风格太过不拘束。蒲华还曾对吴说要多用水墨，少用颜色。《缶庐诗》卷四收入的《上海西郭红芙蕖盛放，作英要清晓往观，同作》诗，写吴昌硕晚年在上海和蒲华去西郊同赏荷花，朝霞与荷花一样红艳，不知这次他们写的荷花是如何融合墨色的。虽然吴昌硕在晚年以浓艳色彩突破了蒲华的多用水墨，据说他还曾笑着对弟子和儿子说可惜蒲老死了，不然给他一些颜色看看。这句话包含了太多复杂的感情和意义，也可见蒲华在他心里既是学习的楷模也是超越的对象。

到光绪二十年（1894）冬天前，蒲华仍漂泊往返于上海、杭州、宁波、嘉兴、台州等地。吴昌硕此年参加甲午战争，后因继母重病回乡，还曾奉母在沪上休养。小雪前三日，两人在上海见面，合作了《梅竹图》，都使出平生绝艺，吴昌硕画梅，蒲华作竹。吴昌硕还在画上写了“岁寒交”以见证两人友谊。

光绪二十九年（1903），吴昌硕60岁了。三月，他在苏州寓所宴饮来访的蒲华。蒲华见到壁间挂着吴昌硕在10年前拟自己笔意的山水《竹里有亭图》。当年吴昌硕画毕自读，自觉笔致苍劲，境界幽邃，不由得意，题款说大家都说我缶道人的画笔可以和石涛一战，这一帧画得如何？蒲华久久凝视此画，挥毫作墨笔山水《拟梅道人[①]诗意图》。这也是一次交流、切磋过程，体现两人是友人兼对手的微妙关系。《拟梅道人诗意图》后成为吴家珍藏，吴昌硕生前曾多次叮咛子孙千万要看重蒲华墨迹，这是他的心声。

光绪三十年（1904）夏，吴昌硕又在苏州为蒲华刻朱文印章“蒲华”与“作英”。此年暮冬寒夜，他还在蒲华与苏州画友金彰（金瞎牛）合作的墨笔山水《倚蓬人影出菰芦图》上题跋，说作老（蒲华）以疏逸见长，冷香（金瞎牛）以浑古取媚，所以这一帧合作更为奇特。自己要焚香默读，感慨何以有见此画的福气。于艺术他是自信的，也是谦卑的，对画友的杰作也是真诚赞赏。《倚蓬人影出菰芦》是吴昌硕光绪二十二年（1896）腊月去海上经过松江时舟上诗作，次年元宵节后一天他雪中去沪上蒲华寓所为蒲吟咏。吴、蒲、金的交谊确有追东晋名士、书法家王徽之雪夜访友人戴安道的真情雅意。

吴、蒲两人在苏州、沪上等地频频聚首，论诗作画，谈艺论道，互取所长，两人画风都有变化且形成共通，如笔墨精到老辣，不求工而自工，使早期海上画派下者的纤媚因袭之作顿然失色。

吴、蒲是绘画的知己，更是人生的患难知交。吴昌硕在蒲华遗诗集《芙蓉庵燹余草》序中说蒲华为人有名士风度，还记录了两人的“石交”经历。

---

① 也许指吴镇。

光绪二十年（1894）冬，65岁的蒲华定居上海老城厢北登瀛里一小楼，暂时结束浪迹江湖、寄食友朋生涯，与在上海的吴昌硕、吴谷祥等人交往甚密。蒲华居室取名九琴十砚楼，因为他雅好古砚古琴。居所外就是租界的洋人公墓“外国坟山”，但蒲华并不惧怕，次年春节还自书春联“老骥伏枥，洋鬼比邻”自嘲。

当时蒲华和吴昌硕住得较近，朝夕来往。一次，吴昌硕去找他，已是中午，他还在卧榻上睡觉。吴昌硕敲不开门，作一诗，就是《石交录》所记的“蒲老竹叶大于掌，画壁古寺仓厓边。墨汁翻衣冷犹着，天涯作客才可怜。朔风卣酒助野哭，拔剑斫地歌当筵。柴门日午叩不响，鸡犬一屋同高眠”。这首诗记录了蒲华此时穷愁而不失情趣的生活状态。蒲华还曾在大热天里因画兴勃发，怀揣破笔跑到吴昌硕家，背上汗下如雨，喘息不定就提笔画最拿手的竹、石，以墨色淋漓写竹叶萧飒。吴以为蒲华襟怀坦荡洒脱，超越常人。

日后沈石友给蒲华写的墓志铭也说晚年的蒲年近耄耋但心如稚子，回归老子提倡的“婴儿”境界。还说蒲性简易，无所不可，在生活上随遇而安。天真、率性的性情，使蒲华能有超逸画风，却也使他未能把握许多人生机遇，以致晚年潦倒沉沦。如蒲华要靠书画维持生计，却学古代文人以诗、书、画自娱，没有用心经营卖画之事。蒲华出身底层，对下层民众有来自天性的亲切感和同情心，与吴昌硕等世家士人因为流落民间遭遇而知恩民众，或因爱国爱民而怜惜百姓毕竟不同，他每得润例便呼朋唤友，在街头小酒肆买醉斗酒，直至酩酊倒地。时人不解，以为他不顾身份，他却泰然自若。他的住处邻近妓馆，所以自书“不染庐”自示洁身自好，但他对妓女也不歧视，妓女多从之学书画。他有时得到润例，就为堕入青楼女子赎身，竟至身无分文。所以他常为生计、饥饿所驱，不时奔走各地间，以致身体受损。

光绪十七年（1891）冬，蒲华又一次落入无米为炊境地。年近岁暮，吴昌硕因家中人口众多也无力助他，就修书介绍蒲到常熟投靠沈石友。吴昌硕在给沈介绍蒲的信里说“此君光景正寒而落拓如故，其胸襟可取也”，语气多是爱惜关怀。他后在另一封给沈的信里提及蒲华不拘小节形象：“有人自杭来，述蒲老狂态：天寒购得棉袄长过膝，小衫又长于袄，插入裤内，外着长衫，两袖折而穿之，左右臂如蟹钳，而身如大瓮矣。跳笑作画，如京班武戏中所着之飘风然，可叹可笑。”[①]字里行间是可惜，也是悲悯。

蒲华绰号“蒲邋遢”，不只指他的粗笔画，也指他平时的生活习性。由于幼年生活环境不好，妻子又早逝，他的衣着向来随便。据说他从不做新衣，都是从旧衣店买。一旦没钱吃饭，就把衣服送去当了，有了钱再买。他作画时墨汁常弄到衣服上，也不在意，就是吴昌硕说的“墨汁翻衣冷犹着”。透过蒲华穿衣怪癖，可看出他是沉湎于艺术和非功利人生的传统文人，就是有“古心”的“古丈夫”。这样的人在清末日益世俗的时世里，多只能沦落社会主流外，又因为隔膜障蔽而被误解，也因为他们个性上的不成熟不现实，人生多悲剧。吴昌硕清醒地看到极具艺术才华的老友的致命弱点，却无力改变，只能看他沉沦现实世界中。蒲华生平也和吴山等故友的人生一样，给吴许多启示警诫。

蒲华被俗世看成怪癖者，骨子里却是热诚善良、很想有所作为的人，也常参与海上画派活动。他性喜交友结社，曾与同乡画家在上海结鸳湖画社，欲兴鸳湖（嘉兴南湖别名）画派。还曾与吴昌硕、吴谷祥、杨伯润、高邕、杨逸等人常聚会于豫园，园中得月楼是他们谈诗论艺之地。清末国事日非，又多天灾，民不聊生。宣统元年（1909），沪上书画界同人还创立以得月楼为会所的书画善会，义卖书画以助赈。会员达百余人，是海上早期著名的美术社团。吴、蒲同为发起人。次年，上海书画研究会成立，蒲华也是成员。蒲华在世人看来似乎笨拙木讷，但一旦握管作画，构思就异常敏捷，巨障、小幅顷刻即成，对画题诗更是援笔立就。一次，他原构思先画远山，不意将浓墨滴落纸上，他却不慌不忙，将误滴之墨化为近景，另以淡墨扫出远山。局巧势奇，瞬间化败笔为神奇，满座叹服。

可惜造化弄人，蒲华在上海的境地正似渐有起色，不复多年颓唐，不料大难又悄然降临。宣统三年（1911）夏，一日傍晚蒲华醉归寓所，次日许久不起。待有人觉察，他已去世多时了。蒲华素无疾病，年纪虽大，却精神矍铄、步履轻捷。棺验时才知猝逝原因是他镶的假牙在醉眠时落入喉管造成窒息。

---

① 刘海粟等编著：《回忆吴昌硕》，上海人民美术出版社1986年版，第118页。

蒲华身后萧条，都赖吴昌硕等艺友料理，归葬嘉兴鸳湖畔西丽桥西堍。沈石友为蒲撰述《蒲君墓志铭》，以诗意说他是醉眠忽赋游仙诗，隐喻他现实落拓不得志以客死，记录了他传奇又不幸的一生。吴昌硕楷书墓志铭并篆额。

更不幸的是蒲华一生勤于笔墨，遗物却只有诗画，但很多诗都丢失了。幸好1923年有人得到蒲华早年诗集《芙蓉庵燹余草》遗稿。1926年，丁仁等人出版印行诗集，吴昌硕为之作序，感叹世人只知蒲华之画而不知其诗，还说蒲逝世后，自己闻讯较迟，赶去治丧时，混乱中蒲的诗稿已不知被何人拿走，令人扼腕。杭州籍海上作家陈小蝶的《桐阴复志》也说蒲华逝后家无长物，床头留下一个大破布袋"诗囊"，都是纸团，是他生前所写诗。蒲华不拘小节，往往写好诗后就扔进床头破囊，也懒得整理。破囊失踪也许是被错当作废物扔掉了。万幸的是他的早年诗稿还存于人世。诗稿名"燹余"，比喻此时的失而复得，也很适合。

吴昌硕还在序里指出蒲华诗重冶炼字句，也重意境寄托，近宋诗风格。又能自以性情纵之，表达鲜明个性，如空中自由飞翔的野鹤、石边超逸群芳的幽兰。蒲华说自己的画是书家画，吴昌硕说蒲诗是画家诗，以画家个性情趣熔铸诗中。蒲华的许多画都加题诗，添了许多诗意，如他的题兰诗用屈原《离骚》诗意，寄托遥深，使笔墨更显清隽风韵。他以书画诗合一超越旧海上画风，先吴昌硕开路。

蒲华逝世的1911年，是一个时代的结束、另一个时代的开始。这使他的去世有了更深寓意。蒲华的身上尤其他的画里既有传统，也有创新，时代成就了他，也局限了他。吴昌硕面临更多新的挑战和机遇，也有更多超越和成就。

山阴行者真古狂

蒲华比吴昌硕早去世16年。而蒲去世前的16年，即光绪二十一年（1895），他和吴昌硕在上海料理了另一起画友丧事，任颐的丧事。

任、蒲是吴昌硕在沪上最重要的画友。任颐也才华出众，也恃才傲物，也是"古狂人"。吴昌硕《十二友诗》说"山阴行者真古狂"（《缶庐集》卷一），

“古狂”一说指取法南宋院画、善人物的明代画家杜堇，也说指有古代狂士风范。不过任颐的狂和蒲华的不通世故、任性天真有所不同。

任颐实则是个入世、有世俗智慧的人，性情通达、善解人意。吴昌硕和任虽相交较晚（1883年），交往时间也不如与蒲华等人长久（12年），但订交后交往密切。无论为人处世还是绘画艺术，或是对绘画作为商品的认识，吴昌硕都从任这个亦师亦友者处学到很多，得到帮助。

任颐（1840—1895），号小楼，改字伯年，后以字行。别号山阴行者等，别署任公子、画奴等，室名颐颐草堂等。画室为汲古斋。古浙东越地山阴人（山阴史上长期属绍兴，后区划改变，今属萧山），常在画上自署“山阴任颐”。女名霞，字雨华，是有名的女画人。长子堇，字堇叔，工诗、书、画。

任颐生于民间画师家庭。父鹤声，工于肖像写真。任颐得父亲传承，自幼以纸墨为戏，没有笔就用指头画。他日后极深的线条功夫就源于此。他还在父亲训练下，练就了敏锐的观察和出色的速写、默写能力。据说他10来岁时，父亲外出后来了个客人，父亲回来后他很快把访者画出来，父亲一看就知道是谁。任颐后成为精于传神写照的人物画家，被誉为曾波臣（清代肖像画家曾鲸）后第一手，他的确学习了先画没骨再赋彩的曾派画法，但他的画学基础却是承家学，学民间写真术的勾勒取神、不借渲染画法。他的绘画根基非常扎实。

任鹤声在任颐15岁时就病故了。此后任颐来到上海，跟早已寓居上海卖画为生的族中长辈（族叔）任熊学习绘画，在卖纸张笔墨、代卖书画的笺扇店做学徒。他一度回乡，又重返上海。任熊去世后，他从任熊之弟任薰学画，就是为顾家建怡园那位。咸丰十一年（1861）再次回山阴，就是江南遭遇太平天国运动之年。

任熊（1823—1857），字渭长，萧山人。曾往来苏州、上海，以卖画为生。人物、山水、花鸟翎毛无不能，长于肖像画。与张熊、朱熊号称海上三熊。与任薰、任颐号称三任。他的儿子任预也善画，为四任。任熊被誉为诸任之首，虽然早逝，却给任颐等人深刻影响，为海派开拓先驱。

很多吴昌硕同代人也都被战争影响了人生。任颐青年时曾短期入太平军，充当掌旗手。咸丰十一年（1861）冬，正值太平军进军浙江，任颐在战乱中被裹入军队，时间不长。同治三年（1864）他随任薰去宁波学画卖艺四年，此时他的人像画技艺已不凡。同治七年（1868）又随任薰赴苏州，得遇海上名家胡公寿，成为他定居上海的契机。他结束到处卖艺，于是年冬迁居上海，得仁寿堂雅集主人胡公寿之助，开始在上海崭露头角。

此时的海上绘画求新变古，创新的画风和画家应时而生，任颐是受瞩目的一位。他发挥古浙东人圆通机变性情，汲取融会前贤各派、身边海上诸家之长，也吸收民间绘画优点，还旁及西画、日本绘画。如他向海上巨擘胡公寿学山水，并吸收海上前辈张熊等人的写意花鸟画技法。

任颐还曾在徐家汇土山湾西人所办图画传习所学习西洋铅笔素描、水彩画。学素描是他提高中国画较弱造型能力、体会人像造型空间感的尝试。他还吸收水彩画注重写生、速写与色彩的技法，加强国画的写实成分。他是近代画史上将西画融入传统的先驱者。日后徐悲鸿更是称他是仇十洲（与沈周、文征明、唐寅三位明代文人画家合称吴门四子的仇英）之后中国画家第一人，虽有偏爱，但也反映了明清后中国画过于讲求书画一体、重神不重形、不注重造型的大背景下，任颐在绘画史上的重要意义。

任颐锐意求新，将工笔与写意、传统画法与西洋（还有日本浮世绘）画法、文人画与民间绘画融合，形成虚实相间、亦中亦西、雅俗共赏的画风。他的绘画技艺更精进，到30岁时已画名远播、大获时誉。加之他人缘好，胡公寿等大家为他宣传，画名日盛，终与胡并重一时。又不过10年，40多岁的任颐已隐然有成为海上画派新盟主之势。

任颐是绘画全才，人物、花鸟、山水无所不能、不精，以人物画最强、影响最大。花鸟画是来上海后，为适应买画者需求、趣味而作，虽不是当行本色，但凭借他的颖悟努力也富于创思巧趣。人物肖像画方面，他拓展了传统中国画的表现技法。他的人物画早年学任熊、任薰画风，宗法陈洪绶奇崛古艳一路，人物躯干伟岸，超拔磊落，较夸张奇特。寓沪后，受海上主流画风濡染，人物画渐趋扬州华新罗、海上朱偁等人的小写意风格，也受重写实的西洋肖像画影响。于是在继承明清以墨骨为主的肖像画技法基础上，以陈洪绶画法为本，兼取前人传统、民间画法、西洋技巧，舍弃渲染，少用色墨，省却细节，以墨线的轻重、疾徐、浓淡勾摹取意，形成他所擅长的白描勾勒传神技法。这和他少年时学民间写真术有关，却是更高复现。他还在传统笔墨中参以西洋水彩画法，淡墨、色彩相融，尽显形象生动鲜活。更关键的还是意趣的变化，他的人物造型虽源于陈洪绶笔下的高人逸士们，却适应时世将之世俗化、写实化，变为民众熟悉的历史、神仙、传奇、戏剧故事中的人物。有百姓耳熟能详的情节在背后，化陈画中的高古、奇崛、冷寂氛围为平易、温暖、喜悦气息。

任颐中年后还从八大山人画中悟用笔之法，能悬腕中锋画极细之处，他由此自得地说自己作画可称写字了。他也将写字法用在人物画表现上，是线条也是书法，可见他也重笔墨、以书法写画。以往有人认为任颐不属文人画家，因为他不能四艺兼备，不似吴昌硕、蒲华能以书法、金石入画。海上画坛虽重卖画，也流行民间艺术和西风，但仍以文人画风为范则，从任颐对自己的期许就可见一斑。但如果要以传统士大夫雅韵来衡量评价艺术之根出自民间、不墨守成规的任颐，不免矛盾。这种矛盾也折射了时代文化巨变与绘画艺术多元化的底色。

任颐绘画创作的巅峰应在他40岁之后的19世纪80年代。以他最擅的人物画为例，有反映民众日常、贴近社会现实的亲友画像，如他有多幅吴昌硕写实肖像画。也有深受世人喜爱的长寿平安吉祥画和历史人物、神话传说画等，如苏武牧羊、莫干炼剑、女娲补天、风尘三侠、钟馗捉鬼等画作。其画也能借古喻今、针砭现实，有深刻社会内涵和意义，并寄寓个人情怀，体现身在洋场的强烈爱国情。

到19世纪90年代，由于名声更大、求画者更多，任颐的画作数量大增，思想精神性似无更多突破，艺术手法更圆熟、大胆。不过任颐和当时一些海上画家一样成名后仍困于生计，日夜挥毫卖画而有了药瘾，中年后更因此损伤了肺。不幸，又遇多年积蓄遭宵小糟蹋等事。任颐身心俱损，在贫病中逝于上海。

任颐只活了56岁，同只活了35岁的海上画派前辈任熊一样，不够长寿对于画家来说是很大损失。他30岁就艺术成熟，虽然中年后卖画太多滞碍了艺术进益，但如果他多活10年，应该可以取得更大成就。海上画家的生活、谋生模式使得他们多穷困潦倒、猝死穷途者，因为这代职业画家的生存之道和历史上那些以绘画自娱的传统士人画家或宫廷职业画家不同，继承宋元尤其明清以来江湖游士如扬州八怪等人的生活模式，以绘画为生计，也以绘画为生活全部内容，往往殚精竭虑、耗损身心。正如吴昌硕给任颐刻印章时说他是“画奴”，既指任对绘画的热爱，又指他自嘲是绘画的奴隶，所以不能长寿。任颐虽早逝，却留下数以千计的作品，人物画就有近500幅。就像他已臻化境的白描取神法，任颐是近代绘画史不能忽视的高峰。

如何在体现绘画个性的同时顺应大众口味、表现世俗化情怀和时代面貌，是海上画派绘画、中国绘画不可回避的历史命题。任颐以自己的绘画很好地顺应时世并应对了这一挑战，他向绘画造型艺术本身回归的清醒意识和有效努力，他创造的清新流美、雅俗共赏却不媚俗的绘画风格，是中国画商品化的较优形式，更是传统绘画近代转化的成功范例。任颐的这些成就，使得他与吴昌硕的关系有了更多意味。

吴昌硕初来上海时，任颐已在上海有了一定名气。他对任的绘画倾心已久，可惜未得一见。一说他经朋友求得任颐绘画。一说高邕介绍他向任伯年学画法。光绪九年（1883），他才在任颐艺术高峰期时见到任本人。此年40岁的吴昌硕还在苏州为小吏，春天，他因公务需要经海道去天津大沽口，在上海等轮船时，经高邕介绍拜谒了任颐。

吴昌硕有《成山》诗“直沽中叶双轮发，未及鸡鸣已度关”（《缶庐集》卷二），说他从天津直沽坐船回江南经过山东的成山。“直沽”指潞（今北运河）、卫（今南运河）汇合处，在今天津市内，元代以来就是南北河、海漕运（南粮北调）的重要中转港口。粮船由江苏太仓经海路北上，从大沽口进入直沽，再换内河粮船经运河去北京。

吴昌硕说自己酷爱绘画之道，只是苦无师承，一直独自摸索，希望能向任学画。任颐让他画几笔，吴昌硕以色、墨画了一幅花卉（据说是牡丹）。因吴昌硕有较深厚的书、印功底，以作篆笔法作画，满是金石之气。任颐看了很感叹，认为吴笔墨中的金石意味是自己不及的，说你不必再跟我学了。任此言并非推托客套或谬赞，他一向为自己画中缺少文人画气息而感不足，正在学八大山人笔墨。吴昌硕画中笔墨的金石意趣正契合了他当时的追求，所以激赏。任颐确是慧眼，透过吴昌硕此时画作还较粗率的表面，看到底层的金石功力。

于是当初吴昌硕拜师杨岘的一幕又重演，任、吴没成师生却成了知交。也有人认为吴昌硕是跟任学过画的，因为任给他画了几幅梅、竹，吴昌硕携归苏州日夕临摹，后又来请任指正。从任、吴间的称呼看，两人是亦师亦友关系。吴昌硕在《石交录》中也认为两人在师友之间也，道所在而缘亦随之，说两人都是爱画之人，自有艺术缘分。在两人此后的交往中，任颐虽已成名，却对吴昌硕青眼有加。而吴昌硕也很感念任的知音情。当时已中年的吴昌硕想学画，一些朋友以为他篆印已有根基，改去学画太可惜也太迟了。如胡公寿就说过似乎太迟了的话，任颐却鼓励吴迟些无妨。

任颐和杨岘是吴昌硕中年学画时最支持他的两位知己，可见两人眼光襟怀和对吴昌硕的了解。杨岘也说画不从画出，造诣在诗文金石，积水厚力，能负大舟，是参上乘禅（一说是虚谷所言）。“参上乘禅”指努力积累到一定程度达到顿悟，是顺应自然运行、听从命运安排，水到渠成。杨岘的见解大概就是“风波即大道”之意。后来任颐一度寄寓苏州以卖画为生，吴昌硕更常上门学艺切磋，两人的诗书画印酬答更密切。

两人认识两个月后，任颐就为吴昌硕作《芜青亭长像》，此后又为他画《饥看天图》《酸寒尉像》《棕阴纳凉图》《蕉阴纳凉图》等肖像，吴昌硕则答以诗与印。吴昌硕还曾给任为高邕画的像《高邕像（书丐图）》题长诗，诗画合璧。

求芜园图是吴昌硕结交书画好友后的必为之事，他也向任颐求画，善画人像的任为他作《芜青亭长像》。此画中，吴昌硕着长衫席地而坐，双手藏于袖中，目光炯炯，神态和雅，似在思念故园芜园。此画也是吴昌硕的四十小像。在整十、整五生日作小像为纪念也是传统习俗。

《饥看天图》中，“饥看天”的意思是不想忍饥挨饿要看上天恩赐。任颐还注明此画是“仓石先生吟坛行看子”。“吟坛”指吴昌硕是诗人，“行看子”指横长画卷可边卷边看。此画写于光绪十二年（1886）十一月。此时吴昌硕赴上海，任颐作图赠之，吴昌硕刻“画奴”印回赠。此像后由吴昌硕刻石，嵌于西泠印社题襟馆外石壁上，见证两位大画家的金石契。画上，吴昌硕身穿长衫，双手背后，仰头看天，似正徒呼负负、书空咄咄，流露了饱经流离的倦意和入世从俗的无奈。杨岘在画上题七律，以“有命”“弄人”概括了“看天”画意，以西汉著名文人东方朔虽有才华却官低俸微、贫寒饥饿，而掌管车马的侏儒却能得温饱的不公平世情道出天意弄人、才高不得志的愤慨之情。吴昌硕也在画上自题五言长诗，抒发他此时为微宦小吏身不由己的心境：

造物本爱我，堕地为丈夫。
昂昂七尺躯，炯炯双青眸。
胡为二十载，日被饥来驱？
频年涉江海，面目风尘枯。
深抱固穷节，豁达忘嗟吁。
生计仗笔砚，久久贫向隅。
曲裘风雪候，割爱时卖书。
卖书犹卖田，残缺皆膏腴。
我母咬菜根，弄孙堂上娱。
我妻炊扊扅，瓮中无斗糈。
故人非绝交，到门不降舆。
见笑道旁谁？屠贩鬑鬑须。
闭户自斟酌，天地本蘧庐。
日月照我颜，云雾牵我裾。
信天乌知命，人岂乌不如？
看天且听天，愿天鉴我愚。
海内谷不熟，谁绘《流民图》。
天心如见怜，雨粟三辅区。
贱子饥亦得，负手游唐虞。

（《缶庐诗》卷三）

吴昌硕先说自己有功名以来，20年间都被饥饿、生计驱使着奔波江湖。因为固守本性，连累家人也生活贫苦，还受俗人嘲笑。“蘧庐”指驿站专供行人休息的房舍，他说自己为客为小吏谋生天地间，寓居多地，苏州、上海都是暂时停息所在，得到的微薄收入都是老天赐予的。这就是吴昌硕和任颐由自身漂泊经历悟得的“饥看天”。诗的最后更是由己及人，由自己的“饥看天”一人一家之苦扩展为愿天下人都不用看天吃饭。

次年六月，吴昌硕再次来上海。任颐为他作《棕阴纳凉图》，画中几棵棕树下，两帙古书、一把瑶琴前，吴赤膊脱屐，席地而坐，手持团扇，若有所思，有悠然出世之意。任颐题画说模拟扬州八怪罗聘为老师金农画《午睡图》的古趣。画上还有杨岘补题的诗与题跋，赞美任画吴神情酷肖，在这夏日仿佛有清风徐徐从纸上生，令人顿觉心肺一爽，如服清凉散，可谓神乎技。

这两幅画留有三位在书、印、画、诗上各领风骚的近代大家的痕迹，可谓“四绝”兼备。但他们的知己情，还有追慕古狂狷之士的雅意，更令人追想。

光绪十八年（1892）夏，任颐还有一幅为49岁的吴昌硕作的《蕉阴纳凉图》，与《棕阴纳凉图》意趣颇近。画中，吴体态肥硕，光头，袒胸腹，露臂，闲坐竹榻，斜斜倚靠在一堆古籍上，手握葵扇，作迎风纳凉小憩之状。画像颇得吴的神韵，无拘无束、潇洒自如，有东晋名士袒腹以晒腹中书的意态。此画未款，吴很珍爱此画，常睹画思人。光绪三十年（1904）此画被窃，他痛惜不已。光绪三十三年（1907）夏，吴的词友郑文焯在沪上重得此画，持归璧还。七月，吴昌硕在画上用篆书自题长诗，写了画作得失前后因缘。诗中有“腹鼓三日醉，身肥五石瓠”句，用苏轼被贬黄州写的《岐亭五首》之四的“为君三日醉”写自己如同古缶一样的圆腹，暗喻自己率性自在的道家风范，还用《庄子·逍遥游》的五石之瓠“要为大樽浮乎江湖”典故，以可容五石的大葫芦比喻自己的庞大身躯，也暗喻自己大材不得用。任颐的画能特别细致入微地体现吴昌硕心境，显示了两人的默契、相惜相知。

任颐还曾为吴昌硕三子吴东迈画过小像。那是光绪十七年（1891）端午，正当枇杷上市，吴昌硕俸禄有限，没钱给家人买时鲜水果吃，“尉[①]也腰无钱，全家戒勿食”。6岁的东迈大哭，恰逢任颐带来亲手所摘枇杷一筐，让孩子破涕

① 吴昌硕的自称，为“酸寒尉”简称。

为笑，绕膝蹦跃。任颐兴致所至，作东迈小像。吴昌硕也作五言长古《书苏儿小影》题于画，中有“行者[①]为写照，真意出笔端”（《缶庐集》卷二）。

任伯年为吴作的每一幅生动肖像，背后都是人间真情小事和两人深厚情谊，正所谓“尘土有至情”。

吴昌硕在《十二友诗》中思念任颐说：“山阴行者真古狂，下笔力重金鼎扛。忍饥惯食东坡砚，画水直翦吴淞江。定把奇书闭户读，敢握寸莛洪钟撞。海风欲卷怒涛人，瑶琴壁上鸣琤玐。”（《缶庐集》卷一）高度形象地概括了任的性情行迹和笔墨艺术。诗中说任以砚田作画为生，还化用杜甫《戏题王宰画山水图歌》名句“焉得并州快剪刀，剪取吴淞半江水”和“海风怒涛”来赞美任画艺的自然博大之美，可谓得其画心。吴昌硕还曾为任颐珍藏的宝鼎砖砚刻铭，说任这个“画奴”凿砚好像凿井，下笔好像扛鼎，笔力雄健，也与《十二友诗》诗意相通。最后还说任的画是“宝珠玉者”极为珍贵。

光绪十五年（1889）暮春，吴昌硕为任作“任和尚”章，边款还作诗记此事，诗意颇风趣。两人早年经历也有相似处，吴昌硕小时被人称为小尼姑，两人都受过战争的连累。这也是他们成为石交的基础。

光绪二十一年（1895），任伯年在上海去世，吴昌硕在苏州惊闻噩耗急赴沪奔丧，写挽联（“北苑千秋人，汉石隋泥同不朽；西风两行泪，水痕墨趣失知音”）哭这位画学知音。“北苑”指五代画家董源，他曾官北苑使，世称董北苑，这里指任的画家身份。此后吴还多有诗、画怀念任。如很少写禽鸟的他曾仿任的笔法绘《墨猫》《龙》《虎》画各一幅。《龙》上题跋说这是作龙，还是学任伯年笔法呢。《虎》上题跋说自己失去学画的知音和老师，恨不能让“伯年翁”复活再问绘画之道，道出无限痛惜。

吴昌硕晚年时，任雨华（任霞，任颐之女）后人吴仲熊来向他请教作画之道。吴昌硕有倾吐平生画学见解、鼓励故人之后的《勖仲熊》诗一首：

我画非所长，而颇知画理。

---

① 指任伯年（号山阴行者、山阴道上行者）。

使笔撑槎枒，饮墨吐畏垒。
山是古时山，水是古时水。
山水饶精神，画岂在貌似？
读书最上乘，养气亦有以。
气充可意造，学力久相倚。
荆关董巨流，其气乃不死。
剪可试吴淞，涛翻风聒耳。
五岳储心胸，峥嵘出笔底。
硁硁摹其形，窳弱类疾痞。
请观龙点睛，飞去壁立毁。
愿子思我言，言直意却美。
慎无雅乐陈，郑声杂靡靡。
沧海虽横流，甲子尚可记。
欲归归未能，赁屋沪江涘。
我老无一能，英才望吾子。
画石天补成，痴心聊自喜。

诗的前半部分，吴昌硕诚恳直率，以一生在绘画中的甘苦得失，为故人之后道出自己对师造化与师心源、摹古与创造、形似与神似关系的深思熟虑。这是中国绘画很重要的几对范畴，也是海上画派平衡创新与传统的关键所在。吴昌硕在诗中强调学力（读书养气）、学优秀传统、求雅去俗的重要性，但也流露出求新求变、求神不求形的心声。

诗的最后，吴昌硕还说沧海横流的时世中自己欲作一块补天之石却不成，只能当画家，在纸上画石头寄托自己不改的补天痴心来慰藉自己，以“画石天补成，痴心聊自喜”概括回顾一生。

他在诗的开头说“我画非所长，而颇知画理”，看似谦虚，但说给任颐后人又不是单纯的谦虚了。此时的吴昌硕早已非当年初来上海那般，但在绘画上依然对任怀着深深敬意。吴昌硕还以“愿子思我言，言直意却美”“我老无一能，英才望吾子”道出对故人之后的期待。这首诗是吴、任交谊的一段余响。

任伯年去世这年前后，海上画派和吴门画派多位元老，如顾沄、吴滔、虚谷在苏州、上海纷纷陨落。老友杨岘也病逝了。故人凋敝，吴昌硕也感到无比孤独。他也许没想到，十多年后，他会独立于海上画坛之巅。

海上画派的崛起，是传统绘画与时俱进的典型体现，任颐在其中的重要性和典范意义自不待言。可惜他壮年谢世，又缺少得力弟子，影响力在身后减弱。更重要原因也许是他出身民间，不是典型文人画家，不能兼长书、画、诗、印四艺。吴昌硕作为海上四大家中年纪最小的一位，深受其他三大家尤其是任颐、蒲华的影响。四人画艺与画境的雅与俗，看似不同却能互融，正如四人截然不同的人生却能相交于上海。

第十章　其安易持：顺风波以从流

又来黄歇浦

光绪十三年（1887），吴昌硕因朋友资助得到上海的佐贰（即县丞）职，又来上海任小官，此后到光绪二十年（1894）从军行，他大都在上海。这是他人生里第三次重要的卜居。第一次是安吉，第二次是苏州。

此后，吴昌硕于光绪十六年（1890）遇到吴大澂，后入吴的幕府参与甲午战争，出山海关，中途因继母重病南归，奉母在沪上等地休养。光绪二十一年（1895）吴大澂战败后他仍在吴的幕中，还一起参与苏州怡园画社（集）。他还因得到友人帮助有了知州虚衔，有了做县令的可能，光绪二十五年（1899）曾为“一月安东令”，但很快挂印南归，此后宦情渐淡，更多关注绘画。辛亥革命前夕，他放弃仕途，再次来到上海，就如他说陈三立的“一官摆脱”，选择卖画于沪上。这是他第四次卜居。

黄歇浦是黄浦江别称，清末人常用来指代上海，和海上、沪渎等同义。今上海一域，战国时曾先后属吴、越、楚，黄歇浦就因传说战国四公子之一楚国春申君黄歇疏凿此浦得名。江南吴越各地，黄歇修水利的传说很多，湖州也有。黄浦江流过上海县县境，分割浦西、浦东。

上海历史上一直与江苏、浙江有归属关系。北宋时上海是华亭县的一个海口，华亭曾属两浙路秀州（州治嘉兴）。南宋末有上海镇。元朝上海镇设立市舶司。至元二十九年（1292）设置上海县，由松江府管辖，县治在宋时所设老城厢（曾属南市区，今属黄浦区）。这是上海建城之始。清代时县衙也在此处。到明代上海县已是繁华名邑。清初有更多发展。嘉庆十年（1805），上海县仍属松江府。清末的上海县中心虽不大，但街道林立，商店鳞次栉比，被称为江海通津、东南都会，引得东南才人多来此。

吴昌硕同治十一年（1872）初来上海后，曾多次来沪上。光绪十三年（1887），他携家来到上海，虽然从日后看他这次首度迁沪只是后来定居上海的序曲。

光绪十三年（1887）初冬，44岁的吴昌硕带着全家迁居沪上。此年秋八月是施夫人四十寿辰，吴昌硕在苏州有诗《丁亥八月廿七日赠妻子》道出患难夫妻的情深和相互扶持。不久后，他们就离开全家已居住5年的苏州，乘舟前往上海。途中吴昌硕还有诗赠妻子，就是《移居舟中赠季仙》二首。诗中多劝慰对前途感到迷惘的妻子，也是自我宽慰。

带着在苏州安定下来不久的妻儿再度踏上漂泊路途，舟楫动荡，客船在水波中摇曳，穿过一座座的桥梁，眼前仿佛还是5年前他接家人从安吉迁居苏州时的情形。想到当时丢了金钗心情沮丧的妻子、对她过上安定富足生活的承诺，吴昌硕心中有愧疚。迁居到一个相对陌生城市，前景未卜，虽然此时他应该已攒资劳从九品小吏升迁为县丞，心里仍患得患失。这次迁居前往的上海是此时中国最复杂多变的城市，给人遐想和希冀，也使来者多忐忑不安和漂泊动荡感。吴昌硕也是心潮起伏难定，在诗中借安慰妻子表达了此刻亦惊亦忧的复杂情感。

诗首句就写“苏儿索果壶儿争，福儿欲攫张臂挡”，描绘了三个孩子的嬉戏场景。此年他的大儿子福儿15岁，已到他当年参与科举和将遇到战争的年纪，次子壶儿12岁，在苏州生的小儿子苏儿（东迈）才两岁，都随父母同行。三个男孩在父母庇护下不知世事多愁，无忧嬉戏，其乐融融。吴昌硕也许是想起自己小时候与弟弟妹妹、堂兄的难得欢乐时光，于是借此事作诗，劝解妻子说孩子都天性淳朴很是友爱，家庭团聚已是难得的福分，不全在富贵。

他接着说“谓我何求金石刻，善抱不脱风波声”。这是很值得解读的两句诗，上一句说自己的内心追求还在金石刻，就是文字学问和篆刻书画艺术，用

《诗经·王风·黍离》的“不知我者，谓我何求”之意，说这是始终执着的志向。他从鄣吴到安吉，再到湖州、苏州、上海，一路曲曲折折、兜兜转转，似乎浪费许多时光，但其实也没有虚度。下一句写外在环境，“风波”有屈原离乡时写的《楚辞·九章·哀郢》的“顺风波以从流兮”之意，指生活里的纷乱。中唐诗人孟郊在《答郭郎中》诗中说“独抱风波声”，“抱风波”就是《道德经》说的“善抱者不脱”，即善于秉持自身坚定信念的人不会丧失信心。吴昌硕在漂泊湖海、饱经风波、看似漫无目的的岁月里都没有随波逐流，而是从善如流、独抱风波，保持“善抱不脱”境界，顺应这些生命里的变故，从不偏离本心。

最后一句说“来日大难尔弗厌，会计盐米持权衡”。“来日大难”来自汉代歌谣《善哉行》，指往日人生苦艰，也指前途困难重重。吴昌硕希望善于操持家务、能安排柴米油盐的妻子继续和自己一起对抗未知困境。此亦有他上一次携眷离开安吉去往苏州所刻印章的“其安易持”（典出老子《道德经》）之意，期待人生或世事安定平和，容易掌控。

诗的第二首也很耐读，一开始就说“万间广厦何足贪，东坡只羡弥陀龛”。“弥陀龛”来自苏轼体现中隐（仕隐）思想的《绝句三首》诗的“市区收罢鱼豚税，来与弥陀共一龛”，说自己忙完官场杂务，借礼佛避开世间烦嚣。吴昌硕说来海上为微宦，不是贪图万间广厦的富贵，而是为了学中唐诗人白居易《中隐》诗开创的仕隐“不如作中隐，隐在留司官……终岁无公事，随月有俸钱”。其实仕隐、中隐也就是其安易持，相较张翰、陶渊明的断然挂印辞官归隐更适合一般官员。诗接着说“书生意气尽吾有，老姑食性唯尔谙”，愧疚自己因为书生意气、平时除了公务还追求金石而对家庭、妻子有所忽略，幸得妻子细心照顾家里老少，“老姑”（婆婆）爱吃什么只有你知道。诗还说“荒荒大野挥涕泪，泛泛一水游东南”，面临陌生环境，心中忧惧，希望能再得妻子之助，携手应对未来在上海的日子。诗最后，吴昌硕还宽解妻子和自己说“芜园花鸟待归去”，即还有芜园这个退路。他还在心里暗暗祈愿好运——“苦铁之苦终回甘”，自己这块苦铁经历了那么多苦难困顿的磨炼，该是苦尽甘来了吧？

移居上海前，吴昌硕惜别了杨岘，有《将之沪上留别藐翁先生》诗二首，其中“凿壁分灯火[1]，愁余别草堂”“沧波回首处，明日在吴淞”（《缶庐集》卷二），说有幸和杨岘为邻居，从杨那儿学到很多。“愁余”，即使我愁苦，说离开苏州寓居草堂让人忧伤，但自己也只能一边乘着碧波去往上海，一边频频回首留恋。吴淞江源于苏州吴江松陵南的太湖，也名松江、吴江、松陵江、笠泽江，流向上海，汇入黄浦江。

诗友沈石友此时也有《岁暮寄昌硕》，说吴这个薄宦多年的诗人，在岁末除夕将至时移家，租船冒着风雪，去海上卜居。次年春，沈又有《闻昌硕病久无书来》，说吴是会吟诗的海上客，像司马相如一样多病，买药添了新债，看花木不免回忆旧时居所。可见，吴昌硕到上海后因水土不服或政务繁忙等原因常生病，住房条件不好。吴昌硕此时也有《病起》诗，“研（砚）如煮食和薇蕨，琴可移情听羽商。欲笑老妻怜我瘦，自忘鬓秃满头霜”（《缶庐集》卷三），嘲笑自己清贫如昔，虽身在官场，但还是靠耕砚田为生，以文墨维持生计。可叹笔耕虽无税，却依然穷如煮石、餐野菜薇蕨的隐士。妻子心疼他因病清瘦，他也自嘲因劳累穷愁头白鬓秃。

由于来沪后诸事不算顺遂，经济也拮据，吴昌硕常思念在苏州的日子。这时，距他首次来沪已15年，上海变化极大。光绪九年（1883），上海部分市民开始有电灯，用上了自来水。人事也有许多变化，早年画中师友张熊等都已去世。

吴昌硕自从在苏州为吏，常因公事奔波于江苏各地。当时上海属于江苏，他也常因公事到上海去。俗事累人，风尘仆仆，让人苍老，只有与朋友相逢谈艺才是快事。此时海上画人中与吴昌硕身世相似、游走官场与艺苑间的也有不少，如高邕也做过县丞，还候补江苏同知。杨伯润与吴昌硕同候官苏州。为官生涯拘束枯燥，与他们的艺术家天性不合，清末又是官少人（候补者）多，久久不得实职或升迁。无奈当时仕途仍是传统思想里文人安身立命的唯一正途，来自文化世家、科举出身的他们犹豫徘徊其中，不能决然放弃。

吴昌硕在苏州7年多，多与吴门世家、隐逸名士交往，其间也多与海上画

① 用“凿壁偷光”典故说自己与杨岘为邻，且向杨学习。

派中的主流，如蒲华等放弃仕进的名士派文人画家，还有任伯年等来自民间的画家交往，观念受到濡染。在与海上画人交往中，由于胡公寿、任伯年等海派后期领袖的宣传，吴昌硕的艺术渐被认可，使他信心渐增。15年前，吴昌硕没有选择来上海，7年前他选择去苏州。此时的他选择移居上海，应是多个原因合力的结果，是仕途需求，也是沪上书画市场日益繁荣的吸引。据说，任伯年的一个扇面就可卖二百钱。

吴昌硕来上海后的行迹，可由他当时的一些印章、诗画略钩沉一二。他曾多次迁居。一说因无力租房，最初一段时间他们一家曾住吴淞江的小船上，真的是浮家泛宅生涯。此年初冬，他的确过得比较辛苦，作《吟诗图》，上有长跋，逼真地刻画了他此时寓居黄歇浦“极天下枯寂寒瘦之景”的生活情形：“夜漏三下，妻儿俱睡熟，老屋中一灯荧然，光淡欲灭。缺口瓦瓶，养经霜残菊，憔悴如病夫。窗外落叶杂雨声潇潇，倏响倏止。可谓极天下枯寂寒瘦之景，才称酸寒尉拥鼻微吟佳句欲来时也。即景写图，不堪示长安车马客。远寄素心人，共此情况。”

吴昌硕说三更天，妻儿都已睡熟，自己还在租住的旧房里忙于政务、笔耕，一灯如豆欲灭，象征这一暗淡时光。房中的缺口瓦瓶，养了经风霜的残败菊花，面容憔悴正如自己这个中年病夫。窗外秋雨风声夹杂落叶声，时有时无，让人更为难眠。吴昌硕写罢这一书斋枯寒之景后又话锋一转，说这一景象才是我这个酸寒书生得到诗意佳句的“拥鼻微吟”时。“拥鼻微吟”典出《晋书·谢安列传》，说谢安未富贵时作“洛下书生咏”雅音，因有鼻疾所以语音浊，他富贵后很多人用手捏着鼻子学他的声音。吴昌硕用这个典故表达身处逆境的自信和傲气。他接着说自己得诗情画意后马上作画，但这种画应该不被“长安车马客”（沪上的富贵中人）理解欣赏，所以他要寄给远方的知音友人，天涯共此景，一起领会。“素心人”就是他在《石交录》里提到的艺术知交，和他一样有纯真本心。

吴昌硕还说自己一直想选取人世间最“枯寂寒瘦”景象作一幅苦吟图，就像中唐杜甫、孟郊笔下的岁寒诗意一样，一直没有合适稿本，不料自己此刻书斋生涯可作一景。他胸中郁结难消，又在画上题诗：“灯火照见黄花姿，闭户吟出酸寒诗。贵人读画怒曰嘻，似此穷相真难医。胡不拉杂摧烧之，牡丹遍染红胭脂。”残灯照着破屋残菊，自己闭门苦吟酸寒之句。这样的意境怎么会好卖？怎么会得到买画富贵人的感同身受？也许他们看到画还要大怒鄙夷，说这种穷相入骨难治。这样的暗淡笔墨会被一烧了之吧。

吴昌硕清醒地指出历代文人画家，如南宋李唐、扬州八怪中的李鱓等人多以墨色写菊花，而不是用胭脂写牡丹，不够随俗，所以无人喝彩。此时的现实生存困境应是他决意焚少作、转画风和写牡丹的重要原因。次年8月，任伯年为他作《酸寒尉像》，吴昌硕还题诗自嘲。年底，他还刻“酸寒尉”印，这些诗画题跋一同折射出他此时的内心矛盾。

吴昌硕内心当然还是向往作雅音的，就像他后来在《勖仲熊》诗说的“慎无雅乐陈，郑声[①]杂靡靡”。他此时曾乘舟去嘉定南翔，上岸寻檀园旧址，那里却早已荒废。檀园是徽州歙县人、寓居嘉定的明末遗民诗人、书画家李流芳所辟。李流芳中举人后绝意仕途。明末清初，他与嘉定唐时升、娄坚、程嘉燧三人因学养志节、诗文书画被尊称为嘉定四先生，李流芳、程嘉燧都是书画名家，书画出入宋元，逸气横飞，深得后人景仰。李流芳还是爱石之人，檀园藏有不少名石。吴昌硕早就倾慕李的为人艺事，本欲游名园、寻奇石，却已不能见，只能作诗抒感慨，有《泊南翔寻檀园旧址不见》（《缶庐诗》卷三）。

吴昌硕此时还一度租住于当时仍较偏僻、房租较便宜的浦东烂泥渡（赖义渡）路农家。他这次旅居沪上还接来了已患眼疾的继母杨氏，为便于照顾颐养，同住浦东。光绪十四年（1888）暮春，浦东田野上遍地都是盛开的芍药花，吴昌硕还见到有好事者移芍药嫁接牡丹，色彩绝艳。于是作芍药一幅并题所见作为纪念。重见自然田野风光的艳丽色彩，复活他心底的鄣吴与安吉芜园田园印象、旧梦，也是他此后多写鲜艳胭脂色的原因。冬天，他又觅屋移居吴淞。

此时吴昌硕身在上海，又遭遇旧时故人多凋零，如光绪十六年（1890）他少年时的同窗老友施旭臣在北京去世，金石诗文故交凌霞、施补华、潘钟瑞，还有对他有知遇之恩的潘祖荫也在此年去世。有感人到中年、故交渐少，光绪

---

① 非雅乐，引申为通俗艺术。

十八年（1892），49岁的他将生平交游写入《石交录》，还作《芜园图》、题以诗并征求友人题咏，体现了对过往的追忆、对初心的回顾。

吴昌硕此时也结交新知。光绪十四年（1888）春，他为龚心钊作“文章有神交有道”印。这句诗出自杜甫的《苏端、薛复筵简薛华醉歌》，是杜甫在安史之乱中与友人宴饮思念李白之作。印的边款提及他与龚在沪上相识，晨夕谈论古今事，恨相见之晚。龚心钊（1870—1949），合肥人，寓居上海。他是清初诗人、与吴伟业和钱谦益并称江左三大家的龚鼎孳后人，曾为上海道台的龚照瑗的儿子，他善科举，19岁就已中举人。此后他去京城考进士，吴昌硕以印赠之。龚后为外交家、收藏家。吴昌硕还在光绪十六年（1890）始识金石收藏家吴大澂，商讨学术甚相得，遍观吴所藏钟鼎彝器、古玺碑刻、古币镜铭、名人书画。

光绪十四年（1888）前后，吴昌硕有“木鸡”“安平太”等印，也可见他此时的中年务实心态。“木鸡”出自《庄子・达生》，比喻神识安闲、形貌审定、修养深淳，犹如木鸡不动不惊的处世者。他后有《枯坐》诗说自己晚年病不梳头两耳聋，真有木鸡之风。“安平太”出自《道德经》的“执大象，天下往。往而不害，安平太”，意思是懂得人间大道，能与身边人关系和谐不相妨，大家都安宁太平。也就是他从历史文化传统里领悟到的“其安易持”“善抱不脱”“顺风波以从流”意境，逐渐成为他日后人生与艺术日趋平和成熟的实在底色。

光绪十九年（1893），吴昌硕50岁。他在春王月（一月）为自己的首部成熟诗集《缶庐诗》写自序说：“予幼失学，复遭离乱。乱定，奔走衣食，学愈荒矣。然大雅宏达不肯薄视予，恒语以诗，心怦怦动。私读古人诗，仿为之，如盲人索途，茫然昧然，不知东西南朔也。积久成帙，无大题，无长篇，取遣寥寂而已。稍出示人，人怜而许焉，遂大喜，拟付手民，庶无负良朋之鼓励与十余年学吟之苦心。或宠以序，褒多而贬少。夫饰刍灵以衣冠，衣冠自衣冠，刍灵自刍灵耳，岂予所禁当哉？故勇于割爱，辄疏其缘起如此。《淮南子》曰：‘使人信己者易，蒙衣自信者难。’倘谓自信，予何敢。”（《缶庐诗》自序）

吴昌硕说自己的祖父、父亲去世早，少年遇战乱，后来又为生计奔走，所以才学疏浅。但所幸多遇诗学大家，而且不轻视他，有老师俞樾，有给他写诗集序鼓励他的诗友施旭臣和谭献，还有凌霞、金铁老等师友给予教诲，使他没舍弃成为诗人的梦想。他又自谦读古人诗加以模仿就像盲人行路，茫然无方向，但也积累了一些诗篇，都是自抒胸臆的小诗，为了排遣内心寂寥而已。偶尔给友人看我的诗，友人怜惜我的努力而肯定赞许我的诗，于是大喜过望，想要在50岁之际出版以作纪念。他说这样才不会辜负良朋的鼓励和自己多年学吟诗的苦心。语气很谦虚，也有内在的自傲。他始终自视为传统文人，仍隐隐以诗文为正道而以书画印为余技，所以50岁（知天命之年）要出诗集。序虽是说诗，但移来说他的其他艺术也是适合的。此时的其他艺术，他也自认有小成。

在上海，吴昌硕与任伯年、蒲华、高邕等人也有了更多交往交流。他多学前辈大家石涛、八大山人等人的画，还进行了以青铜器全角拓补菊花、水仙等花卉，以擅长的金石功底作岁朝清供图等融通雅俗尝试。

“岁朝”指农历新年。岁朝图（岁朝清供图）是中国传统绘画的独特品类，源起北宋，多作于新年之际。以花卉蔬果、文房清玩等物件供于案前，求新春吉祥如意，称清供。后画家以之入画，还多配以有意义的诗词题跋寄托祝愿，生发文化雅意深意，面貌可喜又寄托深远，雅俗兼备，深得民间大众喜爱。

光绪十五年（1889）除夕，全家都在上海，无须归乡，吴昌硕就作《岁朝图》并加长题跋，真实生动地写了在上海守岁夜的所作所为：“除夕不寐，挑灯伫晓。命儿子检残书，试以难字，征一年所学。煮百合充腹。百合一名摩罗，春白华者，根似玉莲花，食之益肺胃，胜屠苏酒十倍也。雄鸡乱啼，残腊垂尽，亟呵冻写图，吟小诗纪事。诗成，晨光入牖，爆竹声砰然，狐裘貂冠客，挟刺贺新年，舆马过门矣。”（《缶庐别存》）除夕，依旧俗，自己守岁不眠，挑灯待晓，为不算顺利的人生求一个更好来年。还让儿子收拾没读完的书，考他认难字，证验他一年所学。妻子为守岁的家人煮了百合填肚子，感觉比古人除夕要喝的屠苏酒强十倍。终于等到雄鸡乱叫，旧年的腊月就要过去，于是急忙以热气呵开冻住的墨，作画并吟小诗以记录守岁始末。等到诗歌写成，新年晨光已照进窗户，屋外的爆竹声砰然作响。看似平和静好，却掩不住在上海为吏、作画谋生的辛劳。吴昌硕说新年到了，路上多了许多善经营的狐裘貂冠客，开始“挟刺”（拿着名片）出门贺新年，乘着轻车华轿、骑着肥马经过我的陋室门口。

次年十二月初三夜，正当风雪之夜。长夜无聊，吴昌硕与画友屠朋（号了溪）、妻弟施为（号石墨）在寓所谈艺。吴昌硕称他们为“奇穷了道人，善病墨居士”，可见都是志趣相投者。谈到兴酣，吴昌硕还即景作画，画的正是陋室破灯火温、梅花淡雅的冷逸情趣，很符合他书斋里别无长物的情形。落笔飕飕，与室外风雪声相应和。屠、施两人在旁观看，浑然忘了冬日的萧瑟凄寒。不料忽然传来急促叩门声，官衙送来一纸公文，让吴昌硕在这雨雪泥泞天气火速去办公务。吴昌硕被扰了清兴，但也无奈，只好在画上即兴题诗写实景：“一官追聋丞，官事食以耳。衙参唤不起，习懒艰拜跪……叩门急星火，传入一片纸。雨雪方载涂[1]，捉我去官里。”（《缶庐别存》）他此时任县丞，仍是“酸寒尉”。“官事食以耳”用“耳食”典故，指官场之事多不加省察、徒信传闻。“衙参”指官吏到上司衙门排班参见、禀白公事，吴昌硕说自己生性懒惰不肯行跪拜之事，才有“捉我去官里”的打趣和无奈。这首诗可与两年前任颐为他作的《酸寒尉》图上吴的题诗对照。可见，他此时对小吏生涯越来越厌倦。诗里还说“作画娱性情，雪个穷厥技。白石青藤流，附庸差可拟”，说自己作画只是自娱性情，但以名画家沈周、徐渭、八大山人相比，也可见他对自己的画技越来越自信。

也许此时吴昌硕对另一种生活的选择已隐约可见，其虽是历史的必然，但仍需要有待时日和更多契机。

光绪十四年（1888），吴昌硕又遭遇家庭不幸。他寄予厚望的长子吴育在沪因病早逝。幸而八月女儿丹姮又出生，给了他和妻子以慰藉。这也许是他给女儿取名“丹姮”、字“次蟾”（寓意“明月前身”）的原因之一。

吴昌硕在上海，一说他在光绪十八年（1892）或次年就住上海县城南市东大门外的升吉里。光绪十九年（1893）秋他又得两位金石之交徐士恺和吴保初捐资之助，加上多年叙资劳，转迁为直隶州知州、虚职五品顶戴，有了候补知县的资格。

---

① 出自《诗经·小雅·出车》，意为道路泥泞难行，引申为社会动荡。

金石篆刻家、收藏家徐士恺（1851—1911）字子静，安徽石埭人，官浙江候补道。嗜金石，精鉴别，多收藏，可与吴云两罍轩、沈秉成城曲草堂相比。晚寓苏州，与名士共考订金石，也以刻印自娱。曾为赵之谦辑印谱。光绪二十八年（1902）刊《观自得斋印存》，有吴昌硕小传，说吴俊卿，字苍石，号苦铁，受知于沈秉成、吴云、陆心源、杨岘诸公，学问有根底。还说吴昌硕喜学石鼓，刻印专宗秦汉，浑厚高古，一如其书法。晚年兼工花卉，气韵在青藤、白阳间。这是很适宜的评价，他是懂吴昌硕的。

吴保初（1869—1913），晚号瘿公，安徽庐江人。淮军将领吴长庆之子，与陈三立、谭嗣同等人合称清末维新四公子。善书法。其诗襟怀高旷，沉思渊旨，有王安石之风，熔铸古今，不拘一体，有《北山楼诗词文集》。吴昌硕《答吴彦复保初》是《缶庐诗》卷四最后一首，应为光绪二十九年（1903）所写。

光绪二十九年（1903）后，吴昌硕一度在严信厚小长芦馆为客。宣统二年（1910）住过上海虹口。到宣统三年（1911）夏，他又在近古稀之年再次迁居上海吴淞。1913年，又迁上海山西北路的吉庆里923号一处新的两层石库门（从吴昌硕去世后袁思亮的挽联“赁庑更无五柳宅”看，应该只是租住）。他最终选定上海，在此卖艺自食其力。他将斋室定名为“去驻随缘室”，意思与“其安易持”“顺风波以从流”相近，与《缶庐》诗感慨的“吾庐风雨飘摇久”相呼应，纪念随遇而安的沧桑岁月，也道出与上海的奇妙缘分。1927年，吴昌硕在此逝世。今天，在浦东吴昌硕曾寓居处建起了他的纪念馆，模仿的是吉庆里故居，见证了历史的因缘重叠。

记取古榆关入幕

吴昌硕的中年仕途生涯曲折低迷，入世济民梦想晦明恍惚，但他的人生与艺术本心（素心）坚定不移，支撑着他的漫长微宦经历。他日后的弟子王个簃在他逝后有记录老师生平的《吴先生行述》，说吴“生平忠爱，根于天性。每值时变，辄咨嗟扼腕，仿佛有促迫于其后者”[①]。就是说他一生爱国爱民，几乎成为天性，遇到动乱变迁则叹息急切。这种忠爱来自吴昌硕濡染的传统文化和家族传承。

吴昌硕和他同时代的许多人一样，一生遭遇多次重大时变。少时的战争外，中年的他也经历了近代史的两起重要历史事件：甲午战争和戊戌变法。两事件有因果关系。他虽只是小官，也在历史大背景中留下身影。他面对时变表现出的忠爱之情虽是对朝廷的奉献，但不能简单地被视为是保守落后。在清末，传统仍根深蒂固，爱国与爱皇帝、朝廷不可分。

吴昌硕少年时就饱受战争之苦，使他终生痛恨变乱、渴求太平，也加深了他对国家与大众命运的深挚关怀，坚守希望天下安宁、百姓安居乐业的理想。壮年入仕后，他虽不满官场黑暗、微官无趣辛苦，但始终没放弃，位卑不忘忧国事，还胸怀安邦定国志向。他多有诗画表现这一情愫，如《松》的“破壁当飞去，为霖化作龙”和《松石》的“移向中流作砥柱，任凭沧海涌波涛”（《缶庐别存》）。因为怀才不遇，他常将自己这棵郁郁涧底松、这块无用苍石比作南朝张僧繇笔下破壁飞去的龙、女娲补天留下的遗材，同他的竹诗、自比古缶石砚相呼应，慨叹当下遭际，也希望有乘风雨而起、在沧海横流中作中流砥柱的一日。

清代金石之风，到吴昌硕来到苏州的同治光绪年间（1862—1908）仍方兴未艾。清代金石家不乏高官名宦，如清初翁方纲和乾隆嘉庆年间（1736—1820）阮元等。吴昌硕在苏州借金石的交流相契，得到当世金石大家和名宦吴云、潘祖荫、吴大澂等人的赏识，得见许多他这个“酸寒尉”难以触及的古金石巨器、珍品，也因此得到吴大澂等人青眼，暗淡宦途似有转机。

光绪二十年（1894），中日战争爆发。吴大澂主动请缨赴前线，被任命为督办东征军务副帅。他邀吴昌硕为幕僚，入幕赞画军事。吴昌硕已年过半百，但感于吴大澂的忠勇和慷慨意气，毅然参佐戎幕。与他同入幕的还有画家王同愈和此前已入吴幕的陆恢。

---

① 吴昌硕著，吴东迈编：《吴昌硕谈艺录》，人民美术出版社1993年版，第245页。

吴昌硕先随吴大澂来北京听命。后战事紧急，吴大澂督湘军北上出征山海关。征途上，吴昌硕饱览北国山河。他一直生活在南方，只因公务去过天津，难得见山野莽苍，虽战火在前，也不由心怀旷荡。就像诗友施补华入左宗棠幕随军去西域有边塞诗一样，他此后也多有出山海关从军行诗。

军队来到山海关已是是年秋冬。吴昌硕随吴大澂立马古榆关（山海关）前，满地大雪中，沉醉奇丽山河。此刻两个书生更记起无数古代从军行、出塞行的诗篇，生出思慕古人、历史的幽情，浑然不觉冷冽割面的北风、齐小腿深的雪。近30年后的1922年，吴昌硕还对两人"短衣并马古长城"、慷慨赋诗磨盾的情景历历难忘，这是他此时题吴大澂写山海关画的《吴愙斋中丞遗画〈榆关景物〉》诗说的。他日后还有一幅《雪景山水》上也题跋曾匹马游山海关、关外雪花大如掌的情景，都很有唐代边塞诗人高适、岑参的诗风。

山海关自古就是兵家必争地，有万里长城第一关之称。东门镇东门就是天下第一关。吴昌硕对后辈说起，他当时看到城楼上明成化八年（1472）进士肖显写的"天下第一关"五个大字，仰头看得出神，连帽子掉了也不知道。

由于北地风光和从军豪情的影响，吴昌硕此时写下不少气势豪迈的诗篇画作，途中有《羊河口望秦皇岛》等诗画，在山海关作《乱石山松图》轴、《芦台秋望》和《榆关杂诗和愙斋先生》诗。

过山海关后，吴大澂督湘军来到辽东前线。次年2月，日军攻占威海卫。清廷派李鸿章赴日求和，康有为公车上书提出拒签和约。国内主和派、主战派正争论不休。辽东前线，日军又发动进攻，清军奋勇抵抗，战况激烈。历时一昼夜，清军败退，官兵阵亡近2000人。辽东失守后，日军杀人无数。

辽东之败后，撤退的吴大澂成为民族情绪高涨下的众矢之的。不过说他是逃跑将军、把辽东之败责任只归于他一人是过头了。当然吴本人对溃败也有重大责任，他作为统帅只会纸上谈兵，不熟悉军中之事，他性情中的浮躁、好大言、书生意气导致的举止谬妄、贻误戎机，都值得反思。

辽东之战时，吴昌硕并没有在军中。因继母杨氏病重，家中急函催返，吴昌硕只能乞假南归，奉母去上海颐养。他后来在一首题《博古》画的诗里说："从军赴榆关，未获书露布。母病亟图南，奉母海上寓。""露布"指报捷文书，可见他和吴大澂一开始对战事的乐观。光绪二十年（1894）十一月，吴昌硕还在山海关刻“俊卿大利”印，望战事顺利。但他在上海却得闻败绩噩耗，“可怜辽阳讯，魑魅跃波澜”（《缶庐别存》）。甲午战争随着威海卫海战的再度惨败和北洋水师的覆没，以中国失败告终。吴昌硕本欲借戍边建功，得到升迁机会，进而实现济世之梦，不料结果如此。吴大澂后来更因此被革职。吴昌硕因南归未受大影响，但甲午战争失败无疑是对他仕宦理想的沉重打击。他此时开始以“破荷”为号，表达了在风雨飘摇时局中的无助和惶惑。

吴昌硕虽未能亲身参与最后的决战，但一直高度关注战局，战争的结果让他永世难忘。黄海海战结束后，他就有悼念殉难将领邓世昌和誓言到前线杀敌为他们报仇的《榆关杂诗和愙斋先生》诗，诗中以东晋太傅谢安淝水大战大捷期待儒帅吴大澂谈笑破敌，以东汉名门班家子弟班超投笔从戎比拟自己入幕。得悉北洋舰队倾覆，他更是赋诗痛悼阵亡烈士，将他们比为衔石填沧海的精卫。

光绪二十一年（1895），吴昌硕还请任伯年画《山海关从军图》作纪念。到1912年，69岁的他还常想起这段短暂的兵戎生涯，常是铁马冰河入梦来，有他的题画诗“石头奇似虎当关，破树枯藤绝壑攀。昨夜梦中驰铁马，竟凭画手夺天山”（《缶庐别存》）为证。晚年吴昌硕还曾作题画词一首，以“记取古榆关入幕”记录他对辽东之战及甲午战争失败的见解和对自己戎幕生涯的回忆，颇有历史深意。

吴昌硕参与吴大澂幕府，在京师等地参佐戎幕，前后约一年时间。其间多阅风云局势，密切接近政治中心有助于他形成较广大的政治关怀和深刻的历史见解，这对他以后的人生和艺术都有影响，就是他后来诗画“在榆关”“立马间”意象的重要原因，游历北国，被战争感发的豪侠志气，在他的诗画里留下丰富印记。

中国的幕府制度（非日本幕府。也称幕僚制度）由来已久。历代的名臣、将帅、封疆大吏、各地牧守都会荐引有才士人进入府（官）署参与决策、掌管机要。幕府得名于古代将领府署因为出征要使用帐幕。后来地方大吏府署也称幕府，僚属称幕僚。幕僚不属于有编官职，但有特殊的重要作用。历代幕府中多有怀才不遇或未遇的有志才子，功名不高的文人入幕是一条仕途捷径。

清代由于朴学、金石学风行，出现学人幕府现象，促进了学术文化发展，也使文人得到参与实际事务的机会。尤其清末幕府，由于内忧外患，战争增多，幕府职能扩大，地方大员、朝廷重臣的幕府中云集了许多人才。幕主也常保荐幕府有功人员，使幕僚可凭实际才干功劳而非科举功名获得升迁，吸引更多科举不顺、官位低微的士人投入幕中。

吴昌硕早年见过的名宦包括一些师友都有凭入幕获得升迁者，也有不遂者。如杜文澜入曾国藩幕府，深得倚重，官至江苏道员。吴云担任扬州江北大营营务并筹划军饷有功，升任苏州知府。吴大澂入李鸿章幕府，得器重而升迁。陆心源出身商人家庭，后凭科举和入幕成为官员。杨岘曾为曾国藩、李鸿章幕僚，后为江苏松江知府。但也有施补华在曾国藩、左宗棠幕府中都不是很得赏识。早年友人钱铁梅年轻时也曾游幕湖州。金铁老曾入杜文澜幕府，他的女婿杜楚生曾佐浙江藩幕。

只有秀才功名的吴昌硕曾多次入幕，如入杜文澜、吴云、吴大澂幕。不过饱经世事、生性谨慎的吴昌硕一度因为吴大澂被罢职之故，对这段经历有些讳莫如深。如他有《客来》诗说："客来问我山东事，除却谈碑口便喑。哪有新闻入聋耳？不妨古水照寒心。"（《缶庐集》卷二）他大约在此时就开始借口耳聋重听而避谈时事（他曾说自己耳聋是在山海关被大炮震聋的，话在虚实间）。他还刻印、自题书斋"缶无咎"。"无咎"出自《易·乾》和《易·坎》，意思是时时警惕接纳约束就能免于过失、灾祸。这都透露出他对时局政事荒谬无稽的无奈，也体现了他胸中的郁闷之气。晚年吴昌硕有《自嘲》诗"榆关立马曾"（《缶庐集》卷三）、《感事》诗"辽海兵戈记当年（自注：谓甲午之役）"、《默坐》"曾走榆关走华嵩"（《缶庐集》卷四））等追念往事。

此时吴昌硕的仕途梦虽受挫折，仍没放弃求仕进。但不久，他的入世梦想又在戊戌变法失败后再度受挫。

戊戌变法与甲午战争有千丝万缕的联系。其关键人物之一就是翁同龢，他是同治帝师翁心存的儿子。甲午战争中，朝廷官员有主和、主战之争，暗藏后党、帝党之争。时任户部尚书充任军机大臣的翁同龢因是光绪帝老师而很受倚重，他主战，他身后的清流派官员更是激昂高论。吴大澂就是受翁支持的。

清末官员政治态度、派别较复杂，顽固派外，洋务派与清流中人也有不同。当然洋务派和清流党在私人关系上能是朋友。翁同龢、潘祖荫、吴大澂、汪鸣銮等出身翰林和御史的文官就属清流，他们在改革弊政、兴修水利、抵抗外国侵略方面都有强烈的爱国情感。清流也有不足，如有人以为同治光绪年间（1862—1908）的清流好持高论，不切实际，弹劾政事，常清谈误国，吴大澂之败可证。

清流党人与金石学风关系密切。同治年间（1862—1874），乾嘉朴学与道咸经世之学面对现实已呈颓势，洋务和新学还没有被士大夫普遍接受。流行于士林的只有收藏古物、整理旧学学问，曾被视为雕虫之技的金石学，借着朴学、经学研究的余风，又和书法上的碑学结合，成为此时最热的学术。苏南的苏州、常熟一带是金石学的南方中心。苏州潘祖荫中探花后，为京官期间与张之洞、同里吴大澂等人常聚首切磋金石。常熟翁同龢中状元后，也为翰林，以金石周旋于达宦与同好官员间。他们都是清流的核心人物。金石学风的兴盛，为光绪年间（1875—1908）清流党的形成作了重要人事准备。清流党后期多是南方人，以翁同龢为首领，潘祖荫、文廷式、沈曾植、张謇等人是清末政治中不可忽视的。

光绪年间（1875—1908），翁同龢、潘祖荫等人成为一品大员，他们的诗文金石雅癖也成为官场中的交往风尚，苏州园林中的吴门真率会成员里也多有清流党。金石学更成为此时渴望跃上龙门士人的终南捷径，成为官场敲门砖，深刻影响一代士人。吴昌硕选择苏州，来往于常熟等地，与两吴一潘以金石为交、入他们幕中，也是受到这一金石学风影响。

甲午战争前，吴昌硕曾去京城，经沈石友友人、常熟赵非昔引荐，拜谒翁同龢。但不巧未遇，仅托赵以诗及印谱赠翁。此时已以篆印成名的吴昌硕，多以印章交友，也曾多次以印章赠当朝重臣达官望其援引，多是他在苏州文化圈结识的金石大家们转介的。

甲午战争后，吴昌硕仍回苏州任小吏，但见国运衰落、国事日非，自己也年华老去，心下更苦闷彷徨。光绪二十四年（1898）春，京师传来光绪帝推行新政变法的消息。吴昌硕对此极关注，希望变革能使国家重现生机，自己也能有新机遇。翁同龢是变法的主要主张与支持者。但变法刚一起步，即被后党扑灭。六月变法失败，前后不到百日，史称百日维新。后党还在朝中扫荡帝党人士，首当其冲的就是帝师翁同龢。

赵非昔（1830—1900），字宗建，常熟藏书楼旧山楼主人。翁、赵两家有旧。赵与翁同龢是科举同年好友，又曾同在北京做官。吴昌硕大约是在光绪十六年（1890）结识赵宗建的。沈石友与翁同龢也是邻居与姻亲。翁同龢被放归家乡常熟后，冬天又得朝廷旨意，遭革职，且永不叙用。这个曾为帝王师的古稀老人，无奈退出历史舞台。他在虞山西麓鹁鸽峰下筑了生圹（墓庐）瓶庐，寓意守口如瓶、缄默保身。他在家乡度过了人生最后时光。

翁罢官后，吴大澂以辽东之败罪名遭革职查办。吴昌硕同情、不平于他们遭际。光绪二十四年（1898）冬，虞山来了个不速访客，拜谒已下台的翁同龢。这人就是吴昌硕。四年前的北京翁府前熙熙攘攘，如今的常熟翁府前车马绝迹。吴昌硕见了自有感慨。可惜这次造访还是缘悭一面，两人未得遇。吴昌硕又以所刻印留赠。翁同龢次日听闻消息，要办佳肴款待他，吴昌硕却已匆匆返回苏州，只能写诗谢翁厚意。后来吴昌硕从赵非昔处知道翁在赠赵绝句里提到自己，于是作《偶读松禅居士赠赵非昔一截句述及鄙人，感和原韵》诗，有“魅魅喜人吟不和，忧时直与杜陵同”（《缶庐集》卷二）之句，用杜甫怀念无辜被流放友人李白的诗句“魑魅喜人过”，道出对翁同龢、吴大澂等人命运的同情，也表现了他眼见清帝国气数将尽的重重隐忧。

吴昌硕的政治梦想，似曾有接近成功的希望，却终究破灭。甲午战争、戊戌政变是清末历史的重要节点，之后吴昌硕也对自己的人生作出新规划。

一月安东令

光绪二十五年（1899）秋，江苏省淮扬海道分摊到一个淮安府安东县（今江苏涟水）县令的缺。按清末官制，地方官职可报捐，也可分派。当时署淮扬海道（驻淮安府）道员（四品）的湖州同乡、故交丁葆元推荐了吴昌硕。淮扬海道掌察江苏省淮安、扬州、海州诸府州官吏得失。

丁葆元也经历过太平天国运动，曾在太平军中教书，也能诗，还是潜园六才子之一，与吴昌硕相交多年。这年吴昌硕已56岁了，发丝夹白，渐入晚年，但也凭多年辛劳为小吏微宦，累叙资劳，加上得友人捐资之助，已转迁为直隶州知州五品虚衔，同他的祖父、父亲一样有了候补县令的资格。终于，有了他从青年时就期待的仕进希望。功名只是增贡生、非五贡非正途出身的吴昌硕曾一度期待像太平天国运动时的前辈一样由入幕、从军等机遇得到快速升迁，甲午战争后理想受挫只能放弃。吴昌硕的早年同窗友人张行孚在中举人后在扬州候官十年才得实职，而吴昌硕从到苏州为吏算起到有机会得到县令实职等候了近20年。他也是清末文人艰难科举求仕历程的又一个典型例子。

清代尤其清末官场拥塞，有功名者多而官位实缺少，要得到一个实职，都需要漫长等候及有力者的荐举。而且鸦片战争后清廷外临赔款激增，内又灾荒频频，国库枯竭，不得不广开捐例，郎中、道台以下的中低级官员都可以用钱买到，不过所卖官职仅是虚职，要再经量才委用才能得到实职。吴昌硕这次得到县令实职已是多方面机缘的合力了。

吴昌硕有候补县令资格后，便去拜谒另一位湖州同乡故交、任安徽巡抚的沈秉成，求援引。沈秉成天性好鼓励荐引寒士，吴昌硕当年曾与沈和他的儿子有诗画交往，据《石交录》记录他还曾为沈作“中复”“成快意”等印。不过此次求助无果，不久沈被免职，并于次年去世。吴昌硕后又有求援引之行，他先到南京拜见两江总督刘坤一。刘出身廪生，曾参与甲午战争，与翁同龢有故。[①]此后他又北上淮扬，拜见丁葆元求助。丁葆元先安置他任闲职，此后正好有一个代理安东县知县的机会就推荐了吴。不料吴昌硕不习惯官场和安东之地，一个月后辞去县令职务，还拒绝淮安府清河县官职，回到上海。这是吴昌硕数十年中隐官场、与仕途若即若离关系中最为纠结又出人意料、戛然而止的一段经历，山重水复，柳暗花明，足见人生的不可预测。

关于吴昌硕这次得到县令之位，以往说法很多。有说他为直隶总督端方治

---

① 参见夏冬波：《吴昌硕淮上“谋差”》，《书法》2018年第8期；王琪森：《“行脚僧”吴昌硕的浦东岁月》，《解放日报》2023年3月9日。

印得到端方垂青。还有说是吴大瀓举荐。有说沈秉成为他捐款。

光绪二十五年（1899）11月，吴昌硕看似复制又历史性地超越了祖父、父亲的命运。他的祖父有知县的虚衔，但权衡利弊放弃了远赴他乡候补知县的微茫辛苦机会，留在浙江为学官。他的父亲也有举人和知县虚衔，但因为家境清寒选择隐居乡里。吴昌硕在太平天国运动后为了亲人遗愿、实现家庭家族复兴，数十年不忍放弃仕途追求，此时终于有机遇，他却感到有些迷惘。可能与他此时功名心已不如壮年时旺盛，甲午战争、戊戌变法的失败也让他渐渐深切感受到时世变迁有关，但更大的可能是他毕竟如施旭臣所说，和祖辈父辈一样骨子里性格“孤峭”（孤寒孤傲）。他也曾自许“性格疏阔类野鹤，不受拘束雕镌中”（《缶庐集》卷一），诗句虽是自叙篆印之艺，也彰显他的性格特点。他赞同前贤白居易、苏轼之说，20年为微宦小吏虽然始终勤恳但也一直秉承中隐情怀，与官场保持适度疏离态度，也许此时人到中年的他也体验到祖父当时没有远赴他乡为微官的心境，理解祖父和父亲的选择。

光绪二十五年（1899）冬，吴昌硕渡过长江，到安东县赴任。不久，他就因不善逢迎得罪了上司。他觉得县政实职太烦琐苦累。听从天性，他决意挂印离开。这个知县，吴昌硕前后只做了一个月。

吴昌硕此时是以候补直隶州知州代理安东县令。虽是摄县令之职，但总要在其位谋其政。无奈他在苏州、上海为酸寒尉时已觉拘束局促，此刻更觉得政事繁复、刻板、可厌。上司淮安知府又与他脾性不合，时常插手干预事务。吴昌硕越发觉得这是个苦差事，便以吟诗作画排遣郁闷，还为作画在县衙前开凿一口水井，这就很像中唐诗人孟郊、北宋书画家米芾的作为。

安东地处淮河流域，涉海临河，是个水乡，却不像江南的苏州、湖州等地是鱼米之乡。古时黄河曾夺淮河河道入海经此地，安东地处古黄河旁，土地盐碱度高，清末时十分贫瘠，连河水都是咸的。吴昌硕刚来安东，就觉得水质不佳，不能写出好字。于是马上凿井，以取水研墨作画。安东原有豪强仗势控制水井卖水，百姓苦不堪言，吴昌硕凿井后让百姓自由取水，客观上做了好事。此井至今还存，涟水百姓也还记得他的惠泽，将他与北宋曾知涟水军的书画家米芾并称。

吴昌硕一向喜游古迹，尤其文人画家遗迹。到任后，他在县署里就见到两块据说是石痴米芾留下的石头，又观赏了米公亭和米芾洗墨池。从北宋绍圣四年（1097）到元符元年（1098），米芾守涟水两年，政简刑清，却多惠政。任满归去，宦囊萧然。米芾曾在县署内辟一书画室，旁有一池，是他平素涤墨处，民间传说久之池水变黑。临行前米芾将笔中余墨在池内洗尽以示清白，并吟哦一首《去涟水》诗以表不舍。他走后，百姓将池取名米公洗墨池，又建米公亭纪念他。

吴昌硕有《岁己亥十一月摄安东县即目》诗，是刚到安东写的。诗云："旧黄河势抱安东，古木寒潭万影空。卧榻冷悬高士雪，卷茅狂叫大王风。诗来淮上秋山里，人在天涯水气中。眼底石头真可拜，倘容袍笏借南宫（自注：米元章曾官涟水军）。"（《缶庐集》卷二）"高士""南宫"都指性情高洁的米芾，米曾任礼部员外郎，唐宋时称礼部文官为南宫舍人。拜石也表达了爱奇石的吴昌硕欲以前贤米芾为榜样的情怀。

米芾被称为米痴，尤以多蓄奇石、爱石如命出名。清人笔记《宋稗类钞》就记米芾知涟水军时不办公事，终日弄石。同时代的书画家、诗人杨杰（字次公，号无为子）为按察使，知米芾好石废事，就前往警告。米芾却说这样的奇石安得不爱？杨次公抢过石头说我也喜爱，携石登车而去。逸史中两人真情性呼之欲出。可惜吴昌硕没能遇到这样志趣相投、善解人意的上司，就像孟郊遇到给他找"假尉"（代理县尉）分担事务并分去他一半俸禄作为惩罚的上司，吴遇到的也是寻常俗吏。吴昌硕的沉醉艺事、不理政务，很快传到淮安知府耳中。就像《酸寒尉》诗中写的，吴昌硕被叫去问事，问为何凿井，答以城内水咸、黄河水黄不能作画，遭到严厉训斥。这一幕，从吴昌硕此时此后诗中以在任上不屑俗务、官事多废的狷介孟郊自喻自嘲来看，应是真实的。两年前，吴昌硕就曾去溧阳访孟郊遗迹并作诗，可见他内心对孟郊的认同。

吴昌硕本已不想待在安东这个闭塞地，受知府责备后去意更浓。这时又有一事，令他下了辞官决心。知府也许要刁难他，派他去清理清河县（今江苏淮阴）积案。江北之地此时多盗贼，官员多苦缉捕，清理积案是苦差事。于是吴昌硕以请假名义、重听加剧为借口，在光绪二十六年（1900）二月回了上海，其实就是辞职。

走之前，吴昌硕有诗留于安东结识的朋友、安东训导李福清。安东的梅花开了，吴昌硕却走了。这个故事和他留在官场的背影都很有历史感。

自此，吴昌硕虽还身在官场中（仍有虚衔），但中隐之心更浓，消减了仕途进取之念，以更多精力致力于诗书画印的深造。辛亥革命前夕，他离开官场前往上海，但在上海他仍以清廷旧官员的身份与众多文化遗老来往。科举、仕途在每个传统文人包括清末文人身上的印记都是长久深刻的，吴昌硕后来与仕途的切割也多是精神层面上的，就像他此时挂印安东县令。

吴昌硕在甲午战争前还是较有事业进取企图的，但时事变迁、宦途险恶，他终于在中年几度风波后，慢慢坚定了偏离仕途的念头。他的犹豫矛盾而非决绝心路，他从官场到艺坛的曲折历程，是符合历史的，并没有显示他贪恋仕途，反而更展现他真实的历史形象和个性特征。

在吴昌硕与官场仕途的纠结中，他有意无意复制、重蹈了多位历史前贤的生命、精神轨迹。在漫长的传统社会，受相似的历史文化氛围影响，文士所作所为常模仿认同的前贤。在吴昌硕辞官故事中，可看到许多前贤的影子，可借鉴他们的故事来解读“一月安东令”。除了米芾、孟郊，吴昌硕还以不为五斗米折腰的东晋隐士陶渊明、清中期扬州八怪等为榜样，借他们的人生，以诗画表达心境。

八怪中，吴昌硕多提到李鱓。八怪中的李鱓、郑燮、李方膺都做过知县，都因忤逆大吏被罢官，晚年都以卖画为生。吴昌硕觉得李鱓的性情、艺术趣味、人生境遇同他最有相似处，李的生平遭遇更给他以启示。李鱓（1686—1762），号复堂，又号懊道人，扬州人。“鱓”字，有两种读法。一读为tuó，同鼍，即猪婆龙；又读作shàn，同鳝。李鱓落拓江湖后，多次题画署名为“鳝”。从自以为是的神兽到江湖中命如蝼蚁的小鱼，也反映了他从宫廷到民间的心理变迁。李鱓曾以善画被召为内廷供奉，但他不愿屈意求媚，受到非议，在33岁时乞归，实则是被逐出宫廷。52岁时，又谋得山东临淄县令之职，但他不习惯官场，还因囊中羞涩画牡丹卖钱。次年改为滕县知县。他为政清简，体察民情，受士民尊敬，却因负才使气，和官场流俗不谐，触怒大吏，功名和官职都被革掉了。李不甘宦途失败，常欲东山再起，但事与愿违，晚年流落扬州，以卖画为生，生活困顿。李鱓最善花鸟，吴昌硕受其影响较深。李鱓因在扬州卖画，改画写意，受青藤、八大山人尤其石涛笔意启发，以破笔泼墨作画，形成狂放不羁、以拙孕野、气魄雄健风格。他还用一方“卖画不为官”闲章，把在宫廷、官场不能表达的个性色彩都表现在印、画上。有人评价李晚年部分作品过于霸悍，后来也有人如此评价吴昌硕。但古拙野逸、气势霸悍也是造成两人绘画鲜明特色的重要原因。吴昌硕喜欢李鱓，因为他在八怪里功力最深且少江湖气。李鱓诗、书都颇佳，喜欢在画上题长跋，有时把参差错落的题字写满画面，质实中见空灵，使画面更丰富，气韵更酣畅，这对吴昌硕影响也很深。

八怪退出仕途大都是无奈的。也许陶渊明故事更能体现吴昌硕在人生、艺术与仕途间选择的心态。吴昌硕辞官安东后，三次刻过“一月安东令”印，这与郑板桥的“七品官耳”、赵之谦的“为五斗米折腰”印章一样，既是纪实，也是显示胸中意气。66岁的他还刻一方“弃官先彭泽令五十日”印，边款是“官田种秫不足求，归来三径松菊秋，我早有语谢督邮”。陶渊明因经济困顿而任彭泽县令，因不满官场弃官归家并作《归去来兮辞》，在官仅80余日。吴昌硕说自己比陶渊明还早觉醒了50天。

《陶渊明传》里说浔阳郡派督邮来彭泽县，县吏对陶说，应束带去迎接。陶叹息说，我岂能为五斗米向乡里小儿折腰，即日去职。此时距陶渊明初出仕已近13年，他之前也曾无奈折腰，这次却为是否束带这样的小事而罢官。其实这只是契机，就像张翰因西风起突然兴莼鲈之思而马上辞官，陶渊明也早已萌生退隐之意。陶出自世代官宦之家，希望有所进取，但东晋士人追求精神自由的道家风范也一直是他的本心。他怀着矛盾心境走上仕途，动乱的时代和黑暗的社会现实慢慢消减了他的雄心。他做彭泽县令时身在仕途，心却早在田园了，终于借此做了选择，挂印而去，在文化史上留下潇洒的背影。吴昌硕的辞官和陶渊明、张翰的选择有些相似，看似突兀，实则心里早已有过百转千回，他的隐逸之心从芜园时代就已深植，出仕江苏时也时时不忘芜园。陶渊明辞官后即作《归去来兮辞》，有著名的心灵之问——“田园将芜胡不归？”联系到吴昌硕诗画里频频出现的归去芜园意象，以及他50岁的《归田图》小像，便可见他与陶渊明的异代同情。

陶渊明作为传统文人的人格典范频繁出现在后世文人的诗画中。吴昌硕的诗、画也常用陶渊明等诗人故事和诗文意象。陶最出名的意象就是桃花源、南轩、酒、菊等，芜园就有南轩，还种着菊，这是吴昌硕的桃源。吴昌硕晚年还以艺术为生命桃源，花卉画多写菊，也常联想陶渊明这个乱世隐士，取其道家隐逸风范和田园格调来彰显画作的朴茂野逸内涵。

陶渊明的重要文化意义除了隐士还有遗民形象，这一面在吴昌硕晚年诗画中也常浮现，最常用典故就是义熙、甲子等。陶渊明在东晋灭亡后改名潜，取沉潜不出之意。他于晋末义熙年间（405—418）前的诗都书写东晋年号，进入刘宋后就只用甲子干支纪时，隐喻不事新朝。“义熙旧人”“只书甲子”后来成为每代遗民爱用的典故。辛亥革命后，上海聚集了很多清廷遗民，吴昌硕也在其列。他和陶渊明一样，入民国后改以字行，还号大聋，寄托不闻时事、世事已不可闻之意。他还屡在诗中提到陶渊明的“甲子”，如1913年立春日他写诗给诗友诸宗元说：“聋我犹闻一字新，扬尘沧海奈游鳞。病狂懒作孤舟客，意古不随天下春。甲子大书由靖节，笠蓑长物隐元真。卜邻何事添欢喜，好学林宗戴角中。”（《缶庐集》卷三）道出此时的遗民、隐士心态。陶渊明卒后私谥靖节。“笠蓑”指寓居湖州的中唐隐士张志和，号玄真子（清代因避康熙名讳改称元真子），有《渔父词》之青箬笠、绿蓑衣意象。吴昌硕晚年穿道袍，不剪辫子，作画也只书干支纪年，与民初海上遗老群中的首领、浙人沈曾植等交往。还在生日时得过清逊帝溥仪所赐的福、寿两字。再如他1913年所写《七十自寿》诗也说“世变复见辛亥冬，热血若沸摧心胸”（《缶庐集》卷三））。否认吴昌硕的遗民倾向似无必要，而且以陶渊明为参照，能更好理解他的文化遗民身份。

吴昌硕做出“一月安东令”的选择并不是一味任性潇洒，就像陶渊明、张翰的貌似洒脱，实则内心满是挣扎。他在1923年有《癸亥元日》诗云“安东一月惭吾民”，表示愧对政治理想（吾国吾民），有对自己一生仕途无成、无益民生的反省。1910年，吴昌硕在给时任江西知县的次子吴涵写信时，以官场过来人口气说，既然已身为俗吏，就不能不揣摩官场俗性。还说我要劝你认真做官，不愿你学我的无赖无聊。挥泪言此，听不听则由你。做官总要矢公矢慎，勤俭为本。雅僻之友远之，公正直谅之友近之。这是吴昌硕的肺腑之言，明知做官是俗事，但生活逼人，不能不做。他还反思自己一生曲折，因为功名低微，壮年于游宦、入幕、戍边多种传统进取途径都作过努力尝试，可惜终与愿违，故他自嘲“无赖无聊”，没有出息，没有建树，无所依傍，可谓字字含泪。最后他还劝儿子要认真做官，不忘为国为民，要为公慎重办事，亲近公正、正直、诚信的朋友，远离看似有趣但实则品行不好的朋友。“矢公矢慎”出自清人颜光敏的《颜氏家藏尺牍》，意为立志为公、谨慎。在好读书、有才华的长子不幸早逝后，他寄希望于同样有才华的次子能完成自己未竟的功业理想和家族复兴之念，就像他的父亲曾寄望于他。

吴昌硕在光绪十七年（1891）为任颐给小儿子吴东迈画的《书苏儿小照》题诗说：“儿有食肉相，愿为万夫帅。弗学爷读书，盐齑困卑职。”（《缶庐集》卷二）感叹自己读书太多，反而贫困（只能吃盐齑，即咸菜）并困于官场卑职。联系他给次子信中说的不愿汝学我无赖无聊，可见他的矛盾心态。他让次子认真做官，是因为长子去世后次子就是长子了，就像当年他兄长早夭后他这个次子就要担负起家庭家族的期望。但对不必承担振兴家族重任的小儿子，他戏谑地说孩子有食肉富贵相，比父亲的命好，就不要像我一样做文人一生辛苦了，大概就是苏轼为小儿子写的《洗儿戏作》诗说的“人皆养子望聪明，我被聪明误一生。惟愿孩儿愚且鲁，无灾无难到公卿”的矛盾宛转心迹了。

癖斯堂中岁月长

57岁辞去安东令后，吴昌硕又经历了许多时代风云变幻：义和团运动和八国联军侵华（即庚子之变），科举制度废除，光绪、慈禧去世和宣统登基，预备立宪。清末的最后10年，20世纪的最初10年，是近代史复杂多变的时段。吴昌硕此时还关注国事，但更多是旁观。旁观者清，到了辛亥革命前夕，他明了历史洪流中的山川陵谷之变是任谁也回天无力的，心境也从焦灼迷惘转为平静，就像他在60岁时的《画像自题》诗说的："挂瓢风已雠[①]双耳，依佛篆难成反身[②]。未是清空未尘土，长裾摇曳尔何人？"（《缶庐集》卷二）用上古大隐贤哲许由挂瓢、巢父洗耳的典故道出了自己疏离仕宦梦的心迹。

吴昌硕自光绪二十五年（1899）到宣统三年（1911）十年间除了去上海，多在苏州，曾住怡园附近的铁瓶巷及桂和坊，不再因为小官、入幕而忙碌奔波于各地，有较充裕自由的时间优游林下、埋首艺事。

此时的苏州比起吴昌硕20年前来时略显冷落，人才凋敝，他早年的许多金石诗画师友都先后于19世纪末逝去。不过随着清末政局动荡，苏州又云集了一批新的士人，有的是朝中政治斗争的黯然落败者，有的是看清局势、主动归隐家乡者，有的是喜好中隐、主动选择遁迹江南幕府者，他们都选择了苏州这个江南人文风雅地。苏州园林间又热闹起来。吴昌硕早年曾居住过的听枫院、耦园、怡园等名园虽已是流年人事暗换，但文华神采却依稀如旧，再次成为文人雅集之地。

除了怡园画社（集），此时的苏州在金石书画中心外又成为光绪、宣统年间（1875—1911）的词学中心。此时聚集的文士不像早年间的吴中真率会诸子多名宦巨子，而是多词臣文人，少了金石贵气，多了诗词清韵。诸艺都渐有成就的吴昌硕身处其中，也从旁观者变为聚会中心成员。除怡园七子外，他也多与词学大家切磋。

清末，词学和书画、金石俱复兴。词学中心本在北京，清末四大词人之首的王鹏运（原籍浙江绍兴）为盟主，身旁有同朝为官的湖州朱祖谋、况周颐等一起切磋词学，成一时风气。后王鹏运于光绪二十八年（1902）来到苏州，稍后朱祖谋、况周颐也来到苏州。

湖州人朱祖谋于光绪三十二（1906）前后退出官场，归寓苏州，与苏州郑文焯在耦园一同商讨词学。

郑文焯是四大词人中唯一困于科场的，他为江苏巡抚幕僚，寓居苏州几十

---

① 通"仇"，意为充耳不闻世事。

② 出自《易・蹇》"反身修德"，意为自我检束，洁身自好。

年，往来于苏沪间。吴昌硕早年与郑在耦园相见过，还曾为他刻印。此时他还与吴昌硕同在怡园雅集。

曾官内阁中书、在张之洞幕府任职的况周颐也在这年前后入两江总督端方幕中，也常来苏州。

王鹏运于光绪三十年（1904）去世后，朱祖谋坐坛苏州，与郑文焯同为清末吴中词坛盟主，将词学推向鼎盛。朱、郑常在苏州组织诗词雅集，先后聚集了著名词人和词学家俞樾、谭献、文廷式、曹元忠、张尔田及周星诒、冒广生外祖孙俩等人唱和谈艺。在这些当世一流诗人词客间常有吴昌硕的身影，俞樾、谭献是吴昌硕的师长师友，朱祖谋、郑文焯是听枫园、耦园、怡园新旧雅集的旧识新知。文廷式是翁同龢弟子，和吴大澂同为清末清流党。张尔田是沈曾植弟子。曹元忠是改良派。他们都嗜好书画金石，政治态度和艺术趣味也大致相同，钟情传统文化，又同是新时代的游离者，吴昌硕与他们多有身世感同和文化认同感。

传统文化中书画、诗文不可分。吴昌硕此时与这些词人诗家多有诗画相赠，耳濡目染，诗艺又有进益。他有写给周星诒的《赠周季贶先生》二首赞美周的诗和收藏，说周的诗“杜甫闲居日，还闻赋《北征》”（《缶庐集》卷四），像杜甫安史之乱后的草堂之作，隐逸中不忘忠爱国家人民。这也是吴昌硕诗歌的特色。周星诒（1833—1904），字季贶，祥符（今河南开封）人。喜收藏金石书画秘籍，藏书亦富。

谭献是吴昌硕此时很重要的诗友。谭献（1832—1901），字仲修，号复堂，仁和（今杭州）人。词人、学者，今文经学家。他工词善诗，婉转含蓄，隐寓怀才不遇之情，尤致力于词学研究，有《复堂类稿》。选清代词人词作编《箧中词》六卷和《箧中词续》四卷，评选精审，受词学界重视。

光绪十二年（1886）吴昌硕在上海办公务时，得遇从安徽知县任上告归的谭献，两人都是诂经精舍弟子，相见如故。吴昌硕以自己的诗稿（也许是早一年编成的《元盖寓庐诗集》）向谭请教。谭献很是称许，说他的诗有明末清初遗民画家诗人傅青主《霜红集》和布衣诗人吴野人（吴嘉纪）《陋轩集》的意味。谭献还为诗集题诗："老梅一花香一春，怪松化石何轮囷[1]？便从月小山高处，想见嵚崎历落人。"（见他后来为吴昌硕《缶庐诗》作的序）说可从吴诗中看出他是品格卓异不俗之人。作为诗人的谭献很敏锐地抓住了吴诗画里的几个主要意象：梅、松、石。可见，他的慧眼知诗和巨眼识人。他还说吴诗是有"奇情"（非比寻常的情操），出于"至性"（纯粹醇正的性情）。谭献还将《复堂类稿》赠送吴。

吴昌硕对谭献很感激，有《赠谭复堂先生》诗说谭献"填词白屋[2]温……冷抱《箧中集》"（《缶庐诗》卷四），赞许他的沉醉诗词不谐俗。后在《石交录》中说，近年浙人中可称诗人的以同是俞樾弟子的湖州施补华与杭州谭献最著名。吴昌硕还感慨自己在苏州、上海为小官，风尘奔走，于学业艺事无补益，所幸能多遇谭献等贤士高人，气味相投，得到揄扬和帮助，不是身处山村乡间所能比的，是自己多年辛苦游历湖海的一点安慰。

光绪十六年（1890）春，吴昌硕在上海为同客居此地的谭献写《烟柳斜阳填词》图轴，并题诗一首："复堂词料太凄迷，满眼蘼芜[3]日影低。茅屋设门空掩水，柳根穿壁势拏溪。倚声才大推红友，问字车繁碾白堤。最好西湖听按拍，橹声摇破碧玻璃。"（录自现藏浙江博物馆的原画，与《缶庐诗》卷四所记略有不同，也是吴昌硕晚年诗词求精、不厌改的佐证）道出对谭献复堂词境的向往。"倚声"是词的别称。"红友"指写《词律》的清初词学家万树（字红友），指代谭献。吴诗委婉清丽，在一代词人前毫不失色。一位是清末浙江词坛盟主，一位是浙江画人，后来这幅画还有同是浙籍的著名书法家、画家黄宾虹题首，书法家张宗祥和当代词宗夏承焘题跋，可称才人际会。

后来吴昌硕又拿出已有许多人题跋的《芜园图》请谭献题诗，谭献欣然题诗，说当时混迹微官的吴昌硕是"傲吏"、不为礼法所屈的官吏，还说他只是暂寄宦途。真是知音之见。

吴昌硕平生词作留世较少，但他的许多优秀诗词都有此时几位词学大家包

① 屈曲的样子。也有高大之意。

② 指茅屋，也指无装饰的平民住宅。

③ 香草名。

括谭献对他的深刻影响。

谭献是清后期主要词派常州词派的重要成员。常州词派重寄托，以为词要像杜甫、韩愈的诗一样反映社会时代风貌和个人现实生活。谭献身处清末，见种种矛盾空前尖锐，感时述事、忧生念乱成为他的词学的重点，与吴昌硕诗学中晚唐现实主义风格契合。

而继常州词派之后在清末词坛上执牛耳的是以另一个浙江人朱祖谋为首的强村词派。朱词能兼取浙西、常州词派之长，集清末词学大成，也重视比兴寄托。朱的词友况周颐、郑文焯的词学主张也都与朱、谭相通，追求复归传统诗歌典范诗（经）、（离）骚的重反映现实及含蓄寄托。这和吴昌硕等清末文人画家的借山水花卉寄托情怀有可相通处，所以他们的诗画合作能心意相通。

而且谭献、朱祖谋等清末诗词名家的诗词多写国事民生现实题材，戊戌变法、庚子之变等清末重大历史事件都成为他们的歌咏题材。这和清末万方多难、世风剧变的社会氛围有关，也与他们的政见、人生观相通。这些诗词名家都与甲午战争时的清流主战派、戊戌变法的维新派成员有联系。庚子之变中朱祖谋等词人更以词表达政治主张，他们在朝廷中虽不得志，却是清末士林的主流，所以清政府灭亡后他们仍有文化号召力。吴昌硕在政治和艺术上的主张都与这些诗词名家契合，他的诗书画印合一艺术也与这些诗词名家的作品一样，是清末艺文高峰的一部分。

这些诗词名家都是后来海上遗民群体的主要成员。清亡后，郑文焯寓居沪，以行医、卖书画自给。朱祖谋、况周颐也寄迹上海卖文为生。吴昌硕与他们仍多交往。

光绪十九年（1893）春，50岁的吴昌硕在上海编选已有诗作，集为《缶庐诗》。封面由杨岘题署，卷首有施旭臣、谭献两序。此前他也有诗稿，如最早的《红木瓜馆初草》，42岁时编近作所成的《元盖寓庐诗集》，但都是编成却未刊印，《缶庐诗》是他第一部刊印的诗集。到光绪二十九年（1903），吴昌硕又汇集诗作，编成《缶庐诗》第四卷，连同前刊三卷及《缶庐别存》题画诗、砚铭、集石鼓文对联，合为一册出版。这是《缶庐诗》的第二个刊本，内容更充实。后来吴昌硕还有《缶庐集》，诗歌面目更成熟。

光绪三十年（1904）十二月，61岁的吴昌硕迁居苏州桂和坊19号（位于今养育巷东侧），距怡园、曲园很近。他在苏州多次迁居，这是他在苏州的最后一处寓所。他将大堂命名为雍睦堂，名字来自家族堂号。大厅名古缶庐，是以缶为庐。书斋名癖斯堂，取艺术为人生唯一癖嗜之意。同治十三年（1874）吴昌硕就有“癖斯”印，说历史上西晋和峤有钱癖、杜预有左传癖，自己的癖好是金石艺文。传统文人书斋之名表现内心理想之境，不一定与具体地点绑定。日后吴昌硕在上海的书斋仍名癖斯。

日后吴昌硕弟子王个簃的《吴先生行述》说吴自辞安东令后，便隐居杜门不出，每日与施夫人摩挲金石书画以为乐。家中寒素依旧，常常无粮，他也不以为意。这一说法大致描述了吴昌硕此时以艺事自娱并致力艺境的生活状态，就像他在一幅画的题跋中说的：“茶熟香温，闭门自赏，忘此身在尘海中也。”（《缶庐别存》）光绪二十九年（1903）他的《自寿》诗也提及此时自己“乞米腰难折，摊书志不贫”状态。“乞米”有多重含义，一指为官为五斗米折腰，这里隐含疏离仕途之意，“乞米”也有卖画讨生活之意，如杜甫《赠李八秘书别三十韵》说的“乞米烦佳客”，再如颜真卿有《乞米帖》，意指自己此时因清贫也卖画。“摊书”出自杜甫《又示宗武》诗的“摊书解满床”，指读书，书写自己穷而不改的志向。此时在苏州，吴昌硕仿佛又回到早年的寂静芜园生涯，摆脱了世俗事务束缚，潜心致力艺事，参与怡园画社雅集，篆刻书法趋于圆熟，以金石书法入画，绘画风格也渐成熟。

吴昌硕此时也像在芜园时一样，有闲暇游历苏州及周边山水人文胜迹，如苏州的虎丘、北寺塔、双塔、枫桥、天平山、邓尉等地，还有周边城市常熟、无锡、宜兴、溧阳等地。他或憩古村野屋，或泛舟品泉，或晚泊，或晨眺，多有“学游还学诗”的会心。此时的他仍最喜寻古访幽，曾去溧阳访孟郊遗迹。还去宜兴游蜀山东坡书院，游龙池古刹，迂回荆溪国山访三国吴国篆书“禅国山碑”，并作长歌志感。

此时的他也不改从小就有的古砖、古碑、古器、古印、奇石癖，常于书斋玩赏摩挲，与古籍对照，于其中的古文字、古意多有领略、领悟。又曾得古碑拓数十种，闲窗聚观，深爱古人运笔之妙，还作读古碑诗记之。一次见友人得拳石，一手可握，石中的峰峦明晦无定，且有赵孟頫的宝晋、松雪题字，悦之，作长诗。还与明末四公子之一的如皋冒辟疆后人冒广生（1873—1959）来往。冒藏有冒辟疆、董小宛遗物灵璧石，石高不盈尺，岩峦洞壑毕具，质如枯木，叩之有声，是石中奇品。吴昌硕极爱此石，后岁月流变，此石竟归他所得，于是他在石背刊铭文“前巢民[①]后苦铁”以示纪念。吴昌硕早年的芜园书房就取冒的朴巢之名。

因吴昌硕在山水游历间多见古碑，如他在诗中说的“裹饭寻碑苦不才”（《题〈削觚庐印存〉》，《缶庐集》卷二），又多在书斋中摩挲金石古器实物和拓本，如他在自刻印说的“终日弄石”，他的书法、印艺也有进展。继早年曾为郑文焯刻“大壶”后，他又为郑治印几十方，郑盛赞其印风秀劲古茂、雄穆沉毅。另外，“十亩园丁”“五湖印丐”“梅花手段”印都是此时所刻，均颇精彩。无怪他的同乡同学、经学家崔適（1852—1924）说他胸襟气吞衡山岣嵝碑（禹王碑）的上古文字，包孕岐阳石鼓文，故篆刻能超越邓顽伯（邓石如）代表的浙皖印派藩篱，直追秦汉的蔡中郎（蔡邕），求印者多冠盖者并道路相望，赞誉他的印成为天下爱印人、达官显贵所追求的无上精品。崔適，字怀瑾，一字觯甫，吴兴（今湖州）人，曾在诂经精舍受学于俞樾，治校勘训诂之学。

随着金石、书法的进益，吴昌硕的绘画在长期摹古人、学今人积累沉淀后，也逐渐形成自我面目。以写篆籀之法绘古雅清冷梅花和朴拙粗砺石头是日后吴昌硕绘画的标志性意象，此时已初具形态。光绪二十九年（1903），他作盆栽梅花一帧，颇富古拙之趣，便题“缶道人自写照”。一次作巨石一幅，巍然苍浑，却不署名，只落款“苍老离奇之态”，也是一幅自写照。

吴昌硕此时画作，以篆籀作画，含对世事了悟通达后的悲悯豁达情怀。这离不开对前贤的学习，也离不开自我领悟创新。就像他在题《石涛画》七绝说的：“毕竟禅心通篆学，几回低首拜清湘。”（《缶庐集》卷二）他学清湘老人石涛就学禅心与篆学的相通，禅心于他自己就是经历太平天国运动、甲午战争、戊戌变法等“风波”“岁寒”后悟到的大道、至情。他还在仿另一位伟大画家八大山人

① 指冒辟疆。

的画时说“出蓝敢谓胜前人？学步翻愁失故态”“古今画理本一贯，精气居然能感通”（《缶庐别存》），表达了对学前人画理、画中精气不可亦步亦趋的理解。吴昌硕平生最服膺青藤、八大山人还有石涛等画中前贤的大写意花卉，诗文题跋中屡屡提到。他在《效八大》诗序中说八大山人真迹世上不多见，自己从友人处借得玉簪花一帧，用墨极苍润，如金刚杵，绝可爱，临三四次，略有合处，即自己模拟八大山人花卉的苍润用墨、如金刚杵般刚健而不失妩媚的笔法。还有题《荷花》诗“八大昨宵入梦，督我把笔画荷”（《缶庐别存》），也说自己苦学勤练八大山人的荷花，精诚所至，梦中得到启示，终于有所悟。

技法与气韵之外，吴昌硕此时的花卉画题材，也体现了对传统的学习和自我创新。如《富贵神仙》《枇杷凤仙》，或以富贵牡丹和淡雅水仙合体，或以花卉凤仙与瓜果枇杷搭配，《墨竹》《晚荷》《破荷》等画色墨交融，都追求古雅秾艳兼备、雅俗并存。一次，友人赠吴昌硕青铜古器周夺敦的全角墨拓，他在其上自补菊花、水仙，作博古岁朝清供图，是金石古器与自然花卉的结合，体现他的高古野逸情趣，为世俗的喜庆岁朝图添了更厚重深刻的历史文化内涵，也使文房、案头清供图不再呆板单薄，有更多诗意意蕴。他又有焦山汉陶鼎拓本补梅，也是类似的尝试。他还于光绪二十八年（1902）岁暮作《梅花篝灯图》，梅花、篝灯构成清寒书斋独坐夜读的苍凉孤寂，是以往岁朝图里少见的题材。“篝灯”指置灯于笼中，为深夜苦读时不影响他人，篝灯密室、篝灯呵冻等典故都有穷斋寒室苦读不休之意。再如此时的《寒灯梅影》也是梅花、寒灯结合，有愤世嫉俗之意，也有调和雅俗之心。他又有《蔬香图》，题跋云：“芋肥菜熟，三秋之食无虞矣。饱饭徐步出与村塾先生信口谈今昔，不知陶唐虞夏去我多远。”（《缶庐别存》）这有经历过饥荒苦难对如今丰衣足食的满足，也有对上古太平盛世陶唐、虞夏的向往，也含大雅大俗之意。光绪二十九年（1903）八月初一是吴昌硕六十生辰，他作双桃自祝，并题诗：“琼玉山桃大如斗，仙人摘之以酿酒。一食可得千万寿，朱颜长如十八九。”（《缶庐别存》）这显得热闹入世而不失高雅古意，也是他后来主要的绘画格调。此年吴昌硕自订润格，正式走上卖画之路，是身份追求逐渐切换的象征，也是内心自我形象调整的外化；是对自己绘画渐趋成熟的自信，也是他自觉找到能抒发想法且被他人理解的合适路径。约65岁以后，吴昌硕的写意花卉画风渐成。诸宗元登门求画，陈师曾师从他学画，均可见他此时已有画名。

中国文化讲求诗中有画、画中有诗，源自湖州书画的吴昌硕也深受王维、苏轼的影响。他此时的绘画和诗词一样都重现实寄托，传统的花卉画加上富于寄托的题画诗、题跋文字（文、书法的结合体）、印章（书、诗、篆印的结合体），共同完成寓言故事、心灵寄托。诗书画印四艺合一丰富深化了绘画内涵，绘画也成为四艺相辅相成的最好载体。他此时在苏州交往的仍多是书画印诗兼长的传统士人，诗词友人中多能书画的，沈石友、诸宗元外，朱祖谋善书法，郑文焯兼擅书画人物。画友也多是诗翁，如顾麟士善诗。这也促使他的诗书画印四艺在相互切磋中得以启发、融通。

也许因为是曲园弟子的缘故，加之他的篆印通过其他人的书画传到日本，较早就有日本书画家来苏州谒见吴昌硕。吴昌硕48岁时，日本书法篆刻家日下部鸣鹤（1838—1922）来苏州拜会俞樾、吴大澂、杨岘等大家，也与吴昌硕相见交流。这是最早与他交游的日本学者。日下部曾投清末碑学书法家、金石文字学者杨守敬（1839—1915）门下学六朝书法，借碑学补益日本书道。日下部回日本后仍与吴昌硕书信、书画交流不绝。他去世后，吴昌硕还亲书墓碑篆文遥寄，其文至今仍在日下部家乡，与日下部在杭州宝石山紫云洞的题名刻石隔海遥望。日下部后成为日本碑学宗师，弟子无数，这也助推了吴昌硕在日本的名望。光绪二十七年（1901），吴昌硕有《题日下部鸣鹤肖像》诗，此时正是辛丑年，是丧权辱国的《辛丑条约》订立之年，日本也在其中分一杯羹，爱国者吴昌硕诗中的“风尘回首愁煞人”多少折射出心中对日本及日本艺友的矛盾感受。他此时赠送另一位日本印人朋友滑川澹如的梅花诗画亦有此情。

日后吴昌硕在上海、杭州西泠，与日本艺友河井仙郎、长尾甲、水野疏梅、白石六三郎等人多有来往。白石的鹿园宴饮推介、日本的海外市场，对吴昌硕晚年的盛名和成就都有帮助。但身处国弱家贫的时代，吴昌硕又是爱国心很重之人，尤其他亲身经历过中日甲午战争，难免心怀复杂之情。这也是同时代士人共同面临的重大历史命题，他的友人陈三立、王一亭、罗振玉和郑孝胥等都活到了1937年之后，作出了不同的个人选择，陈三立绝食而亡，王一亭也忧愤而死，保持了民族大节。而郑却不能保全晚节，令人叹息。

苏州是一个古雅诗意文化气息浓郁又很入世、很生活化的城市，吴昌硕生活其中数十年，虽常出入金石名园，交往名宦雅人，也濡染苏州市民文化。他因为少时经历的影响，原本就具“尘土”（平常心），在苏州生活更深化了他雅俗共赏的平民趣味，就像他的老师俞樾生于江南小城德清、长年生活于苏州所以见解通脱入世，吴昌硕亦多受老师影响。吴昌硕在苏州，和他早年在菱湖等地一样，据说常与朋友到茶馆悠闲喝茶，与老板伙计都很熟，没架子，还为茶馆书写春联。他的这种亲近市井百姓的生活方式和文化心境，有利于他写出雅俗并存的画作，也利于他后来融入上海和海上画派。

苏州民间传说记录了吴昌硕两件逸事，也与他的诗相印证。一个夏日，吴昌硕游虎丘归来，经过阊门，忽逢暴雨。他到一处废园避雨，偶遇一位同避雨的卖浆者。交谈中卖浆者知道吴昌硕是画家，见他和善，就贸然索画。吴昌硕一口答应，很快绘就并赠送，还赠诗《避雨废园卖浆者索赠》。末句说“君亦古之人”（《缶庐集》卷二），赞赏卖浆者爱好艺事，古风犹存。一说卖浆者是卖豆浆者，但传统文化中引车卖浆者泛指市井细民。这个故事对于此时绘画渐趋雅俗共赏的吴昌硕来说，有很深刻的隐喻意义。

另一个故事说吴昌硕在苏州作小吏时遇到一位做婢女的聋女康玉石，他因为自己也受耳聋之苦，作诗赠之，说我是聋丞，你是聋婢，都是可怜虫。吴昌硕在苏州后期不过才花甲之年，但因早年的流亡生活和中年的饱经风霜，已呈衰老之相，因此很有生命危机感。光绪三十年（1904）秋他肝病复发。次年春寒时又病且失眠。此外，他的手臂由于长期辛苦写书画尤其是刻印，中年后出了毛病，56岁开始手臂疼痛，篆刻量下降，光绪二十八年（1902）后刻印更少，多是自己篆字后请弟子、妻儿代刻。他曾有“老仓”一印，边款上说老仓我的臂恙虽加剧，但刻罢，看看尚得遒劲之致。虽是乐观，却可见臂病已严重影响到他的创作。他此时不但有病臂，还耳聋足病。足蹩是他少时战争期间家乡连逢荒年常吃野菜充饥所致，就是没有盐吃、营养严重不良造成的疾病。他在宣统二年（1910）前后给诸宗元诗中说自己是“夔足”。“夔”是传说中尧、舜时的乐官，只有一只脚。他在自注中还说左足病情加剧、不良于行。

此时，吴昌硕的许多亲人、师长、好友也都渐渐逝去。光绪二十九年（1903），继母杨氏去世。次年，妻弟、艺友施为病殁于苏州，吴昌硕为之料理后事及抚恤孤寡。光绪三十三年（1907），老师俞樾去世。身旁的生老病死使得少年时就备受家人离世折磨的吴昌硕再次心灵震荡，常回想往事。宣统元年（1909）仲春，他又一次梦见元配章氏，含泪刻“明月前身”印。次年除夕，他还在苏州寓所展拜先人遗像。

由一己之苦痛及于他人，感同身受，悲天悯人，就是佛家的慈悲为怀、儒家的“民胞物与”，也是道家的“道在瓦甓”，亦是吴昌硕后来为信佛友人王一亭题写的“尘土有至情”。连同上述两个民间故事，还有他的许多乐善好助逸事、深情感人诗篇，成就他的“禅心”（也是道家的道心、儒家的仁心），而禅心和篆学结合，是吴昌硕诗书画印四艺成就的重要前提。

诗友诸宗元和庚戌北游

以往有讳言吴昌硕晚年以遗民自居的，说他在光绪三十一年（1905）前后很关心同盟会运动，还说他光绪三十三年（1907）在苏州听说徐锡麟、秋瑾在安徽和浙江起义后便很关注，曾致函询问杭州老友。关切与赞同并非一回事。历史复杂，清末更是个保守与先进并存的时代。吴昌硕在政治态度上确非抱残守缺的保守之人，他向来能审时度势、与时俱进。只是以他的阅历、教养和年纪（清廷覆灭时他已年近七十），即使顺应历史潮流，也只能是以隐者、文化遗民身份静观时世变迁。

再则艺术家传记不应忽略传主与政治的关系，并不是离政治越远越有利于传主的艺术纯粹。许多伟大的诗人、艺术家、学者都曾入仕，接近政治中心的风云变幻使他们能对所处的时世、世情有更深刻全面的觉察，还能转化为深沉厚重的艺术表现力，如屈原、杜甫等人的诗。李鱓的艺术出色也与他在朝中见识广博的阅历有关。吴昌硕成为伟大的艺术家，得益于他在书斋中长期不间断的刻苦练习，对艺术传统的深入研究学习，也得益于他中年为官的经历，以及对现实的关注关切。

来看吴昌硕在苏州后期的又一诗画因缘，他在那些日后成为遗民的友人外，还结识了南社诗人、同盟会会员诸宗元，两人成为诗画知交。吴、诸差30岁，诸宗元也曾走科举仕途，是光绪二十九年（1903）举人，后任直隶知州、湖北黄州知府等，还是藏书家和诗人。对诗画的共同爱好、对传统文化的相同情感使两人一见如故。清末民初时世变化一日千里，进步激进、落后保守之别日新且速朽，文化之交反而能保持更长的生命力。吴、诸最终成为终身朋友。

宣统元年（1909）晚秋，苏州癖斯堂，36岁的诸宗元前来拜谒66岁的吴昌硕，登堂以诗易画。诸宗元（1874—1932），字贞壮，又字真（贞）长，别署迦持，晚号大至。绍兴人。他才逸气迈，诗风不求奇崛，自然意远。尤擅五言古风长篇，诸的同乡、近代大儒马一浮就以为他似中唐诗人刘长卿。他又学宋代诗人陈与义，和当时学宋诗的同光体诗人也能互通声息，与陈三立、郑孝胥、俞明震、李宣龚、夏敬观等人齐名。南社多诗人，他和黄节曾被认为是最出色的。有《大至阁诗稿》。

吴昌硕的诗也是融通中晚唐诗和宋诗，所以两人论诗极契，许为知音。诸宗元也擅书法，有《中国书学浅说》《书法征》等著作。两人还为诗画忘年交。

诸宗元交游极阔，也很有历史眼光、政治抱负、爱国正义感。他早年主张维新，又参与同盟会与南社。辛亥革命后反对袁世凯复辟，并力阻友人张謇加入筹安会。可惜造物忌才，他命运起伏多难，1929年他的藏书遭遇大火，使他一夜白头，后悒悒而终。南社创始人柳亚子有悼诗说诸“毕竟是诗人”，是赞美，也是叹息。

吴、诸结识时，诸正在江苏巡抚（驻苏州）、湖广总督瑞澂幕下，协助柳亚子创建南社。诸宗元后为吴昌硕作《缶庐先生小传》，还有悼诗《哀缶翁四十韵》，都提及两人见面情景。此时两人年纪相差悬殊，又是素昧平生，只是对街而居，诸宗元听闻吴的绘画之名，就前来求画。那日，吴昌硕书斋堂中悬挂着两张自作菊花障子，诸宗元见画中奇横金石气，十分钟爱，作诗道出以诗易画心声。吴昌硕感其诗人清狂之性，将两张画都送给他。次日，吴昌硕因题记时误将“诸”写作“褚”，特意来诸住所道歉。此后两人交往密切。诸成为癖斯堂常客。

吴昌硕喜爱诸的诗，诸宗元就常以诗相赠并与他多切磋。吴昌硕曾有《贞壮示近作依韵》诗与诸唱和，诗中说“字通古籀耕夫独，诗撼长城作者难”（《缶庐集》卷四）。前一句说自己这个耕夫能通文字学、古籀，后一句说诸善作五言古诗。

诸宗元爱吴的画，吴昌硕就常慨然作书画相赠，还以收藏书画供他观赏。诸尤爱古印，吴昌硕举印赠之而不觉可惜，又奏刀为其刻印。诸宗元所得吴昌硕书画印很多。吴昌硕还对诸这位爱画的诗人、友人说自己三十始学诗，五十始学画，积数十年之力，全依仗勤劳。也许是想起早年在芜园和施旭臣等友人诗画交往以及师从潘芝畦学画的往事，他对着这位和当年自己一样年轻的友人谈论学诗画历程。诸宗元后来也感慨两人是忘年友，吴对自己的亲厚不同寻常。

使吴、诸交谊更深化的是两人同车乐旦夕，即武昌、北京之行。宣统二年（1910）初夏，67岁的吴昌硕与诸宗元、商笙伯等友人沿长江至武昌。商笙伯（1869—1962），名言志，号安庐，嵊县（今嵊州）人。曾为张之洞幕僚，光绪三十二年（1906）任江西某县知县。也是海派画家，擅长花鸟、草虫。

此时吴昌硕有《长江与笙伯哄饮》《江行入鄂境》《黄鹤楼口占》《游抱冰堂与笙伯、伯平、贞长》等诗。可见，他曾在长江上与商笙伯畅饮。到了武昌后，他们一起游览了前一年去世的张之洞的故居抱冰堂、黄鹤楼等名胜，之后继续北上，在七月二十二日夜半过黄河铁桥。吴昌硕之前未坐过火车，很是向往，如他曾在《题画三绝句》中说的“传闻铁轨驰风电”（《缶庐别存》）。此时他则写了《七月廿二夜过黄河铁桥》诗：“铁虹百丈跨黄河……身已御风驰朔漠。”（《缶庐集》卷二）由吴昌硕这次人生最后的北游，还可知他虽年纪大、身处江湖，却仍心系朝廷，不忘关注政治形势、国家前途。他此时在诗中常自比田园隐士陶渊明，也自比忧国忧民的杜甫，就像他在《题画三绝句》诗中说“研墨调朱成底事？输他郑侠绘流民”（《缶庐别存》），用北宋郑侠向皇帝上《流民图》指出新法伤民弊端的典故，显示关怀民生的情怀。

吴昌硕一行于八月到北京。抵京后，下榻湖州南浔友人张弁群寓所。张增熙（1875—1922），字弁群，号查客、槎客，张静江长兄。因目疾放弃科举，工书法，喜好金石书画，多收藏，精鉴别。吴昌硕后为张作《话旧图》，还有诗提及此年张供职京师、自己客其寓庐。此外，他还有《嵩山太室宋拓为查客》诗，与张有金石文字交。

此次重游京城，吴昌硕遍游名胜古迹。交游广阔的诸宗元带他参加饮宴，宾客满座，纵谈国事、艺事，极诗酒之雅、谈谐之乐。在北京停留数月，在天子脚下、风云之地，吴昌硕更了悟当时的政局事态。次年，众人南返。

北游归来，吴昌硕深知清朝末日将临。宣统三年（1911）六月初，苏州忽在大风后下雪，他有感灾异天气，以为是天下大变预兆，作诗纪之。此时是辛亥革命前数月，吴昌硕足病又发作而不能行走，于是作《有感》诗，借步履蹒跚寓意世变将来的彷徨危机感。

就在吴昌硕决意辞去官职再度迁居上海前，六月二十二日，诸宗元再次造访癖斯堂，并尽读吴昌硕两年来所作诗，择其心折者加圈，并在稿本上题句。

以后，吴、诸虽多分处两地，仍相交十多年不变，诸在吴晚年友人中可与朱祖谋、王一亭相比。1914年，诸宗元为吴作《缶庐先生小传》，这是吴昌硕平生第一篇传记，影响很大。诸宗元论及吴四艺的评语一直被引用。

诸宗元以为吴昌硕早年以篆刻名世，晚年致力书画。他说吴的书法是取篆法石鼓文，又略参以己意，无论隶书、楷书、狂草都以篆籀之法出之。画以松、梅、兰、石、竹、菊、杂花最著名，偶尔作山水、人物，也能自辟町畦（自我开创途径、规矩、境界）、独立门户。还说吴宗法的是八大山人、石涛，所谓取法乎上，金农、黄易、高其佩、李鱓、吴让之、赵之谦都还在其次。

诸宗元还以为吴于篆刻研习尤深，所用的刻刀圆杆钝刃，与常人不同。刻印分朱布白、结字构体都从秦汉印玺而来，当世无与其匹配者。

至于诗歌，诸宗元以为吴耽志于诗，奇气喷涌充溢，成就真朴（纯真朴实）、排奡（刚劲豪宕）风格。他以清初遗民诗人杜于皇（茶村）、吴野人比拟吴昌硕，大家都以为恰当。谭献也曾以吴野人比拟吴。吴昌硕少有著述，但他考核金石，或写书画题记，下笔洋洋数千字，让人叹服。

诸的评语，虽因景慕前辈不免有过誉处，但总体还是很有见地、较全面系统的。此年吴昌硕已年过七十，他成为西泠印社社长，绘画也在上海大卖，石鼓文被认为独步天下，诗词因与沈曾植、陈三立、朱祖谋、况周颐等人唱和而声名大噪。他已非10年前在苏州的穷愁画家了。诸的这篇小传应是经吴过目首肯的，此传一出，一些关于吴昌硕四艺的见解都几乎成为定论，正如吴此时在海上艺坛的地位。

诸宗元于1916年寓居杭州。先住西湖边的惠兴里，因宅毁于火，又迁居湖墅王庵，就是明末名士王仲瞿别业（见吴昌硕《初春寒甚，大至过我剧谈[1]，即送其北行》诗自注）。他常往来沪杭间，吴与他多有论诗书札来往。诸还在1918年为吴昌硕写生圹志，还为吴作西泠印社《造像记》，都刊登在《国学丛刊》上。吴昌硕则有《贞壮为余志生圹赋谢》诗谢之。

吴昌硕初任西泠印社社长时，怕麻烦社员，不愿兴师动众，只去了杭州两次，其中一次就是1922年三月营造印社缶龛、刊立诸宗元《造像记》碑文。不过1924年后，他为避上海战乱几乎每年都去杭州，与诸四次聚首并同游杭州。诸宗元来沪上吴家小住次数则更多。吴昌硕住在诸家，见墙上挂的就是两人初识时赠诸的画，不由叹息自己年老手颤，再也画不出这样的画了。诸宗元以绍兴肉脯、笋蔬等家常土产招待，正合山乡人吴昌硕口味。此后吴每次去杭州均拜访诸家。诸宗元家遇火灾后境遇潦倒，吴昌硕怜惜他的贫苦，诸宗元欢喜吴的面目精神不老，两人如同家人。两人最后一次见面是1927年夏，即吴去世前几个月，地点在西泠印社柏堂。湖风习习，两人论画至微妙间，心旷神怡。吴昌硕铜像在近处的缶龛，旁边就是浙派篆刻鼻祖丁敬石像。诸后来写悼诗感叹千年之后，应该还有人知道这两翁吧？

诸、吴两人多唱和。吴昌硕晚年诗集《缶庐集》中两人唱和的诗歌数量是吴与友人酬唱中最多的。1918年七月，吴昌硕有诗《迭韵答诸真长》赠在杭州的诸，说乱世中两人分别隐居，自己在上海的万人如海里，诸宗元在西湖的无边风色中。吴昌硕八十大寿，诸宗元以文祝贺，吴以诗答谢。1925年五月，两人同游上海六三园，吴昌硕有诗纪之。

晚年的吴昌硕仍和青少年时一样虚心向身边各位诗人朋友学诗，请他们改诗，以求做个更名副其实的诗翁。到1927年，吴昌硕还常与诸宗元及陈三立、朱祖谋、潘飞声、夏敬观等诗人雅集，以诗酒酬唱。他作诗后也一定会拿给或

---

① 畅谈。

寄给诸看，琢磨字句以求更传神，还让诸为他修改。他逝世前还有诗歌一编寄给诸改正。吴昌硕《贞壮为余志生圹赋谢》诗里赞诸的诗文为雄文，“晚晴诸大来湖上，未读奇文意已夸”（《缶庐集》卷四）。

吴昌硕逝后，诸宗元看着手中的遗稿，泪水将墨、纸都弄湿了，勉力作成长诗《哀缶翁四十韵》，回忆两人近20年友情，诗末说我的诗只能告慰翁（对长者的亲切尊称）的灵魂，难以道尽他的生平。吴昌硕生平已不朽，以后还要为他继续铭记。5年后，盛年的诸宗元也不幸长逝，只有诗与画记录两人的交往。

第十一章　沪渎缶庐翁：丹青忘老至

壬子岁以字行

从吴昌硕传世的众多画作，可见他的题画名款有几次较明显的变化，侧面勾勒他的绘画生涯概貌。他现存可见最早画作是30多岁时所作，款为本名吴俊卿。到52岁前，还是吴俊、吴俊卿及昌硕等名与字并用，52岁后多为吴俊卿。到69岁时又弃吴俊卿而专用吴昌硕，此后他就以这个字为世人所熟知，就是他人生中的“壬子岁以字行”。

1912年是民国元年，即壬子年，定居上海的吴昌硕自刊一印曰“吴昌硕壬子岁以字行”，此时作画落款也常写这句话。中晚年以字行本是文人寻常事，但1911年、1912年大批士人弃原名而用字或号来自称却是特殊历史现象，这同清朝灭亡有关，也和许多人放弃旧人生、开始新生涯有关。其中很多人以字行可能并无太多政治表达，更多是出于对熟悉文化环境的惯性依恋，以及对历史传统中著名文人行为的模仿，固守文化传统意味更浓。吴昌硕出身没落的文化旧族，半生都为中下层官吏，还深受正统文化思想习染，而且此时已步入晚年，政治信念与文化理念很难大变。他虽对清末政治现实不满，但一旦失去也难免眷恋不舍。

1912年前后，上海云集了一群清王朝末代官员。既有原来的朝中高官、地方大员，也有各地知州、知县。这些人大都是科举出身，与其说他们是清廷的耆旧遗老，还不如说他们是传统文化经书、诗文等元素孕育出的末代士人。此时他们不愿食民国之粟、到北洋政府继续为官，选择了隐居。但他们中的很多人已离乡多年，不习惯家乡生活，同时为了方便子女，回乡小隐的人不多，选择大隐于城市的人较多。政治意味较淡的新兴江南城市上海成为很多人的选择。尤其太平天国运动期间很多江浙人士都曾来此避乱，此时也成为路径依赖、人脉牵引的重要理由。很多旧官员（尤以江浙籍或向往江南文化者为多）主动或被动来到上海当寓公，他们或依靠积蓄，出售收藏，或卖文、书、画、印，以新的文化职业谋生，也形成具有新意义的社交圈，从而成为近代文化史上的独特群体。

如吴昌硕在沪期间诗友、同光体浙派诗人领袖、原为布政使的学者、书法家沈曾植，曾卖字。另一位诗友、同光体闽派巨子、曾为布政使的学者、书法家郑孝胥也以遗老自居，蛰居沪上，也卖字。曾为江苏候补道、署江宁提学使的书画家李瑞清，也以遗老自居，自称清道人，卖字，吴昌硕有《清道人画松歌》。吴昌硕晚年交往的除了海派画家、西泠印人外，多是这一群体。以诗为证，他在1914年题友人临文天祥《墨梅》七绝二首之一就说："难兄难弟成遗老，梅树梅花比素心。今日山河同破碎，更谁泪墨貌山阴。"（《缶庐别存》）他还有《敢言事》赞美明末遗民蕺山先生、山阴刘宗周的殉国。

其实，与其说这一群体是遗民，不如说他们是文化逸民。吴昌硕在清亡后，也和李瑞清及海上画友、曾为候补知县的高邕等人一样，黄冠道服，卖字画为生。就是作类似道士打扮，将头发束之头顶，挽成髻，身穿宽袍。在现存的吴昌硕晚年照片和画像上都可看到他的这种装束。这也是古代文人在改朝换代时的惯例，以示不在尘世中，传达了对新王朝的疏离。如吴昌硕推崇的大画家八大山人和石涛由明入清后都是由僧入道，身着道服。此时吴昌硕穿道服长袍，类似上古三代的古服深衣，大有古隐者、逸民风采。旧日清流派、近代实业家、书法家张謇（1853—1926）在1923年为吴昌硕八十大寿作诗，先说吴这个沪渎（上海）缶庐翁是吴兴（湖州）逸民诗人，早年身世坎坷，晚年声名远扬海外。再写吴的晚年情境，身着大有古意的深衣长袍，以逸民自居，以书法作画，以耳聋避世。诗、画、人都有隐逸风范。这一打扮的确含义微妙，不是西服革履、剪短发，也不是仍留着长辫，不古不今、不新不旧之间，寓意对时代的旁观、审视，而非对抗。这是这些遗民中大部分人的普遍心态。

“壬子岁以字行”对于吴昌硕及与他同命运的这些清末遗老、逸民来说，最大的意义是身份转变及自我认定。他们不再是清廷实职官员、虚衔候补官员或有功名而暂时不做官的隐士，虽然游离新政权外，但总是新时代新社会的一分子。如沈曾植、郑孝胥、李瑞清、康有为及吴昌硕、高邕等人虽旧日情况大不相同，但此时都订润例、以卖书画养家自给。不得不融入新社会使得他们不自觉地顺应时代文化变迁，也润物无声地催化了他们的文化思想观念的新变，甚至使他们有意无意地成为新文化的参与者、建构者。卖书画是商业行为，也是文化行为。这与吴昌硕等海上画派成员在绘画上的开新、融入社会有相似处，也和苏州怡园画社的探索相似，都属殊途同归。

而且此时的上海，比起苏州，是更利于文化人包括文化界旧逸民生活、社交、创造新地域文化的所在。就像近一甲子前的19世纪60年代，20世纪10至20年代的上海又一次成为士人们的新“大隐”之地。先前来沪上卖书画的多是非正统文人，此时则多为文化修养更高的士夫，多诗、书、画、印诸艺兼备者，也促使海上画派获得新生蜕变。一些年轻画家如吴昌硕弟子陈师曾、王一亭等人的成熟崛起，更带来“后海派”的兴盛、海派的复兴。较早就曾在上海有生活、行艺积累的吴昌硕也在再次卜居上海后感到了与时代新风的更多契合。

1911年夏，吴昌硕终于摆脱官职的局促拘束，再次举家移居吴淞，正式定居上海。此年是近代历史上有特殊意义的一年，也是他生命中很重要的一年，很多事令他亦喜亦忧。他才到上海，老友蒲华就突然去世，令他深感悲伤。而日本人田中庆太郎在此年为他编辑了《昌硕画存》，次年问世，是他平生的第一本画册，也是流行日本的第一本吴昌硕画册。其虽在国内影响不算大，却令他惊喜不已。

据吴昌硕此时的书画题跋，他在1912年暮春还客居沪渎海幽楼。“沪渎”指吴淞江下游近海处一段，即今黄浦江下游，这里代指上海。到1913年，吴昌硕由同乡画友、此年拜入他门下的王一亭介绍，迁居山西北路吉庆里923号（今静安区山西北路457弄12号）。此处是新落成的新式石库门，三上三下，比旧住所宽敞，使他心情舒畅。随着时世变迁带来的再一次大规模移民，上海这几年又发生急速巨变。

此年吴昌硕正好70岁，农历八月初一生日那天，他治“七十老翁”印一方，边跋中说“七十老翁何所求”是杜甫诗句，我今年年纪（行年）正七十，所以刻此纪念。“七十老翁何所求”应是唐代诗人王维《夷门歌》的诗句而非杜诗，也许是错记。“行年”典出《庄子・达生》的“行年七十而犹有婴儿之色”。古人认为年纪与这一年的运气有关，故称行年。吴昌硕也觉得经历无数风波后，他的生活和艺术应该会像东晋画家顾恺之说的那样渐入佳境。《世说新语》记载，顾恺之吃甘蔗先吃尾，认为可渐至佳境，此后很多诗人也写过“倒食蔗”“食蔗从梢”“蔗境”等意象。

人生七十古来稀，吴昌硕年轻时应向往过自己的人生之境会豁然开朗，但当年向慕的该是潜园七子或吴中真率会诸老的情形，可能没预料到会在艺术上得此境界。1913年，他众望所归，出任西泠印社社长。1914年九月，由王一亭引见、协助，日本友人白石六三郎策划发起，就在白石的上海六三园剪淞楼（今虹口区西江湾路240号处）为吴昌硕举办个人书法篆刻展览。这次展览是吴的首次个展，也是上海、中国最早的个展之一，有开创意义。展出时轰动沪上，展品被订购一空，吴昌硕声名又得宣扬。近代美术史上有学西画、油画办画展者，而传统书画篆刻作品办展览这还是首次，上海给了他意想不到的大舞台。此年冬，上海商务印书馆辑集画展中的花卉画作20幅，编印为《吴昌硕先生花卉画册》，卷首刊行诸宗元《缶庐先生小传》。此年，上海书画协会成立，推举吴昌硕为会长。《缶庐印存》三集此时也由上海西泠印社刊行。

1915年十一月，西泠印社友人吴隐（石潜）辑集吴昌硕各体书法和绘画，编成《苦铁碎金》四册，由上海西泠印社石印出版。卷首刊有任伯年为他所作小像《饥看天图》和题咏。《缶庐印存》第四集也同时付印。此年，上海题襟馆书画会又推举他为名誉会长。至此，吴昌硕在定居上海数年里，依仗以往的实力成就和新的人生艺术定位，又凭借新的广阔交游，加上时代、地域的机缘遇合，步上海上艺坛之巅。

当然，上海也不是纯然的艺术桃源、异地芜园。到84岁去世，吴昌硕在上海度过了人生的最后16年，此时是民国初年社会文化变迁急剧、矛盾复杂尖锐之时。上海又是各种变化、矛盾的聚焦点。此时的时世仍如他少年时曾面对的那般“乱走剧波涛”，他在晚年还经历了多次军阀混战之乱，世风日下、人文衰落激起他至老愈烈的忧时世民生之心，正如他此时诗中说的“时移世变剧堪嗟”（《题吴伯滔〈潇潇盦图〉》）。但他此时已知自己这块苍石不能擎天补天、做中流砥柱，只能在传承、弘扬传统文化艺术这一领域中努力。于是他全力投身艺文，以自己的学识、修为、人格力量融通四艺，使之焕发时代新意。他以粗笔焦墨、老梅古石，加上题跋、篆刻，组成诗意意象、金石气并存的绘画，开海上画派新一代宗风。这是他艺术上的集大成之时，大器晚成，正如齐白石称许他这个“老缶”衰年别有才，也就是吴隐在《苦铁碎金》序言中借杜甫《戏为六绝句》名句“庾信文章老更成”表达的高度赞美。杜甫论诗的《戏为六绝句》六首之一说自己的诗歌榜样南北朝诗人庾信，经历乱世苦难，诗文到了老年更成熟，积蓄了毕生的历练和感慨，锻造了高超雄健的笔力，创作时就能灵思如潮、挥洒自如。这用来比拟吴昌硕很合适。

乌乌吟处声声缶

吴昌硕初来海上时，还有较多谋生海隅、漂摇人海的慨叹。他1911年曾有《不忍》，说“梦苦吾衰日，身丁国变年”（《缶庐集》卷二），言自己在衰老之年遇到时代剧变，如一梦醒后深感茫然惘然。他的《一梦》诗也说“一梦醒无端”。“无端”意为没来由，无奈何。1914年秋，71岁生日时，有《自题七十一岁小影》诗说“秋兴不须吟”，用杜甫晚年忧念国家兴衰的《秋兴》诗比喻自己此时心境。此时前后的《秋风》诗“秋风茅屋最关情。谋生竟作海隅老”，先感慨自己衰年来上海（“海隅”）谋生，并推己及人关切民生疾苦。他来到沪上，最深刻的感受仍是如同往昔漂泊湖海的“漂摇”感。其《漂摇》诗有“漂摇尘海狎鸥群，谁识喑聋旧使君”，说在上海这一茫茫尘世（“尘海”）漂泊，有谁能认识我这又哑又聋的旧官员？可见他一开始还有身份认知的失落。他还有《人海》一诗，也说“人海求高隐……严陵比风格，只欠钓鱼矶”（以上辛亥革命后诗均见《缶庐集》卷三）。这里用苏轼《病中闻子由得告不赴商州》诗句“万人如海一身藏”，说来到上海，隐居茫茫尘世人海里才是真的隐于市井，同少年青年时向往的鸥鹭相狎不疑、壮年时梦想的严子陵高居钓台的隐于山野，以及中年后隐居于官场中都一脉相承，本心未改。他慢慢习惯了“人海”高隐。

此后吴昌硕的一些诗篇渐渐少了感叹，更多为豁达坦然面对新生活之意，如《倘有》：“健矣天行类掷梭，翻腾寒暑亦由他。但知吃墨人娱老，不问狂流海若何。菊挺霜中谈气节，鱼观濠上舞婆娑。乌乌吟处声声缶，倘有闲鸥窃听过。”（《缶庐集》卷三）“倘有”是如果有、假如有的意思，表达希望。他说老天（自然）的运行转换自有它的规律，作为个人我这块苍石不能力挽江河入海的狂澜，不如不管它四季轮转，只管自己拈墨写画自娱。“吃墨”指作画。吴昌硕自比经霜有气节的老菊，也借庄子濠上游、列子鸥鹭不疑典故表达自己隐于海上的自在感。《庄子・秋水》说庄子与惠子游于濠梁上，见鲦鱼出游从容，便辩论鱼知乐否，后来诗人多用濠上典故比喻别有会心、自得其乐之地。吴昌硕诗中的“濠上”就是现实中的沪上。“闲鸥窃听”就指他早年《鄣南》诗里“鸥鹭笑忘归”写的家乡鄣吴、安吉安乐之景，也是芜园与草木为伴的安适之境。诗中的“乌乌吟处声声缶”生动细致描写了他在沪上自得其乐地吟诗作画，“乌乌”“缶”用《汉书・杨恽传》的“仰天拊缶而呼乌乌”典故，“拊缶”指击缶（拍打瓦器）作乐，“乌乌”指歌吟声，也巧妙融入缶翁之名。

再如吴昌硕初来海上的《醒后》诗：“天籁无端落枕边，潺潺涧底响秋泉。盆荷已放书犹抱，醒后方知中酒眠。”（《缶庐集》卷二）该诗一开始也写“无端”迷惘之感，说海上多是尘世，空间狭小，没有山水，不过酒醉后抱着书卷在书斋中醒来，耳旁仿佛有涧泉之声，书斋水盆里有开放的荷花，提笔写山水、花卉，艺术自可造就隐居梦想、画上芜园。《病起》中的“……足躄悔为牛马走，鬓疏愁对海山苍。研如煮食和薇蕨，琴可移情听羽商”（《缶庐集》卷三）也说虽然老境颓废，经几十年辛苦为吏，身体衰老，但书画琴诗可为现实生计、可救内心寂寥。“研”，即砚，就是石，传说古代有仙人白石先生居白石山煮白石为粮，同煮薇蕨都是古人诗中对隐逸生活的向往。但煮石、煮薇蕨都是虚幻，还不如把石头雕成砚台，以砚为食，自食其力。他《浦左即目》诗中的“采薇歌莫犯清商”（《缶庐集》卷四）也是写来沪上后的心情。

吴昌硕还有《自寿》诗：“前身定与范叔厚，一寒至此坐且守。寒与饥斗复自鸣，西风猎猎驱我走。秀才家事占不吉，仅喜诗成挂人口。刊金伐石且游刃，庖丁解牛力在肘……值此世事聋亦佳，未闻海裂山摧朽。怪事咄咄石敢当，歌声呜呜缶无咎……”（《缶庐集》卷二）这写出了自己在辛亥革命前后来到上海的心境变换。“范叔”指早年屡受挫折、后来为秦相的战国书生范雎，这里有自比之意。他说国事难料，自己还是“刊金伐石且游刃，庖丁解牛力在肘”，以篆印等艺事谋生，能得“缶无咎”。“刊金”两句也体现了他此时篆印、书法、绘画等艺术的渐趋从心应手。“无咎”指以谨慎反思达到无灾祸凶险状态，是《易》提及的最高之境。甲午战争期间，吴昌硕曾自撰“缶无咎，石敢当”让杨岘帮他书写隶书联。“石敢当”是说自己这块苍石能当国事参幕从军行，求无咎是求平安。1917年秋，郑孝胥书写了行书联“龙两耳夔一足；缶无咎石敢当”，还说这是缶庐先生吴昌硕自制联语，因为有趣所以他很喜欢，常常自书。“龙两耳”谐音“聋两耳”，“夔一足”指跛一足，这联语是自嘲也是自我激励，希望老境自在。

吴昌硕晚年追求的“缶无咎”豁达人生境界，是他成就书画印诗高远艺境的重要基础。

上海的愚园、徐园（双清别墅）、半淞园、六三园等都是晚年吴昌硕常去参与雅集之处，就像他当年在苏州常去听枫园、耦园、怡园。有春秋佳日雅集，如三月三上巳节的游春赏花、水边除灾祛邪、曲水流觞，九月九重阳节的登高、怀人、赏菊等，还有冬、夏的消寒、消夏雅集。再如古代著名诗人、书画家的生辰纪念活动，光绪十六年（1890）吴昌硕就曾与友好集聚徐园，纪念元四家的倪瓒。这些雅集大都遵循历史上文人结社的惯例旧习。

这些近代海上园林此后经历战火沧桑，今多不存，只见于照片与文字记录。愚园落成于光绪十六年（1890），原址靠近今静安寺。半淞园是营业性私家园林，位于旧时上海南市南部（今世博园一带）。徐园建于光绪九年（1883），原为海宁人徐鸿逵私家园林，名双清别墅，民间称徐园，地处唐家弄（今天潼路），曾和愚园、张园并称旧日上海三大名园。光绪十五年（1889），徐鸿逵兴徐园书画会，海上书画名家蒲华、任颐、朱偁、虚谷常来此雅集。吴昌硕也曾参与徐园雅集，1911年后他更是常来徐园，有《徐氏园》“老夫扶杖白鸥边”（《缶庐集》卷三）、《上巳徐园和鲁山》“乘兴来觞晋永和”（《缶庐集》卷四）为证，可见他曾在此参与模仿东晋兰亭雅集的曲水流觞雅集。

1914年上巳节，年过七十的吴昌硕在上海参加了九老会。九老会源于中唐白居易晚年仕隐洛阳香山，与八位比他年长的士夫兴九老会雅集唱和。这成为后世文人典范，北宋司马光等人有耆英会（真率会）。在苏州遥望向慕吴门真率会多年后，吴昌硕终于也有了参与类似集会的资历。他晚年喜欢拍照留念，每逢有纪念意义的活动总不忘照相。就像他早年会在40、50整岁画像留影，年纪渐大后他的留影更频繁，他后来在75岁、79岁时都曾特意拍照留影。这次参与九老会，他也摄影留念，并作诗《自题七十一岁小影》以记之。此年重阳节，他也与友人聚饮。1915年正月二十日是中唐九老会主盟人白居易诞辰，他也与友人聚饮纪念。

1911年之后在海上与吴昌硕交往交流颇多的士夫中，就有陈三立、康有为、沈曾植、朱祖谋、李瑞清等文化名人。陈三立、朱祖谋在当时被称为诗词海内两大宗，书、画也有建树。沈曾植等人也都是当时书、画、诗兼长的一流名士。

陈三立长子陈师曾于1910年拜师吴昌硕学画。吴昌硕定居上海后不久，拜读了陈三立的《散原集》并赋诗以赠，《读散原集书赠》诗以“一官摆脱真奇特，白发赧颜照古今……眼底光景吟未得，蜃楼云际幻崎嵚”（《缶庐集》卷二）赞美陈的人与诗磊落高古。他读陈诗感怀颇多，不仅因为陈诗艺术高妙，也因为两人身世相同。他们都在前一年辞官，“摆脱”官场来到上海寓居，即“沪渎移居成隔岁”（《缶庐集》卷二）。后陈三立持诗拜访吴昌硕，他所持的诗可能就是《读吴昌硕老人缶庐诗题句》，赞赏吴昌硕的诗有魏晋名士广陵散、正始音风范，可惜被书画印三绝所掩，所以诗名不显。正始音虽指魏晋清谈风，但也有雅正之音的意思，白居易《清夜琴兴》诗就说心中有平和之气，诗中才有雅正之音，陈诗暗誉吴昌硕诗歌有士大夫雅正风范。

吴昌硕也赋诗答谢陈三立的来访，《散原持诗问访赋答》“……面疏倒屣迎……长城攻不克，徒尔笔纵横”（《缶庐集》卷三）说自己听闻当时大诗人陈三立来访，惊喜到倒履相迎，两人此前未见过所以面生，不过两人诗歌主张有相通处，吴昌硕说陈是诗中长城。两人互相欣赏，此后交往颇多。

陈三立（1853—1937），字伯严，号散原，江西义宁（今修水）人。清末帝党清流、维新派名臣陈宝箴的长子。他与曾和吴昌硕有交往的吴保初等人并称清末维新四公子。他早年支持维新变法。光绪二十一年（1895），陈宝箴任湖南巡抚，他辅佐父亲推行新政，结交扶持了谭嗣同、梁启超、黄遵宪等维新派。戊戌政变后，父子都被革职。庚子之变时，陈宝箴暴卒。家国之痛使陈三立绝意仕途，潜心诗艺、禅老，要做神州“袖手人”。1911年到1915年，陈三立寓居上海，同沈曾植、朱祖谋等人组织超社、逸社，诗文唱和。诗中多有对清亡后之动乱的微词，也多有对清廷旧事的眷恋，但只是文化倾向，他并不参与保皇复辟。他的政治态度与吴昌硕颇相似。陈三立、沈曾植、康有为、吴昌硕等人，都是戊戌维新中的帝党阵营或外围同情者，这应是他们交往的基础。

陈三立是同光体赣派魁首。闽派首领是郑孝胥，浙派首领是沈曾植。陈三立论诗作诗，初学中唐韩愈，后师北宋黄庭坚，因此立意新奇，力避熟俗，追求奇崛。造句炼字也力求新警，好用奇字深典，自成生涩奥衍一派。他被时人视为清末旧诗坛第一人、同光体祭酒。他的诗真实反映了剧变时代中士人的矛盾心态，有很高史料价值和思想文化史意义。吴昌硕的诗也属同光体，喜用典故，微言大义，学杜甫的感时忧世，在诗学上与散原老人同道，故两人能惺惺相惜。

陈三立晚年被时代、新文坛、国外人士视作中国最后一个古典诗人。20世纪初的20多年，也是吴昌硕确立海内艺坛领袖地位、积极与海外人士切磋艺术之时。在这一点上，他在艺术史的地位与陈在文学史的地位有相似处。

吴昌硕此时与同光体诗人、浙江同乡沈曾植的交往更为密切。沈曾植（1850—1922），字子培，别号乙盦，晚号寐叟，嘉兴人。近代学者、诗人、书法家。光绪二十一年（1895）与康有为等在京师组织成立强学会，主张维新。

清末民初是中国传统学术集大成之时，也是人文、艺术各领域人才辈出之时，沈曾植是其中的翘楚，学识博雅，哲、史、地、医、佛、文艺诸学无不精通，学术、书艺尤令天下才人折腰。他在光绪、宣统年间（1875—1911）被国外学者推崇为硕学通儒，一时声誉海内无双。他的同乡、后辈王国维就很崇敬他，在沈七十寿诞时为其作《寿序》，说清代学术三变，清初为经世之学，乾隆、嘉庆年间（1736—1820）是稽古实学，道光、咸丰（1821—1861）后学术转新，沈曾植是新学术的帅将。沈一生潜心学术，却并非只为学问而学问。他生于乱世，忧世之深，人以为过于龚自珍、魏源。他思想开放，见识高远，曾主张造铁路、开设新学堂，以图国强民富。后一度到日本考察，眼界更开。但他毕竟是传统士夫，晚岁成为海上遗老，思想偏守旧，和康有为等人参与了张勋复辟。

沈曾植在学术、从政外，还是诗人、书法家。他思想里的新旧矛盾、感时伤事的沉郁深邃心迹，发之于诗、书，成就了其晚年诗、书盛名。沈曾植所倡的“诗宗三元”论较特别，其他同光体诗人都以古典诗中巅峰三元为唐代开元年间（713—741）、元和年间（806—820）和北宋元祐年间（1086—1094），沈曾植则易开元为南朝元嘉年间（陶渊明晚年生活、谢灵运生活的南朝刘宋年间，424—453）。所以他的诗学唐人，也学东晋南朝陶谢诗歌。同生于浙西的吴昌硕都属同光体浙派，他融通六朝、中唐诗情韵，诗风清幽峭拔，雅俗并存。因此两人论诗颇合得来。

沈曾植辛亥后住沪上新闸路，曾与众遗老成立超社，以吟咏书画、校藏图书遣日。相与交游者，如陈三立、郑孝胥、张尔田、孙德谦、王国维、罗振玉、陈宝琛、劳乃宣、梁鼎芬、缪荃孙、朱祖谋、刘承干、康有为、陈夔龙、张元济、马一浮、诸宗元、胡朴安等，都是一时硕学。相交者也多浙江人，如桐乡劳乃宣，吴昌硕有《〈釜麓归耕图〉和玉初劳先生韵》诗，可见他与劳有诗画唱和。

沈曾植也很看重年长他6岁的吴昌硕的书、画，评价颇高。1917年秋，吴昌硕为沈刻“海日楼”印。1921年冬，沈为西泠印社缶亭的吴昌硕像撰《缶亭像赞》，并书写。一次，沈曾植请吴绘《海日楼图》，吴昌硕逸笔草草很快写成。沈曾植初以为他草率有些不快，后悬图于墙上细细观摩，才知每一勾勒都是古篆，气韵非凡，于是欣然向吴示歉。吴昌硕还有题画诗《〈海日楼图〉为乙盦沈先生题画诗》说“望京楼上日迟迟，手挽天河定几时。花药四阑云一衲，参禅无偈只攒眉”（《缶庐集》卷四），以诗、画刻画心系国事、以佛学安慰心灵的遗民隐士形象。

沈曾植的书法晚年融通碑帖、化合晋魏，在章草、阁帖中参之北碑，融为一家，自具面目。其书结体险峻、用笔生辣，和他的诗一样生拙、奇崛、高古。他作为清末民初书法代表人物，和康有为、吴昌硕齐名。清末书家多筑基碑学，他们三人也如此。他们此时寓居上海、互有来往，是书法史上的生动画面。

康有为晚年虽南北来往，但也以上海为家。此时他的海上南海斋中名士云集，无论保守党、维新党、革命党，如蔡元培、陈三立、吴昌硕等人都是座上客，这也是上海当时的特色。吴昌硕曾为康治过一方很有名的印，印文上说康“维新百日，出亡十六年，周游大地，行遍四洲，经三十一国，行六十万里”，概括出南海先生的传奇行迹。

清末遗老群体中的书家还很多，沈曾植、陈三立、陈宝琛、郑孝胥、罗振玉、张謇、沈卫、朱祖谋、李瑞清、康有为等人，大都与吴昌硕相交。这些人晚年多居海上，以卖字为生，书法也呈现食古不化或食古化新的不同面貌。以己意写石鼓的吴昌硕应属于后者。

民国初的上海，是龙蛇混杂的江湖地。文人群体中也有新旧、趋雅趋俗等不同分野，且多以社团形式，形成各自的话语体系和活动场所，构成上海文化圈复杂面貌，形成沪上包容的文化氛围。以诗歌（也包括书画、金石鉴藏）结社是传统文士惯例，而在民国初年这一特定历史时刻，尤其在半殖民地上海，其有着特殊含义，有对逝去文化旧韵的追忆留恋，也有维系民族文化传统的作用。

此时与吴昌硕来往较多的是超社、逸社中人，他还参加了淞社等诗词社团。

1912年前后，沈曾植、陈三立等人在上海先后发起超社、逸社，成员还有同为诗词大家、晚清大员的冯煦、樊增祥、王闿运、吴庆坻、梁鼎芬、陈夔龙等10多位遗老寓公。超社成员每月一聚，诗酒唱和，或抨击时政，或抒发故国之思。受其影响，上海又相继出现淞社等诗社。

1920年，正值吴昌硕考中秀才的60周年，他也模仿超社社员举办重游泮水仪式以示追念。他中秀才其实在同治四年（1865），不过他补的是咸丰十年（1860）秀才。他的朋友也都以为盛事难得，一时艺苑名流题咏者甚众。吴滔之子、画家吴待秋为他作《重游泮水图》，吴昌硕也作《重游泮水诗》。

吴昌硕与淞社中人相处更密切。1913年，湖州人周庆云、刘承干发起淞社。参与者除了吴昌硕，还有词人郑文焯、况周颐、夏敬观，诗人潘飞声及曾为榜眼的名儒喻长霖、书画印人赵叔孺、报人兼书家王西神等文艺名流。周庆云被推为社长。淞社活动以诗词为主，活动时间从1913年到1921年，集会吟咏50多次，有三四十人定期雅集，声势不小。淞社第十九集是和韵陶渊明《九日闲居》诗，吴昌硕、周庆云等14人参与唱和。和超社、逸社相比，淞社成员身份也更多样化，如王西神是南社社员、现代报人，潘飞声也是南社中人。可见，此时上海文化圈新旧杂糅面貌，也可见吴昌硕虽正统但不保守的政治立场。

吴昌硕此时在上海，交往圈中仍多浙江、湖州同乡。20世纪初，在上海的湖州人中，文化、商业等领域都有人领一时风骚。1910年之后，在会文路湖州会馆（今静安区中兴路和会文路转角）中出入、聚合一堂的王一亭、周庆云、刘承干、朱祖谋都是吴昌硕晚年至交。王、周都参与了会馆修建。

刘、周都出身人称“四象八牛七十二金狗”的南浔丝商豪富世家，刘家是四象之一，周家是八牛之一。刘承干是藏书家，周庆云是关注地方文化事业的儒商。

刘承干（1882—1963），字贞一，号翰怡。陆心源皕宋楼等清末四大藏书楼后，有刘氏的嘉业堂藏书楼。楼名出自废帝溥仪赐给他的“钦若嘉业”匾额。刘承干和吴昌硕一样仅中过秀才，后靠捐资获取官衔。辛亥后，他以遗老自居。这个迂痴书生，心底的传统文化情结很重。他家中富裕，为人慷慨，尤喜与文化名流结交，吴昌硕、王国维、罗振玉、缪荃孙、张元济等都是他的座上客。1915年二月，吴昌硕就应刘之邀参加淞社消寒雅集第九集，有写给刘的《刘翰怡约消寒第九集》诗。吴昌硕还有《集坚匏庵咏雪，用坡翁聚星堂韵》，是同诗友们在刘承干杭州西湖别业坚匏别墅雅集，作诗和苏轼《聚星堂雪》诗的韵。

周庆云（1864—1934），号湘舲，别号梦坡，经营丝、盐、矿等业。他虽从事实业成为巨商，但自小受正统教育，因家庭变故从商，心中一直有文化情结，对上海、杭州等地文化事业多有赞助重振之功。他好收藏、著述。收藏的书、画、金石颇富，有唐宋精品及元代湖州前贤赵孟頫等人书画和历代名人手札、印谱。书、画、诗、印也无所不能。晚年流寓海上，春秋佳日，常约淞社文友在其居所晨风庐举行雅集，作画吟咏，诗酒唱和。吴昌硕和他早因同乡之谊结识，约在光绪十二年（1886）就为周作印章，后更因喜好、性情投合而成为莫逆之交。

吴昌硕在超社、逸社、淞社等社团中，以诗与众贤切磋。他晚年交往也多词人，关系最密切的就是苏州故交、老乡朱祖谋。

朱祖谋辞官后隐居苏州，宣统元年（1909）朝廷招他入朝，他坚辞不赴，但清廷覆灭后他也自称遗民。这一选择和吴昌硕相似。清末民初，朱词极被推崇，王国维《人间词话》就说朱词是学人词的极品。朱祖谋更因在前人词集整理、词学研究的成就，被认为是词坛祭酒，也被尊为词学、词史集大成者。朱祖谋还是强村词派领袖，在词坛影响极大。这与吴昌硕在清末绘画史、陈三立在清末诗史中的地位可比拟。朱祖谋、况周颐等人虽抱遗民之思，词中思想情感却契合时世，真实反映身世时势飘零动荡。词风寄兴深微。这在吴昌硕诗画中也可找到相通处。

沈曾植弟子、杭州诗人张尔田（1874—1945）在《近代词人逸事》中写到吴昌硕和两位词坛宗师朱、况在上海的交往，很是生动。当时吴昌硕住吉庆里，况周颐住河南北路，两地很近，朱祖谋也住在不远处的东有恒路。吴昌硕常在晚上去两人处夜谈诗词。吴昌硕有《赠强村》赞许朱是当今词坛的姜白石（南宋词人姜夔）并执词坛牛耳，“牛耳骚坛定一尊。词笔春风今白石”（《缶庐集》卷四）。朱、况与吴昌硕的攻错并不限于诗词。朱的书法风格也与吴有相通处。

清末民初，文化传统尚未被时代与人为因素斩断。清代是融通与集传统大成的时代，各种学术与艺术复兴，到清末各类学问艺术更融会贯通，成就了那一代学者的深广。以往多因清末积弱对清代文化评价不高，实在有些偏颇。融通四艺是吴昌硕的最大优势，得益时代，成就他的艺术。

1925年春，修能学社在海宁路的上海钱学会馆创建，以函授经史文学为主，慈溪诗人、书法家冯君木（1873—1931）出任社长。吴昌硕也常来学社，与况周颐、朱祖谋、冯君木等人以文字为交。此时，后来的书法名家鄞县（今宁波市鄞州区）沙孟海（1900—1992）正来此向同乡冯君木学书艺，得到了吴昌硕等宿老书、画、印、诗四艺的教诲。沙还亲眼见过诸位先生谈诗论词的情景，吴、朱是浙西同乡，冯也是浙东人，只有况是广西人，口音不通，交谈时需要不时援笔书写。可惜这有趣的一幕已是古典文化最后的灿烂余晖了。

到吴昌硕去世的1927年，他初来海上时所遇诸遗老多已去世或离沪，康有为此年去世，况周颐早一年仙逝，沈曾植已去世5年。但他与朱祖谋、潘飞声、夏敬观、诸宗元等诗界词坛名流仍多雅集，尚未感到寂寥。吴昌硕逝世后，墓志铭由海上遗老陈三立撰文、朱祖谋书丹（用朱笔在碑石上书写以便镌刻）、郑孝胥篆盖（用篆书在墓志铭盖上题写逝者官位、故里、姓名），文章、书法都可称一流，现存余杭超山大明堂。朱祖谋还为吴昌硕作挽词："江海有古心，自谥酸寒，垂世不灟文字性；丹青忘老至，力穷依傍，凭生讵信甲辰雄。"用韩愈赠孟郊《孟生诗》的"孟生江海士，古貌又古心"、韩愈《荐士》诗写孟郊的"酸寒溧阳尉"和杜甫写唐代画家曹霸《丹青引赠曹将军霸》诗的"丹青不知老将至，富贵于我如浮云"，赞美吴昌硕作为传统士夫的人生与艺事皆不朽。"甲辰"指吴的生年1844年（甲辰年）。吴昌硕的墓表，由冯君木撰文，又由他的同门师弟章太炎篆额，民国元勋、大书法家于右任书丹，是文章、书艺的完美结合。吴昌硕墓前云集这么多名人的墨宝，可见他的丰富交往，可窥他的文化影响力之大，也折射了这一时代的复杂厚重面貌。

除了诗画酬酢，吴昌硕晚年也常与善音律的词学家朱祖谋、况周颐还有袁克文等人以京戏、昆曲为交。

袁克文（1890—1931），袁世凯次子，在袁氏诸子中最有才华却没政治野心，反对父亲窃取帝位，并有《感遇》诗讽示。他旅居上海多年，交往圈都是文人、金石名家，与吴昌硕也有攻错。袁克文也好昆曲、京戏。他精研音律善度曲，还能袍笏登场、能演能做，被称为名票。还常与同好者作文酒之会，讨论剧曲，兴趣颇浓。通过袁克文等人，吴昌硕还与京剧名角梅兰芳、荀慧生等人有了交往。

1913年秋，梅兰芳（1894—1961，字畹华）来沪上献艺，吴昌硕应友人之邀前往观看，盛赞其技艺。梅兰芳酷爱作画，尤爱画梅。他早慕吴昌硕大名，却无缘相见，以为憾事。次年，梅兰芳再次南下上海献艺，得知袁克文与吴昌硕相知，就携自作画请袁引见。此时吴昌硕已71岁，梅兰芳年仅20岁，他成为缶庐门中常客。以后梅每次南来上海演出，都来拜访吴昌硕，虽不入室而执弟子礼，甚恭。梅兰芳在上海还与吴昌硕等书画名家文酒联欢，游园作画。吴昌硕等人为他合作手卷《香南雅集图》相赠，一时名流如王国维、沈曾植、陈三立等也都题咏作跋。“香南”指梅花，也代指梅兰芳。

1920年八月，梅兰芳又来沪上献艺，又由袁克文陪同拜见吴昌硕并请艺。北归向吴辞行时，吴昌硕画了《墨梅图》相赠，并题《为畹华画梅》二绝，其中有“画堂崔九依稀认”等句（《缶庐集》卷四），化用杜甫《江南逢李龟年》诗的“崔九堂前几度闻”，以唐代乐坛圣手李龟年比喻梅兰芳的才艺绝伦。

1921年四月，吴昌硕三子吴东迈去北平，回沪时带回梅兰芳赠吴昌硕的绶带鸟扇面。吴昌硕很是赞赏。当时朱祖谋、况周颐都在，在扇上合题《浣溪沙》词一首，朱祖谋说此画善承缶旨，即深得吴画意。吴昌硕也欣然在画上写跋留念。

1922年冬初，梅兰芳又来上海，也是袁克文接风，吴昌硕也参加宴请。吴昌硕为梅兰芳写梅。这幅梅花，当时因匆忙，梅兰芳未曾取走，相约日后再取，却一直留在吴昌硕处。

吴昌硕晚年，拜他为师的京剧名角还有也名列四大名旦的荀慧生（1900—1968）。荀慧生也喜作画，1921年秋来沪上献艺，由吴昌硕晚年好友、书画家刘山农（1878—1932）介绍，持所绘册页请益。吴昌硕很重视其才艺，欣然予以指点，还借杜甫《春日忆李白》诗赞美李白文才的“白也（诗）无敌”（荀的艺名为白牡丹）赠之，又借白居易《长恨歌》诗的“仙乐风飘处处闻”题一额“仙乐风飘”赞其才艺。荀慧生从此执弟子礼，不过到1927年才正式拜师，列入门下。回想20年前吴昌硕为老师俞樾写的挽联，如今他也门下桃李成蹊。

民国初年，书画艺术在时代推动下，在明清两代基础上更趋通俗化、商品化。戏曲艺人的地位也经历了从优伶到艺术家的变化。此时艺人与文人画家间的交往，有了以艺相交、平等、互相尊重的可能。当时的戏曲艺术存在京戏与昆曲的雅俗分野和争议，正与雅俗并存的海上书画和传统书画关系有相似处。书、画、印等艺术与戏曲本就有可相通处，有人将近代篆印流派与京剧流派比较，称吴昌硕派如同马连良派，宽厚潇洒。日后梅兰芳成为中国现代戏曲象征享誉海内外，正如吴昌硕和海派为近代中国绘画象征。吴昌硕、梅兰芳的艺术都顺应时代变化、借古为今、化俗为雅。

吴昌硕以他特有的通达，晚年在上海广交艺友，有遗老，也有诸宗元、刘山农等倾向革命者，有周庆云、王一亭等儒商，也有名士派的沈石友、袁克文，以及梅兰芳等不在传统士夫范畴中的艺术家。这些友人都有和他的相通相似处，就是对传统文化艺术的钟情和传承责任感。

刊金伐石且游刃

吴昌硕晚年，于他登上海上艺林至高处很有助力的还有与西泠印社的因缘。吴昌硕与西泠之地的缘分很特别，他一生并未长住杭州，这同创立印社的西泠四子都是杭州人士不同。但从1904年印社初创开始，吴昌硕就作为海内著名印人，与西泠印人有密切联系，常给予指点，隐然有精神领袖意味。此时也恰是甲辰年，生于甲辰年的吴昌硕刚好一甲子初度，对同为甲辰生的西泠印社多有助力。到1913年印社正式成立，吴昌硕更被推举为社长，与印社关系有了更深的交合重叠。

印社因何而起？原是杭州印人叶铭（品三，1866—1948）、吴隐（石潜，1867—1922）、丁仁（辅之，1879—1949）、王禔（福庵，1880—1960）慨然有感于印学的湮没，谋划在西泠之地辟地筑室，不顾现实中的风潇雨晦，爱好、探索历史上的乐石吉金，唯印学为追求，因此结社。“乐石”出自《古文苑·李斯〈峄山刻石文〉》，指古石碑、碑碣等。“吉金”指铜铸祭器鼎彝等古器物，因为古时以祭祀为吉礼。正如清末杭州学者龚自珍为《阮元年谱》写序所言，吉金可证实经典，乐石可匡正历史。光绪三十年（1904），四位年轻人会集于西湖西泠桥畔孤山之麓，发起创建印社。

西泠印社的缘起还可向上追溯，与浙派篆刻有深刻渊源。杭州是清代篆刻艺术的一大基地，乾隆、嘉庆年间（1736—1820）出现了以西泠八家（丁敬、蒋仁、黄易、奚冈、陈豫钟、陈鸿寿、赵之琛、钱松）为中心成员的浙派篆印（西泠印派）。此后西泠印学一脉流传100多年不绝，并以深厚的金石学功底、峭拔古雅的博大印风，在徽派之外，开浙派印风。西泠八家之后，浙派印学也是后继有人。清末印学六大家（吴让之、徐三庚、赵之谦、胡镬、吴昌硕、黄牧甫）中浙人占得四席，徐三庚、赵之谦、胡镬、吴昌硕都得益于浙派印风。

光绪三十年（1904）印社初成，因诞生于西泠之地，社因地名，名曰西泠，与当年印派之名相呼应。光绪三十一年（1905）仲春，印社在孤山上建亭，叶铭题额"仰贤"。吴潜摹刻了丁敬半身像，社中从此有小龙泓洞与丁敬像纪念景仰这位浙派创始人，有溯源之意。后丁仁又造皖派印人领袖邓石如立像，置小龙泓泉前，可见西泠印人的开阔襟怀。

吴昌硕在光绪二十六年（1900）前就与印社创始人丁仁有交往，此年为丁仁治印。丁仁是杭州文化世家丁氏家族后人，是清末四大藏书楼之一八千卷楼楼主丁丙（松生）侄孙。丁申、丁丙兄弟对太平天国运动后杭州城市重建，尤其文物古籍如文澜阁《四库全书》的保护整理有卓越贡献。丁氏家族成员多爱好诗词、书画、金石者。丁仁祖父丁申尤嗜丁敬刻印，收藏72方，名其斋为钱塘七十二丁庵，家中还多收藏其他西泠八家成员印章。丁仁原名仁友，字辅之，得赵之谦为其外祖父魏稼孙所刻"鹤庐"印，以为号。

光绪三十年（1904）夏，丁仁四人草创印社。此时吴昌硕正在杭州，对成立印社极表赞成。此后与社中人交往日密。

吴昌硕在光绪三十一年（1905）为吴隐（号遁庵）刻印，约在此时开始与吴隐交往。他还有为吴隐《古陶存》所题的《题遁庵古陶存》诗。

1912年，印社中建石交亭。此年，丁仁集前贤治印绝句作《咏西泠印社同人诗》20首，系以小传。其中就有为吴昌硕作的一首诗。"同人"一词出自《易》，意为与人和协、和同，引申为志同道合的友人。

此年十月，吴昌硕又来杭州，与西泠诸同人、印友宴集社中。席间，他说前辈已去世，我辈也老矣，倘若以后有后来者认为融通浙皖印学的赵之谦（悲庵）诸前辈翔步天衢，境界高远，而我等即使不能跟随，如果能为赵之谦携拾草履，则心愿已足。“携拾草履”也许为汉代张良三拾草履得天书典故。吴昌硕此言很是谦和，细品下他是将自己列入浙派谱系，直承前贤赵之谦等人，隐然有自认当代浙派传人之意。这其实也是当时西泠印社中人的共识，所以才推举他为社长。在吴昌硕心中，他不但以自己为浙派印人，而且对浙派传承、未来发展有清醒的认识。他的确是印社社长的不二人选。

1913年，岁逢癸丑。浙江历史上的人文艺术盛事、中国文化史上的重要事件、被后世士夫常常纪念并写入诗篇书画的东晋兰亭雅集就是永和九年（癸丑年）举行的，主盟者是书圣王羲之和谢安等人，是中国后来各种艺文雅集的雏形。1913年，已是兰亭雅集后的第26个癸丑年，就是1560年后。书、印本一艺，西泠印社草创时，本就有追慕前人雅韵之意。此时印社经十载筹备经营，入社、赞助者众多，社址已规模渐备，蔚然为湖上名胜。于是选了重阳节这天，在印社之址，召集社中同人，举行大会，正式宣告印社成立。当时在华的日本籍社员长尾甲等人也出席了盛会，使之具备了超越国界的意味。印社修启立约，以保存金石、研究印学为首要宗旨。据《西泠印社成立启》，社长则交推昌老，吴昌硕成为第一任社长，并编成《西泠印社同人录》，可见这是一个严格组织的现代社团而非散漫的传统雅集，这使西泠印社具备很好的发展基础。

西泠印社成员公推并非创始者的吴昌硕为社长，体现了印社四位创始人的开阔胸怀和不凡见识，也使印社一开始就具有没有门户派别偏见的开放博大气概。

西泠印社甫一成立，已成为天下印人心中的圣地，声誉传至日本等地。吴昌硕登上印社社长之位，居高声自远，登高一呼，天下印人莫不云起景从。他成为社长，以他对印学的深刻理解和开阔视野思路，还有多方面的艺术修养、广阔交往和崇高名声，助力印社的发展。

吴昌硕成为印社社长后，多在沪上，也不参与具体事务，为了不麻烦社友，甚至很少到杭州，与印社关系较为超脱。1914年五月二十二日，吴昌硕作《西泠印社记》一文，自谦说自己被推为社长，只是社中同人谬重，自己只是暂为凑足人数的人，怎么敢领导各位君子？只希望和各位君子在山水间商略探讨印学，得以进德修业，如果成就不止步于一个印人，就是自己私下心愿有幸达成了。“进德修业”典出《易·乾》，指提高道德修养，扩大功业建树。他还以篆书书写此记并勒石社中壁间。

1917年，吴昌硕又为印社撰联，上联是“印岂无源？读书坐风雨晦明，数布衣曾开浙派”，下联是“社何敢长？识字仅鼎彝瓴甓，一耕夫来自田间”。这一联至今还镌刻社中。其和《西泠印社记》意蕴一致，上联极赞西泠印学源来已久，西泠八家当年开浙江印派，下联则自谦只是一个略识古金石文字的山野农夫，怎么敢当社长？“社何敢长”和《西泠印社记》“曷敢长诸君子”都表明了他的清醒谦和态度。

同年仲春，吴昌硕还应吴隐、丁仁之嘱刻了一方“西泠印社中人”印，道出自己也是社中同人之感。这一方印具有重要象征意义，彰显了结社契盟意味，象征着每个印社同人与印社的关系。

印社位于里西湖孤山之麓，有林泉之胜，无尘嚣之扰，是西湖湖山胜处。宋代以来又是诗人墨客云集地，如处士林逋曾在此与梅鹤为友。清代又有文澜阁、诂经精舍、俞楼等人文所在落于此地。印社择此灵秀之地，社基依孤山一脉，临湖而筑。社址内有山有泉，历年又增添许多楼馆亭阁、摩崖石刻、楹联匾额，成就湖上园林之冠。印社正像一方精心构思、创作的篆印，是人文、自然的完美结合，正“西泠千古，社亦千古”也。

印社成立后，每逢春秋，如上巳、重阳等佳日都举行雅集，其间有时也可见社长吴昌硕的身影。他与社友唱和，如有写给早期印社成员、上海人费龙丁（1880—1937）的诗，说费印学追先秦。

今天的西泠印社一地，还处处可见缶翁履迹手泽。吴昌硕晚年来杭州，常住印社中的观乐楼。1927年他去世前不久的夏天，还曾小住观乐楼。如今，观乐楼被辟为吴昌硕纪念馆，很是恰当。

吴昌硕也多住题襟馆。印社最高处、孤山之巅有一楼，落成于1915年，名题襟馆，又名隐闲楼。此楼是上海题襟馆书画会会友哈少甫、王一亭、吴昌硕、吴隐等人捐书画义卖而兴建。“题襟馆”移用上海题襟馆雅号。“隐闲”取苏轼西湖诗《六月二十七日望湖楼醉书五首》之五“未成小隐聊中隐，可得长闲胜暂闲”的中隐、长闲之意。吴昌硕曾作《闲隐楼记》。馆外廊壁上嵌有吴昌硕像刻石（任伯年为吴作的《饥看天图》）和吴昌硕题画长篇古诗，还有丁敬《砚林诗墨》刻石和赵之谦像刻石，展现浙派篆刻传承。题襟馆面对西湖，湖光山色，尽收眼中。吴昌硕住此，常对湖吟诗，并说居此见湖山之胜奔集腕下、汇集胸中，可一一以书画发挥之。

印社里最为人熟知的两处吴昌硕遗址都建于1921年，即其声名大扬之时。其一是缶亭、石龛，内有吴昌硕铜像一尊。这是日本艺术家朝仓文夫为吴所塑，本为铜铸半身像。吴昌硕转赠给印社。印社同人根据他的意愿筑龛藏像，并将半身像以石料拼接为全身坐像（半身胸像是西洋风格，未必合国人口味，改作全身像是化西为中），金石浑然一体。像盘膝而坐，斜簪散发，风貌散逸，神情自若，栩栩如生。王一亭又建亭于龛上，称缶亭。亭两侧有王所题楹联"金仙阅世；石室遁形"，说吴是道教仙人来世间体验世情，又以石室为隐逸世界来摆脱尘世困扰，这是对吴昌硕其人其艺得道家、佛家逍遥境界的赞美。龛下石壁又有诸宗元撰、朱祖谋书的石刻《缶庐造像记》。

可能因为铜石像是佛教修禅者趺坐姿势，吴昌硕后来去西泠，常看见游人以为石龛中是佛像而膜拜。吴昌硕有些忌讳受人拜，认为会折福寿、不吉利，但也只是付之一笑。1921年八月，吴昌硕常头痛头昏，此时他来印社又见有人给塑像叩头，就笑叹怪不得自己老是头昏，被他们一拜，不昏也要昏了！这虽是戏言，但对此时的吴昌硕来说也有自我警醒之意。他还即兴在铜像之后戏题："非昌黎诗，咏木居士。非裴岑碑，呼石人子。铸吾以金，而吾非范蠡。敢问彼邦之贤士大夫，用心何以？"含义颇深。第一句用韩愈《题木居士二首》诗中的"偶然题作木居士，便有无穷求福人"之意，韩愈见民间有木刻像被百姓当做偶像崇拜，感慨木头人自身难保却被人当作神。第二句说立于边疆的隶书汉碑《汉敦煌太守裴岑纪功碑》被当地人称为石人子，以为只是一块普通石头。他感叹日本士夫为自己铸铜为像，想起越王勾践让工匠用黄金铸范蠡像，自己并没有范蠡那般功绩值得铸像。最后的追问，似自谦，也道出他对自己名声传到海外的窃喜，还隐约透露他在盛名前的不安。

石龛旁还有石刻的《缶翁像赞》，是沈曾植撰文并书写的，记录了像的来历。中有"安吉一灯，分光日下"。"一灯"用佛典，指智慧破迷暗。"日下"是古国名，借指日本。意思是吴昌硕影响远及日本。

另一处是东汉《三老石碑》，是西泠印社中最珍贵的古物，也是印社中有故事的一块碑。《汉三老讳字忌日碑》是东汉建武二十年（44）石刻，于咸丰二年（1852）在浙江余姚出土，被誉为“浙东第一石”。此碑碑文完好，有217字，字体浑朴遒劲，介于篆隶间。石碑出土后，海内金石书法家、学者竞相著录，被学书法者奉为圭臬，吴昌硕也学过此碑。后此碑被盗卖，1921年流落上海，一个旅沪日侨将以重价购买并运往日本。西泠印社沪上会员惊闻国宝即将外流异邦，即由吴昌硕、丁仁等人牵头，联合同道奔走呼吁，发起书画义卖筹款。吴昌硕率先作画义卖，并撰文公布募捐，不遗余力。印社同人也协力响应。不过旬月就集60多人之力，由吴昌硕、倪田、陆恢、王一亭、商笙伯、高邕、丁仁、王禔、吴隐、叶铭等人捐出书画印谱10件、古画30件，募齐了8000元巨款，将碑赎回。众人又在题襟馆侧建石室，将碑石永久保存西泠，正呼应印社保存金石、研究印学的宗旨。吴昌硕后有《汉三老石室记》记此义举。他还在《自嘲》诗说“碑礼乡三老（自注：新得汉三老碑）”（《缶庐集》卷三）。

吴昌硕在西泠度过的印学春秋，还有颇多值得寻味处。如他与印社创始者的关系，印社与题襟馆的关系。创社四君子中，丁仁、王禔出身士林名门，也有功名。叶铭与吴隐则是刻工出身，后吴隐在上海等地借印社之名开创文化产业，如生产潜泉印泥。这使印社这方风雅地在诞生日起就兼具潜心赏印问篆和积极入世求印学新发展的双重内涵。在印社双向发展中，具体管理印社事务的四君子在不同选择中寻得了平衡点，作为印社精神领袖的吴昌硕也以自己的选择和决断为印社发展指明方向。如吴昌硕和吴隐等人将海上题襟馆书画会移至西泠隐闲楼，与印社骈立湖上，上海书画家们联袂入社、共叙艺事，有融通印学与其他艺术之意，也有吴昌硕在《西泠印社记》说的“虽名西泠，不以自域”的超越地域之意。

西泠印社是中国第一个专门研究金石篆刻的学术团体。后经百年传承，不但融诗、书、画、印于一体，更超越雅玩清赏局限，成为研究金石篆刻历史最悠久、影响最广大的现代学术团体，得到“天下第一社”之誉。还通过大量编辑印谱与印学典籍、召集春秋雅集祭祀印学先贤、聚合中外印学名士切磋金石书画、举办金石家书画展览等活动，推动篆刻从技进为艺，篆刻家从匠上升为艺术家，在近代艺术史上有重要意义。其中，也有吴昌硕的思想与艺术影响在。

吴昌硕与印社的因缘，还包括他与社中日本成员的关系。印社于1913年正式成立时，随吴参加印社活动的日本人长尾甲和河井仙郎均为首批印社社员。

在吴昌硕的域外艺友中，河井仙郎和他结识较早。1897年，在苏州的吴昌硕收到河井的信和习作，请益印学，信中称两国间山海苍茫相距辽阔，不能会晤，却对吴的艺术向往不尽。还说自己欲来中国向吴当面请教，坚信数年后一定能实现这一夙志。河井仙郎（1871—1945），京都人。印学上初学赵之谦，后受日下部影响始习吴昌硕之艺。1899年，河井终于和东京文求堂主人田中庆太郎一起来到上海，由罗振玉、汪康年介绍，出入吴昌硕门下，执弟子之礼学习篆刻。1904年西泠印社初成，河井也应邀来杭州入社，还与西泠四君子等人会于印社，切磋探讨印学。1913年，中日举行兰亭纪念会，他作《西泠印社修禊纪盛》。自此至1931年，河井几乎年年都来上海，多次参与印社的雅集活动。20多年来，他事艺缶翁，与中华印人广结印缘。日后河井在日本以印艺、拜师缶庐、游艺西泠的印学正宗身份与阅历，成为日本近代印学宗师。他借助与吴昌硕、西泠印社的交往，成就了两国艺术交流史上的印学传奇。日本现代印风，根源在西泠山水间。

长尾甲（1864—1942）于1903年在上海担任商务印书馆编译，后结识吴昌硕，成为知交。他在中国10多年，与吴昌硕结邻3年多，常一起数典谈诗，是与吴交游最长最深入的日本汉学家。长尾本非印学中人，与吴结交后才得结印社之缘。他常来往沪杭间，印社史也留下了这个扶桑名士的身影。印社成立后的次年（1914年），第一次世界大战爆发，长尾归国。吴昌硕作山水、墨梅图送别并题诗，写了两人诗画交往的经历，提及长尾收藏古物、校雠古籍的学问爱好，最后说只有诗及奇石图、梅花图可赠友人，道出对离别的忧伤、时世的担忧。

长尾归国后，两人书信仍不断。1916年，吴昌硕多次寄信东瀛，回忆两人曾同游六三园中，樱花树下，趺坐吟啸，阳春烟景，其乐如何。还说希望能在次年春天发豪兴作东瀛游，与长尾谈艺三昼夜。吴昌硕在一首写给河井的诗中也道出东渡的心愿。只可惜，这一早年在扬州就与老友凌霞谈起的艺术意愿，终不果。长尾回国后，多次模仿西泠印社每年春秋雅集之例，召集文人墨客，使印社的活动方式和风气与社中成员熔诗、书、画、印于一炉的名士姿态，远播域外。

西泠印社初创时，年近七十的吴昌硕卖画润格还不贵。到印社正式成立时，他已是海内外印人、画者的榜样。10年间，他完成了从非主流书画家到主流一流书画家的翔步天衢。这一地位转化，得益于他的四艺兼备、互相彰显，也得益于他数十年间积蓄的深厚修为、阔大见识、博雅涵养所呈现的绵长后劲，所谓经历“岁寒”“风波”成就“大道”。吴昌硕在20世纪初被推上历史前台，是水到渠成、实至名归。西泠印社是重要契机和平台。他和印社是互相成就。

题襟善会终无咎

吴昌硕晚年在上海参加了海上题襟馆、豫园书画善会、上海书画研究会等组织。海上题襟馆金石书画会应是沪上当时最著名的书画团体了。它创立于光绪中期，是上海最早的组织严密的书画会，也是沪上第一个集书画创作、鉴赏与经营于一身的民间社团。辛亥革命前后，众多遗老来海上做寓公，他们大多擅长金石书画，画会成为他们的聚会所在。当时每晚都有很多人参会，有来此切磋技艺，对客挥毫的；有带来润格请人作画的；更有携金石书画收藏来会中陈列，与会员共同鉴赏交流或售卖的。

“题襟”本指诗文唱和、抒写情怀的文人雅趣。在清末海上，题襟又有了新内涵。题襟馆楼上是会员活动场所，楼下是裱画店，这一形式也展现了海上画会同商业运作的结合。题襟馆创立后，由于经营模式得当，聚会者多，声誉日隆。多有外地来购买书画者，或托人到会中引见名家。此外，外埠初到上海的书画家要被艺坛与市场接受，加入题襟馆是捷径。

清代以来，书画市场机制渐趋完善。清初四僧、清六家，后来的扬州八怪、海上画人更是以自觉的书画商品化生产汇入艺术市场。到清末，上海成为书画市场中心。海上名家都曾通过沪上大量的笺扇店、裱画铺订立润格，参与书画交易。由于相同的处境与利益诉求，海上画家很早就组成书画会。高邕在《海上墨林》序里提及，乾隆、嘉庆年间（1736—1820）的平远山房和道光年间（1821—1850）的小蓬莱是上海书画会之开端。咸丰元年（1851），又有萍花社书画会，江浙名流一时并集，吴大澂等萍花九友中多有吴昌硕的友人。太平天国运动后，沪上画坛领袖胡公寿等人有仁寿堂雅集。同治、光绪年间（1862—1908），又有豫园的得月楼、飞丹阁，都是书画家的游憩交流、临池作画之所，还有胡公寿的一粟庵雅集、任伯年的徐园雅集。但这些聚会仍多传统文人雅集性质，没有严格组织。清末民初，这种雅集形式的艺术交流演变为有组织与商业气息的民间社团，并迅速发展，就像苏州的怡园画社之崛起。海上题襟馆也是有组织的社团，有入会手续，定期聚会，还为会员代订润格，对海派复兴起了重要作用。

海上题襟馆首任会长是常州书法家汪洵，吴昌硕是副会长。1915年汪去世后，吴为会长，副会长是其好友王一亭和哈少甫。参加书画会的先后有100多人，当时寓居上海的书画家、印人、诗人、艺术界活动家大多是该会成员。经常到馆的会员有狄楚青、潘飞声、朱祖谋、丁仁、陆恢、诸宗元、冯煦、任堇、曾熙、褚德彝、黄宾虹、吴隐、诸闻韵、赵子云、赵叔孺、骆亮公、黄山寿、商笙伯、童大年、王个簃等人，都与吴昌硕有交谊。题襟馆初址在福州路，后多次迁居。1922年迁宁波路渭水坊上海西泠印社旁，可见其后期与吴昌硕及西泠印社的密切关系。

吴昌硕还参加和题襟馆齐名的豫园书画善会。豫园书画善会于1909年创立，是海派中较大的画会。最初由高邕、杨逸等人发起，借豫园得月楼为会所，作书画义卖、救济慈善之举。善会成立之初，就有会员百人，后有近200人，海上名家钱慧安、高邕、蒲华、杨伯润、王一亭等都是该会会员。众人又推举钱慧安为首任会长。

豫园书画善会订立章程，将各家书画陈列于会所标价出售，得款半数归作者，半数捐给善会。遇有社会公益慈善事宜，公议拨用钱款，所以称善会。它的章程与宗旨都集中体现“善”字，将书画社演变为一种兼具商业行会和公益性质的规则严格的社会机构，这是绘画史上前代少有的盛事壮举。

清末上海画家以书画润格资助赈灾，大概始于光绪四年（1878）六月，任伯年、张熊、杨伯润、朱偁、胡公寿等书画名家联手作书画助赈。光绪三十三年（1907）春，蒲华为发起人，吴昌硕、杨伯润、钱慧安、倪田、陆恢、高邕等书画名家捐赠书画精品义卖，为皖北灾民捐款。

清末民初，世多饥荒战乱。豫园书画善会每年冬令施米、夏令送药，助赈甘、浙、鲁、豫各省水旱之灾。经历过战乱之苦的吴昌硕、蒲华等人都积极参与。进入民国，书画家的助赈活动仍很多。

海上题襟馆与豫园书画善会，通过有组织的社团和持续举办各种活动，在维护书画家权益的基础上，也彰显日益成长蜕变的书画家们作为现代社会独立职业群体的新形象。

上海书画会的兴盛，是促进海上画派形成和发展的重要因素。

清末民初，海上画会颇多，吴昌硕还先后参加了飞丹阁书画会、文明书画雅集、上海书画研究会、广仓学会、天马会、停云书画社、海上书画联合会等社团。上海书画研究会诞生于1910年，由倪田、陆恢、蒲华、狄楚青等人发起，上海士绅李平书为总理。此时上海新兴商人阶层对海上艺术团体和艺术家的赞助也值得注意。除了李平书，还有海上题襟馆的赞助人和支持者盛宣怀。特别值得一提的是参加海上题襟馆与豫园书画善会等画会，并对吴昌硕绘画生涯产生重要影响的王一亭。

王震（1867—1938），字一亭，以字行，50岁后别署白龙山人。晚年笃信佛教，法名觉器。祖籍吴兴（今湖州），生于上海。书画家、实业家、慈善家、社会活动家、后海派领袖之一。曾为中国佛教会会长，两度任上海总商会主席。吴昌硕与他亦师亦友。

吴昌硕曾赞许王是天惊地怪生一亭，王的确是个传奇人物。他少年时曾因家贫，在上海裱画店当学徒，得以多与海派画家接触，经历类似任伯年。他也曾得任伯年的传授。王一亭后被巨商李平书等人赏识，凭借个人努力和出色头脑，得以跻身上海实业界并开创个人实业。他有些吴昌硕早年遇到的陆心源和金杰等人的影子。

王一亭热心社会公益事业，乐善好施。晚年更笃信佛教，焚香礼佛，茹素持斋，几乎每天都画佛像。他还积极参与组织书画善会，常发起书画义卖活动，所得都用于公益，以赈济水旱灾区及战乱区贫困灾民。吴昌硕在《白龙山人小传》中就赞赏他以慈善事业为己任，作画赈灾，夙夜彷徨，不辞辛苦，四方灾民依赖他而得以存活的无数。

王一亭还以自己对书画艺术的热爱和雄厚经济实力，参与并赞助美术事业，积极发起并大力支持上海的书画艺术团体。他还出任1912年成立的上海美术专科学校校董。1933年，他还出任吴昌硕之子吴东迈为纪念吴昌硕所建的昌明艺术专科学校名誉校长。

王一亭也常赞助海上画家，他对吴昌硕晚年在海上的生活和事业都有很大的帮助。王、吴于光绪二十一年（1895）参加苏州怡园画集时就相识了，两人意趣相投，互相欣赏，关系极友善亲密。此后一起切磋画艺、品评画理，还互相题诗赠画，如王为吴画像，吴为王作传。

王一亭向吴昌硕学画约在1913年后。王一亭曾加入同盟会，上海都督府建立后出任交通部部长。袁世凯窃国后，他又筹巨款支持讨袁斗争，被袁通缉，于是一度深居简出学画事佛。此时，开始师从年长他20多岁的吴。他的人物写照得任伯年的精微，花卉写意笔墨则近吴昌硕。清新飘逸像任伯年，沉雄凝重则像吴昌硕。

吴昌硕晚年与王一亭关系密切，几乎形影不离，这是个互相依托、同盛共荣的组合。民国初年后，王一亭在人物、佛像创作上取得成就，名气已可与吴昌硕比肩。吴昌硕去世后，王接替他成为后海派盟主。

由于商业上数十年与日本来往密切，王一亭的画也很受日本人偏爱，曾多次东渡日本展出。不过他晚年时，全民族抗战开始，上海陷落，他保持了民族气节，被日本人列入黑名单。他想潜离上海转入后方，却因病留香港。为表明心迹，他直至病危才回沪，不久逝世。

吴昌硕晚年在日本书画界影响巨大、声望日益高涨，多得力于王一亭的推荐。王一亭将日本友人介绍给吴，有喜欢中国书画的日本政商要人，也有日本主流书画家。在上海的六三园中或题襟馆里，常是王一亭运笔如风，手法圆熟，顷刻画成一幅，吴昌硕补长题跋，并题古风长诗于画上。或是吴昌硕画花卉，王一亭补人物。两人合作默契，正如他们在画外的配合。他们的合作，后期虽可能有程序化之嫌，一首诗、一个意象反复使用，常有重复，但画中四艺兼备、气韵意境浑融仍是可贵、难得。

海上题襟馆和豫园书画善会，体现了吴昌硕晚年在海上的两个生活侧影，为生计随俗和悲天悯人、济世关怀。

倚醉狂索买醉钱

吴昌硕从不讳言自己的为生计随俗，就像当初的入仕，他曾坦言之所以学画是为家人讨口肉饭吃。他生平第一份较正式的书画润格是他60岁时自订的，标志着他偏重卖艺谋生的人生转折。润格又称润例、润约等，是书画篆刻家出售作品所列价目标准。当时他还在苏州怡园画社中。一开始吴昌硕的作画定润并不高，直至在上海名望日高，又得日本人追捧，求者如云。吴昌硕晚年作画，据说常是一个模式画了又画，并不是他不愿创新，而是大众的审美多是从众。吴昌硕应接不暇，分身无术，应该也觉得厌倦无奈，曾让弟子代笔，如王一亭代画人物，赵子云代画花卉，自己最后落款、题跋与钤印。这些画在吴昌硕晚年画作中占了一定比例，今天一般也认为是真迹。其中精品也很多，但这种模式对他晚年画作有多方面影响。

由于一画难求，为得到心仪画家画作，当时人包括日本人往往不惜重金，以数倍于润例的价格求吴的书画。于是吴的润例也随之水涨船高，不几年就有很大变化。这些都不能不深刻影响他晚年的艺术和人生，有积极的方面，也有值得可惜的方面。

赵起（1873—1955），字子云，号云壑，吴县（今苏州）人。出身渔家，但笃嗜绘画，曾向苏州画家顾沄学画，后向海上四任之一的任预学习，光绪二十九年（1903）左右，又经吴昌硕石交之友、诗人顾潞介绍向当时住铁瓶巷石灰桥畔的吴昌硕学画。他山水、人物、花鸟、走兽都能画，书法能书真、草、篆、隶各体，也能像老师以书法笔意入画入印。

1913年，初定润格的10年后，70岁的吴昌硕在上海又重订润例，可视为他卖画生涯渐入佳境。1916年，73岁的吴昌硕又再定润格，由上海九华堂纸铺用石板影印润格，可见他此时卖画规模日大，这份润例也因印数较多而得以保存。吴昌硕在润格开头题诗："耳聋足蹩吾老矣，东涂西抹殊可耻。加润年来非所喜，养疴得闲亦为己。大雅宏达请视此。"用一种向世人解释和自我解嘲的口吻，很能反映他此时平衡出入雅俗的心态。这本是他声名远播，供求关系有变化，所以加价重订。但诗中却说了另外几种涨价原因，对主要原因作了掩饰。先是说自己耳聋足蹩，垂垂老矣，这把年纪还卖画实是可羞耻。又说加润不是自己愿意的，但为了得闲养病也没办法，要请各位多包涵。委婉口吻表现了他对卖画得润既乐见又羞涩抗拒的矛盾心境。

三年后的1919年元旦，76岁的吴昌硕又改订润格[①]，并题诗题跋。以下就是润格全文：

缶庐润格

衰翁新年七十六，醉拉龙宾挥虎仆。倚醉狂索买醉钱，聊复尔尔曰从俗。旧有润格，锲行略同。坊肆书帙，今须再版。余亦衰且甚矣，深违在得之戒，时耶？境耶？不获自已，知我者谅之。

堂扁：二十两

斋扁：二十两

楹联：三尺，五两；四尺，六两；五尺，八两；六尺，十二两

横、直幅：三尺，十四两；四尺，十八两；五尺，二十四两；六尺，三十二两

条幅：视整张减半

琴条：六两

纨、折扇、册页：每件四两，一尺为度。宽则递加

山水：视花卉例加三倍，点景加半，金笺加半

① 参见陶小军：《大雅可鬻——民国前期书画市场研究（1912—1937）》，商务印书馆2016年版，第260页。

篆与行书一例

刻印：每字四两

题诗、跋：每件三十两

磨墨费：每件二钱

（每两作大洋一元四角）

己未元旦

老缶自订于癖斯堂

润格前的诗，先说自己已是76岁衰翁，仍以笔墨卖画为生。“龙宾”用唐代笔记《云仙杂记》里墨精、守墨之神典故，代指墨。“虎仆”用晋张华《博物志》里虎仆毛可为笔典故，代指笔。接着，他说自己卖画取润只是为了买点酒喝。“买醉”典出李白《梁园吟》，比喻以酒行乐解愁。他还说自己卖画是姑且如此而已（“聊复尔尔”），从俗罢了。然后又说自己已衰老，此时应该“戒得”。但为了生计不得不违背在得之戒，求取润例。最后他叹息说，自己不得不求润例，是时世的缘故？还是境遇的缘故？不能“自己”（身不由己）。所以“知我者”要谅解我。吴昌硕依然说了很多苦衷，也是传统文人画家卖画惯例。

且借这一润格详目来看吴昌硕1919年时卖画得润具体情况。他的画作价格主要因形式和大小不同有差异。以其中较小幅、最普通、他此时画得最多的花卉扇面、册页论，每件（一尺）价值四两，按润例上说的每两折算大洋一元四角算，四两是五元六角，约相当于当时上海一市石（约160斤）大米的价格。而且以他作画的逸笔草草和晚年流水线式创作的速度看，收入是很可观的。鲁迅于1924年提及吴昌硕的画时就以为润格太贵（《论照相之类》），时人评价应较可靠。

这一润格的另一特点，是订得十分明确、细致、周详，对画作的不同种类、尺寸都作了相应价格说明，点景、金笺加半都不忘规定，体现了专业性，应有所参照。书画本雅事，但既然要拿它来换酒、肉，它就是商品了。吴昌硕浸淫上海日久，深知书、画、印已不单纯是朋友间赠送酬答、寄托情谊之物。定下润格、明码标价保证了书画交易的透明、公平、规范化。润格的坦率清晰也折射了海上人士喜欢钱物两讫、清爽明了的脾性。但润格写得诗意古雅，润例依从古例用“两”为单位，仍暗暗显现了书写者的自矜心态。

尽管新润格已不便宜，但仅隔一年，1920年元旦，吴昌硕又再次修订润格[①]，开头题诗说：“衰翁今年七十七，潦草涂鸦惭不律。倚醉狂索买醉钱，酒滴珍珠论价值。”其价目如下：

缶庐润格

堂扁：三十两

斋扁：二十两

楹联：三尺，六两；四尺，八两；五尺，十两；六尺，十四两

横直整幅：三尺，十八两；四尺，三十两；五尺，四十两

屏条：三尺，八两；四尺，十二两；五尺，十六两

山水：视花卉例加三倍，点景加半，金笺加半

篆与行书一例

刻印：每字四两

题诗、跋：每件三十两

磨墨费：每件四钱

（每两作大洋一元四角）

庚申元旦

老缶自订于癖斯堂

比较两份润例，新润格除了价格调高，变化不大。润格前的诗，吴昌硕依然先以自谦口气说自己的书画是潦草涂鸦，很惭愧不守格律规则。然后仍说自

① 参见陶小军：《大雅可鬻——民国前期书画市场研究（1912—1937）》，商务印书馆2016年版，第261页。

己卖画是为了赚取买醉钱，最后说酒的价格很贵，是“酒滴珍珠”，借用诗人李贺《将进酒》写酒的“小槽酒滴真珠红”。他并不说自己的书画贵，只说要买的酒很贵，委婉表达自己书画涨价的原因是物价上浮。

值得注意的是，这份润例旁还注有“辛酉年画例照格加半”的预告，可见到次年他的润格又会提高。扣除时世不稳、物价飞涨因素，他的润格也的确是年年飞升了。细目中也少了“纨、折扇、册页”一项。此时已是衰翁的吴昌硕，随着年岁增大、身体不便，就不再作求者最多的扇面、册页，以减少作画量。他的画非常好卖，也不愿再作这种篇幅小、价位又难以定高的小品。

新润例中，吴昌硕再次强调自己卖画取润是“倚醉狂索买醉钱”，借体现文人雅韵的饮酒买醉为自己解嘲，仍说自己是无奈从俗。始终以自己为士人的吴昌硕，对晚年卖画过上富裕生活较满意，态度看似坦诚，但骨子里始终有几分不自在。

润例最早出现的时间不详。明代苏州文人画家、吴门四家中的唐寅曾有《言志》诗说自己写幅青山（山水画）来卖，自耕砚田清清白白，比用人间造孽钱干净。这还是较含蓄的。到了清中叶的扬州八怪，出现了较正式的润例，将以前书画家们含蓄迂回的话变得直接坦然。如郑板桥罢官回乡生活困顿，就作了一幅极明白的润格。这对以后书画印者影响极大，如西泠印社四子之一的丁仁在润例前写诗说自己是师郑板桥故事。吴昌硕润格也是相似之意。

民国以来，科举入仕之路已不可行，来海上的文人都只能靠耕砚田为生，以卖文鬻书画为职业，订润卖艺成为不得不为之事。原本卖画的职业画家和失去俸禄的士人名流进入同一条路径。吴昌硕身份虽近后者，但也有在上海、苏州多年卖艺和职业画家交往的经历，所以很快成为海上画派里举足轻重的名家，其和另一些名家的订润高低甚至直接影响当时海上书画市场的总体走势。虽然20世纪前20年国内政局动荡、经济萧条，但传统书画艺术由于有广大深厚的民众基础，并没有因受西画的冲击而出现市场疲软。由于日本等海外市场的积极参与和推动，书画市场反而显现蓬勃生机。小小一纸润例的几次变化，清晰体现了吴昌硕人生最后阶段的时来运转，正如他在30多年前的第一次移居上海时写给妻子的诗《移居舟中赠季仙》里期望的“苦铁之苦终回甘”，他的晚境的确如“蔗境”回甘了。

大聋不聋谓之龙

吴昌硕晚年生活虽日渐富足顺遂，但他没有沉湎享受、迷失性情，他始终没忘记早年遭受的深重苦难和中年孤寂苦涩、忍饥耐贫的生涯，心底一直保留着对贫苦民众的同情和对世事欠公的不平感慨。时当民初乱世，国事多忧，民生可虞，已衰病在身的吴昌硕心怀对“来日大难”的警醒、对太平安宁的渴望和悲天悯人的广大情怀。

吴昌硕来海上后住的吉庆里“去驻随缘室”（也就是癖斯堂、禅甓轩）是一幢落成于1913年的新石库门。石库门建筑最早出现于太平天国运动时期的上海，是一种具有时代地域特色的中西合璧建筑。战争使得很多江浙人士举家迁入租界寓居，外国房产商看到商机，为迁居者在闹市弄堂里修建了模仿江南古典建筑的现代住宅，仍有旧宅院的围合形态但比较节省用地、简易实用，得到欢迎。这些房子以石料为门，得名“石库门”。这是一种新式建筑，和近代上海的发展相呼应。19世纪70年代的石库门是第一代，吴昌硕此时寓居的是第二代石库门，兴建于20世纪10年代初，相对比较新。

晚年吴昌硕因卖画得润和投资得利，生活日益富足，有人说房子和他身份不配，劝他另建花园洋房。吴昌硕只是笑笑说自己当年初来海上卖画和张熊挤在一间小黑屋里，如今这样已是很好了。他此时日常生活依然简朴，不改早年习惯。还常告诫儿孙要爱惜物事，不要浪费。如当时的电费很贵，吴昌硕除了作画、读书开灯外，闲坐时常点油灯。他一生对穿着很随意，只求宽大舒适。平日在家总穿着满是作画留下斑驳墨色的旧衣服，出门才换上好衣服。

吴昌硕晚年成名后，也依然不嫌弃家乡来的贫苦亲友，对身边的市井手艺人，如剃头师傅等人，也不另眼相看，对家里的雇工也不鄙视苛求。他自奉虽俭约，对待亲友却慷慨。早先一些年，他几乎年年回鄣吴乡间，每次回去都为亲友族人、村中建筑作书画题额，分文不收，还耐心地多次修改。他还出资办乡学让村里孩子有书读，并资助恢复村里的许多文化活动。亲友族人中有遇生病、上学、丧葬等事，他都慷慨解囊。族中添丁，更可每年领取一定份额钱款。据说他每次回乡，遇到小孩子叫公公的，都给红包。晚年他居上海，也很想经常回家乡，但安吉、鄣吴都是山乡，当时还没通公路，只能靠步行或轿子，交通不便。他已年高体衰，加上足病，不耐远途颠簸，只能让儿孙代自己到家乡走走。遇到家乡子侄辈到上海来探望他，他也很高兴，殷勤询问家乡近况，叮嘱家人好好招待，留他们多住几日，还买礼物让他们带回去。每到年终，他总要寄钱到家乡去周济贫苦亲友。

吴昌硕为人讲义气、待人厚道，记挂旧情，在朋友圈子里也很有口碑，他的学生王个簃给他写行述时说他“德性”过人。除了为知交蒲华料理后事外，早年师友杨岘身后子嗣淡薄，吴昌硕为他修理墓道；诗友沈石友贫病而死，他为之刻遗诗。

吴昌硕行善事并不限于接济亲友、贫寒交。他早年的流浪岁月里，常出入生死之境，也感受世间善恶，生成深植于心底的忧患民生之心，至晚年一日未曾释怀。如他在浦东严家桥粥厂为流民乞丐分棉衣，有《庚寅十一月奉檄赴严家桥粥厂给流丐棉衣》诗（《缶庐诗》卷四）为证。虽是公务，也可见他的忧民之心。他还多次参与书画善会救济灾民。

因为在少年时对饥馑有过切身感受，他才会对天灾战乱中的饥民格外关切，如他在题《墨菜》诗中说：“停笔四顾为求食，海内穷民多菜色。”（《缶庐别存》）因为他有过“劫火烧不尽”（家园被战火焚毁）的真切之痛，才会在《秋风》诗里说“佳丽层台非所营，秋风茅屋最关心”（《缶庐集》卷三），以杜甫自比“君不见江干茅屋杜陵叟”（《缶庐》，《缶庐集》卷一）。因为他遭遇过“风雪草堂低，嗷嗷倍苦凄”（《庚申纪事》）的受冻之苦，所以关心天下寒民，有《苦寒吟》：“道旁日见僵尸横，大官赏雪临高厅……愿彼苍天顾穷民，阳和熙物万物生。”（《缶庐集》卷四）皆是一片拳拳爱心。

吴昌硕多次提到北宋熙宁六年（1073）郑侠献给宋神宗的《流民图》。如他自题《饥看天图》说：“海内谷不熟，谁绘《流民图》?”《题画三绝句》诗也说：“研墨调朱成底事？输他郑侠绘《流民》。”（《缶庐诗卷三》）他晚年还多次与王一亭合绘《流民图》义卖筹款赈灾，承郑侠作《流民图》遗风，也是难得的佳话。1917年冬，直隶、奉天等省水灾严重，受灾区百余县，饥民数百万，各界人士发起救灾募捐，吴、王合绘《流民图》，并题诗，石印，义卖赈灾。1919年秋，豫、鄂、皖、苏、浙五省山洪暴发，受灾区不下六七十县，灾民达百万人。吴、王再次合作《流民图》画册，印制出版，义卖赈灾。这次受灾的几省正是吴昌硕当年逃难之地，他曾受过此间百姓的好处，不忍心看到他们受苦受难，希望通过绘画感动天下人，让大家都发扬孟子“己溺己饥”的仁心，推行“推食解衣”的仁术。吴昌硕在《流民图》首页上题诗：“横流洪水天覆盂，乡曲或沼屋泛虚，浙皖吴鄂民其鱼。画中有诗哀流民，劝人移粟输金银，切勿视钱如命如此君。丰衣足食天所厚，祖宗培德儿孙受，风雨飘飘请回首。”就是用佛家轮回报应观念，鼓励大家做善事为子孙积福。说法语言虽通俗，放在写给民众看的册子里却自有一种朴素强大的精神感召力量。他还在画册第二页题诗：“短句吟成泪沾臆，同思大厦杜陵翁。”他又题王一亭《流民图》说：“茅屋雨欺风更卷，杜陵歌后我更歌。”“《孟子》一篇应烂熟，不烦请粂对仁人。”“图绘《流民》笔有光，世谁郑侠数王郎。丰衣足食谈何易，回首幽齐水一方。”

吴昌硕还在题王一亭《孤树》画中说：“绝似《流民》图一幅，《西铭》读罢一诗成。”他以前写的《石友以象笋寄惠。书中谓常熟饥民数百食大户，县令闭城拒之。有感而作，即以志谢》也有“忽忆饥民无告苦，雨窗扶病读《西铭》”（《缶庐集》卷二）。可见，此时他虽然不再为官，但仍牢记孟子、杜甫、张载、郑侠等儒家仁人志士的为国为民、推己及人情怀，希望天下贫苦人都能有屋住、有饭吃，过上饱暖的日子。这是中国士夫文化的优秀传统，在吴昌硕这位早年也受过苦难的近代诗人、艺术家的诗画中，仍焕发真实真诚光辉。

也许是看到乱世灾荒中的许多惨淡景象，勾起吴昌硕对少年苦难流离的深刻回忆，那些难忘的早年苦涩滋味又浮上心头，他此时的许多诗篇中除了悲悯，还多愤世嫉俗的讽世之意。如他为王一亭的《雪中送炭图》《盲趣（王）一亭画》画题诗，题《雪中送炭图》诗说：“人情世态不可说，趋势利若江河奔。趋之不足继谄媚，吮痈舔痔言报恩。溺势利者神志昏，目所下视气吐吞。那知白屋寒云屯，雪风猎猎柴为门。米无可炊棉无裈，鼻涕随地冰一痕……”早年流落江湖、受尽白眼的痛苦记忆与痕迹存于字里行间。题《盲趣（王）一亭画》

诗三首则说："眼无天日耳犹听，听到天河洗甲兵。天意斯文留一线，其间着个左丘明。""心地光明我佛同，男争足赤女头蓬。诗成今日凭谁赏？编入盲词擘阮[①]中。""蜗牛满地作跏趺，中有穷途识字夫。病足与予同调否？出门一样倩人扶。"（《缶庐集》卷三）他还在一幅喜庆贺岁的《岁朝图》上题诗："守岁今宵拼闭门，门外人传鬼聚族。衣冠屠贩握手荣，得肥者分臭者逐。道人作画笔尽秃，冻燕支调墨一斛。画成更写桃符新，炮竹雷鸣起朝旭。"（《缶庐别存》）感慨鬼魅横行的世道，显示了强烈的愤懑不满和济世救弊的现实责任感。

吴昌硕始终心系、难忘自己和世间的苦难不平，所以他虽不特别善画人像，但偏爱画钟馗。他向扬州八怪学，也向王一亭学，常常画之，还在任颐、王一亭等人所画钟馗像上题跋抒怀。钟馗是中晚唐文士，才华横溢却因相貌丑陋不能入仕，他愤而自杀后化为专吃恶鬼的神，在诗文传统和民间传说中成为一个负载多种寓意的人物意象，如对怀才不遇、世人皆盲目的失望，对世道人少鬼多的愤慨，杀尽世上恶人、管尽人间不平事、获得社会正义的希冀。这都与中下层民众心迹相通，所以钟馗成为画家喜爱、百姓欢迎的绘画题材。吴昌硕写钟馗也是寄托抒发心中不平愤慨。他题自作《钟进士像》说钟馗磨刀天踏平、一试霹雳手，题《钟进士图》诗说钟馗一生啖鬼，还有题《钟馗图》说钟馗入鬼穴、杀鬼母。他还为任颐所作《钟馗斩妖狐图》题跋说钟馗须眉如戟叱妖狐，为清末画家汤贻汾的《醉钟馗》图题诗说如今世道满是魑魅魍魉，希望能有钟馗奋长剑杀尽恶鬼（《缶庐诗》卷四）。吴昌硕笔下的钟馗意象还有独特含义，他的一些画跋取钟馗的"馗"与"夔"的谐音，以钟馗比喻跛一足的自己。钟馗面貌丑陋，也与他晚年画作追求金石的朴野古拙味、大丑大美面目、不得世人认可相通。他在钟馗这个意象上寄托良多。

吴昌硕晚年还多画佛像。他并非佛教徒，但生活在佛学思想复兴的清末，他的早年朋友，如金铁老、潘钟瑞等人都信奉禅宗，晚年好友王一亭也笃信佛教，所以他深受友人影响。清末，民间也普遍信佛，加之他家人在战争中多去世的苍凉身世，他也多出入佛寺寻求心灵慰藉。他作佛像，一些是画观音、弥陀佛的应

---

① 弹琴。

酬笔墨，另一些则宣扬佛教济世救人的积极入世思想。值得注意的是，他曾在画笑呵呵的布袋和尚时，直斥之为“行尸走肉，无赖之秃”，甚至将之与世间无能、冷漠、自私甚至助纣为虐的贪官污吏相比，不可谓不大胆，应该是受到前辈画家呵祖骂佛狂禅之风的影响，也体现他身为“一耕夫来自田间”的朴素民本思想。这和他在《流民图》题跋中说灾荒是天灾也是人祸的深刻见解一致。

经历过许多战乱灾荒的吴昌硕晚年最爱太平。他常想起在战争中悲惨死去的亲人，每逢年节都不忘祭祀纪念家人，如他1910年除夕夜曾在寓所祭祀祖父母、父母画像，1921年又到杭州凤林寺为父母祈福，此时他已头发花白，犹自哀伤不已。清末民初乱日太多，他的铭文、题跋、诗歌中常出现“太平”“和平”字样，反映对人寿年丰、太平盛世的渴望。他有题佛祖《释迦》画的诗说期待世间有和平宗旨养元气，能够人皆长寿年长丰。1921年，周庆云在杭州西溪秋雪庵举行放生活动，吴昌硕也参与其中，有《秋雪庵放生歌为梦坡》诗。诗末句说“安得鳄鱼驱尽昌黎生，使我七十八叟耳聋足躄心太平”（《缶庐诗》卷四），以书写《驱鳄文》为民除害的中唐诗人韩愈自比，愿天下太平、民生安乐。1923年，吴昌硕有《（八十）自寿》诗说：“安得银河倒泻甲兵洗，心太平在《黄庭》里。”（《缶庐集》卷五）1926年除夕，吴昌硕又作诗说：“心太平知何日事，拈来孤本读《黄庭》。”（《缶庐集》卷四）《黄庭》指《黄庭经》，又名《老子黄庭经》，是道教养生修仙之书。他期待有生之年都能人健康、世太平。他晚年诗、印、画中常出现的“唐虞”（上古贤人唐尧、虞舜）也寓意太平盛世。

1913年八月，吴昌硕有《七十自寿》诗说：

我祖我父称通儒，可怜无福授我书。
我年十七遭寇难，人亡家破滋忧虞。
甲午从军出山海，庚子干戈走而骇。
世变复见辛亥冬，热血若沸摧心胸。
胸中一尘无可容，谈诗对客仇耳聋。
寥寥四壁生秋风，卖字得钱醉一斗。

有口不饥技在手，鲁公乞米羲之鹅。
古人已别黄垆酒[①]，我年七十老而已。
对此茫茫那足喜，殉利殉名两不取。
能读父书在此耳，老妇六十有加六。
骨裹鸡皮发鸠秃，我寿为我制新鞋。
福履绥之颂辞祝，两儿废学无一能。
卅载视等麒麟畜，老天若再假我年。
麒麟或见飞上天，坐观太平双眼悬。

这是吴昌硕晚年很重要的一首诗，较完整地回顾了自己70岁的生平。诗的最后用了"乱世麒麟"典故。孔子71岁那年，有人在鲁国捕获了一只叫麒麟的奇兽，不久麒麟死了。孔子认为象征仁和祥瑞的麒麟出现又死去是天下大乱的不祥之兆。清朝灭亡后，共和道路不顺，军阀割据，混战不息。吴昌硕忧世之心随着年龄增长、身体衰老而越来越深重，只期盼天下早日太平，正如诗最后一句说的"坐观太平双眼悬"。诗中的"鲁公乞米"指颜真卿书《乞米帖》，"羲之鹅"指王羲之书《黄庭经》换鹅，比喻自己卖书画。

晚年的吴昌硕十分珍惜这迟来不易的平安富足生活，他豁达、享受人生，性情更为宽和诙谐，甚至有了返璞归真的天真烂漫。如他只有三根痣须，就自号无须吴、无须老人。他总是道服梳髻，又号无须道人。于是他刻"无须吴"闲章，取三字叠韵，朗朗上口。印章边款说自己逃禅（逃出禅戒，所以有头发）却没胡须，尽显幽默达观。

吴昌硕晚年寓所为二层楼，楼上是卧室，楼下是客厅和书房。大门上曾贴对联"南华秋水；北苑春山"，上联指《南华经》（《庄子》）和其中名篇《秋水篇》，下联指五代至北宋著名画家董源（曾任北苑副使，人称董北苑）的山水画，寓意中国绘画精神和技巧上的两大典范。《庄子》和《黄庭经》都是道家著作，追求精神自由、和平长寿，与吴昌硕晚年追求契合。吴宅门外左墙贴"安

① 典出《世说新语·伤逝》的"黄公酒垆"，指伤逝旧友。

吉吴”，右墙贴一特大“聋”字。陈三立曾有“聋字榜墙上”诗句赠吴昌硕，就指此事。据说，吴昌硕晚年名气太盛，为避免闲人干扰就贴了这个“聋”字。

吴昌硕晚年有两个很出名的别号，一是“大聋”，一是“苦铁”，都讲他的多病衰老，也别有意蕴。

“大聋”指吴昌硕晚年重听。他何时耳朵开始聋了，一说是70岁，有他在1914年治“听有音之音者聋”印为证。“听有音之音者聋”出自《淮南子》。这句话的含义和他1917年刻“吴昌硕大聋”印并从此自号大聋一样，多取装聋作哑、以聋自悔及耳聋心不聋之意。从他的赠友诗文看，他也可能60岁前后就聋了，他1904年重题任颐10年前所作《蕉阴纳凉图》说自己才60岁，到了耳顺之年，却成为耳聋者。“耳顺”出自《论语·为政》，代指60岁，指人到成熟年纪，能听得进逆耳之言。而他开始患重听的时间还要早，他曾说耳朵是被甲午战争的大炮震聋的，不管这事是否真实，这时他的耳朵确实已有些重听了。

来上海后，吴昌硕诗画里写自己耳聋的地方很多，实际上他的耳朵并非真的全聋，只是听不清而已。至少他看见故人或可喜之客，谈诗论画，往往倾心畅谈，语如蝉鸣，终日无倦色，所谓“谈诗对客仇耳聋”。诸宗元就曾试着问他是否聋以自晦，他笑着点头。他只是厌恶世事人心丑恶，弄个狡黠，不愿听的就装作听不见。就是他说的“听有音之音者聋”“学心听”，他真是“大聋不聋”。他也是耳顺不耳聋，胸襟开阔，能听得进不同意见，不护己短。他还曾作“二耳之听”印，边款上解释说一耳之听不若二耳之听。他的学生陈师曾在题画寄怀老师的诗中也说世间的是非需要二耳来听，但是非不会干扰这位心有明镜的大聋翁。

吴昌硕的聋就像古代诗人自嘲的聋一样，是一种自我塑造的残缺。他的聋也是一种自晦的道家风范，强化了他大智若愚、土木形骸的形象，就像他早年友人朱正初在《芜园记》文里说他是土木其外而金玉其内的“芜”，就像当年胡公寿写《苍石图》送给他，说他这块苍石“颓然其形，介然其骨”。吴昌硕也常说自己是“聋固木居士，顽犹石敢当”，说自己不闻不问如木制神像，又像坚硬的石敢当（镇邪石碑），身心如枯木顽石。他晚年很喜欢题写的联语“龙两耳夔一足；缶无咎石敢当”也说自己晚年聋双耳、跛一足，又聋又残宛如古缶古石。

他晚年的《枯坐》诗“病不梳头两耳聋，养成真有木鸡风。问谁同癖耽枯坐，除是辽东皂帽翁”（《缶庐诗》卷三），也说自己耳聋所以养成修养深淳以镇定取胜的木鸡、木居士风。“辽东皂帽翁”指喜欢戴黑帽子的三国著名隐士管宁。

吴昌硕以大聋不聋的木鸡风、木石（土木形骸）成就了道家返璞归真、全身保真的人生境界，也与他晚年艺术上追求大巧若拙、大朴不雕的金石朴拙味艺术境界有内在契合。

再则“聋”也就是龙，《本草注》说龙耳亏聪，所以聋从耳从龙。吴昌硕生于甲辰年，他83岁元旦书红就说“八十三翁，生甲辰雄”，朱祖谋为他写挽词也说他“凭生讵信甲辰雄”。龙本能飞龙在天，但未点龙睛、龙耳亏聪也只能暂时蛰伏，就是韬光养晦、自我保全。

再看“苦铁”。其实他很早就自称“苦铁”，他第一次卜居上海就感慨“苦铁之苦终回甘”，自题任颐为自己所画《酸寒尉》像也自称“吴苦铁”，题梅画也说“苦铁道人梅知己”。此时之“苦”应该还是感慨人生辛苦、致力篆印艺术的甘苦自知为多。到了晚年，除了耳聋，他还深受病臂、病足和肝病、目疾等困扰。除生活受影响外，还影响了他艺术技巧的进一步精进。病臂对他的篆刻影响最大。他病臂约从50岁开始，所谓“五十肩”，受早年困苦生活和中年长期握刀刻印影响，他的手臂常剧烈疼痛，使他几乎不能再刻章。作画时，画长线也比较吃力。

所以吴昌硕70岁后，就很少再亲手刻印了。多是他在石面构思写好篆字（即篆印稿）后交弟子、儿子代刻，最后自己再加修饰润色，刻字较浅的边款则亲手完成。他的弟子徐新周（星洲，1853—1925）、赵古泥（1874—1933）和次子吴涵等人是主要代刻者。病臂痛楚、握刀困难是最大原因。篆刻不比书画，对目力、腕力要求更高，篆刻家年迈后往往力不从心。1916年，吴昌硕又病臂，还眼花如雾、脚软如绵。他成为西泠印社之长后，求印者甚多，使他疲于奏铁笔（刻刀），更是自称“苦铁”。此时的“苦”有了另一番滋味。

到吴昌硕82岁左右，他的身体开始不太好，作画也有些吃力。他晚年画作很多，却并非幅幅精品，和他晚年篆印作品一样，除了代笔者多，也有病臂原因。就是此年，他对外宣称封笔，只是自己在家作画自娱、赠友人。但不能否定吴昌硕晚年艺术的高度。中国艺术，道始终是在术之上的。吴昌硕晚年以豁达性情、圆融思想、四艺合一，弥补了技法上力度和精巧的衰退，使他衰年的作品于秃笔老墨中焕发别样绚丽。

晚年的吴昌硕虽以聋喑自晦，但他对时代、政局和人生的洞察更为敏锐深刻、豁达广阔。晚年诗友陈三立为吴昌硕作的墓志铭中说他内峻洁而外和易，即外表温和平易、内在品行高洁，正与早年诗友说他外芜而内不芜一脉相承。弟子王个簃也说老师性情恬淡，穷达得丧从不措意，就像他把晚年寓所命名为去驻随缘室，以示随遇而安、不拘形迹的旷达胸襟。

据说有人把买到的款署为吴昌硕的伪作拿给他看，吴昌硕却加以肯定，还在画上加上几笔以表其真。看到的人很吃惊，他却解释说要是斥其为伪作，买画的人不是很伤心吗？一次，某位书画商出售了一幅吴昌硕梅花图，购买者请吴辨明真伪，他一看就断为真品。词友况周颐说这幅画把安吉写成安杏，怎么会是真的？吴昌硕笑着说我老了，写错了的事常有。后来购画者走了，他才对况说我当然知道这不是我画的，只是不想说穿罢了。还有一次，一位友人说现在一般人鉴赏和选择书画，往往以耳代目，真是怪事。吴昌硕笑着说如果他们真的都用眼睛鉴赏，我们这些人不是都要饿死了吗？虽是戏语，却不无深意。

顺风波以从流，是吴昌硕他一生的处世之道，是他汲汲功名、忧世忧民、愤世嫉俗外性情中的另一面。在晚年，他性情中的这一面得到发扬，就是他自云去驻随缘、大聋不聋的主要内涵。

吴昌硕晚年习惯上午作画，下午休息。在创作之余，喜欢和朋友谈天说笑，辞令诙谐风趣，多妙语。作为海上画派领袖，他的寓所常有前来请益的后辈，吴昌硕对他们很亲近，对他们的作品更宽容，一般不说不好，只说鼓励的话。他晚年成为宗师，但仍对自己的成就与不足有较清醒认识。当时海内外求他书画刻印的人很多，片纸只字都极珍视，如朋友刘山农就收藏了他的点菜单等物。他却常对人说：“我无好，我无能也。”说自己没什么擅长的，也无所作为，只是刻苦而已。就是他给次子写信说自己“无聊无赖”之意。也就是他对晚年忘年交诸宗元感慨自己三十始学诗、五十始学画，积数十年之力，全依仗勤劳。他还常说自己是金石第一，书法第二，花卉第三，山水外行，所以向年轻画家后辈学山水、人物，向诗人词家学诗词，以能者为师，不耻下问，至老不倦。

吴昌硕还至老不失童心，大概就是道家"行年七十而犹有婴儿之色"之意。80岁后，他更仿佛返老还童，常天真任性得像小孩子。他喜欢孩子，常与小孙子一同游戏，一手撩着袍角，一手执着木矛，嘴里念着锣经，脚下踏着台步，教孩子演戏和舞蹈取乐。欢喜的表情，也和孩子一样。有时茶余饭后，还高歌一曲，怡然忘老。他还自编昆曲，以湖州土白对客高歌。他一生重视学写诗，一心要做诗人，晚年写诗仍很认真，诗兴很浓，案头总放着一本宣纸装订的诗稿册子，常赋得新篇，还常斟酌字句到深夜。有时半夜睡醒，沉吟得佳句，怕次日清晨忘了，就披衣起来笔录。家人觉得他太辛苦，又怕他感冒了，就劝他少写，他却屡劝不听。一次，家人又劝，吴昌硕生气了，索性卧倒于地上，扶之不起，直到儿子将朱祖谋请来劝说才起来。

宽和、内敛、诙谐、天真，这些性情都是早年经历过生死绝境、中年遭遇挫折贫困和丧子、晚年又饱受病痛折磨的吴昌硕了悟后形成的。他晚年能设身处地为人着想，能推己及人看到旁人的苦痛，这种悲天悯人的境界已超越了儒家、道家或佛家的界限。他晚年为人，随心所欲，圆熟超脱，成就了传统的人格典范。他还将这些性情都融入他的画作，使画作有一种天真烂漫、大气磅礴、雅俗共赏、返璞归真的韵味。吴昌硕晚年成为海上画派偶像和领袖是依靠他的技艺，更是依靠他的人格魅力，就像他弟子王个簃说他德性尤过于诗书画印四绝艺。

再来看几位后来的大家、此时的后辈对吴昌硕的印象。1924年初夏，印人钱君匋（1907—1998）来吉庆里拜见吴。初见，觉得他很矮小，貌不惊人，并非想象中的俨然伟丈夫，和其画作的壮阔夺人气派不合。但接近了，见他目光炯炯，机智而略带幽默感，眼角笑纹翔舞，流露出乐天、谦逊、平易及很强的洞察力，自有光风霁月净化他人杂念的魅力。再如潘天寿后来在一首诗里说："月明每忆听桂吴，大布衣朗数茎须。文章有力自折叠，性情弥古伴清癯。老山林外无魏晋，驱蛟龙走耕唐虞。即今人物纷眼底，独往之往谁与俱？"[1]潘天寿

① 潘天寿：《回忆吴昌硕先生》，《美术》1957年第1期。

说自己每次回忆起这个自比月中桂树下吴刚、刻印自比吴刚用斧不倦砍树的老人，年纪很大了，仍笔走龙蛇耕耘砚田以期成为画内画外的上古“唐虞”（理想人生和艺术境界）。可见在后辈画家眼中，这个穿着宽大布衣、胡须稀疏的老人，古貌古心，有魏晋名士般的野逸性情风度和高古艺术境界，已成为海上画派新的传奇。末句说吴昌硕超越同辈，能和历史上的许多传奇艺术家同列典范行列。

海上领袖五绝归一

清末艺坛上出色的人物实在太多，海上画坛就有与吴昌硕并称海上四家的任伯年、蒲华、虚谷，那么吴是如何脱颖而出成为一代盟主的？看似传奇，实则是自然而然的结果。

进入民国后，吴昌硕是海上画派硕果仅存的宿老。虚谷和任伯年都在1896年去世，蒲华逝于1911年。即使四家都在世，吴昌硕也是较符合领袖形象的一人。任伯年技艺超群，绘画上突破较多，也能深入人间，但不善书法和诗歌，绘画逸出传统绘画颇多。虚谷善诗歌，是四人中画境传统、士夫气较浓的，但他性情孤僻、行迹飘忽，画作虽空灵虚浑却难免僻涩，大众化程度不足。蒲华山水、花卉皆能，风格朴茂深厚，也善诗歌书法，但为人疏狂、不通世故，潦倒以终。三人虽惊才绝艳，但都不太符合当时社会、文化对画坛领袖人物的要求：诗书画三绝兼备，交往广阔，性情为中庸之道，艺术有融通集大成气度，在文人画正统范畴中。唯有吴昌硕是合适人选。他出身科举正途，交游广大。书、画、诗、印四艺兼备，风格高古雅逸兼得。性情宽和豁达，中和了不羁的艺术气质，在乱世中保持古君子之风。他的艺术和个人形象都符合清末民初新旧杂糅、文化集大成时代的文化理想和大众想象。

而继承前贤（乡贤）文人画家创立的三绝乃至四艺合一并达到四艺平衡，是吴昌硕成为近代百年最著名画家之一的重要原因。他的知己沈石友曾有《昌硕寄〈缶庐印存〉题三绝之三》诗说吴书法气势如快剑斩蛟鼍，画意和诗情都能脱前人窠臼，还说自己最推崇吴在郑虔三绝外的印艺，芝泥红艳继宣和。“芝泥”指印泥，代指篆印。一说宋徽宗《宣和印谱》为印谱肇始。这较清晰指出吴昌硕四艺兼美。

郑虔是曾在台州为官的中唐诗人，也工书画，稍晚于以诗画两绝名闻天下的王维，因诗书画诸艺均衡，有三绝之称。王维官至尚书右丞，诗风和地位一样高华脱俗。而郑虔虽进士中第，曾为广文馆博士，却宦途困顿，最后被贬为台州司户，所以郑广文成为明清以来有才无运、才命相妨的中下层文士喜欢自我比拟的诗歌形象，其比王维更亲切，就像吴昌硕的芜园比王维的辋川别业、吴中真率会诸子的苏州名园更贴近普通人。吴昌硕就曾用郑虔比拟自己做过教谕的祖父。

文人画在唐宋后千余年来的中国艺术史中占据主流地位，笔墨纸砚、诗书画印是其意象表征。诗书画印四艺融合在元代湖州学者、艺家赵孟頫提倡后已有发展倾向，较早较明显体现这一倾向者是赵之谦，可其但开风气不为师。到了吴昌硕，四艺合一形式得到更自觉的加强，并作为艺术的一种新范式固定下来。更重要的是，以流派和师徒相传的程序传承下去，成为艺文传统中继王维诗画两绝、郑虔三绝后的又一次融合发展。吴昌硕逝世后，书法家于右任的挽词说吴诗书画而外复作印人，也着眼于此。

吴昌硕本人对此也有清醒深刻的理解与认识，他在《刻印》诗中说：“诗文书画有真意，贵能深造求其通。”（《缶庐集》卷一）清末各种学术艺事融通、集大成的大环境，是有利于四艺融通的。吴昌硕由此成为传统艺术代代相传道统中新的重要一环，也是能够被模仿追随的一环。虽然他身后利于孕育四艺合一人才的文化环境有所改变，但他奠定的四绝传统仍留了下来。

潘天寿曾称吴昌硕在诗书画印各方面均以不蹈袭前人、独立成家为目的。吴昌硕的确有创宗立派意识，但他浸淫传统学术、艺文正途太久，非常注重艺术道统，所以与其说他创新成分多，不如说他融通传统再出之以新意。四艺上，他认真选择了符合自己情性的榜样进行学习。在书法上，追石鼓文至秦汉以上。在篆印上，也追踪浙派至秦汉之上。在诗歌上，也追溯从魏晋南朝（六朝）到中晚唐宋代的前贤诗风。在绘画上，远承明清的白阳、青藤、八大山人、石涛及扬州八怪，近绍道光、咸丰年间（1821—1861）以来的赵之谦和同时的任伯年与蒲华等人。在每一领域，他都能机警灵变地选择艺术中很有历史深度、也有新变可能的因素，并化自己圆通包容的性情为艺术个性，接受传统再加以新变。故他的新变如个性化的石鼓文虽有灵魂面貌的超逸，但仍在传统中。

再如吴昌硕成熟较晚的绘画，寻踪作品可知他正如杜甫说的不薄今人爱古人。如齐白石就说他见过缶庐（吴昌硕）60岁前后所画花卉追海上任氏（任伯年），70岁后参赵氏（赵之谦）法而更为用心。放开笔机，气势弥盛，横涂竖抹，鬼神莫测，于是天下叹服。他作为同时的学缶翁者、花卉画行家对吴昌硕画中源流说得很清晰。吴昌硕晚年时也将自己与道咸贤者并列，共同组成他心目中明清以来艺术史、绘画史的最近阵营。他说过赵之谦之后自己可继之的话。还在西泠印社说悲庵（赵之谦）等人翔步天上，自己虽不能蹑足继之，但如果能为悲庵携拾草履，则平生之愿足矣。也曾问朋友不知让翁（吴让之）、悲庵是否愿意让自己为他们捧水烟筒。当听到朋友说让翁、悲庵、缶老可称鼎足而三时，他笑了，这笑中应该也有自得吧？晚年成名后，他就只提自己是学明清几位大家，体现了他的画史观。

明清之际，由于几位才气超逸画家青藤、白阳、八大山人、石涛相继出世，花鸟画领域形成大写意路数，讲究即兴挥洒的笔墨趣味、神韵。他们的个人风格太强烈，楷模作用太典型，好处是为后人树立了典范，弊端是此后中国画传统非常丰厚，但一般画人只从他们那里寻找灵髓，很难超越他们。就像盛唐诗之后，经历安史之乱的杜甫、王维跳出盛唐诗风另辟蹊径一样，杜甫、韩愈、孟郊兴起的中唐诗和一脉相承学杜甫的宋诗后来成为与唐诗双峰对峙的诗歌高峰，吴昌硕和道咸后许多大家一样都或深或浅地想明白了这一道理。随着金石学、碑学的兴起，绘画也去宋元以上乃至秦汉、上古寻求新灵感、新路径。吴昌硕致力于石鼓文这一古朴艺术意象，把石鼓线条运用自如并另出机杼，化用到书、印、画中。

19世纪末20世纪初，中国画正在自新求变中，吴昌硕和许多海上画家一样都从未留洋出洋（蒲华曾到日本），也未较深较主动接触西洋艺术（任伯年曾学西画）。他长期在仕途中，在明清绘画中心古城苏州，艺术创新主要还是从繁复深厚传统中艰难化出的。文化遗民的身份，更使他的艺术思想趋于传承捍卫传统。他的四艺都以化古为新为主。

吴昌硕四艺发展是比较独特的，他经过漫长迂回探索、不断深思，从身边师友也从历史人物身上学习适合自己的艺术元素，由时代风气推动着，走出了一条由印而书而诗而画又四者融合的个性化之路。他四艺各自的成熟时间相差很远，在他的艺术中虽然比较均衡但也不是完全轻重相当的。关于吴昌硕四艺，以往有许多见仁见智的见解，但并不一定都是旁观者清，倒是他自己的一些认识很清醒实在，当然不同时期他的认识也有变化。吴昌硕曾说过深知自己的治印可居首，书法次之，画在印、书之后。还有一次，他对朋友说，人们都说我善作画，其实我的书法比画好，篆刻更胜于书法。晚年他也仍常说自己是金石第一，书法第二，花卉第三，山水外行。他诗作的诗意、情怀、意境贯穿书、画、印并成为其底色，也提升了书、画、印的格调。这就是沈曾植《缶庐集》序说的“翁（吴昌硕）书画奇气发于诗，篆刻朴古自金文，其结构之华离杳渺，抑未尝无资于诗者也”。近代艺术评论家陈小蝶（1897—1989）的评论也较到位：“吴昌硕以金石起家，篆刻印章乃其绝诣。间及书法，变大篆之法而为大草。至挥洒花草，则纯以草书为之，气韵取长，难求形迹。人谓山谷写字如画竹，长公画竹如写字，昌老盖两兼之矣。”①“山谷”指黄庭坚，“长公”指苏轼。他说吴以书、画初分时代的石鼓大篆入画，写字如画，作画如书篆、书草，得诗意、文化气息。

金石篆刻在吴昌硕四艺中是诸艺之首。一则他以此艺造诣最高，曾被时人尤其日本人誉为神乎其技、千古一人甚至印圣，可见他此艺的修为之深。再则他于此艺涉足较早，致力时间也最长，从14岁开始学治印到70多岁封刀。三则刻印对他的书、画创作起过积极推动，当然他的篆刻后来也得益于书、画进步。四则他在篆印领域开创了吴派新印风，开宗立派，后继者无数。五则他以西泠印社首任社长的身份雄居印坛，影响当时及后来的印风走向，真“自我作古空群雄”。

身为明清篆刻的殿军，吴昌硕先学习离其最近的浙派、皖派传统，又不被

① 吴昌硕著，吴东迈编：《吴昌硕谈艺录》，人民美术出版社1993年版，第238页。

皖浙之法所囿，还学习秦汉篆印丰富遗产，又参石鼓文篆意，融书入印，还摩挲秦汉古印、石鼓文、汉晋古砖封泥等民间朴素金石古物上的图案、苍茫意境、趣味，吸收符合自己个性、审美的朴野古拙金石味运用在篆印上，使作品呈现出古梅着花般的高古朴野之美，独开一派。

吴昌硕书法也承道光、咸丰（1821—1861）以来金石碑学书风，在观摩金石古物、学习治印过程中，学秦汉篆、隶，于石鼓文钟情最深、用力最巨，能主动诠释，师古不泥古，隶、行、草也多以篆籀笔法出之。他的书法，用笔粗犷、用墨浓重，字句紧而行气密，郁勃朴茂、古气盘旋又雄健淋漓，如中唐诗人杜甫、韩愈的长篇古诗，有高古又朴直的强烈个性，对后世影响甚巨。

陈三立、沈曾植都赞许吴的诗，世人对他的印评价最高，对书、画的不同评价较多。如他的石鼓文，陈小蝶评价他学黄庭坚写字如画竹，也有人以为他写石鼓以其画梅之法为之，纵挺横张，不够含蓄。也有人以为他直来直去的行书雄健刚拗，变化少，习气重，外健内虚、表朴实浮。还有人以为他的书法能自出新意，却落入拗峭村夫气。这些说法虽然并非全无道理，但不免求全责备。自古以来书法的雅正与个性总难以平衡，连被后世称为书圣的王羲之在东晋也曾被认为是野鹜，吴昌硕年轻未成名时在潜园就曾感慨过此事。诗歌方面也是，中唐杜甫、韩愈的变革还有北宋苏轼、黄庭坚的求新都曾被批评过。吴昌硕1914年在追悼朝鲜书画友的《挽兰丐》诗中说“画与篆法可合并，深思力索一意惟孤行”（《缶庐集》卷三），明确指出自己追求绘画和篆法相通是深刻思考、竭力求索的结果。他应该能预料到那些不同评论。

吴昌硕学画最晚，但准备也最充分，学前已有印、书、诗等功夫在画外，无怪任颐见了会赞许。他也曾清醒地说自己平生得力之处在于能以作书之法作画。他题扬州八怪李方膺的《李晴江画册》诗就说自己是直从书法演画法，他的《题英国史德若藏画册》也说古画中的神品没有千金万金不能得，自己就取夏、商、周、秦青铜器、石鼓文上的文字“象形者”，模仿其笔法。

他说自己以石鼓篆法或隶书及从中化出的草书来作画的诗歌、题跋数不胜数。如他说写自己最擅长的梅花是“郁勃纵横如古隶”“蝶扁幻作枝连蜷，圈花着枝白璧圆。是梅是篆了不问”“墨气脱手椎碑同。蝌蚪老苔隶枝干，能识者谁斯与邕”“封泥残缺蝶扁幻，不似之似聊象形”，画兰是“临抚石鼓琅琊笔，戏为幽兰一写真”，画荷是“离奇作画偏爱我，谓是篆籀非丹青？”（《缶庐别存》）画花卉用的是篆书线条笔意，是秦代琅琊刻石、李斯的小篆，是石鼓文等大篆，是蝌蚪文等象形文字、残缺封泥上的图案等幻化成的不似而似的金石古意。他晚年喜欢画的、与梅花枝干姿态相似的藤本植物葡萄、紫藤、葫芦等，也多用篆、隶化出的狂草，如作葡萄是“草书喜学杨风子，以书作画任意为。碎叶枯藤涂满纸”（《缶庐别存》）。1919年五月作葡萄一帧也题作“草书之幻”，1927年所作《紫藤图轴》也纯用草篆笔法写藤蔓，酣畅书写处已不可辨是书是画还是印上金石刻镂。

吴昌硕晚年的写意花卉看似题材广泛，梅、菊、牡丹、兰花、水仙、墨竹、松、紫藤、桃、枇杷、葫芦、荷花、石榴等花卉蔬果都入画，其实也比较单一。他此时都以石鼓篆籀、隶书及从中化出的草书笔意作画，尤其梅花、藤本等特别适合写意、用线条表现的植物。他晚年的一些画已舍弃了形的羁绊，着力表现线条之美，画面充满苍茫古厚的金石气韵。他的绘画，得失也都在石鼓文之间。有人认为他过于依赖金石书法功底，从状物绘形角度看，线条的质感不够丰富、切实，不免枯寂单调。如现代艺术评论家傅雷就说“吴昌硕全靠‘金石学’的功夫，把古篆籀的笔法移到画上来，所以有古拙与素雅之美，但其流弊是干枯”[①]。

傅雷的评价自是犀利，但不如沈曾植《缶庐集》序“翁书画奇气发于诗”说得贴切。沈曾植说吴的绘画（书法）意象多是《诗经》《离骚》乃至诸子、《易经》等中华传统元典里思想精神的诗意寄托、艺术寓言。

吴昌硕的画里并不只有古物和纸上得来的古拙素雅，也有来自自然、人世间的生气。如他的梅诗说“老夫画梅四十年，天机自得非师传”。他的梅画题跋也说近世人画梅多师八怪里的杭州人冬心（金农）和西泠画人、也善画墨梅的松壶（钱杜），自己作梅笔法和两家不同，是以作篆之法写之。他83岁集古典成联语赠弟子王个簃时说不但要食金石力，也要得草木心。这虽然不是说花卉

---

① 1961年，与刘抗书，《傅雷书简》，三联书店2001年版，第31页。

画，但意蕴是相通的。

吴昌硕笔下的花卉不只是现实中的花卉，也不仅是篆书笔意，而是和古典诗词经典《诗经》《离骚》咏物诗词的诗意意象，是“岁寒心”的写意，是心灵家园的写照。

吴昌硕为了体现花卉的诗意草木心，多有用心。他晚年的花卉画常被人称许为古艳。“古”就是高古金石气息，“艳”就是他向赵之谦、任颐等人取法，突破以往文人画家多只略施淡彩古法，还将金石古器上悟得的古厚质朴意趣化用到设色上，如用焦墨、重彩结合，使画面虽设色秾酣，却唯觉古质斑斓，无一丝俗气。再如西洋红是海运开通后才传到中国的，在任颐前无人用此画国画。吴昌硕也学而用之，还指出其深红古厚可补传统胭脂的淡薄。他晚年善用西洋红写红梅，写出金石般质感，所谓“焦山汉鼎镌云雷，斑斓古玉生玫瑰”（《陶陵鼎补梅》，《缶庐别存》）。又以之来画牡丹，“莽泼泼脂”，厚重深沉不浮薄。吴昌硕突破了蒲华告诫他的“多画水墨，少用颜色”，但还是记得蒲华对他说的“色不可俗”。他用色并不一味大胆，就像他曾说过事父母色难、画画亦色难，选取既能反映自然真实景物、也符合他诗意审美理想的色彩，就是留在他心底的诗意情怀、美丽家园的梦幻色彩，如鄣吴玉华山的秋日黄绿两色“长风披落叶，秋色椒荒垌”（《鄣吴村杂诗》，《缶庐诗》卷一），芜园的夏日黄红如锦绣色“园果黄且红，如锦张秋空。安得制成衣，被之八十翁”（《芜园图自题》，《缶庐集》卷一），也就是诗友郑孝胥在《缶庐集》序里说他的诗如“菊之凌秋而黄，枫之经霜而丹”的色彩。他又说作画不可太着意于色相之间。他的花卉画无论笔法、画色、构图都着意不似之似、虚实之间，在真幻、雅俗之间掌握分寸、凸显诗意。

吴昌硕将道光、咸丰年间（1821—1861）以来金石画风淡化学术性、进行通俗化，又赋予诗意化，使之能合乎时宜深入人心，造就出源自古典、适宜时代，既古拙真淳又朴稚烂漫的金石画风，他是传统花鸟写意画的殿军，也是现代写意花鸟画的开山人。后来受其高古野逸画风、审美趣味吸引，学他的画风的人很多，又形成绘画上的新浙派，在篆印的浙派、古典诗歌的浙派外为浙江艺文传统增添新的历史和现实内涵。

王个簃在给老师写的行述中提出老师之所以成为海上画坛乃至近代画坛领袖，不止四艺卓绝。当时人士以为其书过于画，诗过于书，篆刻过于诗，德性尤过于篆刻，是为五绝。道艺合一、画如其人向来被中国文化所重视。吴昌硕以饱历岁寒、风波形成的如梅如石人格和深厚传统文化底蕴终于完成他的五艺合一，心正笔直就是许多人对其书、画、印艺的评价。他以自己合时宜的性情，顺应浙江人、湖州人在上海的地缘优势，得益于同乡之谊和早年的交往，更以多次濡染官场与湖海的丰富阅历，主动参与和周旋于海上及苏州、杭州等地诸团体，如书画会、印社、诗社、同乡会等，并积极发挥利用社团力量、社交关系，广结善缘，逐步确立并彰显个人地位，努力扩大自我影响。本该归于沉寂的人生最后阶段在他眼前展开璀璨景象。

广收弟子也是吴昌硕成为领袖人物的重要途径。吴昌硕晚年收徒授艺广开门径，先后投其门下执弟子礼的缶门弟子有百余人，可与近代海上从学者众多的书法名家曾熙、李瑞清鼎足而三。其中著名者如赵子云、陈师曾、王一亭、徐星洲、赵古泥、诸闻韵、诸乐三、钱瘦铁、陈半丁、王个簃、沙孟海等，一些当时已成名，另一些后来也成为国内书画名家。他收徒不分门第，弟子中有名门之后，如陈师曾；有寒门子弟，如赵古泥等；有商人，如王一亭；还有演员，如荀慧生。也不立门派，更不分年龄，如赵子云、王一亭入门时年纪不轻，已有自己的艺术风格。所谓天下几人学缶翁，他更吸引了一些在绘画上已有建树，却在此时受其风格影响的画家与他形成亦友亦徒关系。其中就有后来与他并称20世纪传统中国画四大家的齐白石、潘天寿等人，这也使他的艺术特色日后能以更丰富的形式在近代画史中延续发展。

吴昌硕与潘天寿（1897—1971）的交往是很耐人寻味的。吴昌硕平生很少面折人过，对年轻人尤其如此。他初见比自己小50多岁、20来岁就画得很好的潘天寿，也是赞许为主，还赠篆书对联赞美他的画中笔墨是天惊地怪见落笔。这是吴昌硕常用来赞美后辈的，如他也称赞王一亭天惊地怪有奇才。但他在潘的一幅山水障子上题七言长古一首，却有些不同。诗的开首说龙湫飞瀑、雁荡云气、石梁气脉通的无罣碍处生出年轻画家阿寿，点出潘天寿是位于雁荡山脉的宁海人（今属宁波，旧属台州），诗的结句却含蓄透露一个老人对一个年轻天才未来、绘画发展的忧惧和警诫："只恐荆棘丛中行太速，一跌须防坠深谷，寿乎寿乎愁尔独。"（《读潘阿寿画山水障子（寿，台州人）》，《缶庐集》卷五）这是此时已身为海上盟主、生性谨慎世故的吴昌硕给人题跋时少见的现象。也许，注重传统的他是怕天分奇高的潘天寿"行不由径"，在变革的路上走得太快。但正如当年杨岘、蒲华的告诫最终被吴昌硕化为绘画变革的动力，这一幕在他与潘天寿之间再次重演。

吴昌硕晚年，在北京的齐白石（1864—1957）对他非常仰慕，一度学过他的画，还写过一首传诵很广的诗，说自己远学明清的青藤、雪个，近学同时代的"老缶"吴昌硕，愿做三家的门下走狗。他借用郑板桥的印"青藤门下牛马走"，表达了对比自己大20岁的吴昌硕的推崇备至，更将他与徐渭、八大山人并列为自己的学画榜样。齐白石1917年结识北上北京的吴的弟子陈师曾，两人有很深交谊。"牛马走"是一个自谦用词，指自己愿意做牛马一样供役使的仆人，所以后来常被传为郑板桥愿意做青藤门下走狗。吴昌硕也曾用过这个画坛轶事，48岁时他曾有题《古瓶花卉图》诗说"板桥肯作青藤狗，我不能狗人其宜"（《缶庐别存》），体现他对传统和前辈的尊重以及要自立门派的傲骨。

由于吴昌硕身擅四艺，他的弟子有的善书，有的工画，有的精于篆刻，有的也能四艺兼备，如陈师曾（1876—1923）就堪称诗书画印四全，且功力精纯。陈师曾和老师一样也是性情淳厚、重义轻利之人，也能广结善缘，人品为艺林所重。他喜欢奖掖寒素，如齐白石能成名就得益于陈的推重。他有《文人画之价值》，是以理论形式肯定中国文人画的第一人，也因此被称为中国"现代美术第一人"。陈师曾1913年来到北平后，还把吴昌硕的画风传播、延续到了北方。如果上天能借给他更多年月，他的成就会更多。他去世后，梁启超在悼词里说陈师曾之死对中国艺术界的影响，几乎胜于同发生在1923年的日本大地震。吴昌硕给弟子的题字是"朽者[①]不朽"。

由于其传人在南北艺坛都有较高地位与深远影响，吴昌硕的艺术不但名满神州，更后继有人。他的艺术影响更誉扬海外，对日本画坛的影响可谓大矣

① 陈师曾号朽道人。

深矣。

吴昌硕晚年在上海，与水野疏梅、白石六三郎等日本艺友多有交往。水野疏梅（1864—1921），福冈人。1910年来到中国，到沪上后与书法家杨守敬等交游，后经王一亭介绍从吴昌硕学画。因水野诗学王维，与吴昌硕相投，两人以诗画往来成知交。水野还与吴昌硕以吴喜欢画的、在传统文化里寓意丰富的葫芦为交。水野以日本长柄葫芦相赠，吴酬答以《疏梅赠葫芦》诗，下注“长髯过腹，苦心为诗”，点出了这位日本高古之士的面貌个性。他后来还有题赠水野葫芦图的《依样》诗：“长柄葫芦众共珍，我将乞种种芜园。藤长千尺寿千岁，世上葫芦皆子孙。”《又题疏梅赠葫芦》诗“此中别有真天地，何必壶公卖药壶”“赠我葫芦依样画，画成掩口笑葫芦”（《缶庐别存》），用东汉仙人、卖药人壶公的故事和胡卢（葫芦）而笑[①]的谐音，写出诗意画趣，有深意又不失通俗可喜。1916年冬，水野将东归日本，以诗与吴言别。吴昌硕以《疏梅倦游东归索诗》相赠，还有《送疏梅归日本二首》依韵和水野诗。吴昌硕的艺术随着日本友人和艺术家的推崇，在日本声誉日隆。印人河井、长尾都成为其印艺在东瀛的传播者。水野也将吴昌硕的绘画声誉在日本宣扬。不过，吴昌硕书画印声名远播日本，与日本名士白石六三郎（鹿叟）、沪上名园六三园关系最大。

吴昌硕晚年常应邀与王一亭、诸宗元等友人及日本友人相聚于白石六三园。他多有在六三园樱花、梅花树下宴饮酬唱的诗篇，还应白石之请撰《六三园记》勒石园中。白石看重吴的艺术，常盛张其作品于席间。1914年，白石还在六三园中为吴昌硕开办首次个展，吴昌硕有《六三园宴集，是日剪淞楼尽张予书画，游客甚盛》诗道出盛况。经此，吴昌硕更是扬名日本。王一亭与白石又联络东京文求堂主人田中庆太郎，在日本本土为吴昌硕刊专辑、办展览多年，日本人临仿研习吴昌硕作品者日多，在日本形成了“吴昌硕热”。吴昌硕晚年在日本声名大振，王一亭、白石等人的运作不可或缺，但也得益于中国与日本书画创作、理论互相影响的历史背景。中日艺术交流源远流长，清末民初两国书画、篆印艺术交往更频繁。日本书画印人纷纷西来，欲借中国金石碑学造诣补益日本书

① 指掩嘴而笑。

画印道。当时的上海，由于滨海地理位置和身为书画新中心的地位，成为日本艺术家来华首选地。身为西泠印社社长、俞樾弟子、海上画派盟主的吴昌硕是日本艺术家的众望所归之人，日后更逐渐成为影响日本艺术最大的近代中国艺术家之一。

诸宗元曾在《缶庐造像记》中说吴昌硕晚年播鸡林之誉。“鸡林”是朝鲜古称。中唐诗人白居易的诗名扬天下，朝鲜商人常携重金来中国买他的诗。用这个典故比拟学中唐诗的吴昌硕的晚年作品在日本等海外之地的畅销和名望是很恰当的。吴昌硕晚年在上海还交朝鲜艺友，最有名的是闵泳翊。闵泳翊（1860—1914）是朝鲜李氏王朝时代的名臣、外戚，权妃闵妃（追封为明成皇后）的侄子，还是书画家。他因国内政变被放逐，客居香港、上海等地，在沪结识海派名家吴昌硕、蒲华、任颐、胡公寿等人。他常召书画名流宴集寓庐，赋诗弄墨。他书画兼长，在交游中，也以东海兰丐之名留作品。杨逸所著《海上墨林》就有他的小传。他与吴昌硕最友善，两人约在吴昌硕第一次迁居上海时就认识了，交往30多年。闵泳翊酷嗜吴的篆印。吴陆续为他刻名号印300余方。闵泳翊的名号“千寻竹斋”印就刻了26方。闵泳翊年纪很轻就有国难归，郁思难解。善饮的他常借酒思乡。1913年冬，他患肝肺病，次年夏病殁于沪上，不过55岁。但也终于可以归梓故乡了。吴昌硕参加过甲午战争，对朝鲜国事自有同情，也因为自己少年时离乡、晚年身为遗民，很理解闵氏的悲怆情怀，作长诗《挽兰丐》悼念这位异国友人说“国无可归生死同”（《缶庐集》卷三）。

书画奇气发于诗

吴昌硕谆谆教诲弟子学艺要食金石力，也要得草木心。这是他一生学艺的心得。

草木心意象源自古人的咏物寓言诗，如南北朝诗人鲍照借松树寄寓身世的“安得草木心，不怨寒暑移”（《赠故人马子乔》），初唐诗人张九龄同样有借兰花寄托身世的“草木有本心”（《感遇诗》十二首之一）。诸宗元认为明末遗民诗人杜濬（茶村）咏物诗“用尽风霜力，难移草木心”（《古树》），表面写草木，实写人的本心。袁昶说吴昌硕写诗多学庄子，好用寓言，其实他作画也是如此。他诗画中的嘉树佳卉，如松、竹、梅、兰、菊都是他心灵和身世的象征。

吴昌硕认为学书、画、印有成就，要从古金石中得艺术助力，更要从传统文化、前贤经典中得到精神力量，滋养自己的心灵，抵御人生里遭遇的岁寒、风波，如战乱、世变，并成就经历岁寒、风波都不变的岁寒心、本心。这也就是他从传统经典《易经》《道德经》《离骚》中悟得的“终无咎”“其安易持”“善抱者不脱”“顺风波以从流”。“岁寒心”出自《论语》“岁寒，然后知松柏之后凋也”，张九龄就曾借写经历冬天仍郁郁葱葱的江南丹橘实写自己本心的“岂伊地气暖，自有岁寒心”（《感遇》十二首其七）。

吴昌硕四艺奇绝，但仍以画艺最著名，他的花卉画深入人心。如何理解他画中的草木心，以他的另一绝艺诗文包括题画诗、画题跋等解读他的画是较贴切的切入角度。北宋苏轼曾题跋王维的《书摩诘〈蓝田烟雨图〉》，有诗中有画、画中有诗说。吴昌硕的诗文和画仍是最能真实反映他幽微心灵的可贵素材，由诗可知画意，更可知人心（草木心），还可相互证明。

中国古代诗人都喜欢写咏物诗词，尤其喜欢咏嘉卉香草的诗词，《诗经》《离骚》貌似写草木花卉，实则以比喻寄托手法书写现实、彰显内心，就像《离骚》中以草木零落比喻屈原怀才不遇。吴昌硕继承前贤花卉画的优秀传统，也学前贤咏花卉诗词的经典，诗画融合，深化了绘画的现实意义、审美意趣。如他的题兰画诗就说“中有离骚千古意，不须携去赛钱神”（《缶庐别存》），兰花寄托了屈原的香草美人情思，以美好的草木自比，希望有知音知己能懂得自己，知晓自己非只想着卖画换钱的俗人。诗彰显了他深沉厚重的家国情怀，以及如兰在幽谷无人知晓的怀才不遇。他的另几首题兰画诗，如“叶萧萧，歌楚骚。鼓素琴，霜月高”“叶凄凄，风雨急。女萝寒，山鬼泣”（《缶庐别存》），模仿怀才不遇的中唐诗人李贺，曲折深刻地表达了对现实境遇的不满。

吴昌硕晚年许多诗画都写兰花、梅花等有岁寒草木心意蕴的傲霜嘉卉，也多借用《诗经》、《楚辞》、唐诗的诗意意象寄寓厚重现实感慨和幽微诗意情怀。他有一首在上海写的题花卉画诗说：“东涂西抹鬓成丝，深夜挑灯读《楚辞》。风叶雨花随意写，申江潮满月明时。”（《缶庐别存》）以花卉画、爱国诗篇《楚辞》

等意象寄托现实人生情怀。他晚年的诗，就像他的知心词友况周颐《沁园春·题〈缶庐别存〉》词说的，是“诗人之诗，其心则《骚》，而笔近韩[①]，似老树着花，桠杈媚妩”。即他的诗意核心是《离骚》里的岁寒草木、经霜雪重新着花的老梅，这用来概括他的画也很恰当，词诗是其人格风貌的外化体现。

四艺中，吴昌硕也很看重诗歌，一生都希望能成为祖父、父亲与族中先贤一般的诗人，学诗不倦，晚年被主流文坛认定为诗人后更是欣喜不已。这自是和传统文化对诗的重视有关，评价是否属于士夫要看是否能诗，是否属于文人画家也看是否能诗。吴昌硕早年《赠内》诗就借“夫婿是诗人”说自己是诗人，晚年的《琴僧云闲遗照》诗有“老我不死无一能，赋诗或可天籁乘”（《缶庐集》卷三），说自己只有诗歌也许可以和琴僧的美妙琴声唱和，可见其自信。

吴昌硕的诗得到清末诗坛的高度认可，沈曾植不但指出“翁既多技能，摹印书画皆为世贵尚，独喜于诗”，更极精辟地评价“翁颇自喜于诗，惟余以为翁书画奇气发于诗。篆刻朴古自金文，其结构之华离杳渺，抑未尝无资于诗者也”（《缶庐集》序）。沈先指出诗艺在吴昌硕四绝艺中的统帅、枢纽地位，说吴的书画印里的奇气都源自诗意。“奇气”指艺术家的书画功夫在书画之外，就像陆游《示子遹》诗说写诗是“工夫在诗外”。还说吴昌硕书画印的结构也得益于诗意情怀。沈曾植的眼光可谓深刻幽微，深得缶翁之心。

“结构”指书画印艺术的整体搭配、排列。吴昌硕书法、篆刻的结构都曾得到他人的高度评价。他的花卉画结构也很见巧思，有参差的布局、悠远的意境。画中物象疏密、虚实相间，有时还作长款诗歌题跋，通幅直下，有时是一题、再题、三题，填塞空白，密处愈密，使得通幅气韵奇崛又不失灵动，再加上钤印画龙点睛，无不相为呼应，配合得宜，呈现“华离杳渺”诗意。

清末徐世昌（1855—1939）论当时诗歌的《晚晴簃诗汇》也以为吴诗风质直，与他的大写意花卉往往放笔为直干、寄寓抑塞磊落之气的画风一致。

吴昌硕晚年的画的确笔墨得力于金石书法，结构的虚实相生得力于篆印布局，意象、意境得力于诗意情怀，这都是相辅相成、相得益彰的。

---

① 指韩愈。

到了当代，书、画、印仍同属艺术，同源关系仍常被关注，诗却被分离于狭义艺术之外，于是对吴昌硕四艺的分析就难免变得不全面，至少是不均衡了。要全面中肯地评价吴昌硕，还是要像沈曾植等前贤一样将他放在传统文人行列中，诗歌在其四艺中的地位不可忽视。

吴昌硕的诗并非书画的点缀，而是精妙所在，晚年更是多精品。继前文提到的诗集《缶庐诗》(附《缶庐别存》)后，他又在1921年录1893年到1921年所作诗，按时间排列，筛选编成《缶庐集》四卷。扉页是郑孝胥与朱祖谋所题署“缶庐集”，还有王一亭所作“缶翁”小像一帧，除了继续收入施旭臣、谭献1889年序，还有郑孝胥1915年序、沈曾植序、孙德谦1919年序、刘承干1920年序。

经吴昌硕本人精选进入《缶庐诗》《缶庐集》的诗作已有500多首。一说吴昌硕人生最后6年的诗作有2000多首，手稿现存浙江省博物馆。据安吉李光一所著《吴昌硕题画诗笺评》，其中题画诗有800多首，可见吴的“诗中有画，画中有诗”。得时代之助，能留下2000多首诗在书画史上的文人书画家是少见的，如果算上吴昌硕流散于民间的数目可观的私人藏品上的未录诗，即使将他和同时代诗人而不是与其他书画家比较，其诗的数量也不算少。当然其中免不了有一些大同小异的篇章诗句，但那些人们比较熟悉、被屡屡引用的吴昌硕诗的确远非吴诗全貌。

吴昌硕的诗不仅数量可观，艺术水准也可与他的书、画、印三艺一比。常与他酬唱的施旭臣、谭献、沈曾植、郑孝胥、沈石友等著名诗人都对他有很高、也很中肯的评价，并从各个角度道出其诗的特色、价值。

施旭臣在《缶庐诗》序中说吴诗是郁勃不平之气都发之于诗，还指出吴诗是苦涩奇崛、不合世俗之好的，只是自道性情而已。这说法得到很多人包括吴昌硕本人的认可，他也说自己的诗是自道性情。谭献序也说吴诗是寄其萧寥之心、浩荡之兴而已，还说他幽语而思则隽，险致而声则清，如古琴瑟不谐“里耳”，即他的诗清幽奇险像古琴瑟之声，不入俚俗之人的耳朵。“里耳”典出《庄子·天地》。

吴昌硕的诗除了那些抒发关于书画印独到见解的篇章，也多记录时世变迁、人生感慨。早年的凄苦经历，反而造就了他的济世大志和坚忍性情。时变、战乱造就的生不逢时感，治学求艺路上的艰辛带来的怀才不遇感，科举、宦游、戍边多次失意造就的落拓不得志和愤世嫉俗、隐逸情怀，更使他胸中充满苦闷、彷徨和郁勃不平之气。吴昌硕将之宣泄、寄托于诗中，形成清空旷逸又奇崛傲兀的艺术风格，中唐诗人的诗风与他相似。

吴昌硕青年时向施旭臣等人学诗，曾学盛唐诗人王维，多写清幽山水，多用五律。壮年时向杨岘、施补华、凌霞等人学诗，濡染汉魏六朝诗风，多写长篇古诗，又学中唐杜甫、韩愈、李贺、孟郊、贾岛，五言古诗则学陶渊明，诗风渐近朴茂、奇古。以他的身世而论，确与贵族文人王维较远而更近中下层平民文人孟郊、贾岛，他后来的诗风大致就在六朝和中晚唐之间。如他写现实的《饥看天图・自题》《题酸寒尉像》《苦寒吟》《题〈流民图〉》等诗都有孟郊诗风。而写山水隐逸的，如《雪景山水》七绝“古寺荒凉暗佛灯，雪消石径冻成冰。寒林笠影霜天月，独有朝山行脚僧”（《缶庐别存》）则近贾岛。吴昌硕逝世前几天曾与弟子王个簃谈诗，就谈到王维、孟郊。他写于生命最后一年的《自题八十四岁小像》诗云“诗所托尚，长江、东野。五言七言，不风不雅”（《缶庐集》卷五），说自己的诗在中晚唐苦吟诗人“郊寒岛瘦”之间。“不风不雅”是自谦不如诗歌经典《诗经》。

吴昌硕还特别善写七言古诗长篇，融合中唐杜甫、韩愈、李贺和宋代苏轼、黄庭坚诸家风格，也融通金石的瘦硬古拙与《离骚》咏物的深挚奇丽，学李贺、韩愈、孟郊的“笔补造化天无功”，如题画诗《为香禅画梅》《荷花寄井南》等等。他著名的长古《刻印》诗，学韩愈写石鼓文的《石鼓歌》，其中如有金石铿锵之声。

吴昌硕晚年受时代风气影响，又与陈三立等同光体大家交往，诗也有了些宋诗味，如多写七律，喜用僻典。他晚年诗歌显示两种倾向，或白描，质朴平实，诙谐生动；或古雅，用典尤娴熟、贴切。时人评吴昌硕诗是坡公妙境、杜老神色，即有杜甫的诗意、苏轼的境界，唐风宋调、沉郁豪放兼而有之。

吴昌硕晚年经半世蹉跎，深知时与己违，终于选择隐逸艺林，将郁勃之气全都倾注在诗画之艺中。此时他的诗中除了东晋隐士陶渊明的影子，还多出现春秋成连（伯牙老师）、东汉严子陵、三国管宁、西晋张翰、北宋林逋、南宋郑所南等隐士遗民的典故及山林野水痕迹，并常借达观的佛道之说。这使他晚年的诗境更高远旷逸，一如他此时书、画、篆刻面貌，臻于如鱼脱筌、如风弄箫、天籁自鸣的胜境。就像郑孝胥说的："缶庐先生诗格秀劲，比更世乱，节操凛然。近年所作，旷逸纵横有加于昔……至其诗之老而益进，譬如则菊之凌秋而黄，枫之经霜而丹也。此岂与寻章摘句、嘲弄风月者同日语哉？"其评价吴诗如傲霜凌寒的黄菊、丹枫，节操凛冽。而另一个为《缶庐集》作序的苏州学者孙德谦也称誉他是"诗人隐逸之宗"。

在吴昌硕的诗画尤其是晚年的花卉画和题画诗中，可频频见到两个他笔下的典型物象——梅花和石头。

谭献题吴昌硕诗集时有"老梅一花香一春，怪松化石何轮囷"（《缶庐诗》序）之句，就选了这两个意象来比拟其人其诗，这出于诗人和知音的敏感。"梅"是老梅，"石"是如松树化身的奇石。"轮囷"有多个意思，一指盘曲貌；另一意是硕大貌，形容气魄雄大。谭献说松树枝干蟠结，又能化为巨石，仿佛肝胆刚烈的壮士。所以梅、石都是人（吴昌硕）的化身。

梅花、石头在中国古典文化、诗词系统里有深刻丰富的情韵意义。梅花是高洁、孤傲、古雅的士夫形象和情愫象征，石头则象征朴实、粗犷、古拙。两者的共同点是高古野逸，恰可代表吴昌硕四艺的特质。吴昌硕更将梅和石艺术化、人格化，以梅和石寓志喻身，寄托抒发不谐世俗之情。他正是个高古野逸者，谭也说他是"嵚崎历落人"，即卓异磊落之人。

吴昌硕笔下的梅花是"常含北极冰霜气，不受东皇雨露恩。世上已无干净土，更从何处托孤根""冰心铁骨绝世姿，世间桃李安得知"（《缶庐别存》），多寄寓情怀、多寄托逸事。

沈石友来信求梅画，吴就以篆、隶写梅，隶书写枝干，篆书圈花苞，还写了《沈公周书来索画梅》诗，说作梅花如瘦蛟冻虬，蜿蜒纸上。还称沈如果见到此景必定大笑，说如果不是狂奴（狂生）怎么会有此手段。

吴昌硕还曾为潘钟瑞画梅。潘性好梅花，丧偶不娶，大有梅妻鹤子的林逋之风。两人乘舟载酒，到邓尉山中观梅。归来潘向吴索画，吴正醺然有醉意，挥笔墨应之，画了拳曲臃肿、丑状可笑的梅花一枝，还笑说这就是你的梅妻，两人大笑。吴又在画上题《为香禅画梅》诗。

一次，一位朋友告诉吴昌硕广东大庾岭梅花的故事，说庾岭古梅是南朝齐梁时所种，碧藓满身，如蛟龙卧于崖间，花开时香飘数里，可惜一夜间被雷电击死。朋友走后，吴昌硕悠然神往，发兴画了大幅梅花，扫虬枝，倚怪石，自觉传神，得意之下在上面题了长歌，以为是自己与梅花、造化心意相通之故。还说老缶我画梅十年，从无此得意之笔，希望能与素心人，也就是心地纯洁、世情淡泊的人共赏之。吴昌硕还有画跋用罗浮山人在大庾岭梦见梅花仙子典故，说春夜梅花下看月。

再如为杭州栖霞岭头陀所画梅花。吴昌硕早春游西湖，曾下榻栖霞岭，见寺僧朴野，感风光如画、旧事如梦，为寺僧扫（画）梅花老干，结一重翰墨因缘。

还有一次，一位友人带给吴昌硕数幅日本苔纸，光厚如茧。吴昌硕醉后以酒和墨，为梅花写照，画得不同情态梅花，有秀丽如美人，孤冷如老臣，倔强如诤臣，离奇如侠，清逸如仙，寒瘦枯寂、坚贞古傲如不求闻达之匹士（地位低微的士人）。他还说笔端要具备此等众相是大难事。

由此看，吴昌硕笔下梅花，多用篆、隶之笔写之，非世间实有的虚有之梅，多诗意寄托。他为沈石友所作是篆籀之梅，为潘钟瑞所作是梅妻鹤子之梅，写得大庾岭梅花、罗浮山人梦见梅仙是千年古梅幻影，为栖霞岭寺僧写的是现实中未开的想象之梅，写在苔纸上的是梅花普泛众像。上文所述芜园古梅为邻翁所折故事更是一个现实悲剧。吴昌硕诗画里的梅花，或是画中物，是艺术之花；或是心中物，是心象之花。这些梅花，寄寓着他的个性，代表着他对艺术世界和心灵世界中美好境界的向往。因此，他有“苦铁道人梅知己，对花写照是长技”（《缶庐别存》）之说。

吴昌硕笔下的写意诗意梅花，还与金石古物很相宜，因其高古野逸气质可与金石配合。吴昌硕晚年好作博古图式《岁朝清供图》，很能体现他雅俗并存的审美。金石爱好兴起后，画家多以花卉瓜果点缀于青铜、玉石、陶瓷等古金石器物拓本，兼备秾艳与古雅。吴昌硕几乎每年都画《岁朝清供图》且多有变化，但他较少取材前人写岁朝图喜用的牡丹等富贵花卉，而多以梅花、水仙、菊花等岁寒清雅嘉卉入画，配搭金石古物或金石拓。自称好古癖深，也不自觉酸寒，古器有时也是他喜爱的朴素古缶，如他的《古瓶花卉图》诗就说自己“花草乱插陈古瓷”。他还有《陶陵鼎补梅》一幅，是在有篆书文字的西汉陶陵鼎拓片上补梅花，古雅古器与以篆籀所写梅花的高古之气相映成趣，并在画上题诗“斑斓古玉生玫瑰”（《缶庐别存》）。他偶尔也从众作牡丹，如作于1902年的《鼎盛图轴》。也许是青铜器全角拓比较富贵的缘故，他将牡丹、梅花一同入画，古青铜器物拓片斑驳醇厚的墨色与梅花和牡丹古拙艳丽的花枝互相辉照，有了更多古艳、雅俗融合的意味。

1889年除夕，吴昌硕在上海闭门守岁，照例作《岁朝图》自娱。他只画了红梅、白菊、篝灯三物，显得意境清寒冷寂、古意盎然，尤其是篝灯，呈现了书斋本色。吴昌硕在题跋上解释说，岁朝图多画牡丹，为的是富贵口彩，但自己穷居海上，微官在身，一官如虱，富贵花牡丹与自己不相称，故画梅花取其有脱俗出世姿，画菊取其有傲霜骨。至于篝灯呵冻，和梅花、菊花一样，正适合缶庐的冷落书斋生涯。

1915年，吴昌硕又作一幅《岁朝清供图》，画中仍不见牡丹，画了梅花、水仙、蒲草、石头等书斋案头常见的清供之物置于瓶、盆等器物中，显示清逸书卷之气。他还画有一幅梅花、菊花与书斋短油灯（富贵之家用高脚油灯）的画，题跋中说早开的梅花、迟迟不凋零的菊花“臭味相投”，是我的岁寒交。短油灯是夜深常对之苦吟的好伙伴，一并写入画面。最后他还说那些华灯照珠翠、艳歌绕梁、宵饮达旦的食肉者应该从未梦见这样的清寒境界吧，如果给他们看，他们一定会恼怒的。他在《岁朝清供图》中以岁寒、梅、菊和矮脚油灯代替牡丹和高脚油灯，自有讽世深意。

由于卖画需要适应民众趣味，吴昌硕的花卉作品也多取材于传统吉祥寓意，如富贵神仙（牡丹、水仙）、福禄寿禧等。但在可以更自由抒写个人情怀、寄托情志的题画诗、题跋中，他还是常悄悄带入自己的趣味，如对寓意富贵的牡丹多加揶揄，他题牡丹画的诗里常说牡丹盛极一时却未必见结果，或者有嘉名而难副其实，暗含牡丹不如菊花、梅花之意。再如“灯火照见黄花姿，闭户吟出酸寒诗。贵人读画怒曰嘻，似此穷相真难医。胡不拉杂摧烧之，牡丹遍染红胭脂”与“酸寒一尉出无车，身闲乃画富贵花。燕支[①]用尽少钱买，呼婢乞向邻家娃”（《缶庐别存》），更是借南宋大画家李唐以胭脂画娇艳富贵花牡丹并卖画为生的典故，写画家因境遇酸寒而无奈从俗的辛酸激愤，可以看到他在海上卖画的心态转变。

吴昌硕笔下常搭配梅花的，除了古金石还有未雕琢的天然奇（怪）石。他画梅花常以石为背景，如“石壁矗天回千尺，梅花一枝和雪白”“濡毫作石石点首，倚石写花花翻空”（《缶庐别存》）。他更常将梅、石人格化，比作知交，隐喻自己和友人的石交之谊。如《老梅怪石图》的题跋中说梅花种在奇石旁，梅根深植，几乎入石头，两者相依相倚，休戚相关。梅花枝干坚挺瘦劲，石头得梅花清韵更奇崛，梅花得奇石扶持更清寒。梅、石相依存关系就像君子得到益友，相互扶持，不孤单。吴昌硕一路行来，的确得到许多益友扶持。

吴昌硕作花卉，喜欢以怪石、顽石作衬托。如《天竹仙芝图》的题诗就说天竹象征长寿，灵芝象征永不凋零，旁有一卷老石，就像唐代传奇《昆仑奴》中的奇侠昆仑奴侍立在如侠义美人红绡的花卉旁。《三友图》题跋说红梅、水仙、石头是风尘世界中的三友，能淡然相处，无势利心、功利（机械）心，三者相对时不拘形迹，隐然有超然尘世之外的清雅高古之韵。他说如果世上有这样的嘉宾，怎么能不揖请他们上坐，以写其形貌、歌咏其性情。即使作藤本繁枝，他也以大石块面与之相间。绘石头几乎成为他作画的必备。

吴昌硕为何酷爱画石头？也许是为了让画面结构布局更错落、有诗意，也许为了增加画的高古意和野逸气。他画富贵牡丹、神仙水仙以为清供，就常伴以顽石，说画牡丹易流于俗气，画水仙易流于琐碎，加石头可避免不足，正如他诗中说的“富贵神仙浑不羡，自高唯有石先生”（《缶庐别存》）。不羡慕牡丹的富贵秾艳、水仙的脱俗仙气，可见这块自矜的石头（“石先生”）就是自号苍石的吴昌硕的化身。他曾说自己画石的长处不在画得玲珑可喜，而在画出奇崛古朴。了解他的人都笑着说，这石头就是吴昌硕的自我写照。

---

① 指胭脂。

吴昌硕虽然爱梅，但从画意和诗歌题跋看，他和画中梅花多是知己关系，石头才是他自己，石头与他更契合、更有心灵感应。他常写“顽石点头”，典出晋代佛学经典《莲社高贤传》，说佛理能让无知觉的石头都点头认可。石头外表朴实无华、内在坚定灵动，与他确实很像。早年海上画派前辈胡公寿一见他，就觉得这个号为苍石的青年人名如其人，为他作《苍石图》并题“瞻彼苍石，风骨嵚崎……颓然其形，介然其骨”赠他。苏州人、近代国学家金松岑（1874—1947）也称吴昌硕是璞玉浑金，和魏晋名士山涛一样像未曾雕琢的玉石金子。

吴昌硕的诗、画写到石头，多是自我情绪的流露。他常慨叹石头能作中流砥柱，或被女娲用来补天，暗喻自己仕途无成的身世。如《石头》诗说：“西风万里逼人寒，奇石苍茫自写看。莫笑胸中无块垒，难为砥柱挽狂澜。”题《松石图》诗说：“点头顽石高如此，为问娲炉入未曾？”（《缶庐别存》）奇石苍茫、顽石坚硬，以及胡公寿说的颓然其形、介然其骨，都说明吴昌硕笔下的顽石及与石相伴的野梅，不只是园林书斋中的梅、石，还是经历艰难时世、残酷世间磨砺的顽强生命力的象征，体现了野逸之美，非常符合吴昌硕经历劫火、湖海的身世。

野逸是北宋画论家郭若虚提出的，指放逸恣肆的艺术风格，是艺术家任情疏野人格的体现，是道家翔乎若鲲鹏展翅、泛乎若不系之舟境界的彰显。吴昌硕从青年时的芜园岁月开始，就追求芜其不芜的野逸美。中年后漂泊湖海，更在他胸中增添了一份江湖逸气，使他倾心于青藤、石涛、八大山人、扬州八怪等人野逸放达的艺术风格。

野逸体现在吴昌硕艺术中并非一味追求狂野放纵，而是道家的“道在瓦甓”，是看似朴拙草草有缺陷，实则有浑然真纯的内涵。就像他在《偶画石榴桐子瓷盆图》上题诗说的：“古法固有在，阙守而抱残。且凭篆籀笔，落墨颇草草。人讥品不能，我喜拙无巧。”（《缶庐别存》）“抱残守缺（阙）”典出《汉书》，意为固守古学古道，也被吴昌硕引来比喻逸笔草草（元四家倪瓒《答张藻仲书》提出绘画是逸笔草草，不求形似，聊以自娱）、只凭篆籀笔法的绘画古道，虽然世人不懂且讽刺此道，自己却对这种朴拙不巧的古意自顾而喜。

野逸在吴昌硕笔下还表现为绘画面貌的朴野荒芜，这也来自道家思想。施旭臣曾在《寄怀苍石》诗里说吴的诗文画多作“枯槁”之意，世间众人多以为其“大丑”。“枯槁”之意甚深，典出《老子》《庄子》，其实就是吴昌硕多次提及的“芜而不芜”。元人刘埙说魏晋陶渊明、中唐韦应物之诗风格寂寞枯槁，就像丛兰幽桂，适宜生长于山林而不适宜在朝廷中。吴昌硕的诗就多学陶渊明、韦应物，野逸与芜而不芜、枯槁相通，表现出的风格有人认可，也有人不喜欢。

知音谭献也说吴昌硕的艺术是“横笛一声，响彻云表，老树丑枝，着花水际，其韵其色，皆超尘埃之外”（《缶庐集》序）。“老树丑枝，着花水际”借用北宋寒士诗人梅尧臣《东溪》诗的“老树着花无丑枝”，即韩愈提倡的大丑即大美之意。另一位至交诗友沈石友也在写给吴昌硕的《木瘿歌》诗中，有感木瘿的丑而可经雕刻化为艺术美，说吴的艺术风格是大美出于至丑。木瘿和葫芦等都可雕刻为用具、工艺品。木瘿是树木遭受创伤后所生的瘤状物，就像受过战争等摧残而耳聋跛足的吴昌硕。“大美”典出《庄子·知北游》，苦难也有助于艺境出世间至美。

吴昌硕也在题《葡萄图》诗中自嘲自己的画怪（不合时宜）且丑（不合世人审美）：“余本不善画，学画思换酒。学之四十年，愈学愈怪丑。”（《缶庐别存》）他爱写的葫芦，往往是庄子笔下大而无用、瓠落无所容的五石巨瓠。“瓠落”出自《庄子·逍遥游》，意为宽大空廓。他作葡萄学的是徐渭，并突出徐渭《题〈墨葡萄画图〉》诗的“笔底明珠无处卖，闲抛闲掷野藤中”之“野藤”意象意趣，“明珠投暗”也指有才不用。顽强蔓延的藤本植物本已有野趣，吴昌硕的葡萄更如狂草疾书，龙蛇竞走，横生意趣，充溢愤世嫉俗情绪，更添野逸意气。他学八大山人之荷花，多取清寒隐逸诗趣，醉墨写荷叶团团，不着一花，不取夏日荷花正盛时景色，而取自己漂泊湖海时于残秋之际泊舟篷窗听雨所见的破荷。八大山人画境清冷，吴昌硕的荷叶则更多张志和《渔歌子》浮家泛宅的野趣。吴昌硕不但作画求“拙无巧”，书法也如此，早年他学钟繇就爱其拙趣。他的篆印也求残缺美。诗也学韩愈诗追求的“以丑为美”（清末学者刘熙载在《艺概》中说“昌黎诗往往以丑为美”）和陶渊明、孟郊的枯槁，就是同光体浙派在学盛唐之音外，开辟的学魏晋和中晚唐诗风尚。

野逸固然可辟不同凡俗画境，但过犹不及，野气太甚也会显得粗野鄙陋。后与吴昌硕并列20世纪传统中国画四大家的黄宾虹曾指出，清末文人画的主要流弊是市井与江湖，学扬州八怪的下者会流为“市井”太过俗气，学石涛的下者会流于“江湖”太过放纵。吴昌硕的尚野逸能不流于江湖，是因为他有金石的高古（可以中和野逸），有深厚传统积淀、才力雄健、诗情丰沛为基础，他才能抱残守缺却不顽固，化古为新而不过于放纵。

吴昌硕倾慕青藤、白阳、八大山人、石涛的逸笔草草、逸气横生，也继承了这些明清画家的创新之处。他48岁时的题《古瓶花卉图》诗也说“凡稿拨去天为师”（《缶庐别存》），道出了在艺术上以造化为师的创新雄心。但他的笔下仍是谨严，笔笔都是金石，正如他在1912年为美国波士顿博物馆题的匾“与古为徒”。西泠印社也有“以文会友；与古为徒”联，是丁仁兄长丁上左所作，吴昌硕弟子王个簃书写。“与古为徒”出自《庄子》，意为与古人为师友，也有古为今用之意。吴昌硕主张“与古为徒”，也主张“与古为新”，希望借上古艺术精神、金石笔墨传统开一艺术新境。他的石鼓文和以石鼓笔法作的画都是“与古为徒”“与古为新”艺术精神的外化。

除了岁寒草木，如古梅、野梅等意象，吴昌硕笔下的石、松和古缶、古砖砚等意象亦能体现他高古野逸兼备的艺术精神。吴昌硕半生在民间，虽然也在湖州、苏州见过一些珍贵的庙堂青铜器，但时常见的、摩挲的还是以素朴古拙的古陶、古瓦、民间石刻碑碣为多。他也学多有残缺的古石鼓文，耳濡目染，自然偏爱这种较朴素、古拙的风格，正如他在《青牙璋歌》中说的“周人尚文贵藻饰，此独尚质如殷商”（《缶庐诗集》卷二）。“牙璋”是玉制礼器，吴昌硕说这器物不像周代的古雅高华，比较像殷商时的质朴。可见，上古金石中，他更倾心朴茂野逸的金石。

吴昌硕努力发掘主要绘画题材梅花、藤本植物、石头、蔬果等物象中的朴野气息，主要的创作手法则取自民间的古代质朴金石，如石鼓文笔意、古缶审美之趣。两者本有相通处，经由他的人生阅历而契合无间，以金石古雅中和岁寒草木的野逸奇崛。吴昌硕继承道光、咸丰年间（1821—1861）兴起的金石学术，与古为徒，从上古金石古籍中复兴雄浑强健、朴实厚重的民族精神，还将金石化入绘画。金石、古石的高古，草木、梅花的野逸，是吴昌硕的个人精神内涵、艺术风格，也是20世纪初中华民族特别需要的雅正传统精神、浩然之气。这就是他的艺术在当时及后来长盛不衰、为人激赏推崇的重要原因，也解释了为何他以高古朴雅为主要特色的书画印诗等艺术会给人并不保守枯燥甚至不失生机之感。

回到沈曾植《缶庐集》序里说的“（翁）书画奇气发于诗”，吴昌硕四艺合一的总枢是诗歌，是发胸中奇逸之气的诗意。他在诗歌、题跋等处屡屡说自己是画气不画形，往往以气魄见长，以诗养浩气。中国文化体系中，“气”有着丰富的意旨，指为人气节，也指道家得天地之气、儒家养浩然之气。在吴昌硕笔下，他的“气”是胸中济世浩然之气、隐居艺林逸气的融合，从传统得到书卷、金石之气，从乡野、江湖、宦途、人世间获得湖海气概。他是个晚熟的画家，养气是他晚年四艺合一的重要手段，故他在《勖仲熊》诗中强调读书养气（即学传统、学古人）的重要性：“读书最上乘，养气亦有以。气充可意造，学力久相倚。荆关董巨流，其气乃不死。”（《缶庐集》卷四）他的绘画等四艺来自中华典籍、出土文物内含的学力，还源自五代荆浩、关仝、董源、巨然等前贤绘画里的不灭精神。当然，“气”还来自现实人生的磨炼砥砺。“气”充溢才可“意造”[①]。他化石鼓文为率性笔墨，化古人诗篇为自我抒发都是如此，绘画也是。吴昌硕在《得苔纸醉后画梅》诗中说自己吐气向苔纸，成就笔下的梅花，这梅花也许是鄣吴、芜园的故梅，也许是湖海、江湖惊鸿一瞥的路边野梅。笔法融通篆书和草书的传统，画“气”、诗意则来自天池（徐渭）等前辈画者。下笔时融为一体。的确，吴昌硕发于诗画的胸中之气，是清末沉滞的社会氛围带来的块垒内郁、不得不吐，是学习传统、摩挲金石带来的高古之气，是向往自由和自然的野逸情怀，是荆关董巨的山水云气，是徐渭的抛洒野外的“明珠”。在当年，这都是吴昌硕的呕心沥血；在今天，这都是历史和传统的片羽吉光。

① 出自苏轼《石苍舒醉墨堂》诗的“我书意造本无法”，指运用艺术灵思进行创造。

尾　声　安得梅边结茅屋：岁寒草木心

1922年，79岁的吴昌硕已登上海上艺坛之巅。此年，他治“老夫无味已多时”闲章，典出南宋词人姜夔的《浣溪沙》。此时，他的很多老友已退出历史舞台。此年诗友沈曾植逝世了，他以诗哭之。5年前，相濡以沫的妻子和知交沈石友去世，他在《沈石友遗像》诗里感叹“吾道日孤行”（《缶庐集》卷一）。

年近八旬的老翁，流露暮年感伤孤寂也难免。1922年人日（农历正月初七），吴昌硕为挚友、虔诚佛教徒王一亭书写了王集佛经之意而成的警句：“风波即大道，尘土有至情。”在署款处，他说王崇仰佛教禅宗，潜心研究佛学的精微奥秘，得悟佛经至理妙理，并集劝勉警语为座右铭。吴昌硕很认可友人这一劝导勉励的人生至理，他自己也有相似的人生领悟。

吴昌硕早年因为战争带来的心灵创伤，多来往寺院礼佛、与僧人论禅以疗愈内心。晚年又与精通释典的沈曾植、笃信佛教的王一亭和周庆云等来往，他对佛经佛教也不陌生。中国文化中儒、道、释三家本是相通相融的，所以他深深认同王一亭这联警语。“风波”一联的意思是历尽人生坎坷波折后，回首当年，发现挫折磨难其实都是生命正道、自然法则，而经历的琐碎尘世俗事也都有至诚真实、弥足珍贵的真情。

吴昌硕晚年常想起早年逝世于战火的亲人和壮年猝逝的父亲，也思念去世的妻子、早夭的长子，尤其当1921年次女也去世时，常感迷茫惘然，故常去寺院为亲人祈福，也听王一亭谈禅，以慰藉心灵。他有《听一亭谈禅》诗二首，其一说：“覆巢骨肉飘零叹，沸鼎乾坤痛哭过。如是我闻凭佛说，讵真来路有风波？”（《缶庐集》卷四）这表达了他对人生遭遇“风波”的不能释怀。他说我在战火中失去了几乎所有亲人，在朝不保夕的乱世中曾无助痛哭，这样的创伤永不能忘。

所以当王一亭撰成这联警语，吴昌硕有感于悲天悯人情怀、豁达宽广境界，欣然为王书写。吴昌硕曾自比一块落在凡间的补天石头，他晚年成为一块大隐于沪滨的安闲自在苍石，回首一生，未淡忘人生中那些至情至性、铭心刻骨的生命体验。当尘世尘事大都归于尘土、尘埃落定之际，吴昌硕为老友书写这副对联，心中有的不只是感伤惘然，也不只是悲苦，更有欢喜的回忆。“风波”一联勾起的是他回眸近80年人生时心头一瞬间流转过的悲欣交集。

次年农历八月初一，是吴昌硕的八十寿辰。海上尚存的宿老康有为和金松岑、潘飞声、周庆云等人都有诗文祝寿。10月7日，上海《时报》有题为“寿人寿世之吴昌硕”的报道，说他将举办生日会，盛赞他的艺术才华和成就。报道称他是海上书画大家吴昌硕封翁（因为他儿子已出仕），说他是浙东（泛指浙江）耆宿和吴下逸民，八十岁了仍精神矍铄，所作诗书画也神采奕奕。中国、日本人士得到他的画视为至宝。这评价很高。上海士人以友人况周颐为首，于10月10日在上海茧业公所为吴寿辰称觞（举杯祝酒）。吴昌硕倡议破除俗例，以文字为寿，所以友人、弟子都以诗文、书画祝寿。诗友诸宗元从杭州赶来，撰文以寿。袁克文以昆曲、京戏表演《小宴》，荀慧生演《麻姑献寿》。吴昌硕老怀弥慰，也赋长诗自寿，又作五言自寿诗三篇（《自寿诗既成复赋五言三首》），还撰寿联“寿届杖朝，铭并周书期不朽；歌惭奉爵，骚闻屈子独能醒”（《缶庐集》卷五）。“杖朝”代指八十岁，古代八十岁老人可拄杖出入朝廷。“屈子独醒”用《楚辞・渔父》众人皆醉我独醒典故。他还作篆书巨幅“寿”字80幅分赠亲友以作纪念。其中一幅写得神酣气畅，笔致尤佳，就自己留下，并请王一亭补鹤于其下。可惜这一年他的弟子陈衡恪去世了。

吴昌硕晚年，每年农历元旦（岁朝，即春节）都会作画并赋诗，抒发辞旧迎新感慨，也作人生记录。1921年农历元旦，吴昌硕赋《辛酉元日诗》，末两句说“情魔暂断谈何易，我欲磨刀试踏天”（《缶庐集》卷四），感叹人已老而心仍多情，对世事难以忘怀，只有寄寓艺事才能排遣人生愁闷。1924年农历元旦，他又赋诗感慨生命流逝。也许是老了，身体渐弱，吴昌硕常想起家乡，想起以前的朋友。他曾读沈石友的遗稿。又因此年正值军阀混战，他挂念故乡芜园的安危，曾赋长古《忆芜园》以寄情怀。

晚年的每年生日，吴昌硕也往往作诗画以为纪念。1925年生日，他画墨梅一幅，在画上题七绝二首，有“蝶谁梦续疏还补，琴不弦张抚自伤”（《缶庐集》卷五）之句，抒发悼亡、感叹流年急逝等意。

人生急逝无奈，只有诗画之艺可永恒。吴昌硕于艺事可谓一生勤苦。70年前在鄣吴村义塾溪南静室和邻村乡塾里篆印不倦的小小身影，就是他一辈子于艺事殚精竭虑的缩影。他曾说一个人欲自立成家至少得辛苦半世。他晚年虽因病臂影响刻印作画，仍写书画、作诗十分勤奋。据说他晚年除了因卧病不得已偶尔搁笔外，每天仍写字作画不间断。他常隔夜磨一斛墨，清晨起床马上挥毫，就是他在诗里说的“颇具吃墨量”。“吃墨”是比喻，指作画，但他还真的吃过墨。他作画时常凝神聚气、物我两忘，有时会习惯性地将笔头放入嘴中一抿，使得唇上都是墨汁。他却并不在意，像藤黄等有微毒的颜料也不顾忌，还说这样能启发不受时空限制、变化莫测的艺术想象，还开玩笑说即使藤黄有毒，花青也可以解毒。

吴昌硕真的符合杜甫说的“丹青不知老将至”（《丹青引赠曹将军霸》），虽然80岁后，由于病臂，加上精力衰退等，也常感慨作书绘画都不及过去了。也许他此时的笔力的确不如60岁左右时饱满有力，构图也不免粗疏，但气韵的老辣圆熟却更胜往昔。

他此时对诗歌更是勤奋，苦吟数十年未尝间断。这时虽已高龄，仍虚心学诗。吴昌硕日常诗友酬唱时虽很敏捷，有“对客挥毫”（黄庭坚《病起荆江即事》十首之八赞美友人秦观诗才敏捷）的风采，但正式定稿时很慎重，常像中唐诗人李贺、孟郊、贾岛一样出门觅句，还在灯下再三推敲、反复修改，常因一字未当，苦吟通宵不眠。正如他在诗中说的：“乱书堆里费研（砚）磨，得句翻从枕上多。苦吟只恐身尽疲，一杯自酌漫蹉跎。”（《祭诗》，《缶庐集》卷三）“祭诗”指唐代诗人贾岛常于每年除夕，拿出自己当年写的诗，用酒脯祭祀自勉。“得句翻从枕上多”指他为了诗句在睡觉做梦时都不忘吟咏。

就在吴昌硕去世那年，他还有小诗《出无车》赠诗友冯君木，定稿为："出无车便浮海家，一系孤舟坐日斜。真读书人寒至此，定风波处赖非奢。骚移梦语商兰杜，狂碍吴天竟鼓笳。辟谷未能仙我辈，滹沱麦饭是胡麻。"（录自原稿，和《缶庐集》卷五的《赠冯君木》多有不同）这一首诗，现存多个版本，诗的语言典雅高古，读起来却流利圆转，可知他曾推敲许久。吟安字句，三易诗稿，可见他对诗翁身份的珍惜。"出无车"典出《战国策》中孟尝君门客冯谖感叹没有马车坐，指生存不易。吴昌硕诗中常写酸寒尉出无车，就是诗里写的"真读书人"很清寒。

1925年秋，吴昌硕肝病复发，病情严重，常常失眠。可惜再没有老友金彰为他诊治了（金早于1909年去世）。朱祖谋看他仍"枕上得句"，苦吟不已，很是担心，劝他不要太辛苦，以免对病情不利。吴昌硕年纪大了很固执，子孙的话不听，平时还听得进朱的话。但听到劝他不要作诗，却不以为然，仍我行我素。他病好了还有《病愈寄强村》诗。

正因为如此沉醉作诗，所以当他晚年时听说陈衍将他的诗收入诗人专集，不禁喜极道：我也是诗人了。这一声，道出多少甘苦。由于每日勤于作诗、写书画，到晚年，他竟真的把友人所赠虞山澄泥砚给磨穿了。古人有磨穿砚台之说，陆游《寒夜读书》诗"铁砚穿"意象就写五代人磨穿铁砚。虽然吴昌硕只是把砚台磨穿一小孔，澄泥砚质地也松软，但作为一个象征，也可见他秉承古人古风。

1925年五月，吴昌硕乘人力车出门，不料遭遇车祸。在南京路，人力车被电车撞翻，他猝然扑地，摔得满额鲜血。幸而只伤及皮肉，有惊无险。事后他作七绝三首自慰，题为"一跌"，颇风趣，也有寓意人生风波之意。此时他已82岁，这一跌的惊险虽不能和早年在战火中逃出生天的经历相比，但也促使他思考生死。此后不久，王一亭为他作画像，写得一大腹、头挽小髻的瘦削老翁，正是他晚年的样子。吴昌硕在像上题了一首四言诗，这是他自题画像的最后之作，内容是一生回顾和最终身份认定："是酸寒尉？是乡阿姐（原注：小名）……耳病已聋，词拙则哑。书画篆刻，在古人下。人或誉之，自信者寡。诗所托尚，长江东野。五言七言，不风不雅……芜园未归，无冬无夏。发短可

簪，骨瘦可把。生圹久成，身尚不舍。沧海横流，苟全若瓦。南山之寿，悠然见也。”（《缶庐集》卷五）

诗中写出暮年吴昌硕对自己一生身份的迷惘，自己到底是中年后的酸寒尉？还是少年时的乡阿姐？还有对成就的自傲和自谦，他说自己已聋，说话笨拙，于是不语。书画印技巧，不如古人。人人都赞誉自己，但自己的自信不多。自己的诗，大都学中唐孟郊、贾岛的“郊寒岛瘦”，写的五言七言诗上追诗歌经典《诗经》却不及。最后他道出对乱世里生命的忧思，归宿未定的微妙心理，种种复杂心境都在其中。他说自己还不能归去芜园，但自己已很苍老，白发搔更短，身体骨瘦如柴。在家乡的生圹很早就造成了，但仍有些不舍人间。虽然世间动荡不安，如海水四处奔流，自己的脆弱平凡如一片不珍贵、普通的瓦片，但如果韬光养晦，也许可以保全身心。陶渊明说“采菊东篱下，悠然见南山”，《诗经·小雅·天保》说“如南山之寿，不骞不崩”。吴昌硕说自己也期盼太平和长寿。“苟全若瓦”的瓦是瓦全之意，也暗指缶翁自己。

1927年夏，吴昌硕到西泠印社消夏避暑，夏秋间才返回上海。这期间，他的上海家中发生一件大事，他很倚重、很有艺术才华的次子吴涵英年早逝，不过52岁。这是他在长子早夭、次女去世后再次遭遇丧子之痛。大家都不敢将噩耗告诉他，怕已当衰年的他经不起这重大打击，于是约定瞒着他，骗他说儿子去日本了，生意忙，一时回不来。由于吴昌硕人缘好，亲人、友人联手，保密工作做得很细致，他去世前都没怀疑过。

此年的九月九日重阳佳节，吴昌硕仍遵传统士人习俗，与近百位沪上名流作登高之会。因上海没有高山，这一次也和去年一样去华安大厦8楼登高（今上海黄浦区南京西路104号的金门大酒店，现为9层）。吴昌硕两次登高都有诗和友人韵。这一次，他是和诸宗元、狄楚青、周庆云、姚虞琴、曾熙等友人一起登高的，众人或作长歌，或绘图记此盛事。吴昌硕即席赋诗，吟咏一首四言诗，对自己一生处世、为人、治艺进行回顾，语气似自嘲似自赞，是他晚年惯用口气。最后说希望可长寿，以助艺事。他的诗得到海上宿老们交口称誉。

整个登高活动中，吴昌硕都精神矍铄，毫无倦意。陈三立后来在吴的墓志铭中写到，酒席结束后，他告别吴昌硕，看见他：“对之竦然若古木，若瘦藤寒石，缥缈出宵光霞气中也。”[①]“宵光”指夜色，但又有霞气，也许是黄昏落日余晖时，海上高楼临风，吴昌硕当此苍茫乱世之时遗世独立。这是诗人陈三立对他的最后印象，正是乱世一士夫形象。写诗文都很有历史氛围感和个人身世感的陈三立曾在《读吴昌硕老人〈缶庐诗〉题句》说吴昌硕是“老有一灯深”，这灯也是“宵光”，就是吴昌硕很多画跋、诗歌里提到自己“篝灯呵冻”写四艺之夜的灯光。陈、吴两人都是至老一灯寒斋苦读，也是以“一灯”接续传统文化的文化逸民。晚年吴昌硕清瘦苍老的形象已和他诗画中的古木、瘦藤、寒石等意象融为一体，留在人们记忆里。这个当年在小乡村里被人嘲笑的木讷小孩，在战乱中九死一生的凄苦孤儿，终于站在大都市上海的高楼之巅，笑傲时代。这一刻，他应该知道自己到底是谁了。

也大概在此时，即吴昌硕去世前两三个月，他居然指甲蜕换，色泽红润如玉。身边人都说是长寿征兆，纷纷祝贺。老人也很高兴。此时前后他还曾作《昨梦》诗一首回忆儿时的鄣吴往事。一说他由杭返沪，偶梦故里鄣吴村，觉后有诗。

“昨梦玉华山下坐，看人打稻饲鸡豚”是很美好的梦，《昨梦》其实就是《忆昔》。

可惜，一说《昨梦》诗初稿竟有“人谓寿翁宜饮食，自知泉路近昏晨”之句，友人朱祖谋觉得不吉利就用墨把这两句涂抹了。不料这诗竟终成谶。弟子诸乐三有《哭缶师》诗，就说吴诗谶真成梦，魂兮返古鄣。

十一月初二是吴昌硕孙女、东迈之女棣英送嫁妆之期。老人像个孩子，也兴奋地跑来跑去。朱祖谋来访，两人促膝举觞，谈笑风生。酒后，吴昌硕作一诗赠朱，还为朱作一小幅墨兰，因墨色未干就暂放吴家，约好日后取。

次日早晨，吴昌硕头晕，后出现中风症状，不能言语。虽延中西医会诊，针药并施，无奈回天无力，老人昏迷三天后，于民国16年十一月初六（1927年11月29日）去世。

吴昌硕的世交、吴滔之子、画家吴待秋闻噩耗后赶来，只见王一亭、周庆

---

① 陶紫正、洪亮主编：《吴昌硕》，西泠印社1993年版，第211页。

云等信佛友人已在遗体旁口诵佛号，几上一灯如豆，一代大师已魂归天国，不由潸然泪下。

此年，吴昌硕与朱祖谋、龚心钊有合影，成了晚年爱拍照片的他的最后一帧照片。而他为朱所作墨兰也成绝笔。

吴昌硕一生爱梅，也爱同为香草嘉卉、有岁寒心的兰花，在空谷幽兰上寄寓了身世之感。他曾在兰画上作长跋感慨生于寂寥无人的空谷的兰草有知遇和没有知遇的悬殊命运差别，应该是有自我身世感慨的。他还有多首题兰诗，如"瘦叶摇天风，孤根托危石。置身千仞高，可望不可折。当门人必锄，所以处空谷。众草各自春，寒香抱幽独""紫茎绿叶生空谷，能耐风霜历岁寒""孤芳憔悴风雨中，恶草塞涂荆棘足。宣尼去后谁鼓琴?《猗兰操》寂无知音""谁识当年王者香？满山荆棘满天霜。孤根欲结无盘石，且寄山家老瓦盆。伴读《离骚》灯影里，一丛香草美人魂"，都表达了香草无人识的感慨。他的绝笔兰花上题有一诗："兰生空谷无人护，荆棘纵横塞行路。幽芳憔悴风雨中，花神独与山鬼语。紫茎绿叶绝世姿，湘累不咏谁得知？当门欲种恐锄去，王者香贵嗟非时。"（《缶庐别存》）也借兰花感慨自己在大时代中变化莫测的命运。《猗兰操》相传是孔子（汉平帝追谥孔子为褒成宣尼公）所作，又名《幽兰操》，抒发怀才不遇感慨。

诗友冯君木看到这幅兰花很是感慨，在画上作题记说画很有庄子《达生》的"神全"（完成了个人追求自由自在的境界）。冯还在画上题诗说吴昌硕虽已衰年，诗画仍无衰颓之气，他的古艳花卉流露惆怅感伤诗意情怀，这些富于寄托的诗画可以说是屈原《离骚》的后继者。吴昌硕的晚年诗画是古典人文情怀的典范，彰显了庄子的道家艺术精神和屈原的诗意浪漫情怀。

弟子王个簃也有《哭缶师》诗，甚哀甚真，也写到缶翁逝前的情景，说前一天还和老师讨论王维、孟郊诗歌，还回忆了春夏与老师游杭州的经历，即三月到杭州余杭塘栖超山寻宋代梅花，六月去西泠桥畔印社畅游。人人都说老师老当益壮，老师也自忘年近耄耋。直到重九诸老登高雅集，自己随从，老师仍然得句排奡、人人称赞，不料如今永别。"排奡"典出韩愈《荐士》诗"横空盘硬语，妥帖力排奡"，指诗风刚劲有力豪宕。

超山就是吴昌硕身后安息之地，地处杭州东北，环山梅花遍地，人称十里梅乡，是江南三大赏梅地之一，与吴昌硕在苏州常去的邓尉山、在杭州常去的孤山齐名。超山多古梅，皆五瓣，而报慈寺前有一株六瓣名种宋梅，冷香历八百年不绝。1918年二月，吴昌硕已命儿子于故乡鄣吴村为自己营生圹。后来他觉得鄣吴交通不便不利子孙扫墓，产生另择墓地想法。

吴昌硕因为青年时在诂经精舍读书缘故，对杭州、西湖、西泠都很喜爱。1924年到1927年，由于上海多军阀战乱，他每年来杭州避难一次。除了借西泠印社之地参与词集、文会外，还常游杭州山水。除了住杭州的诗友诸宗元外，还常由西泠艺友楼辛壶（1881—1950，原名邨，字新吾，后由吴昌硕改为辛壶）陪同，饮龙井，访孤山，涉九溪，登三竺，谒岳墓，赏潭月，无论昼夜，步舟并用，处处行吟挥毫，多有诗画唱和。

吴昌硕此时与周庆云交往也较多。周庆云对杭州的许多文化景观如西溪等都出力甚巨。1920年，他在西溪修复秋雪庵，使之在明末后再度成为文人吟唱之所。他还在庵侧建历代两浙词人祠，共祀两浙词人72位。1921年，吴、周两人曾约定游灵隐寺、登来鹤亭。此年他还随周去过秋雪庵。当时是秋天，芦花如雪，周庆云召集杭州俊彦乘舟溯溪抵达祠下，祭祀前贤，吴昌硕也参与这一文化盛事。

1922年冬，周庆云又在超山报慈寺大明堂前宋梅旁建宋梅亭，以护宋梅，并立石表之。吴昌硕应其请为宋梅写照并题以长款，并有《超山宋梅一本梦坡立石表之索赠》诗，还撰联镌宋梅亭柱上：“鸣鹤忽来耕，正香雪留春，玉妃舞夜；潜龙何处去？有萝猿挂月，石虎啸秋。”吴昌硕生前去过超山五六次，是探梅常客。他对奇崛古雅的宋梅和超山梅花香雪海很是钟情。因为超山梅花多，离家乡与上海也都近，三子吴东迈此时又在塘栖任局长之职，吴昌硕渐渐有了选这个有高古野逸宋梅的胜地为身后之地的念头。

1927年春，上海闸北兵乱。吴东迈见海上风声鹤唳、时局不定，就接全家到塘栖小住。吴昌硕率儿孙辈同游超山探梅，在宋梅下饮酒宴筵，并与报慈寺住持正法禅师论诗谈画，并应其请赋五律两首。

吴昌硕曾自称“梅知已”，又说“生前知已许寒梅”，还曾有“十年不到香雪海，梅花忆我我忆梅。何时买棹冒雪去，便向花前倾一杯”（《缶庐别存》）的诗句，对梅花可谓一往情深。他此时坐梅花下，见花事已残，想起故乡梅花，觉芜园已远而不可归去，所谓“芜园未归”，不由惘然。又触动心机，觉得此处仿佛旧游之地，熟悉又陌生，不忍离去。吴昌硕此时也有苏轼当年游西湖寺院觉得自己前生是僧人的奇妙感觉。他终于选定宋梅亭畔坡地为身后长眠之所，对儿子说如此佳地，百年后得埋骨其间，亦为快事。七个月后，吴昌硕离开了人世。

“囊空愧乏买山钱，安得梅边结茅庐。”（1918年《岁寒三友》画题跋）杭州水温山软，人文荟萃，是清末民初很多士人尤其浙籍或寓居上海者最后选择的归葬地，所谓此心安处是吾乡，这体现士人们的通达心态。吴昌硕老师俞樾的墓地在西湖边三台山。晚年诗友陈三立虽是江西人氏，家族墓地也选择在九溪。另一个晚年友人陈夔龙墓在俞樾墓附近。吴昌硕逝后，在大明堂旁山坡上择地建墓。1929年秋，从上海移灵柩到超山寄厝。墓圹竣工后，1932年冬，他埋骨宋梅旁，相距不到百步。他一生爱梅、画梅、咏梅，梅花是他的心灵家园，所以他去世后，在多变时代，能如生前愿望栖身梅旁，是得其所哉。

吴昌硕墓右侧有墓表，墓左侧立行吟白石造像。像中，他执卷屹立，眺望梅花。墓侧还勒有《缶庐讲艺图》石碣一通，为王一亭所建，除去吴涵、陈师曾等已谢世弟子，图上还有他的门生17人。墓坊石柱联是嘉兴老友沈翰的弟弟、前翰林、著名书法家沈卫所书：“其人为金石名家，沉酣到三代鼎彝，两京碑碣；此地傍玉潜故宅，环抱有几重山色，十里梅花。”上联说吴昌硕是金石名家，一生沉醉并精于上古三代青铜器、两汉石碣上的古文字。“两京碑碣”指石鼓。下联说他墓地附近是南宋遗民、宋六陵被洗劫后冒死收集宋代皇帝骸骨归葬的义士唐钰（字玉潜）的家乡，青山、梅花和同为文化逸民的义士名家相得益彰。

善作对联的海上隐士、收藏家、学者袁思亮（1879—1939，字伯夔）为吴昌硕所作挽联也恰切勾勒点染出他一生踪迹的亮点：“作一月令，耕双砚田，清节抗渊明，赁庑更无五柳宅；擅三绝名，逾八旬寿，高踪继和靖，范金长榜万梅花。”上联说吴昌硕做过一月安东县令，以书写字画和刻章琢砚为生，清高节操可比隐士陶渊明，只是漂泊海上租房而居，没有陶渊明的五柳宅。下联说吴的书画印号称三绝，年过八十，隐逸踪迹如处士林和靖，如今长眠万株梅花香雪海中，他的像矗立其旁，可比越国为范蠡铸造的金像。“范金”可以与吴昌硕题西泠印社缶龛石像的“铸吾以金，而吾非范蠡”相呼应，是双重含义，“范”指造像，也暗指隐士范蠡。

吴昌硕弟子为他拟私谥“贞逸”两字，取高洁古雅（贞）、野逸放达（逸）之意，正如陶渊明私谥靖节征士，张籍私谥孟郊为贞曜先生，贞逸也正呼应缶翁其人其艺高古野逸风范，也与朱祖谋在挽词里说他“自谥酸寒”、他早年自号“芜”契合。

大事年表

1844年（清道光二十四年，甲辰）　1岁

9月12日（农历八月初一），生于浙江湖州府孝丰县鄣吴村（今湖州市安吉县鄣吴镇鄣吴村），初名俊。鄣吴吴氏家族第二十二世子弟。此年，祖父吴渊67岁，任安吉古桃书院山长。父亲吴辛甲24岁，母亲万氏的年龄不详。

1848年（道光二十八年，戊申）　5岁

此年前后，由父亲启蒙识字。

1850年（道光三十年，庚戌）　7岁

此年前后，入村中义塾溪南静室读书。

1851年（咸丰元年，辛亥）　8岁

父亲吴辛甲中举人。后为截取知县，也曾为族长。

1853（咸丰三年，癸丑）　10岁

此年前后，去邻村私塾读书。

1855年（咸丰五年，乙卯）　12岁

此年开始农耕劳动。

1857年（咸丰七年，丁巳） 14岁

祖父吴渊去世，享年八十岁。

此年前后，开始得父亲授（受书），接受科举教育。学经史、诗词。

在父亲指导下，开始治印。

1860年（咸丰十年，庚申） 17岁

春四月，原定参加孝丰县童生试的第二试府试，因战事未成试。

与章氏订亲。

4月，太平军东征，一部途经鄣吴，与清军展开拉锯战。随父离家逃难，途中失散，只身流浪。此后五年间，祖母、母亲、聘妻（元配）、弟弟、妹妹、堂兄先后死于战争、瘟疫、饥荒、疾病。

重阳节返家，祖母生病，父亲外出，母亲侍病。和8岁妹妹捡拾野果充饥。

除夕，祖母弥留。

1861年（咸丰十一年，辛酉） 18岁

流浪孝丰一带山野乡间。小除夕（除夕前一天）与父亲短暂团聚。

1862年（同治元年，壬戌） 19岁

春三月，短暂归村，母亲告知聘妻章氏在10多日前病故。

立秋日，母亲万氏病故。

流亡鄂、皖等地，以乞讨、做佣工谋生。

弟祥卿、妹妹病死于母亲去世后。妹妹死时10岁。两位由父亲抚养的堂兄也于此年前后去世。

1864年（同治三年，甲子） 21岁

战争初息，八月十五日中秋节与父亲同返鄣吴，故里荒凉。

1865 年（同治四年，乙丑） 22 岁

父亲继娶安吉杨氏。随父迁居安吉安城。

经父亲与安吉学官潘芝畦催促，补考咸丰十年庚申科（1860）院试。通过，为生员。

1866 年（同治五年，丙寅） 23 岁

与父亲在安城东开荒建南轩，屋旁有芜园，书屋为朴巢。

在安吉与友人、同学施旭臣、张行孚交游。从施旭臣学诗。

1868 年（同治七年，戊辰） 25 岁

父亲病逝，年四十八岁，葬缪家窝。

此年前后，与友人安吉朱正初和苏州钱铁梅为芜园三友，多唱和。

1869 年（同治八年，己巳） 26 岁

负笈杭州孤山诂经精舍，拜大儒俞樾为师，学习小学、辞章学。同学有张行孚等。

编定《朴巢印存》。

1870 年（同治九年，庚午） 27 岁

继续在诂经精舍求学。此时往杭州府学观摩阮元请张燕昌书写的天一阁所藏宋拓石鼓文。

冬，回安吉，在城东县学旁的茅庵寺课读邻人子弟以谋生。乡人称其芗圃先生。

集拓第一部印谱《朴巢印存》。

1871 年（同治十年，辛未） 28 岁

再赴诂经精舍，和施旭臣、杭州徐恩绶等为同学，与施住岳坟边的崇文书院（遗址在今曲院风荷内）。

1872年（同治十一年，壬申）　29岁

娶安吉菱湖人、25岁的施酒（字季仙）为妻。

随友人、在湖州经商的苏州金石古董商人金杰赴上海，识画家高邕。

到苏州，识金石家、两罍轩主人吴云。

在杭州继续读书，可能参加壬申岁试。未中。

1873年（同治十二年，癸酉）　30岁

元月，长子育出生，字半仓，乳名福儿。

来杭州，一说八月参与癸酉乡试。未得高等。在浙江书局初识诂经精舍前辈、诗人、湖州苕上七子之一施补华。

与杨伯润在上海同住数月。此年前后，与张熊合住。

在杭州结识吴滔。

在安吉从潘芝畦学画梅。

开始为人治印。

1874年（同治十三年，甲戌）　31岁

秋，赴嘉兴，结识诗人诸暨金树本。

客嘉兴杜文澜曼陀罗（华）馆，得见画家周闲、蒲华等人。

在扬州，入两淮盐运使杜文澜幕府。

在扬州结识湖州苕上七子之一凌霞。

集成《苍石斋篆印》。

治"癖斯"印。

1875年（光绪元年，乙亥）　32岁

八月，到杭州参加乙亥恩科乡试。仍不第。

秋，客居湖州，居苕上七子之一陆心源宅，为司账，并协助整理文物。

刻"缶记"印。

1876年（光绪二年，丙子） 33岁

九月初八，次子涵出生，字子茹，号藏龛，小名壶儿。

在陆心源潜园结交苕上七子之一、书法家杨岘。

重逢施补华。

刻“道在瓦甓”印。

集拓近作印为《齐云馆印谱》。

1877年（光绪三年，丁丑） 34岁

常到菱湖岳家小住，往来各地间。

最早诗集《红木瓜馆初草》辑成。

一说此年经高邕介绍向任颐学画。

1878年（光绪四年，戊寅） 35岁

因1877年、1878年河南、山西大旱饥荒，江南多雨，刊无锡慈善家余冶的《江南铁泪图》劝赈。

秋，施旭臣来作客，为之作《芜园记》。

1879年（光绪五年，己卯） 36岁

春，客湖州，宿金杰寓中。

作墨梅册页赠内弟施为，为现存较早画作，今藏西泠印社。

拓集自作印编成《篆云轩印存》，携往杭州请教俞樾，得到赞许，俞为之署端、题词。

作论金石篆刻长篇古诗《刻印》。

冬，在芜园刻“芜青亭长”“饭芜青室主人”印。

1880年（光绪六年，庚辰） 37岁

二月，到苏州，寄寓吴云听枫园，坐馆（做塾师），也入吴云两罍轩幕中。以《篆云楼印存》请教吴云，吴云为之删削并更名为《削觚庐印存》。多见吴云

收藏。

四月，金杰赠三国古砖，吴凿成砚台。

在苏州重逢杨岘，以诗文求教并欲师事之。杨岘固辞。两人订交，吴以弟相称。

在苏州与金树本重逢。

结识嘉兴吴谷祥和苏州金彰、顾潞、胡锡珪、方浚益等书画家、收藏家。

重阳节，写《忆昔》诗回忆往事。

为吴姓同宗人作画，并写《湖畔小劫图为茦卿宗丈（荣光）题》诗回忆往事。

吴云为之作《芜园图》。

秋，家乡安吉有匪乱。在苏州生病。

1881 年（光绪七年，辛巳）　38 岁

仍寄寓听枫园。作《别芜园》诗。

集拓近作为《铁函山馆印存》。

春，在嘉兴，有《偕杜楚生、沈养和泛南湖题草庵壁》。

秋，结识顾沄，为其刻印。

有《自题小像二首，像独坐松石间，王复生笔也》题朋友所作芜园画像。

重阳节，有《辛巳重阳》诗。

1882 年（光绪八年，壬午）　39 岁

春，接妻儿至苏州定居。曾租住醋库巷杨岘家旁。

得朋友资助推荐，在苏州作小吏，自嘲"寒酸尉"。

书"道在瓦甓"赠别金杰。四月九日，金杰以古缶回赠。有《缶庐诗》。后以缶名其庐缶庐，并自以为号。

至菱湖，与吴山论篆刻，学印。

与常熟沈石友订交。

手抄《元盖寓庐偶存》诗集成。

冬，刻“归仁里民”“其安易持”印。

1883年（光绪九年，癸未）　40岁

元月，因公务去津沽，在沪候轮时拜见任颐。

任颐为吴作40岁小影《芜青亭长像》。

由津沽回沪，与虚谷、任薰结交。

七月，在苏州，由出身苏州贵潘家族的友人潘钟瑞介绍，与其从弟、金石收藏家潘祖荫结交，得观其所藏历代鼎彝及古今名家手迹。

《削觚庐印存》初成。

1884年（光绪十年，甲申）　41岁

迁居，租住帝赐莲桥西畮巷四间楼新居，有写给金铁老的《甲申三月铁老过西畮巷新居》诗为证。

春，得晋砖，堂号禅甓轩。

手拓历年来所刻印成《削觚庐印存》四卷。

为任颐刻“伯年”印。

刻“苦铁”印。刻“明道若昧，进道若退”印。

有《读杨藐翁先生〈迟鸿轩诗集〉并谢题〈削觚庐印存〉》诗。

九月三十日（晦日），有梦，写五言长诗《感梦》怀念聘妻（元配）章夫人。

延请王竹君在苏州寓所为两子课读。次年十月，王不幸病殁。

1885年（光绪十一年，乙酉）　42岁

忽发背疮，幸得善医术的友人金彰尽心医治50天，转危为安。

一度境遇不佳，得吴云后人之助，馆听枫园。

编近作诗成《元盖寓庐诗集》。

作17首《怀人诗》怀念早年师友。

作“缶庐”印。

为吴山刻“天下伤心男子”。

此年前后，为蒲华刻“蒲作英”印。

1886年（光绪十二年，丙戌） 43岁

元宵，为沈汝瑾画菜。沈补画一卷书，吴题七古一首。

在苏州，三子迈出生，名苏儿。

外出公务，长子得天花，幸又得金彰救治。

秋，与潘钟瑞同游虎丘。

潘钟瑞赠石鼓文精拓本，吴有《瘦羊赠汪郎亭司业手拓石鼓精本》诗。

搬迁，租住南园附近。

十一月，客沪上，任颐为吴作《饥看天图》，吴刻“画奴”印回赠，还为《饥看天图》题长诗。

有《十二友诗》。

在上海公务，得遇谭献。

结识周庆云。

1887年（光绪十三年，丁亥） 44岁

六月，客沪上。

任颐为吴作《棕阴纳凉图》。

初秋，施夫人40岁。生日前一天，即八月二十七日，吴为妻子作《丁亥八月廿七日赠妻子》诗。

得友人赞助，在上海县得小官之职。

初冬，移居上海，途中有赠妻子的《移居舟中赠季仙》诗二首。

有《将之沪上留别藐翁先生》二首赠杨岘。

在上海，先后寓居吴淞、浦东等地。

冬夜，写《吟诗图》述书斋枯寂寒瘦之景，并题长句。

拟石涛笔法参以己意作山水一帧。

此年前后，跟沈汝瑾学乐府歌行。

1888年（光绪十四年，戊子）　45岁

六月廿三，长子育病卒于沪，年16岁。

次女丹姮出生，字次蟾。后嫁湖州南浔邱培涵。

八月，在上海，任伯年为吴作《酸寒尉像》，吴题诗自嘲。

杨岘七十大寿，吴作蟠桃大障并题长诗祝贺。

十二月，刻“酸寒尉”“木鸡”“安平太”“苦铁”印。

1889年（光绪十五年，己丑）　46岁

作小帧墨笔《蝴蝶花》。

施旭臣、谭献为吴初编定的诗集《缶庐诗》作序。

寒食，有《己丑寒食》哭长子。

暮春，为任颐作“任和尚”章。

除夕，作《岁朝图》并加长题跋。

1890年（光绪十六年，庚寅）　47岁

春，在上海，为谭献作《烟柳斜阳填词图轴》。

始识吴大澂，商讨学术甚相得，遍观其藏品。

施旭臣去世，吴以诗悼念。

与友人聚于上海徐园，纪念元四家倪瓒。

重阳节，与老友凌霞、妻弟施为聚会。

十一月冬，在浦东严家桥粥厂为流民乞丐分棉衣，有《庚寅十一月奉檄赴严家桥粥厂给流丐棉衣》诗。

十二月初三夜，与妻弟施为、友人屠朋在家中谈艺，被公事打断，有诗自嘲。

效八大山人画，自题古风一首。

以青铜器全角拓补菊花、水仙作《岁朝图》。

1891年（光绪十七年，辛卯）　48岁

端午，任颐为吴的三子吴东迈画小像。吴在画上题《书苏儿小影》诗，学苏轼《洗儿戏作》诗意。

岁暮，修书介绍蒲华去常熟投靠沈石友。

1892年（光绪十八年，壬辰）　49岁

在上海，记录生平交游事迹20余篇，名为《石交录》。杨岘审阅，谭献作序。

自作《芜园图》以慰乡思，自题以诗，并征求友人题咏。

一说此年前后曾居上海南市大东门外的升吉里。

任伯年为吴作《蕉阴纳凉图》。

1893年（光绪十九年，癸巳）　50岁

仍居上海。

春王月（农历一月），编选1892年以前所作诗为《缶庐诗》三卷，并刊行。封面由杨岘题署。此为吴诗集最早刊本。

三月，任颐、尹沅为吴画五十小像《归田图》，为施夫人画《采桑图》。吴为《采桑图》题两首七绝，有“夫婿心闲好读书”句。

凭多年叙资劳和友人捐资之助，转迁为直隶州知州。

作八幅山水画送苏州杨岘评论，有拟蒲华笔意的。

1894年（光绪二十年，甲午）　51岁

中日甲午战争爆发。参佐吴大澂戎幕，北上抗敌。

二月，来京城，经赵非昔引荐拜谒翁同龢。未遇，以诗及印谱留赠。

八月，吴大澂督师赴榆关（山海关），吴随行。多作诗画，途中有《羊河口望秦皇岛》等诗画。秋冬到山海关，有《乱石山松图》轴、《芦台秋望》和《榆关杂诗和窓斋先生》诗，悼念黄海海战殉难将领邓世昌。

十一月，在山海关刻“俊卿大利”印。

自撰“缶无咎，石敢当”，请杨岘书写隶书联。

因继母病重，乞假回乡。

小雪前三日，与蒲华合作《梅竹图》，题“岁寒交”。

蒲华此年定居上海。与蒲华、吴谷祥多来往。

1895年（光绪二十一年，乙未）　52岁

登安吉独松关并作诗画。

奉母至上海养病。

吴大澂兵败。吴仍为吴大澂幕僚。

北洋舰队倾覆，赋诗痛悼阵亡烈士。

请任颐作《棕阴忆旧图》《山海关从军图》。

吴大澂、顾麟士、陆恢等人结怡园画集，吴参与其中。

十一月，参加怡园画社雅集，和画家倪田、顾沄、金彰、任预、陆恢、吴谷祥、沙馥合作《鹤庐岁朝图》。

同月，任伯年病逝于上海，终年56岁。吴与蒲华为之料理丧事，作诗哭之，并撰挽联。

1897年（光绪二十三年，丁酉）　54岁

在苏州。

元日，写《红梅》并题以长歌。

八月廿八，施夫人五十寿辰，作《季仙五十寿》，说“廿年宦海共风尘”。

去溧阳访孟郊遗迹，作诗一首。

此年病臂。

1898年（光绪二十四年，戊戌）　55岁

七月，赴故乡鄣吴村，次子涵随同。

在安吉主持编撰《吴氏宗谱》。

十一月，去常熟拜谒贬谪在家的翁同龢。不遇，以印章留赠。

1899年（光绪二十五年，己亥）　56岁

十一月，得丁葆元保举，以直隶州知州虚衔摄江苏安东（今淮安市涟水县）县令。

一个月后，以重听为由请假回沪。在安东留有水井等遗存。后刻“一月安东令”印。

此年手臂疼痛，篆刻量下降。

1900年（光绪二十六年，庚子）　57岁

十二月，为俞樾写《曲园先生八十寿》。

为丁仁作印。

晚一年为沈汝瑾作《竹节端砚》铭。

1902年（光绪二十八年，壬寅）　59岁

在苏州。

病臂，之后较少刻印。

将青铜器全角拓与牡丹、梅花一同入画，名《鼎盛图轴》。

岁暮，作《梅花篝灯图》。

陈师曾从吴学画。

祖父曾任教的古桃书院改名高等小学堂，吴昌硕为堂长。

徐士恺刊《观自得斋印存》，有吴昌硕小传。

1903年（光绪二十九年，癸卯）　60岁

汇集1902年以前所作诗，编成《缶庐诗》卷四，又加入《缶庐别存》题画诗、砚铭、石鼓文集联为一卷，合为一册印行，为《缶庐诗》第二次刊本。

三月，蒲华来苏州，二人以画交流。

八月初一，吴六十生辰，写双桃自贺。

作梅花，题“缶道人自写照”。

自订润格，为他较早的正式润格。

作客上海严信厚小长芦馆。

继母杨氏去世，享年77岁。

有《画像自题》诗。

1904年（光绪三十年，甲辰）　61岁

夏，杭州印人叶铭、吴隐、丁仁、王禔在西湖孤山发起西泠印社。吴正游杭城，极表赞同。

在苏州。

夏，为蒲华刻“蒲华”“作英”印。

秋，肝病复发，病重，得画友金彰悉心诊治，渐愈。

十二月，移居苏州桂和坊19号。

暮冬寒夜，在苏州与蒲华、金彰合作墨笔山水《倚蓬人影出菰芦图》。

赵起为弟子。

任颐为吴作的《蕉阴纳凉图》被窃。

1905年（光绪三十一年，乙巳）　62岁

春寒料峭之际，又病风温，并失眠。

以焦山汉陶鼎拓本补梅，作诗题之。

此年前后，多作花卉。有《枇杷凤仙》《富贵神仙》《寒灯梅影》等。

为吴隐作印。

赵石入门为弟子。

鼓励老友、嘉兴张鸣珂写画史著作《寒松阁谈艺琐录》。

此年前后，与蒲华、杨伯润、吴谷祥、高邕、杨逸等常聚于豫园得月楼。

1907年（光绪三十三年，丁未）　64岁

2月（仍是前一年的十二月），俞樾逝于苏州曲园，吴前往吊唁并撰挽联。

朱祖谋在苏州，有交往。

春，蒲华为发起人，吴昌硕、杨伯润、钱慧安、倪田、陆恢、高邕等捐赠书画精品义卖，为皖北灾民捐款。

词友郑文焯重得《蕉阴纳凉图》，赠吴。七月，吴在画上用篆书自题长诗，书写前后因缘。

后一年冬，据沈石友诗意作《灯下观书图》，一名《短檠微吟图》。为《填海补天砚》刻铭。

1909年（宣统元年，己酉）　66岁

仲春，刻“明月前身”印怀念元配章夫人。

在上海，与蒲华、高邕、杨逸、钱慧安等海上画友同为发起人，发起成立上海豫园书画善会，义卖书画以助赈各地灾害。

初秋，刻“弃官先彭泽令五十日”纪念辞官事。

晚秋，在苏州始识绍兴诸宗元，论诗极契。

深秋，在苏州桂和坊癖斯堂画秋菊寄兴。次女为孤石补荆棘。

1910年（宣统二年，庚戌）　67岁

与诸宗元、商笙伯有武昌、北京之行。

初夏，与友人沿长江至武昌。游张之洞故居抱冰堂和黄鹤楼。

夏，夜半过黄河铁桥，诗以纪之。

抵京后，住张静江兄长张增熙寓所，遍游名胜古迹，极诗酒之雅乐。次年南归。

此年病足加重，不良于行。

上海书画研究会成立，吴参与。

曾住上海虹口。

除夕在苏州寓所展拜先人遗像，有《除夕寓庐展拜先人遗像泣赋二首》回忆50年前往事。

1911年（宣统三年，辛亥）　68岁

在苏州。

正式放弃仕途。

夏，再次卜居上海，赁屋吴淞。

蒲华逝世。吴为之料理后事。

1912年（民国元年，壬子）　69岁

丁仁集前贤治印绝句作《咏西泠印社同人诗》20首，系以小传。有为吴所作一首。

在上海，暮春，曾客沪渎海幽楼。

此年始以字行，自刻一印“吴昌硕壬子岁以字行”。

六月，题“西泠印社”篆书额。9月至杭州，与西泠诸友宴集，为印社成立做准备。

为美国波士顿博物馆篆题“与古为徒”匾额。

有“聋缶”“大聋”等印。

作《七十自寿》诗。

1913年（民国2年，癸丑）　70岁

在上海。由王一亭介绍，租住山西北路吉庆里923号两层石库门，从此定居。

重订润例。

秋，刻“无须吴”印。

八月生辰，刻“七十老翁”印，写《七十自寿》诗回顾生平。

王一亭投门下为弟子。

重阳节，西泠印社经十年准备，正式成立。公推吴为第一任社长。

湖州人周庆云、刘承干发起淞社，吴参与。

曾回鄣吴村，有《溪南闲步》诗。

同光体诗人、诗学家陈衍的《石遗室诗话》初稿收录吴诗，将他列为诗人。吴很是欣喜。

为“精卫衔残砚”刻铭。

1914年（民国3年，甲寅） 71岁

上巳节，在上海参加九老会，摄影留念，并作《自题七十一岁小影》诗记之。

五月二十二日，撰《西泠印社记》，篆书勒石于社中壁间。

在上海，上海书画协会成立，吴被推为会长。

秋，刻“半日村”印纪念鄣吴村。

为王一亭治“人生只合住湖州”印。

九月，王一亭引见协助，日本友人白石六三郎策划发起，在六三园剪淞楼（今虹口区西江湾路240号处）为吴举办首次个人篆印书画展。

冬，上海商务印书馆辑集吴所作花卉20幅，编印《吴昌硕花卉画册》。诸宗元作《缶庐先生小传》刊于画册卷首，为吴第一篇传记。

治“听有音之音者聋”印。

1915年（民国4年，乙卯） 72岁

春，游杭州。

白居易诞辰日，与友人聚饮纪念。

二月，应刘承干之邀参加淞社消寒雅集第九集，有《刘翰怡约消寒第九集》诗。

春分，作《园蔬图》，题跋写“芜园肥菜”诗。

作《岁朝清供图》。

十一月，吴隐辑集吴昌硕各体书法及绘画编成《苦铁碎金》四册，由上海西泠印社石印行世。卷首刊有任伯年为吴所作小像《饥看天图》和题咏。

任海上题襟馆书画会会长。

西泠印社闲隐楼（也称“题襟馆”）落成，作《闲隐楼记》。

冬，刻“小名乡阿姐”“园菜果蓏助米粮”印。

诸宗元为吴寻得家族前贤吴稼澄明万历家刻本《元盖副草》诗集。次年，吴重刊诗集。

李宣龚为吴寻得族祖吴衡《读书楼诗集》。次年，吴重新刊印传世。

为“石破天惊砚”刻铭。

1916年（民国5年，丙辰） 73岁

病臂，眼花如雾、脚软如绵。

八月，周庆云重新装帧明画《岘山十六逸老图》册页，其中有吴的家族贤吴龙、吴麟兄弟。重阳日，吴以篆体大字为册页题签“岘山逸老图”。次年，作长篇古诗题写《岘山十六逸老图》。

再定润格。

秋，为沈汝瑾刻砚铭，说“挽银河，洗甲兵，文运兴，咏太平”。

1917年（民国6年，丁巳） 74岁

二月，为西泠印社撰联，上联是“印岂无源？读书坐风雨晦明，数布衣曾开浙派”，下联是“社何敢长？识字仅鼎彝瓴甓，一耕夫来自田间”。

春仲，有“吴昌硕大聋”印，从此自号大聋。

初夏，得象笋，作《象笋图》寄赠沈汝瑾为谢，画上有诗《石友赠象笋画笋为答》。

五月十五，施氏夫人病逝于沪上，享年七十岁。

题诗沈汝瑾所藏名砚玉溪生像砚。

秋，郑孝胥书写吴昌硕自制联语“龙两耳夔一足；缶无咎石敢当”。

秋仲，刻“缶翁”印。

冬，北方直隶、奉天等省水灾严重，与王一亭绘《流民图》，并题诗，石印，义卖赈灾。

吴隐、丁仁嘱吴刻“西泠印社中人”。

1918年（民国7年，戊午） 75岁

二月，命子涵、迈葬施夫人于故乡鄣吴村凤麟山，并为自己营生圹。

五月，作葡萄一帧，题草书之幻。

六月廿九，刻“湖州安吉县，山与白云齐”印。

八月，作《鄣吴村即景图》并题诗《戊午秋仲，偶写鄣吴村即景，付涵儿家藏》(《鄣吴村诗梦中作》)。

王一亭为吴写像。

应商务印书馆之请，绘花卉十二帧，刊于《小说月报》封面。

为《岁寒三友》画题跋，有“囊空愧乏买山钱，安得梅边结茅庐”之句。

1919年（民国8年，己未）　76岁

在上海。元旦重订《缶庐润格》，有“倚醉狂索买醉钱，聊复尔尔曰从俗”之句。

秋，豫、鄂、皖、苏、浙五省山洪暴发，和王一亭再次合作《流民图》并题诗，印成石印本，义卖筹款赈灾。

秋，为沈曾植刻“海日楼”印。

杨岘逝后13年，有《藐师遗像》诗。

1920年（民国9年，庚申）　77岁

在上海。

元日，重订润格。

为沈曾植画《海日楼图》，并题七绝一首。

正值考中秀才60周年，举行重游泮水仪式，写《重游泮水》诗。

诸乐三为门内弟子。

再遇庚申年除夕，有《庚申除夕》诗，中有“祖母弥留母病孱”追思亲人。

1921年（民国10年，辛酉）　78岁

农历元旦，赋《辛酉元日诗》。

二月初六，在西湖西泠桥边的杭州四大寺之一的凤林寺（今毁，地址在今香格里拉饭店)，为父亲百年冥诞诵经。

二月，赴杭州西泠印社宴饮，图以纪游。周梦坡约吴游灵峰寺等处。

寒食，在海上禅甓轩。

与西泠印社同人义卖筹款8000大洋，赎回将被卖到日本的浙东出土的汉碑《汉三老讳字忌日碑》，并在印社建石室永久保存。

秋，周庆云在杭州西溪秋雪庵、两浙（古浙西、浙东）词人祠祭祀两浙词人前贤七十二位，吴昌硕也参与，有《秋雪庵放生歌为梦坡》诗。

十月，治“同治童生咸丰秀才”印。

冬，沈曾植为西泠印社缶亭的吴昌硕像撰并书《缶亭像赞》。

次女去世。

1922年（民国11年，壬戌）　79岁

人日（正月初七），为王一亭书写联语“风波即大道，尘土有至情”。

春三月，策杖赴杭州营造印社缶龛。

夏，丁仁辑吴近年来诗画精品编成《缶庐近墨》一集，由上海西泠印社刊行。

闰夏，治“老夫无味已多时”印。

沈曾植卒，吴以诗哭之。

为吴大澂写山海关画题诗《吴愙斋中丞遗画〈榆关景物〉》。

冬，周庆云在超山报慈寺大明堂前宋梅旁建宋梅亭。应周之请为宋梅写照并题以长款，有《超山宋梅一本梦坡立石表之索赠》诗，还撰联镌宋梅亭柱上：“鸣鹤忽来耕，正香雪留春，玉妃舞夜；潜龙何处去？有萝猿挂月，石虎啸秋。”

1923年（民国12年，癸亥）　80岁

2月，为康有为刻“天游堂”印。

五月，丁仁辑吴昌硕近作为《缶庐近墨》第二集，由上海西泠印社刊行。

八月初一，吴昌硕八旬寿诞，友人、弟子为之庆寿，嘉宾云集。

出版《缶庐集》，郑孝胥题署，王震为吴画小像。前有施旭臣、谭献1889年序，郑孝胥1915年序，沈曾植序，孙德谦1919年序，刘承干1920年序。

10月7日，上海《时报》有题为“寿人寿世之吴昌硕”的报道。

10月10日，在沪同人在上海茧业公所为吴昌硕作寿辰。吴昌硕赋长诗《自寿》，又作五言自寿诗三篇《自寿诗既成复赋五言三首》。还撰寿联“寿届杖朝，铭并周书期不朽；歌惭奉爵，骚闻屈子独能醒”。书篆书巨幅“寿”字80幅分赠亲友以作纪念。

1924年（民国13年，甲子） 81岁

农历元旦，有写给朱祖谋的《甲子元日书怀兼呈强村》。

军阀战乱，念故里芜园安危，赋《忆芜园》长古一首寄怀。

从1924年到1927年，因上海多军阀混战等原因，每年避祸杭州。在西泠印社参与雅集文会外，还常与住杭州的诗友诸宗元、西泠艺友楼辛壶和周庆云等人同游杭州。

案头所用虞山澄砂砚底部磨穿一孔。

1925年（民国14年，乙丑） 82岁

有《乙丑元日》诗。

此年，对外宣称封笔。

王一亭为吴画像。吴以四言诗“是酸寒尉？是乡阿姐（原注：小名）？”题画，为其自题画像的最后之作。

五月，与诸宗元同游上海六三园。

同月，乘人力车时遭电车撞翻，幸无内伤。有《一跌》诗记录。

八月初一，生日，画墨梅一帧，并题七绝两首。

秋，肝病复发，严重，常失眠。

延南通王贤（个簃）课读孙辈吴长邺。王向吴习艺问道，执弟子礼，甚恭，列为门内弟子。

为已逝师友周闲遗作《花卉长卷》作引首并题。

1919年至1925年，汪辟疆著《光宣诗坛点将录》，提及吴昌硕诗。

1926年（民国15年，丙寅） 83岁

在上海。有《丙寅元日》。

元旦书红，说“八十三翁，生甲辰雄”。

为蒲华遗诗集《芙蓉庵燹余草》作序，说两人是50年前的老友。

潘天寿持所画山水障子求教。吴作长歌《读潘阿寿画山水障子》劝诫勉励。

门生王贤（个簃）三十生辰，作墨菊一帧祝之。

此时篆刻多自己落墨，让次子吴涵及弟子治石制作，吴最后加修饰。

集古典成对联赠弟子王个簃，说作书画印要食金石力，也要得草木心。

九月初九，重阳节，上海无山，与近百沪上名流在华安大厦8楼为登高之会。

1927年（民国16年，丁卯）　84岁

春，荀慧生赴沪公演，正式列于吴昌硕门下。

春三月，在余杭塘栖任职的三子吴东迈因上海有乱，接全家到塘栖镇小住。吴率儿孙辈同游超山探宋梅，选定宋梅亭畔坡地为身后长眠之所，嘱咐儿孙辈谨遵。

初夏，住杭州西泠印社观乐楼避暑。在柏堂与诸宗元谈诗。夏秋间返回上海。

六月初九，次子涵在沪上去世，家人谎称涵东游日本，向他隐瞒此事。

夏，用草篆笔法作《紫藤图轴》。

秋，指甲蜕换，色泽红润如玉，身边人以为长寿征兆。吴梦见鄣吴村，作《昨梦》诗。

十一月初三，为朱祖谋作《墨兰图》一帧并题以诗。次日清晨即中风不起。此画成绝笔。

十一月初六（公历11月29日），逝于沪寓。朱祖谋有挽词：“江海有古心，自谥酸寒，垂世不斸文字性；丹青忘老至，力穷依傍，凭生讵信甲辰雄。”袁思亮作挽联：“作一月令，耕双砚田，清节抗渊明，赁庑更无五柳宅；擅三绝名，逾八旬寿，高踪继和靖，范金长榜万梅花。”弟子私谥“贞逸”。

此年与朱祖谋、龚心钊的合影，成为他最后一帧照片。

写给慈溪诗友冯君木的《出无车（赠冯君木）》诗有“定风波处”之句。

1929年秋，从上海移灵柩到超山寄厝。

1932年冬，三子迈将吴昌硕、章夫人、施夫人葬于超山报慈寺西侧山麓，距宋梅仅百步。墓左有吴昌硕七尺石像。嘉兴沈卫撰墓坊石柱联："其人为金石名家，沉酣到三代鼎彝，两京碑碣；此地傍玉潜故宅，环抱有几重山色，十里梅花。"

参考文献

吴昌硕本人著作

1. 诗集

吴昌硕:《缶庐诗》1903年(光绪二十九年,癸卯)旧刊本,四卷(附《缶庐别存》题画诗60首不分卷,后附《猎碣(石鼓文)集联》及《砚铭》)。

吴昌硕:《缶庐集》旧刊本,五卷(英国约克大学藏本)。

吴昌硕:《缶庐集》旧刊本,四卷。

2. 画跋、话语、散文录

吴昌硕著,吴东迈编:《吴昌硕谈艺录》,人民美术出版社1993年版。

3. 书、画、印集类

《吴昌硕书画全集》12卷,上海书画出版社2018年版。

《吴昌硕作品集》(绘画、书法、篆刻),上海人民美术出版社、西泠印社出版社1984年版。

《吴昌硕作品集》(续编),西泠印社出版社1994年版。

上海书画出版社编:《吴昌硕印谱》,上海书画出版社1985年版。

《历代书法萃英——吴昌硕石鼓文墨迹》,上海书画出版社1979年版。

《吴昌硕书札》,上海书画出版社1999年版。

[日]谦慎书道会编:《吴昌硕书画集——生诞160周年纪念》,二玄社2004年版。

日中书法展实行委员会编:《日中国交正常化三十周年纪念:日本所藏吴昌

硕作品展图录》，2002年版。

［日］侦社文会编：《中国书画名品展（6）图录（吴昌硕书画）》，2004年版。

吴昌硕传记、年谱及生平简介、回忆录

东迈：《艺术大师吴昌硕》，浙江人民出版社1958年版。

吴东迈：《吴昌硕》，上海人民美术出版社1963年版。

朱关田编：《吴昌硕年谱长编》，浙江古籍出版社2014年版。

吴长邺：《我的祖父吴昌硕》，上海书店出版社1997年版。

王琪森：《海派书画领袖——吴昌硕评传》，文汇出版社2014年版。

丁羲元：《吴昌硕年表》，《名家翰墨》第38期。

林树中编著：《吴昌硕年谱》，上海人民美术出版社1994年版。

边平恕编著：《吴昌硕》，中国人民大学出版社2003年版。

梅墨生编著：《吴昌硕》，河北教育出版社2002年版。

陈传席、顾平：《吴昌硕》，古吴轩出版社2000年版。

王家诚：《吴昌硕传》，台湾《故宫文物》月刊第1卷第4—20期（1983年7月—1984年11月）。

刘海粟、王个簃等编著：《回忆吴昌硕》，上海人民美术出版社1986年版。

陶紫正、洪亮主编：《吴昌硕》，西泠印社1993年版。

王季平主编：《吴昌硕和他的故里》，西泠印社出版社2004年版。

浙江省博物馆编：《吴昌硕与他的“朋友圈”》，浙江摄影出版社2018年版。

王个簃：《王个簃随想录》，上海书画出版社1982年版。

吴昌硕研究论著、论文

1.吴昌硕生平及艺术研究

西泠印社编：《2004年西泠印社甲申秋季雅集丛编》（纪念吴昌硕诞辰160周年学术论文集），西泠印社出版社2004年版。

《吴昌硕、齐白石、黄宾虹、潘天寿四大家研究》，浙江美术学院出版社1992年版。

苏友泉：《吴昌硕生平及其篆刻书法之研究》，台北蕙风堂笔墨有限公司1994年版。

光一编著：《吴昌硕题画诗笺评》，浙江人民出版社2003年版。

沈揆一：《复兴文人画传统的最后一次搏击——吴昌硕和海上金石画派》，《美术研究》2002年第3期。

洪再新：《古玩交易中的艺术理想——黄宾虹、吴昌硕与〈中华名画史——德匿藏品复印件〉始末考略》，《美术研究》2001年第4期。

吴民先：《缶庐探赜三题——在韩国刚庵书艺馆的演讲》，《苏州教育学院学报》1997年第4期。

顾工：《吴昌硕与晚清吴门印学》，《中国书法》2014年第17期。

梅松：《芜园——吴辛甲、吴昌硕父子故居考》，《荣宝斋》2018年第9期。

吴民先：《古缶庐钩摭四则》，《名家翰墨》第37期。

陈应华：《我所见到的芜园图》，《西泠艺报》第101期。

王雨：《自出新意前无古人——吴昌硕对石鼓文取法的突破及其影响》，《书法世界》2018年12期。

王琪森：《“行脚僧”吴昌硕的浦东岁月》，《解放日报》2023年3月9日。

2.背景研究

卢康华：《俞樾与诂经精舍》。此文被收入卞孝萱、徐雁平编的《书院与文化传承》，中华书局2009年版。

马学强：《近代上海成长中的“江南因素”》，《史林》2003年第3期。

徐茂明：《同光之际江南士绅与江南社会秩序的重建》，《江海学刊》2003年第5期。

付清海：《太平天国运动对上海租界近代化的影响》，《东华大学学报（社会科学版）》2003年第4期。

潘耀昌：《从苏州到上海，从“点石斋”到“飞影阁”——晚清画家心态管窥》，《新美术》1994年第2期。

陆草：《论近代文人的金石之癖》，《中州学刊》1995年第1期。

何平立：《略论晚清碑学人文精神与社会变革思潮》，《学术月刊》2000年第10期。

单国强：《试析“海派”含义》，《故宫博物院院刊》1998年第2期。

尧育飞：《一家之学与一地之风——〈潘钟瑞日记〉所见光绪年间吴中金石活动考论》，《文献》2019年第3期。

李军：《光绪时期吴昌硕在苏事迹补考——以潘钟瑞〈香禅日记〉稿本为主》，《艺术工作》2016年第4期。

许晓晓：《潘钟瑞〈香禅精舍集〉研究》，安徽大学2016年硕士论文。

潘钟瑞著，尧育飞整理：《潘钟瑞日记（上下）》，凤凰出版社2019年版。

张晓川编：《绝巘重峦路不平：吴大澂往来书札》，西泠印社出版社2023年版。